武汉大学2024年研究生教材建设培育项目

# 中国教育法律渊源

黄明东　著

WUHAN UNIVERSITY PRESS
武汉大学出版社

**图书在版编目(CIP)数据**

中国教育法律渊源/黄明东著.—武汉:武汉大学出版社,2024.12
(2025.9重印)
ISBN 978-7-307-24310-1

Ⅰ.中…  Ⅱ.黄…  Ⅲ.教育法—研究—中国  Ⅳ.D922.164

中国国家版本馆 CIP 数据核字(2024)第 050205 号

责任编辑:沈继侠    责任校对:李孟潇    整体设计:韩闻锦

出版发行:**武汉大学出版社**  (430072  武昌  珞珈山)
(电子邮箱:cbs22@whu.edu.cn  网址:www.wdp.com.cn)
印刷:武汉邮科印务有限公司
开本:787×1092  1/16  印张:19  字数:411 千字  插页:1
版次:2024 年 12 月第 1 版  2025 年 9 月第 2 次印刷
ISBN 978-7-307-24310-1  定价:78.00 元

# 前　言

近年来，关于教育法律法典化的呼声越来越高。"部分全国人大代表和学者还提出了编纂行政法典、环境法典、知识产权法典、反腐败法典、医事法典、农业法典、海洋法典等法典的立法建议。"① "根据全国人民代表大会常委会公布的 2021 年度立法工作计划，全国人大常委会将研究启动环境法典、教育法典、行政基本法典等条件成熟的行政立法领域的法典编纂工作。教育部在《教育部政策法规司 2021 年工作要点》中透露，2021 年将研究启动教育法典编纂工作。显然，教育法典的编撰工作已经箭在弦上。"② 2021 年 12 月 11 日，教育法法典化与受教育权保障学术研讨会在东南大学隆重举行，来自全国 29 所高校、期刊、科研机构的 300 多位理论研究与实务工作者参加了本次会议。一时间，法典化似乎成为了法学界广为传颂的时髦用语，几乎到了言必称法典的地步。特别是在《中华人民共和国民法典》（以下简称《民法典》）颁布实施以后，更激发了诸多研究者对于研制教育法典的热情，他们对教育法律的法典化有了更强劲的动力。面对如此高涨的法典化热潮，我们不应该简单地去推波助澜，而是冷静深思：我国教育法律的法典化条件真的成熟了吗？如何保证教育法律法典化工作有序推进呢？

## 一、"过程理性"是人类思维是否科学的基本要求

过程理性是西方经济学和哲学常见的概念。美国经济学家赫伯特・A. 西蒙（Herbert Alexander Simon）提出了"过程理性"这个概念。他认为"传统经济学的实质理性是一种只问结果而不问过程的理性，这种理性同效益最大化原则一起构成了传统经济学的两个基本原则。为了解决上述问题，西蒙在有限理性的基础上，借鉴心理学的研究成果提出了过程理性概念。即行为是过程理性的，它是适当的深思熟虑的结果。……事实上，人们大部分时间内的决策只是过程理性的预测"③。可见，无论是组织还是个体，其行为本身都是过程理性和深思熟虑的结果，否则就会造成行为的失范和对追求目标的迷失。

如果说西蒙的过程理性还是基于经济学的视角，那么，英国哲学家阿尔弗莱德・N.

---

① 马雷军. 论我国教育法的法典化 [J]. 教育研究，2020 (6)：146.

② 湛中乐. 论教育法典的地位与形态 [J]. 东方法学，2021 (6)：111.

③ 刘贞，吴剑凌. 过程理性的内涵扩展及其对博弈均衡的影响 [J]. 统计与决策，2009 (4)：26.

怀海德（Alfred North Whitehead）基于哲学角度所开展的过程理性的研究对于理解人类行为则更具有更广泛的价值。他指出"过程哲学最关键的观点就是过程即实在。这个实在可以看作世象万物，按照过程哲学的思想，一切存在的都是过程的"①。"这种过程哲学……更多地体现了一种本体论和实践论的统一，实现知识与行动的一致。过程成为实在的存在方式，实在也只有在过程中才能生成和延续。"② 过程理性是人类社会的客观存在和重要的思维方式，也是我们科学认识客观对象和从事科学研究的基本方法。

西蒙和怀特海对于过程理性的认识虽然所持的立场和角度有较大的差异，但是我们仍然可以综合出他们的基本观点，包括：

制订可行的工作目标。过程理性认为，一个明确和可行的工作目标是过程理性的充要条件，其在过程理性中处于基础地位，是过程理性启动的基础。如果没有可行的工作目标，则人类的过程理性就失去了努力的方向，过程理性中的理性光芒就难以闪耀和灿烂。此外，过程理性也坚持这个工作目标的实现往往存在着曲折，并且需要长期的积累，这正是理性的体现而非一蹴而就的盲动。

客观评估工作基础。人类认识和改造世界的活动是一个持续不断的过程，后者是在前者的基础上不断完善和推进的。过程理性认为，即便是一项创新活动也不是无本之木和凭空产生的。因而在人们组织和实施某项活动时，必须客观严谨地对活动基础进行评估，如果工作基础不充分则应该积极去建构其所需要的坚实基础，只有牢固的活动基础才能达到活动的最佳目标。

选择合理的工作方法。一项活动的实施也许存在着多种工作方法和手段，那么如何从这些方法中选择最合理的方法便是过程理性关注的重点之一。根据过程理性的观点，活动过程方法选择的根本依据就是这个方法能否切实解决活动过程中的核心问题，因而决定方法的最主要任务便转换成对活动中核心问题的寻找。这就意味着人们要关注活动的核心和主旨。

预设适度的满意阈值。在活动的起始阶段，人们总是有着诸多的期望。但过程理性坚持认为，并不是这些期望都可以或者都必须要实现。事实上，活动中不少目标并非我们追求的重点或必须要的，相反我们只需追求我们比较满意的期望阈值。这样做非但不会影响活动的实施效果，反而会调动各方面的积极性，最终可能达到超过我们期望的阈值。

教育法的法典化应该是一项运用过程理性开展研制和建设的系统工程。下文将沿着这两位学者提出的过程理性的观点，研究本书的主题，即教育法律的法典化。

## 二、教育法律的法典化必须坚持过程理性

教育法律法典化是一个非常复杂且艰巨的过程，绝对不是简单的法律编纂，而是需要

---

① 郭强. 过程理性是否可能的初步讨论 [J]. 创新, 2007（2）: 98.
② 郭强. 过程理性是否可能的初步讨论 [J]. 创新, 2007（2）: 98-99.

在填补现存法律空白的基础上，结合国内外教育改革的经验和发展趋势开展充分研究，绝不能头脑发热地将现行教育法律法规等文本简单汇编。例如，我国的《民法典》编纂就经历了 70 年的艰苦过程。一定的时间积累正是过程理性的基本特征，匆忙编纂出来的法典往往不是真正意义上的法典。2011 年国务院法制办公室编辑出版了《中华人民共和国教育法典》（中国法制出版社），这个文本虽然被命名为"教育法典"，但实际上它并不是真正法典意义上的文本，准确地说，这个文本只是教育法律和政策文献汇编。更重要的是这个文本并没有通过全国人大的立法程序。

**（一）制订可行的工作目标：研制教育法典**

过程理性的首要条件是为一项事项或活动确定一个可行的工作目标。同样，教育法律法典化的目标就是要研制一部教育法典。法典是一个古老的法学概念，对于"法典"这个概念的理解，国内外学者的意见不尽一致。有研究者认为，"法典一般是指在理性主义指导下，研究和提炼法律、法学以及对广泛的法律领域的原则和基础规范作出简洁、权威性论述的基础上，科学汇编而成的内部和谐统一、有较强逻辑结构的法律规范体系的统一体"①。或者说"法典是一种专门的立法形式，即按照一定的目的、顺序和层次，对相关法律规范进行排列而形成的较统一的规范整体"②。还有一些学者借助总结《民法典》的制定过程间接地解释了法典的含义。例如，"《民法典》的编纂，就是系统整合现行有效的民事法律规范，并对一些不适合社会经济发展状况的规范作出修改完善，或者作出一些新的规定，从而形成一部体例科学、结构严谨、规范合理、内容完整并协调一致的法典"③。再比如，"《民法典》的通过，解决了民事立法长期存在的繁多冗杂等问题，完成了从碎片立法、分散立法、领域立法到体系化、制度化、规范化的根本转变和伟大跨越，实现了民事领域法律制度的价值同一性、法理贯通性、逻辑自洽性、内容完整性、体系周延性和实施有效性"④。纵观上述观点，我们发现一种法律文本能够被称为法典，应该具有 5 个典型的特征，即价值指向性、逻辑严谨性、内容完整性、实施稳定性、程序合法性。可见，法典无论是形式上还是内容上都具有非常严苛的特点，并非通过简单的汇编或者编纂就能完成的。

与法典的概念相对应，"法典化就是把其他形式的法律编纂为法典的过程，是一种制定法典的趋势和运动"⑤。也有研究者将法典化理解为"是按照一定的立法原则和价值取向，通过特定体例结构把具有内在逻辑性的具体规范编纂在一部法律中的立法活动"⑥。

———————

①　李明华，陈真亮. 环境法典立法研究 ［M］. 北京：法律出版社，2016：20.

②　严存生. 对法典和法典化的几点哲理思考 ［J］. 北方法学，2008（1）：5-12.

③　刘田原. 论《中华人民共和国民法典》的政治内涵 ［J］. 西华师范大学学报（哲学社会科学版），2021（1）：100.

④　张玉涛. 教育法典向何处去——基于《民法典》的编纂经验展开 ［J］. 教育发展研究，2023，43（6）：53-60.

⑤　严存生. 对法典和法典化的几点哲理思考 ［J］. 北方法学，2008（1）：5-12.

⑥　孙霄兵，刘兰兰.《民法典》背景下我国教育法的法典化 ［J］. 复旦教育论坛，2021（1）：33.

相应地，我们也可以认为，"教育法法典化是立法者基于教育法治实践逻辑，将多个教育单行法整合为统一的教育法规范，解决因教育立法重复、冲突、碎片化、臃肿化等引发的教育法实践风险，进而实现教育立法由分散走向体系的发展过程"①。根据过程理性的观点，这个过程必须是充满理性的。因此，教育法典化就是一个过程理性得到实施的具体体现。

从过程理性的角度来看，我国教育法典化工作的目标似乎很清晰，即研制一部教育法典。过程理性认为，一项活动目标是否明确并不是简单地回答我们要干什么，还要理性分析实现这个目标的过程是否清晰、可行。也就是说，活动目标是否明确取决于过程是否合理、路径是否理性。这样看来我们的教育法典化工作目标是否明确是值得我们再讨论的，因为我们现在还难以准确地把握这个活动的过程，借鉴《民法典》的立法过程和经验只是其中的一个选项，而且这个选项是否准确还需花很长时间检验。

**（二）客观评估工作基础：教育法律渊源及其法典化面临的挑战**

过程理性的第二个要求就是对一项活动基础作出科学的评估，其目的就在于确定该活动的开展是否具备了一定的基础。过程理性反对不具备基本条件的冲动行为，因为这样的冲动只能导致活动的无效，最终导致大量的资源被浪费。一般说来，"教育法典（Education Code）是指享有立法权的国家机关依照一定的立法理念、立法方法和立法程序，将现有教育领域规范性法律文件进行修改、补充、清理后整合成的一部全新的、系统化的规范性教育法律文件"②。从过程理性的角度来看，制定教育法典必须具有坚实的基础。例如，"自《民法典》编纂工作首次启动算起，我国的《民法典》诞生之路整整经历了六十六年……虽然 1979 年启动了第三次编纂工作，但是鉴于实行改革开放后不久……制定《民法典》的条件还不具备，因此只能摸着石头过河，最终确定了先零售制定民事单行法，最后再批发编纂《民法典》的工作思路"③。从《民法典》的形成过程来看，教育法典作为部门法典的制定至少具备以下几个条件：

1. 尊重教育规律，明确教育法典价值的根本指向

从法理的角度来看，教育法所应调整的对象是在尊重教育教学规律的基础上、为完成教育教学工作所制定的行为规范。简单地说，教育法律一定是关于教育教学（人才培养）工作的法律，除此之外的其他各种行为都不是教育法律所应关注的对象。我们不能把在学校教育机构内所发生的一切行为都纳入教育法律范畴，如果这些行为并非因教育教学行为而产生的，就没有必要用教育法律去规范，而应该用民法、行政法或者刑法等法律去规范，否则就难以给教育法律准确定位。其实，教育法的目的只有一个，就是如何确保对受教育者施加国家所需要的教育影响，即如何将知识传授给学生、如何立德树人，这就要求

① 任海涛. 论教育法法典化的实践需求与实现路径［J］. 政治与法律，2021（11）：22.
② 马雷军. 论我国教育法的法典化［J］. 教育研究，2020（6）：147.
③ 刘田原. 论《中华人民共和国民法典》的政治内涵［J］. 西华师范大学学报（哲学社会科学版），2021（1）：101.

施教者尊重教育规律。

教育法律就是尊重和运用教育规律的法律，教育法典的制定亦是如此。"教育法具备独立法律地位的基础就在于其自身特有的基本规律，换言之，教育法体系要建立在尊重和符合教育行业独特规律之上。行业法内部不仅有法律的规律，而且具有行业的规律，所以它是部门法无可替代的。教育立法的关键是要理解教育活动的价值诉求，准确体现教育规律并有效解决教育中的复杂问题。"① 如果我们费尽周折制定出来的教育法典没有体现出教育规律的要求，那么这部法典的价值就值得人们怀疑了。

2. 厘清教育法律内部各单行法间的关系，提高教育法典内部的逻辑严谨性

教育法典作为一种独立的法律文本，必须要把教育法源的所有法律都加以吸收并按照一定的逻辑关系进行编纂。国内学者提出了多种编纂模式，如"统一立法模式""汇编式立法模式""总则立法模式"和"总则+分则模式"。但无论是哪一种模式，都必须遵循逻辑严谨的原则。因为我们之所以要将教育法律法典化就是为了避免现行教育法律之间的矛盾和冲突，使之成为一个法律整体。这就必须要求法典内部法条在逻辑上保持连贯性，以保证教育司法实践的可操作性及教育法律的可预见性。

3. 要有数量充足的教育单行法，保证教育法典的内容完整性

任何一个法典的产生都必须要以具备数量充足的单行法作为基础。因为通常情况下数量多的单行法意味着相关法律所覆盖的面比较宽，出现法律空白的概率就比较小，在此基础上建立的法典就会有宽厚的基础，所形成的法典就具有较强的内容完整性，不会出现法典刚刚颁布就需要补充和修订的情况。这里再次以《民法典》的研制过程为例，"《民法典》将现行有效的婚姻法、继承法、合同法、物权法、侵权责任法等民事单行法中若干重复性的规定有机集成、化繁为简并科学规范，使法律规则更加简明精练和协调统一……为司法、执法适用法律规则奠定了体系化基础，消除了法律规则之间的矛盾和冲突，更有效地促进司法公平正义的实现"②。由此可见，丰富的教育法律渊源是教育法典制定的基础。如果法典自身的基础不够宽厚则法典就缺乏稳定性，继而缺乏权威性和严肃性。

4. 兼顾教育现实和未来发展需要，以使教育法典得以稳定实施

法典的一个重要特征是稳定性，一旦形成法典将会在相当长的时间内不会做修订，教育法典亦是如此。"形式理性法认为法是确定的、可预测和可计算的，教育法典应做到结构一致、逻辑自洽、互不冲突，这也是体系式法典最重要的特征。以确定性为例，体系式法典强调法的安定性价值，即教育法典必须是稳定的融贯整体，满足了形式理性法的确定性要求。"③ 对于教育法典来说，如果要保证其颁布之后能够稳定地实施，就必须在法典化的过程中充分研究教育领域的现实状况和未来社会、科技、文化和政治等方面的要求，

① 任海涛. 论教育法法典化的实践需求与实现路径 [J]. 政治与法律，2021（11）：23.

② 柳经纬.《民法典》：新中国民事立法的集成 [J]. 贵州省党校学报，2020（4）：5-12.

③ 任海涛. 教育法典总则编的体系构造 [J]. 东方法学，2021（6）：125.

特别是未来社会的要求。只有在满足这些条件的情况下，所研制的教育法典才会在实施过程中保持稳定，从而促进教育事业发展的稳定。

5. 权力机构积极配合，确保教育法典研制程序合法

教育法典的形成除了立法机构要积极作为，稳步推进之外，还需要诸多相关权力机关特别是国家教育主管部门开展大量的调查研究，为教育法典的研制奠定坚实的基础。教育法典的编纂需要大量的立法资源的支撑，而这些资源的获取仅靠国家立法机关和教育主管机关是行不通的，还需要相关部门的大力协作。

基于上述分析，从过程理性的角度来看，我国教育法律法典化的基础还相当薄弱。这主要体现为两个方面：首先，我们对教育法律是否已经准确反映了各级各类教育阶段的规律仍然难以从理论和实践的角度给予肯定的回答。这本身就足以说明我们对教育立法的前提还不具备足够的信心，这就为教育法典的研制埋下了不够稳固的根基。这也是我们未来工作需要努力的重点之一。其次，我国教育法律体系中还存在着诸多的空白（说得尖锐一点就是还有很多漏洞，包括单行法律的数量不足和已有单行法律文本的内在逻辑关系的模糊和文本自身意义的模糊），这么多法律空白点的存在，如果我们不加以完善而是寄希望于通过制定一部教育法典来弥补的想法恐怕是过于理想和简单了，而且这种想法也为未来的教育法典的制定埋下了许多隐患，增加了教育法典制定的难度。

**（三）选择合理的工作方法：遵循法典产生的基本规律**

过程理性认为，每项活动的开展都应该有其独特性，因而对其工作方法也必须加以甄别和精选。这就需要人们在开展之初和开展过程中不断选择和调整最合理的方法，以适应活动自身的需要。德国法学家萨维尼（Friedrich Carl von Savigny）认为，"法律的形态需要经过自然法或习惯法、学术法两个阶段后，最终将实现法典编纂三个演化阶段"[①]。依据萨维尼对法典形成阶段的解读，结合中华人民共和国成立以来教育法律发展现状，我们可以将我国的教育法律法典化过程分为五个阶段。

1. 教育法律形成阶段

中华人民共和国成立以来，教育法律经历了一个奇特的建设过程。中华人民共和国成立之初，对民国时期的教育法律采取了全盘否定的态度，于是有关教育的法律便成了空白，国家对于教育的管理只能依靠政策和政治协商会议所颁布的起着临时宪法作用的《中国人民政治协商会议共同纲领》中有关教育方面的规定。进入 20 世纪 50 年代，我国在教育上全盘学习苏联，其间颁布了 1954 年宪法，但教育管理在实践中依据的仍然是政策。这种现状一直延续到 1980 年《中华人民共和国学位条例》的出台，这也标志着中华人民共和国开始了教育法律建设的征程。但到目前为止，我国仍存在已经出台的教育法律数量有限、教育法律过于原则和抽象导致实际中教育管理的刚性难以发挥，而且还存在着大量的立法空白，以致实际中的教育管理工作仍然还是以依靠党和国家的教育政策为主等问题。从教育法典化的进程

---

① 王哲. 西方政治法律学说史［M］. 北京：北京大学出版社，1998：410.

来看，我国教育法律建设目前仍然处于以政策主导为主、法律为辅的阶段。

2. 教育法律学术法阶段

依据萨维尼的法典化发展进程的观点，学术法的主要任务是对已有的法律渊源开展深入的法理学研究，目的是为法律体系化建设提供依据，从而为法典的产生提供法理和法律文本基础。这是法典产生之前通常需要经历的阶段。就我国教育法律的现状来看，虽然已经取得了一些成就（制定了教育的基本法和一定数量的单行法），但是，为了实现教育法律体系化还需要在哪些方面加强立法？如何立法？如何确定单行法的价值指向及文本内容？如何使得已有的单行法与基本法、宪法及相关法律法规和政策之间保持衔接不冲突？所有这些都需要进行学术法的研究。而目前我们在这方面所做的工作还非常有限，不足以回答诸如此类的难题。

3. 教育法律体系化阶段

虽然"中华人民共和国成立以来，尤其自改革开放之后，教育立法呈雨后春笋的态势出现，除了全国人民代表大会及其常务委员会的立法外，还颁布了一系列教育类的行政法规、规章，地方性法规"①。但是，从上文对中华人民共和国成立以来教育法律建设过程的回顾中可以看出，我们距离教育法律体系化的目标还比较遥远，一些研究者认为我国教育法律已呈体系化的观点显然过于乐观了。得出这样的结论既不符合我国教育法律建设的实际（除了目前存在着大量的教育法律空白，还面临着一系列教育政策的法律化问题，这些工作的开展和推进都不是一朝一夕、一蹴而就的，扎实开展这些工作不仅需要时间，还需要人财物等大量资源），也不利于我国教育法治建设，更是拉长了与教育法典化目标之间的距离。

4. 教育法典编纂及其诞生阶段

这两个阶段显然是在前述各项工作已经完成并十分成熟的情况下才能进行的。虽然国务院编辑出版了教育法典，但这并不是真正意义上的教育法典。实际上，我国目前只是有了研制教育法典的计划并未真正开始实施。教育法典的产生必须经历一个复杂的演变过程，即从零散的教育法律制定到体系化的教育法律再到教育法典。我们目前还处于零散式的教育立法阶段，教育法律体系化还需要较长时间才能实现，而教育法典的产生则更是一个难以确定时间的长远追求的目标。所以，当下提出要对现行的教育法法典化实在是为时过早、急于求成的盲动主义。"天下之不助苗长者寡矣。以为无益而舍之者，不耘苗者也；助之长者，揠苗者也。非徒无益，而又害之。"（出自《孟子·公孙丑上》）我们希望那些热心于教育法律法典化的同仁们千万不可因为急于实现教育法律法典化而损害教育法律的正常成长过程。法典化也是一个自然生长的过程，每个部门的法典也是如此，我们相信，部分法律发展成长到一定程度以后自然会瓜熟蒂落、水到渠成地变成法典，急于求成反遭其乱，即所谓"非徒无益，而又害之"。

---

① 谭家超. 受教育权的功能体系与法典化进路［J］. 新文科教育研究，2022（1）：65.

从过程理性的角度来看，目前教育法典研制在方法上还存在着争论，虽然有国内外法典研制的经验，但我国的国情决定着我们必须走中国特色的教育法典化之路。这就对我们在教育法典化过程中提出了一个十分严峻的问题，那就是我们是否已经有了足够的相关理论研究成果，这些已有成果是否可以支撑教育法典化所需也是一个大问号。所以，当务之急，我们选择的最好方法就是加强教育法典化所需要的理论研究。

**（四）预设适度的满意阈值：解决教育领域的疑难杂症**

过程理性认为，每项活动的推进都不应该设置诸如"多快好省"的绝对优秀的期望阈值，而应该将满意或者基本满意作为活动过程追求的阈值，为活动本身的实现留下一定的不可预计的调整空间。教育法的法典化就是"按照特定的立法原则、根据特定的价值取向、选择特定的立法模式对教育法律规范进行创设、排列和编纂，使其形成体系完备、概念统一的规范体系的过程。推动教育法法典化就是要以法典化引领教育立法工作，完善教育立法模式，加强教育法律的系统化、科学化和规范化"[1]。教育法典的研制是否具有过程理性还需要我们预设其实施目标，即教育法典在实施过程中是否达到国家、教育工作者和师生等教育利益相关者满意的阈值。

法律的生命力在于实施。任何法律制定的基本目的都是其适用性，如果制定的法律不能在社会生活中得到很好的实施，那么这种法律就失去了其存在的合理性。教育领域的大多数法律都是一种倡导性和说理性的文本表述，政策文本的痕迹还十分明显。它们缺乏对违反教育法律的法律责任的表述，还不是非常规范的法律文本。这主要是因为中华人民共和国成立以来，我国教育事业的管理主要是通过政策来实施的，我们的立法还没有完全从政策思维的方式里走出来，因而尽管是法律文本但其内容更多地表现出政策色彩，缺乏法律实施的强制性和威慑性。因此，从今后教育立法的发展趋势来看，当务之急不是急于去研制教育法典，而是让现有的教育法律更像是法律、更具有法律本性。只有现有的这些教育法律都比较成熟为真正的法律之后，教育法典化自然就会水到渠成。正如有学者所说的那样，"法典化不是对现有教育法律的小修小补，而是站在国家教育长远发展的历史角度规划一部综合性的《教育法典》"[2]，而教育法律的上述特点表明其具有很多不确定性，如果急于实现法典化就必然会为未来的法律的制定带来阻碍。

根据过程理性的观点，我们认为教育法典实施的最基本的满意阈值是能否尊重教育规律、解决人才培养中的疑难杂症。据此，我们认为目前最重要的不是教育法律是否需要法典化，而是现行的各单行教育法是否能够发挥实际效用。"目前我国的教育立法已经初步形成，已有 10 部教育法律，国务院行政法规和教育部行政规章近 200 部，还有大量地方教育立法，即将启动教育法典编纂。"[3] 但如果这些法律文本未能充分反映教育规律，那

---

① 孙霄兵，刘兰兰.《民法典》背景下我国教育法的法典化 [J]. 复旦教育论坛，2021（1）：32.

② 孙霄兵，刘兰兰.《民法典》背景下我国教育法的法典化 [J]. 复旦教育论坛，2021（1）：32.

③ 高利红. 百年中国教育立法的演进——以教育主权和受教育权的双重变奏为主线 [J]. 新文科教育研究，2022（1）：58.

么建立在这些教育法律法规之上的教育法典，即便在形式上非常华丽和壮观也没有什么实际价值。教育法典不是一个空洞的概念，而是实实在在的法律。为什么现在的教育法律那么软、那么没有权威性和威慑性呢？是不符合教育规律还是不符合法律原理？这些都是我们在教育法律法典化过程中必须面对的问题。基于过程理性的基本观点，我国现行的教育法律尚未达到法典所预设的满意阈值，法典化的实现仍需些许时日。

### 三、教育法律的法典化需要坚持路径理性

基于过程理性的前述观点对我国现行教育法律现状进行分析可知，目前我国教育法律的法典化显然尚不具备基本条件，还需要我们用相当长的时间开展艰苦的准备工作。教育法律的法典化需要坚持过程理性，为了确保这种过程理性能够付诸实践，还需要我们在实践过程中切实保持高度的路径理性。我们不要把法典化看成一场运动。中华人民共和国成立后，我们搞过多次经济和政治运动，这些运动所导致的直接后果就是出现大量的非理性行为。教育法律与民事法律是完全不同的法律部门（类型），我们千万不能因为看到有了《民法典》就头脑发热、情绪冲动地要求国家权力机关"大跃进"式地制定和颁布教育法典（国家权力机关更需要冷静和理性，要科学制定教育法典的立法规划）。

我们希望包括教育立法在内的立法活动都不要去片面追求所谓的法典化，并不是所有法律都需要法典化，能够满足实际司法需要的法律就是最好的法。不成熟的法典不仅浪费国家立法资源，而且可能会造成司法的困难，这就必然与我们的初衷相悖。因此，我们在教育法律走向法典化的道路选择上一定要坚持路径理性，即在分析教育事业现实和未来立法的各种利弊的基础上，选择比较合理的教育法典建设道路。

#### （一）依据教育规律制定教育立法规划

在英语的表达中，教育规律和教育法律都可以用"Education Law"或者"Educational Law"来表达。从中文的角度看，规律和法律之间也有非常密切的关系，前者是内在的、本质的，看不见却可以感受到的存在，而后者则是可以看得见也可以感受到的存在。教育法律就是遵守教育规律的法律，离开了这个基本准则制定出来的法律文本可能就不是教育法律了。我们务必要把教育活动中的规律性活动与发生在教育场所中的非教育活动严格区分开来。前者是教育法律所规范的范畴，制定相应的法律是对教育规律的尊重和体现，而后者则是其他法律所要规范的范畴。近几十年来，很多发生在学校教育场所的纠纷，其实并非是由教育活动所导致的。但学校在这些纠纷中总是处于弱势地位，承担了无限责任，最终都是以学校的败诉或者赔偿而告终。我们希望在教育法典的研制过程中能够科学、明确地区分这些纠纷的责任，还教育法律以本质。

#### （二）面对教育的现实和未来，尽快填补教育立法的空白

人类已经进入了智能化时代，不久的将来，传统的学校教育方式和办学模式可能不复存在，学校教育更多的是通过人工智能的方式进行，教育法典如何适应新科技革命带来的一系列变化对教育的要求？这样看来，智能化时代的教育立法问题将日益凸显，目前我国

在此方面仍存有立法空白。

如果把成形的教育法律体系看成一张大网的话（所谓法网恢恢，疏而不漏），那么现行的教育法律这张网还存在着立法空白，可以说我国教育法律这个网还只是一个雏形而已，"八字的一撇"也才刚刚起笔。例如，从教育的纵向上看，目前还缺少学前教育法、高中教育法、研究生教育法；从教育的横向上看，国内目前还没有学校教育法、继续教育法、老年人教育法；从教育内部看，我国还缺少学生法、学校内部体制法、教育行政干部法、后勤保障人员法、学校财政法；就教师法来看，公办中小学教师的法律地位被界定为"国家特殊公职人员"，那么高等学校教师和民办各级学校的教师的法律地位是什么呢？

**（三）深入系统地开展教育法学的理论研究**

教育法学作为一个跨学科研究领域在我国的时间并不长，而且从事教育法学研究的大多数研究者来自教育学科而非法学学科，法学背景和素养相对来说还比较薄弱。这是我国教育法学研究的先天不足。因此，"与其他部门法的法典化研究相比较，目前教育法法典化的理论研究基本属于空白，尤其是教育法典基本框架结构和教育法典总则的研究。没有理论积淀的法典化过程就犹如无基之楼、无米之炊，是不可能实现的"[①]。

相对于《民法典》的民商关系，教育关系具有更多的意识形态性，这就决定着教育工作具有更多的严肃性、刚性和变化性，而这种特点与法典所追求的稳定性之间存在着内在的矛盾，天然地会发生冲突。这就需要我们组织法学、教育学、社会学、管理学、政治学等多学科学者联合攻关，加大跨学科研究的力度，为教育法典的研制奠定更多、更扎实的理论基础。目前从 CNKI 平台上能够检索到的研究文献来看，几乎所有的研究成果都是积极支持教育法的法典化。我们认为这并不是可喜的现象，反而让人觉得奇怪和不安。这种一边倒的观点本身就已经说明问题的严重性：对于一项如此重大的立法活动竟然听不到不同的声音，在没有充足且必要的理论研究的前提下，学界高度一致地大力提倡和支持教育法法典化，难道不值得我们理性思考和警醒吗？我们并不反对教育法律的法典化，而是不要急于求成地为实现法典化而法典化。

**（四）积极推进教育政策和相关政策法律化**

教育事业涉及政治、经济、科技、文化发展的方方面面，其政策范围绝不局限于教育领域内部。从依法治教的视野看，教育政策的法律化不仅仅是教育领域内部各政策的法律化，还需要将与其相关的政策法律化。只有当这些政策经过立法程序完成了法律化任务之后，教育法律系统就会逐步趋于完善，教育法律体系才有可能被建成，教育法典化的基础才会变得更加坚实，教育法律的法典工作也就会水到渠成。

**（五）稳步构建教育法律体系**

教育法律的体系化是教育法法典化的主要保证，而"法典化以体系化为条件，教育法的法典化以教育法的体系化为条件。所谓体系化是指将数量众多的法律规范整合成一个统

---

① 马雷军．论我国教育法的法典化［J］．教育研究，2020（6）：150.

一体"①。从体系化到法典化是教育法体系不断完善的必然过程。我国教育法律还处于体系化的起步阶段，"体系化初级阶段的立法模式虽然条块分明，但过于松散，且在过去很长一段时间里，由于我国社会的快速转型升级，单行法在应对不同时期、不同问题中存在先天性不足，在具体规范方面可能存在重复、交叉、疏漏、割裂、矛盾与冲突，也存在着大量为改革探索留下的指引性规范"②。现在得出结论说我国教育法律体系已经基本建立还为时尚早，实际上我国的教育法律体系空白还非常多，远没有形成体系，教育法典的基础还十分薄弱。2013年国务院法制办提出对教育法一揽子修订，但并非如某些研究者所说的那样已经实现了立法质量与立法效率的平衡。因为2015年、2016年通过的《教育法》《高等教育法》和《民办教育促进法》的修订目前又面临着许多新的挑战和困境，至少在形式上看仍然还是单行法。其各自法律文本内部也只是对个别法条作了表述上的调整，整体价值取向特别是治理体系现代化和治理能力现代化的需求表现得并不理想。

## 四、结语

我国教育立法的实践经验还不够丰富。中华人民共和国成立以来，国家出台的第一部教育法律《中华人民共和国学位条例》，从其规范性上来看就不能认为是最合适的表述，理应为《中华人民共和国学位法》（民国期间就有这样的法律），这也在很大程度上说明当时对这个法律的定位和内容的设计还不够清晰和自信，所以只能用"条例"二字来表述，应该可以感受到其中的无奈。直到1986年，中华人民共和国的第二部教育法律《中华人民共和国义务教育法》才出台，而具有教育母法性质的《中华人民共和国教育法》直到1995年才正式颁布。出现这些非路径理性的立法过程，充分说明我国在教育立法上还缺乏经验和系统设计。

马克思主义质变和量变的规律告诉我们，质变和量变是相互转化的，量变是质变的必要准备，质变是量变的必然结果，当量变达到一定程度，突破事物的度，就产生质变。质变又引起新的量变，开始一个新的发展过程。教育法律向教育法的法典化转变也是一种质变的过程，而这种质变的前提便是有一定数量的积累，在这一点上我国现行的教育法律文本的数量显然不足以推动教育法律的质变。如果过早地制定教育法典将会影响甚至妨碍后期教育立法工作，使得一些急需且重要的教育法律因为与法典发生冲突而无法立法（因为教育的变革性和滞后性使得法典过程难以准确对未来教育走向作出精准的判断）。因此，我国教育法典化还缺乏坚实的数量基础，教育法典这座大厦还暂时难以拔地而起。当下我们要做的就是从过程理性和路径理性这两个层面，充分做好理论研究和路径设计，为教育法典这座大厦早日拔地而起奠定坚实的理论基础。

① 湛中乐. 论教育法典的地位与形态 [J]. 东方法学，2021（6）：113.
② 湛中乐. 论教育法典的地位与形态 [J]. 东方法学，2021（6）：112.

# 目　　录

# 第一章　教育法律渊源的基本理论

法律渊源是法理学的一个基本概念，也是法理学需要关注的非常重要的理论问题和实践问题。"法律渊源又被称为'法源'，始于古罗马法的'Fonts Juris'（意为'源泉'）。法律渊源术语拥有两层含义：一是其与法的效力密切相关；二是其与法律形式关系紧密。"① 可见这是一个古老的概念。"法律渊源"又称"法源"，从其定义的角度来看，似乎十分简单易懂（几乎可以达到望文生义的地步），但基于不同的角度和不同的法律实践立场，这个似乎简单的概念却又表现出极其复杂性的一面。② 因此，到目前为止，法学界对这个基本概念的理解或对其内涵的界定却是罕见的见仁见智，更没有形成高度统一的认识，凯尔森甚至悲观地表示，"法律渊源"这一用语因"模糊不明"而"近乎无用"。③"法的渊源是迄今为止法学理论中最复杂的范畴之一。在西方学界，举凡历史渊源、理论或思想渊源、本质渊源、效力渊源、文献渊源、学术渊源等，在历史上或当下都不乏主张者。而在中国，虽然很长一段时间以来，法理学界的主流观点都将法的渊源定位为法的表现形式，但不断有学者试图赋予法的渊源以新的含义，如本质渊源、效力渊源、内容渊源、司法渊源等。"④

我国法学界的学者长期关注这个概念的研究（见图 1-1），但是却一直没有太高的热情。这在图 1-1 的统计中可以看得非常清楚：自 1973 年开始，学界每年发表的论文数量 10 篇左右，直到 2011 年前后研究论文的数量陡然增加，一度达到每年近 300 篇。此后，又迅速跌落到 90 篇左右。研究论文数量起伏跌宕，反映出学界对法律渊源这个问题的关

---

① 曾威. 论我国大学章程法律效力的缺陷及弥合——以法律渊源为考察视角 [J]. 信阳师范学院学报（哲学社会科学版），2019（2）：32.

② 参见李弋强. "法律渊源"研究立场的选择 [J]. 法制与社会，2021（4）：177。该文在解释这个概念模糊的原因时，指出：英国早期分析法学派代表人物霍兰德在《法理学的要素》一书中阐述了他对法律渊源的看法："导致法律渊源含义模糊，以及导致习惯法、法官制定法和成文法关系模糊的根源在于词组'source'模棱两可的用法。'source'的用法有四种。第一，有时这个词用来表示我们从哪儿获得法律知识。例如，是从法典，从判例汇编还是从权威论文获得法律知识？第二，有时用来表示使法律获得强制力的最终权力，即国家。第三，有时指让已经取得强制力的规则获得自发遵守的原因，即习惯、宗教和科学的探讨。第四，有时指国家机关，通过这些机关，国家或者授予那些尚无权威性的规则以法律效力，或者自己创制法律，即判例法、衡平法和国家制定法。"

③ ［奥］凯尔森. 法与国家的一般理论 [M]. 沈宗灵，译. 北京：商务印书馆，2013：204.

④ 雷磊. 重构"法的渊源"范畴 [J]. 中国社会科学，2012（6）：148.

注度和热情度。仔细阅读这些研究论文发现，专门研究或者基于法理学的角度研究"法律渊源"这个概念本身的论文数量又少之又少，大量的文献都是在研究某个方面的法律问题时顺便对"法律渊源"作一定的分析和界定，并未将其作为一个独立概念进行系统和深入的分析和阐释。可以想见，这些研究论文对"法律渊源"这个概念研究的深度和广度。

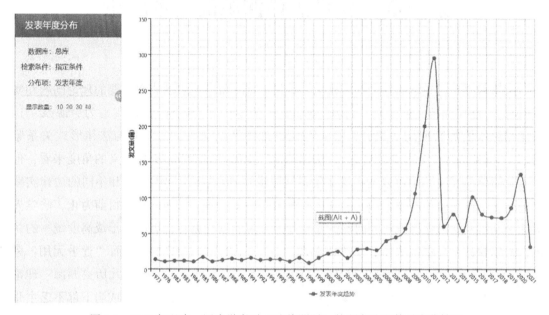

图 1-1　1973 年以来，国内学者对"法律渊源"的研究论文数量变化情况

同样，国内专门研究法律渊源的专著也不多见。通过国内检索平台"读秀"检索发现 2 本著作：彭中礼的《法律渊源论》（方志出版社 2014 年版）、武静的《当代中国法律渊源研究》（法律出版社 2019 年版）。此外，还有 5 部国外学者的专著：亚历山大·配岑尼克的《法律科学作为法律知识和法律渊源的法律学说》（杜晓伟译，武汉大学出版社 2009 年版）、罗杰·塞勒的《法律制度与法律渊源》（项焱译，武汉大学出版社 2010 年版）、约翰·奇普曼·格雷的《法律的性质与渊源》（马驰译，中国政法大学出版社 2012 年版）、梅特兰等的《欧陆法律史概览：事件、渊源、人物及运动》（屈文生等译，上海人民出版社 2015 年版）、菲利普·热斯塔茨和克里斯托弗·雅曼的《作为一种法律渊源的学说：法国法学的历程》（朱明哲译，中国政法大学出版社 2020 年版）。

但这并不能说明国内学者对于"法律渊源"研究不够重视，事实上，大量关于法律渊源的研究主要体现在《法理学》的专著或教材之中，而《法理学》的专著和教材在国内数量众多。如孙笑侠主编的《法理学》（中国政法大学出版社 1996 年版）、沈宗灵主编的《法理学》（北京大学出版社 2009 年版）、李龙主编的《法理学》（武汉大学出版社 2011 年版）、时显群主编的《法理学》（中国政法大学出版社 2013 年版）、张文显主编的《法理学》（法律出版社 2018 年版），等等，不再一一枚举。

上文已经指出，法学界对于"法律渊源"这个基础性概念始终难以达成较为一致的共识。综合国内外学者的观点，我们可以大致作如下的梳理。

# 第一节　多样化的法律渊源视角

北宋诗人苏轼在《题西林壁》中写道："横看成岭侧成峰，远近高低各不同。"意思是同一个事物站在不同的视角去观察会得到不同的认知结果。虽然这些结果（特点）不同，但都是对同一事物的特征的描述。因此，同一事物不同的人从不同的视角去认识，会得出不尽相同的结论。对于"法律渊源"这个概念的认识就非常符合"横侧"原理。① 下面的这些视角可以帮助我们更加深入地理解法律渊源的特征甚至是本质。

## 一、自然法学的"二元"法源视角

自然法学的"二元"法律观将法律划分为自然法和人定法。自然法学派为当今世界范围内居主流地位的法学学派。代表人物为如格劳秀斯、洛克、孟德斯鸠、卢梭、潘恩、杰斐逊等。自然法学大致可以分为古罗马的自然法、中世纪的神学自然法、近代的古典自然法和现代的新自然法。自然法学认为，"法律起源于人性或人的需要，并断言人类在进入国家之前的自然状态中就有永恒不变的自然法"②。自然法学派特别重视法律存在的客观基础和价值目标，即人性、理性、正义、自由、平等、秩序，重视对法律的终极价值目标和客观基础的探索。自然法反映的是宇宙之中事物最本源的规则和存在，因而被自然法学家们视为制定法最根本的依据。

从自然法学者的观点来看，法律可以划分为"自然法和人定法，而人定法必须服从自然法，其内容必须反映自然法。自然法才是真正的法律，人定法是自然法的表现形式。换言之，自然法是法的本体；而人定法是法的表象，是法的表现形式，如果违背自然法则无效。……自然法所坚持的是实然与应然两分的理论路线，严格区分法律的本体与表象。法律的本体即是法，法律的表象即是本体的表现形式、是法律渊源"③。所以，法律渊源就是后天人类所制定的各类法律。这就把法律与法律渊源这两个概念事实上等同起来了。自然法学家们虽然在法律渊源的理解上有将法律和法律渊源混为一谈的现象，但是他们对法律本体的探讨对于我们研究法律本质和法律原则等基本法律原理还是有极为重要的价值的。

---

① 本书这一节介绍的几种视角深受陈文华《我国法律渊源概念的理论难题及其破解》一文的启发，在呈现的顺序上也用了该文的顺序，在此特别致谢！
② 李龙. 法理学 [M]. 武汉：武汉大学出版社，2011：148.
③ 陈文华. 我国法律渊源概念的理论难题及其破解 [J]. 西安电子科技大学学报（社会科学版），2018（2）：80.

自然法的视角也是本体论的视角。本体论视角聚焦于法的本源问题，试图通过回答"法来源于哪里"的问题，来探寻对"法是什么"或"法的本质为何"等问题的回答。这种视角下的研究属于法哲学研究，是一种形而上学的思考。问题在于，如果持此立场，似乎没有必要在"法"或"法的本质"之外独设"法的渊源"概念。① 这是我们在研究法律渊源这个概念时需要特别深入思考的问题。

### 二、社会法学的实证主义法源视角

社会法学派通常从社会本位出发，把法学的传统方法同社会学的概念观点、理论方法结合起来研究法律现象。其创始人主要有法国社会学家 G. 塔尔德和美国社会学家 L. F. 沃德等人。20 世纪社会法学派的主要代表人物包括：奥地利法学家 E. 埃利希、德国社会学家 M. 韦伯尔、法学家 H. 坎托罗维奇和美国法学家 R. 庞德等。而庞德把法律定义为"依照一批在司法和行政过程中使用的权威性法令来实施的高度专门形式的社会控制。法的渊源包括：惯例、宗教信仰、道德和哲学的观念、司法判决、科学探讨立法"②。与自然法学家们的视角相比，社会法学家们似乎对法律渊源这个概念采取了更加宽容的态度，这也许是将法律放在社会的大背景下思考问题的结果，因而法律渊源就变得更加广泛和丰富。实际上，这样的理解也许更具有司法价值，给了法官更多的司法选择空间。

与前述的本体论视角相对应的则是通常所谓的认识论视角。持有认识论视角的法学家们则更倾向于基于社会实际需要来思考法律渊源这个概念。他们聚焦于法的形成或发现，认为"法的渊源范畴的主要价值在于法和法律制度的形成方面。只有通过国家意志的选择，法的渊源才会变成法。所以，法的渊源就是可以经国家意志选择成为法的质料，如习惯、宗教戒律、法学著作、伦理道德等，是'单独或共同构成法律生活形态的一切东西'"③。这个视角对于法律实践工作者具有特别强的操作性和灵活性，便于解决司法实践中的疑难杂症。

### 三、实证法学的法源视角

实证法学是当代的一种法理学和法哲学流派，其主张法律是人定规则，法律和道德之间没有内在的和必然的联系。实证法学的理论来源于英国奥斯丁的实证主义法理学。强调对法的规范分析、结构分析、法律解释的技术、弥补法律空白的措施、法律渊源的等级结构、法的体系的内在统一性、法律关系的构成与种类、违法的构成要件、法律责任等方面

---

① 雷磊. 重构"法的渊源"范畴 [J]. 中国社会科学，2012 (6)：149.

② 陈文华. 我国法律渊源概念的理论难题及其破解 [J]. 西安电子科技大学学报（社会科学版），2018 (2)：81.

③ 雷磊. 重构"法的渊源"范畴 [J]. 中国社会科学，2012 (6)：149.

的研究。奥斯丁把法律的渊源划分为法律的直接渊源和法律的间接渊源。无论是直接的法律渊源还是间接的法律渊源，其实都是上述的法律本身，所以奥斯丁说"法律渊源只不过是法律的另类表达"①。用这个视角来观察判例法系国家的法治建设，无论是在法理研究方面还是在司法实践方面，也许都不会有太多的分歧。但是，如果用这个视角来观察制定法系国家，也许在法律理论和实践两个方面都会带来麻烦，因为奥斯丁的视角已经否认了法律和法律渊源之间的区别。

## 四、司法立场的法源视角

如果我们回到讨论"法律渊源"这个概念的本源立场上来看，可能需要回答这样一个问题，即我们为什么要去研究这个颇具争议的概念呢？我们认为之所以要研究这个概念就是为了司法的实际需要，解决司法中法条不足和已经穷尽的情况下如何裁决具体案件。所以，从这个意义上看，司法立场的法源视角更值得我们关注。

国内学者李弋强就认为，"从'法律渊源'的本源；与公民间的关系；立法司法间的关系以及社会背景看，选择'司法立场'研究'法律渊源'更合适。司法视角下的'法律渊源'揭示了司法审判的复杂性，揭示了我们所追求的法治，并非静态的认识理性，而是动态的实践理性。所以，法律渊源就是具体适用法律的思维方式和办案原则"②。刘作翔认为"法律渊源，就是'有效力的法律表现形式'。在判例法国家，判例就成为'有效力的法律表现形式'；而在制定法国家，关于'有效力的法律表现形式'，是由这个国家的法律所规定的"③。于飞更是直接地指出，从司法和法官裁判的角度，法源指"一切得为裁判之大前提的规范的总称"④。仔细研究三位学者的观点我们会发现，虽然他们都很强调司法实践作为解读法律渊源这个概念的重要性，但是三者之间的认识还是存在一定的差异的。李弋强的视角强调的是实践原则和思维方式，刘作翔的视角重在强调国家的法律规定方面，于飞的视角更加宽泛即裁决的规范。

站在司法中心主义的立场来看，法律渊源是法官裁判案件时所适用规范的权威出处，"只有对于法律适用者具有拘束力的法规范才是法律渊源，法律渊源的概念不仅包含法官运用发现法律的方法寻找到的据以裁判的原则与规范，也包含了法官在司法活动中形成的所有具有拘束力的规范，这也是'法官法源'的含义所在"⑤。因此，有研究者提出，从

①　陈文华．我国法律渊源概念的理论难题及其破解［J］．西安电子科技大学学报（社会科学版），2018（2）：82.
②　李弋强．"法律渊源"研究立场的选择［J］．法制与社会，2021（4）：177.
③　刘作翔．"法源"的误用——关于法律渊源的理性思考［J］．法律科学（西北政法大学学报），2019（3）：4.
④　于飞．民法总则法源条款的缺失与补充［J］．法学研究，2018（1）：36-51.
⑤　刘晶．《国际法院规约》中法律渊源的逻辑互动：国际软法视域下的形式封闭和实质开放［D］．中南财经政法大学，2016：16.

司法实践意义来看，作为法律渊源，它应当满足以下条件："（1）必须具有法律效力。（2）必须为人们所感知。（3）必须是能够在司法判决中加以明示的理由。（4）作为判决的理由，它本身并不需要再证明。法律渊源就是为当下法律所赋予法律效力的裁判案件的依据。在这个定义下，法律渊源可以分为法定渊源与酌定渊源。在法定渊源中，大陆法系主要是制定法，英美法系主要是判例；我国则除了制定法外还包括司法解释，判例不是我国法律渊源。在酌定渊源中，习惯、公认价值、法学家意见、公共政策等，则必须在满足一定条件后才可以成为法律渊源。"① 这个视角与上述于飞的视角更加接近，也是非常务实的研究视角，有助于我们加深对法律渊源这个概念的理解。

此外，还有一些学者将法律渊源分为实质意义上的渊源和形式意义上的渊源。"所谓实质意义上的法律渊源，即法律的真正来源、根源，是指法与法律事项赖以产生的一定生产方式下的物质生活条件。形式意义上的法律渊源，是指法律的创制方式和表现形式，也就是指法律的效力渊源，即我们通常所说的法律的渊源。形式意义上法律的渊源，还可分为直接渊源与间接渊源。直接渊源又称为正式渊源，是指国家机关制定的具有各类规范性的法律文件；间接渊源，又称为非正式意义上的渊源，是指各种习惯、判例等。"② 这个视角在一定程度上可以被视为对上述各个视角的综合，既有一定的理论价值，也有较强的实践意义。综上，从司法的角度看，我们可以大致将法律渊源理解为司法者（如人民法院的法官）进行法律裁决的各种依据和规则。

## 第二节　法律渊源的类型

对研究对象进行类型划分是几乎所有学科在开展研究过程中最常用的方法。分类研究作为一种方法并非是对研究对象本质的解构，而是通过不同视角对事物本源更方便、更直观地解读，其最终的目的仍然是寻找事物内部各种本质联系。对于教育法律渊源的研究，很多学者也采用了这种研究方法。

### 一、时显群的法律渊源分类

时显群在其主编的《法理学》（中国政法大学出版社 2013 年版）一书中从两个维度对法律渊源进行了分类研究。他认为，"从作用于法的各种因素的角度，可将法律渊源分为法的历史渊源、法的物质渊源、法的文件渊源、法的理论渊源、法的形式渊源等。从法的产生条件和创制方式理解，可将法律渊源分为实质意义上的渊源和形式意义上的渊

---

① 周安平. 法律渊源的司法主义界定 [J]. 南大法学，2020（4）：35.
② 公丕祥. 法理学（第 2 版）[M]. 上海：复旦大学出版社，2008：235.

源"①。在该书中作者详细解释了各类法律渊源的内涵。② 该分类主要基于法律产生的外在影响因素来考察法律的形成，有助于人们理解法律产生的各种外在条件，从而为立法工作的科学性和合理性提供较坚实的理论依据。

## 二、博登海默的法律渊源分类

美国综合法理学的代表人物博登海默在其代表作《法理学——法律哲学和法律方法》中"将法律渊源划分为正式渊源与非正式渊源两大部分"③。博登海默曾经说过："正式渊源，我们意指那些可以从体现为权威性法律文件、可以从明确文本形式中得到的渊源……所谓非正式渊源，我们是指那些具有法律意义的资料和值得考虑的材料，而这些材料和值得考虑的材料尚未在正式法律文件中得到权威性的或至少是明文的阐述和体现。……正式

---

① 时显群. 法理学 [M]. 北京：中国政法大学出版社，2013：81.

② 法的历史渊源，是指引起特定法律制度、法律规则、法律原则产生的历史背景和历史事件或行为。如普通法的历史渊源可认为形成于 12 世纪时英国法官的判例、普通法和衡平法；罗马法的历史渊源则是《十二铜表法》；中华法系的成文法传统则是以春秋战国时期的"刑书"和《法经》为其历史渊源的。不同的历史渊源对特定时期不同国家和民族的法律传统及法律思维有着不同的影响，并进而会影响到特定时期人们对法的观念本身的理解。

法的物质渊源，是指法律现象产生、存在及发展的物质生活条件，以及一定社会中占统治地位的社会生产方式。占统治地位的阶级中，"他们个人的权力基础就是他们的生活条件，这些条件是作为对许多个人共同的条件而发展起来的，为了维护这些条件，他们作为统治者，与其他的个人相对立，而同时却主张这些条件对所有的人都有效。由他们的共同利益所决定的这种意志的表现，就是法律"。法的物质渊源是法的最根本、最本质来源，它直接决定着法的性质和内容，是法的最深刻的根源所在。

法的文件渊源，是指那些对法律、法规的不明朗之处加以权威性解释或记载的文件资料，如我国的《最高人民法院公报》。这些文件渊源能使目前的法律、法规趋于完善。

法的理论渊源，是指对一国的法律制度和法律规范起着影响和指导作用的理论原则和思想学说。这些学说提出或论证了某种行为或法律原则的合理性，成为特定法律制度或法律原则的理论基础，如社会法学说、功利主义哲学、分析法学理论等。社会主义法的理论渊源是马克思主义理论、邓小平理论等。

法的形式渊源，是指具有法律效力和法律强制性以及法律权威性的一些原则和规范。法的形式渊源一般被看作法的具体内容和各项规定的表现和存在形式，即法一般通过一些具体的规范来表现。

实质意义上的渊源是指法最根本的来源，决定法的来源的最根本的因素是社会经济条件和物质生活条件；形式意义上的渊源主要是指法以什么方式创制，其表现形式如何。形式意义上的渊源又可以分为直接渊源和间接渊源。直接渊源也叫法定渊源或正式渊源，是指国家立法机关或授权机关制定的具有法律效力的各种规范性法律文件，如宪法、法律等；间接渊源又被称为非法定渊源或非正式意义上的渊源，是指未经国家法律确认、不具有法律效力但对法律实践具有影响的各种规范、原则，主要指习惯、民俗民约、判例、法理学说、道德原则和规范等。这种分类在不同法系的国家中有所不同。如在民法法系（又称大陆法系）国家中，人们普遍认为习惯、判例等是国家的非正式渊源，但在普通法系（又称英美法系）国家中，习惯、判例等则被认为是法的一种正式渊源。

③ 李弋强. "法律渊源"研究立场的选择 [J]. 法制与社会，2021（4）：177.

渊源的主要例子有宪法和法规、行政命令、行政法规、条例、自主或半自主机构和组织的规章、条约协议、司法先例等；而非正式渊源的种类有正义标准、推理和思考事物本质的原则、衡平法、公共政策、道德信念、社会倾向和习惯法。"① 由此可见，"博登海默的研究立场有着强烈的司法中心倾向，完全是从法官审理案件的角度来研究法律渊源"②。从司法实践的维度来看，这个分类有助于提高法官的裁判效率，也便于对广大民众开展法律的科普工作，从而提高公民的法律素养。

### 三、魏德士的法律渊源分类

德国法理学教授魏德士认为，法律渊源有广义和狭义之分。他说："广义上讲，它指的是对客观法产生决定性影响的所有因素。这样一来，法学文献（如'法学家法'）、行政（如行政实践，如'不断的裁判'）和国民的观念（一般法律意识）都属于法的渊源。上述渊源可以帮助法官正确认知现行的法（法律认知的辅助手段）。仅在这个意义上，人们可以称之为'广义的法律渊源'或'社会学的法律渊源'。"③ 而从狭义上讲，"只有那些对于法律适用者具有约束力的法律规范才是法律渊源"④。所以，他将法律渊源定义为，"客观法的（能够为法律适用者所识别的）形式和表现方式。广义和狭义的法律渊源相比较，前者过于宽泛而无意义，后者就具有极强的实践性。所以，魏德士认为，法理学多数学者使用的是狭义的法律渊源概念"⑤。显然，魏德士是在坚持用司法立场的维度来研究和分析法律渊源的。从目前国内外研究者所发表的研究成果来看，越来越多的研究者倾向于这种立场。

### 四、其他学者的法律渊源分类

除了上述学者对法律渊源的分类之外，国内还有一些研究者也提出了各自的见解。例如，曾威认为，法律渊源主要有"历史渊源、文献渊源、文化渊源、理论渊源、效力渊源等几种所指"⑥。这个分类与上述学者对法律渊源的分类有相似的地方，但是也有一点值得商榷，就是其中出现了"文化渊源"，从分类学的角度看，似乎与文献渊源、理论渊源等有重叠。

雷磊在《重构"法的渊源"范畴》（《中国社会科学》2021 年第 6 期）中提出的分类

---

① 周安平. 法律渊源的司法主义界定 [J]. 南大法学，2020（4）：39.
② 李弋强. "法律渊源"研究立场的选择 [J]. 法制与社会，2021（4）：177.
③ 周安平. 法律渊源的司法主义界定 [J]. 南大法学，2020（4）：37.
④ 周安平. 法律渊源的司法主义界定 [J]. 南大法学，2020（4）：37.
⑤ 周安平. 法律渊源的司法主义界定 [J]. 南大法学，2020（4）：37.
⑥ 曾威. 论我国大学章程法律效力的缺陷及弥合——以法律渊源为考察视角 [J]. 信阳师范学院学报（哲学社会科学版），2019（2）：32.

颇具特色。该文可以将"法律行为"视为一类法律渊源。① 那么按照这个维度去思考，与法律行为相对应的应该是法律理论（思想、理念、观念），果真如此，则我们可以将其视为对法律渊源的二分法，也可以将其视为基于司法立场的一种分类。对于法律渊源是什么的问题，也有研究者认为可以依据自然法的进路，"将其定义为，人类将自身对法律的认识成果以一定的形式表现出来，这种表现形式就是法律渊源。法律渊源一般通过两种途径产生：其一，人类通过建构理性所制定的法律规则；其二，人类通过经验理性所形成的交往规则。前者一般称为正式法律渊源；而后者则一般称为非正式法律渊源"②。

　　此外，我们认为，还可以从法律产生过程的维度对法律渊源进行分类。从图 1-2 中可以看出，法律的演变过程大致经过了三个阶段："隐性法律"（习惯、传统、公序良俗）阶段、"半显性法律"（政策、规章制度）阶段和"显性法律"（法律法规）阶段。所谓隐性法律是指虽然没有完全形成规范的文本，但是在事实上受到人们认可并在实际司法中被采用的各种约定俗成的习惯、传统、公序良俗等。如在我国民间遗产继承纠纷过程中还在产生作用的"顶盆过继"习俗。

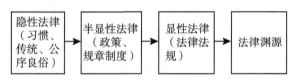

图 1-2　法律产生的过程示意图

　　半显性法律是指那些具有法律文本形式的规范性文件，但是，这些文件并非由立法机关制定，而是由国家其他机构如政党、行政管理部门、企业、社会组织等制定的。虽然这些文本并非立法机关制定的文本，但在司法中也时常被采用，如政党制定的政策、政府部

---

　　① 作者在该文中指出：目前几乎所有论著都没有将"法律行为"单列为一类法的渊源。原因在于，法律行为通常只对特定当事人起拘束作用，而不具有普遍的拘束力。但如果将法的渊源定位为"司法裁判过程中裁判依据的来源"，那么法律行为无疑可以构成特定个案的裁判依据。典型的法律行为有契约、社团章程、居民公约与村规民约等，后三类法律行为经常被归为"软法"的范畴。契约的拘束力从表面看来自私人间的合意，但从根本上说来自合同法的规定。如我国《民法典》第 465 条明确规定："依法成立的合同，受法律保护。"所以，在不违反合同法相关规定的前提下，契约可以成为以合同双方为当事人的裁判活动的依据。社团章程是社团机关就社团内部事务和职权的规定。我国《公司法》第 11 条规定："公司章程对公司、股东、董事、监事、高级管理人员具有约束力。"如果在这些主体间发生涉及公司章程规定内容的纠纷，公司章程就可以成为裁判依据。居民公约和乡规民约是基层群众自治组织的自治性规则。我国《居民委员会组织法》第 15 条规定，居民应当遵守居民会议的决议和居民公约。《村民委员会组织法》第 10 条规定，村民委员会及其成员应当遵守并组织实施村民自治章程、村规民约。如果在这些主体间发生涉及居民公约或村规民约事务的纠纷，它们就可以成为裁判依据。但这些法律行为成为裁判依据的根据在于相关立法条款本身，它们仅具有认知渊源的地位。

　　② 陈文华．我国法律渊源概念的理论难题及其破解［J］．西安电子科技大学学报（社会科学版），2018（2）：83.

门制定的规章制度、企事业单位制定规章等。在我国现阶段，政策作为非正式的法律渊源在国家实施依法治国的过程中发挥着积极的作用。有学者以"政策"为关键词对我国法律中涉及的"政策"条款进行了搜索，结果是："在我国270多部法律中，共计有80多部法律240多个条文直接指向政策内容，其中有3部法律共计3处使用了'公共政策'一词，有9部法律含有'国家政策'一词。仅试举一例：《中华人民共和国城市房地产管理法》（1994年通过，2007年修正，2009年法律清理修改）第54条规定：'住宅用房的租赁，应当执行国家和房屋所在城市人民政府规定的租赁政策。'"①

显性法律就是立法机关通过立法程序所研制的规范性文本，如宪法、部门法、单行法和行政规章、地方性法规和行政法规等。现行法律文本是制定法系国家法律的最主要的表现形式，我国也是如此。

根据上述法律形成过程，我们可以将法律渊源分为隐性法律渊源、半显性法律渊源和显性法律渊源。

## 第三节 法律渊源及教育法律渊源的内涵

法律渊源是法学中的一个很重要的概念，但中外法学者对它的内涵却有着不同的理解。正确认识法律渊源，有利于法的实施。当一个社会存在着法律的统治的时候，法律是人们的行为准则和司法适用的标准，到何处去寻找法律的准则便成为一个重要的问题。特别是法官适用法律时，不能凭主观感觉，而必须以法律为准绳，必须从法律渊源中去寻找法律规范，只有从法律渊源中寻找到的法律准则，其行为才具有法律效力。② 法律渊源是"一种权威性理由（Authority Reasons）。人们提供了一种权威的理由，以支持特定立法决定、司法裁决或者其他根据情势而不是其内容所作出的裁决。法律人必须、应当或者可以提供的作为权威性理由的所有文本和惯例（Practice）等法律渊源"③。这正是为何那么多国内外学者专注于研究这个概念的主要原因。同样，我们要厘清教育法律渊源这个问题，也必须首先清晰地理解法律渊源的内涵。

### 一、法律渊源的内涵

前文已经说过，法律渊源是一个古老的概念，学者们对其的界定也是百家争鸣、见仁见智。许多学者对法律渊源下过定义，并对其进行过阐释，经归纳大致可以分为五种

① 刘作翔. "法源"的误用——关于法律渊源的理性思考［J］. 法律科学（西北政法大学学报），2019（3）：8.

② 时显群. 法理学［M］. 北京：中国政法大学出版社，2013：81.

③ 亚历山大·配岑尼克. 法律科学：作为法律知识和法律渊源的法律学说［M］. 杜晓伟，译. 武汉：武汉大学出版社，2009：26.

不同的观点。① 这些解释基本上是强调法律渊源作为法律的表现形式而存在，也是目前法学学术界大多数人的理解。除此之外，国内外法学家和研究者还有其他的理解。

时显群认为，法律渊源是指"拥有立法权的国家机关制定不同法律地位和效力的法的一种形式，如：宪法、法律、行政法规、自治条例、单行条例等"②。孙笑侠也基本持相同的看法，他认为法律渊源"是指由不同国家机关制定或认可的，因而具有不同效力，对法官审判具有不同拘束力的法律的各种类别。法律渊源既涉及法律形式，又关联着法律效力的等级问题，而后者更具有实际意义"③。周安平从司法实践的角度对法律渊源提出不同的看法，他认为，"法律渊源为当下法律所赋予法律效力的裁判案件的依据。在这个定义下，作为裁判案件的依据，它既包括法律形式，也包括那些不表现为法律形式的其他权威性理由。法律渊源界定为'为司法裁判论证提供权威理由的共识性规范合集'"④。相比较而言，这个定义更有利于司法和教育管理部门的实践，无论是司法机构还是教育管理部门都能够在实践中更方便地找到各自所需要的依据。

雷磊的观点则是基于司法实践，非常直接地回答了法律渊源的内涵。他指出："法的渊源其实就是外在于法官且能控制其裁判的权威命令。"⑤ "在法理论层面上，法的渊源的确切意义，指的是司法裁判过程中裁判依据的来源，在法律论证中发挥着权威理由的角色。一言以蔽之，从司法裁判的角度看，法必然是法的渊源，但法的渊源未必都是法，法的渊源是一个在外延上比法更宽泛的概念。依据这种理解，在司法裁判中无须将法外的其他社会规范视为法，也即进行所谓法的拟制，就能让它们在司法活动中发挥裁判依据的功能。"⑥ 所以，国内有学者就认为，"法的适用视角下法的渊源学说要回答的问题是，法官在进行裁判发现时必须适用哪些条款，并根据其来源对这些条款进行体系化。换言之，它涉及的并非普通公民的行为受什么样的规则管辖，而是法院在解决具体纠纷时应该适用哪

① 陈文华撰写的《我国法律渊源概念的理论难题及其破解》（西安电子科技大学学报（社会科学版），2018（2）：78-79）一文中总结了法律渊源的五种不同的观点：其一是指与法的创制方式相关的法律规范的外部表现形式。其二仅仅是指出了法律规范的效力在形式上的来源，即国家制定或认可，并着重说明法律规范的外部表现形式。其三是指法的效力渊源，也即指由什么国家机关制定或认可，因而具有不同法律效力或法律地位的各种法律类别，如宪法、法律、行政法规等制定法，判例法，以及习惯，法理等。其四专指法的各种表现形式，即由不同国家机关制定或认可的，具有不同法律效力和地位的各种规范性文件的形式。如宪法、法律、法令、条例、章程、决议、决定、习惯、判例、条约等规范性的国家法律文件。其五是指法的各种具体表现形式，即由不同国家机关制定或认可的，因而具有不同法律效力或法律地位的各种类别的规范性文件的总称。
② 时显群. 法理学 [M]. 北京：中国政法大学出版社，2013：83.
③ 孙笑侠. 法理学 [M]. 北京：中国政法大学出版社，1996：82.
④ 孙跃. 指导性案例何以作为法律渊源？——兼反思我国法源理论与法源实践之关系 [J]. 南大法学，2021（1）：155.
⑤ 雷磊. 重构"法的渊源"范畴 [J]. 中国社会科学，2012（6）：154.
⑥ 雷磊. 重构"法的渊源"范畴 [J]. 中国社会科学，2012（6）：160-161.

些法律的问题。相比法的创制视角，法的适用视角更符合法的渊源的原初含义"①。也就是说，"从概念本身来看，法律渊源是法官在司法裁判过程中裁判规范和裁判理由来源的规则集合体"②。而不仅仅是少数文本化的规范。

瑞典法学家亚历山大·佩岑尼克（Aleksander Peczenik）对法律渊源的理解则颇为独特。他指出："法律学说是可以被法学家看作某种权威理由的一种法律渊源。换言之，人们关注法学著作中的法律学说，不仅是因为它们所提供的理由的品质，也源于这些法学家们所具有的权威性地位。一种广为人知的现象是，一篇博士论文获得权威性的同时，其作者也就成为了一名法律专家（A Professor of Law）。"③ 这个观点既有利于提高法学理论的学术地位，也有利于司法实践的实践操作。他继续说道，"法律学说已经成为了一种在不同的历史时期具有不同重要性的法律渊源。但是，法律学说并不仅仅只是一种法律渊源，它还是一种理性的描述和对法律的提炼，它（至少是有时候）告诉我们什么是真正的法律。换言之，法律学说具有双重性：一方面，它是一种具有相对从属性地位的法律渊源；另一方面，它又是法律本身的最佳表征（Presentation）"④。在大陆法系国家，把法学家的法学思想视为一种法律渊源似乎难以理解，但是在海洋法系国家则更容易被接受。我国学者和立法机构能否接受这个观念也许还需要有一个过程。

加拿大法学家罗杰·塞勒（Roger A. Shiner）则倾向于司法实践的立场，他指出："法的渊源……应理解为所有影响法官据以形成判决意见的规则的因素。这些（渊源形式）要么呈现给法官的是固定的成形规则；要么相反，它们呈现给法官的仅是资料，须通过法官的积极活动使它们形成规则。相应地，法的渊源的分类即是：完全客观的渊源：权威性文件（最广义的立法）；部分客观的渊源：习惯和先例，以及非客观的渊源：理性。"⑤ 这就将法律渊源的外延作了极大的拓展，如果将其运用于教育法律渊源，则有利于教育管理的实际需要。

人类的社会行为有一个重要的也很有趣的特征，那就是每个人在实施自己的行为或者对自己的行为进行反思的时候，总喜欢为自己的行为寻找一种"依据"或"解释"。只要他认为这种依据或解释是他可以理解和接受的，那么他就可以认可这种行为。在司法过程中也可能会出现这种现象：当法官在裁决案件的时候，他首先要找到的依据当然是现行成文的法律法规，其次是国家政策和司法解释，然后是习惯、社会文化、风俗等公序良俗。

① 雷磊. 重构"法的渊源"范畴 [J]. 中国社会科学，2012（6）：149.

② 王亮. 论法律渊源和法律起源的界分——基于法律方法论视角的分析 [J]. 岳麓法学评论，2020（13）：167.

③ 亚历山大·佩岑尼克. 法律科学：作为法律知识和法律渊源的法律学说 [M]. 桂晓伟，译. 武汉：武汉大学出版社，2009：29.

④ 亚历山大·佩岑尼克. 法律科学：作为法律知识和法律渊源的法律学说 [M]. 桂晓伟，译. 武汉：武汉大学出版社，2009：29.

⑤ 罗杰·塞勒. 法律制度与法律渊源 [M]. 项焱，译. 武汉：武汉大学出版社，2010：192-193.

那么，我们要问一个问题，假设在这些依据都已经穷尽仍然不能裁决某个案件的情况下，作为一名法官该如何裁决这个案件呢？这就需要法官在现有的社会规则（包括观念）中仔细寻找到一个"依据"（成文的、不成文的），而且这个依据必须能够被双方当事人接受（古代中国的"引经决狱"就是这个思路）。这就需要法官掌握双方当事人的心理需求。只要他提出的某个裁决结论符合当事人双方的心理需求并被接受，那么这个裁决就是成功的裁决，这个裁决背后的依据就是一种法律渊源。所以，法律渊源最本质的内涵应该是司法者对司法对象的心理感受（心理得到平衡和满足进而产生一种满意感）准确理解的基础上，寻找到的能够使司法对象得到心理满足而使用的有效裁决的所有规则和观念的集合。这与中华法系的传统司法观有着异曲同工之妙。西方学者也有大致相同的看法。①

之所以浓墨重彩地用了这么大的篇幅来分析"法律渊源"理论视角和概念内涵，是因为对这个概念的理解关系到本书的呈现框架和篇章结构，也是本书研究的逻辑起点。本书所构建的研究体系是否能够得到学界大家和同行的认可，或者说如果有专家对本书进行批判，我们最终都要回到对这个概念的理解上。

## 二、教育法律渊源的内涵

在理清了上述关于法律渊源的概念的基础上来理解教育法律渊源，我们更倾向于从教育的司法实践和教育管理实践的角度来思考教育法律渊源这个概念。为此，我们需要从以下三个方面来理解教育法律渊源。

---

①　亚历山大·佩岑尼克在《法律科学：作为法律知识和法律渊源的法律学说》（桂晓伟，译，武汉大学出版社，2009：28）一书中较系统地论述了法律渊源的内涵。作者的观点如下：

法律渊源的学说面临着全球化的问题。新的法律渊源在特征和地位上并不总是精确的。其约束力的根据在于理性、谱系（pedigree）与实践——三者的任何组合。在此，试举一些例子：

- 联合国的决议。
- 人权。
- 商业惯例。
- 国外的先例。
- 仲裁。
- 大体上来自权威机构的建议。
- 其他的软法（softlaw）。
- 大体上已被全球所接受的学说（Globalized doctrine）。

因果关系要素、法律证成与法律渊源

存在着诸多在因果关系上影响法律决策的非法律要素（non-legal factors），这些要素包括：

- 媒体。
- 民间组织（private organizations）所表达的观点。
- 经常以一种正式的方式表达的政府与其他一些政治机构的意图（intentions）——尤其是当这些意图反映了具有影响力的政治价值的时候。
- 在媒体和政治游说（political lobbying）等中表现出来的市民社会（civil society）中有影响的价值观（values）、政治意识形态、政治正确标准等。
- 有影响力但在国际法上缺乏正式权威的国际组织所表达的观点。

**（一）马克思主义的教育法律渊源价值**

马克思主义包括马克思主义哲学、马克思主义政治经济学和科学社会主义三大部分，马克思主义的这三大学说回答了人类社会发展的动力、进程以及正确认识世界的思维方式。马克思主义不仅是我们立党立国、兴党兴国的根本指导思想，同样也是我们发展教育事业的根本方针。正因为如此，马克思主义的三个学说不仅是我国教育法律研制的理论基础，也是我国教育法律渊源重要依据，无论是教育法律法规的研制还是教育司法实践和教育管理实践，都应该从马克思主义的学说中找到相应的依据。从这意义上来说，马克思主义特别是中国化的马克思主义也是我国的教育法律渊源，至少可以将其视为教育法律的非正式渊源。

我们将马克思主义纳入教育法律渊源的研究范畴的主要原因在于，"在法律科学领域中，法律渊源能够揭示法律规范的基础，促使在众多的社会规范中有效识别出具有法律效力的规范内容"①。而马克思主义的三大学说在有效识别具有法律效力的规范内容上同样可以发挥着重要作用。例如，马克思主义哲学是一个科学思维的学说，擅长用矛盾冲突的观点分析社会中利益存在冲突的社会群体之间的关系，这种关系中最终有效合理解决的手段便是法治。如果我们在法律创制和司法之间不能有效地运用马克思主义哲学的基本原理，则一定会制约我们法治建设的进程。教育法律的建设亦是如此。马克思主义政治经济学和科学社会主义学说在教育法治建设中也同样发挥指导作用，正确认识马克思主义学说，可以更有效地识别社会主义教育法律渊源。

**（二）教育法律渊源与教育法律起源之间的关系**

教育法律渊源与教育法律起源两个概念之间存在着相互交叉的关系，前者是指教育法律的表现形式和司法实践的依据，后者则是教育法律产生的时间和条件。但是在教育法学界确实存在有时候将这个两个概念混为一谈的现象。其原因乃是由于"学术界存在法律渊源和法律起源混用的情形。法律渊源和法律起源要放在法律方法的视角来审视，法律渊源是一个法律方法论的概念，法律起源是一个法学本体论的概念。法律渊源和法律起源在文化因素、制度形态和方法技术方面都存在较大差异。从法律方法论角度区分法律渊源和法律起源，是理性探讨法律渊源概念、克服出现法律渊源概念虚无化的重要方面"②。讨论法律起源的重要价值在于帮助我们理解某些法律产生的原因和背景，以为我们今天的立法和司法找到来龙去脉，从而更为准确地理解法律的价值。我国现行的法律体系尚不完善，空白点很多，难免会在司法实践中出现无法可依的现象。在这种情况下，我们能从教育法律起源的角度多去思考问题，则必然会有利于教育法治建设。

法律起源就是要探索法律是从哪里来的，"对这个问题，人们见仁见智。神法学认为，

---

① 陈芸莹. 论民法典规定的法律渊源 [J]. 长江技术经济, 2021 (7)：167.
② 王亮. 论法律渊源和法律起源的界分——基于法律方法论视角的分析 [J]. 岳麓法学评论, 2020 (13)：159.

法律是上帝、天神等超自然力量的创造或启示。分析法学认为，法律源于'主权者的命令'。历史法学认为，法律是民族精神的产物，是在各民族历史中自然形成的。马克思主义法学认为，法律是人类社会发展到一定阶段的产物，并随着人类社会的发展而演进，迄今已经存在过奴隶制法、封建制法、资本主义法和社会主义法。在当代，随着全球经济一体化的推进，法制现代化和国际化成为一种潮流和趋势"①。随着教育国际化大趋势的出现，教育法治建设也必须顺应这种潮流，从而促进我国教育的国际交流。欧洲在《博洛尼亚进程》之后就开启了欧洲乃至北美地区高等教育一体化的进程，这为我们理解教育法治国际化提供了可供借鉴的经验和模板。

教育法律渊源和教育法律起源的关系问题，还涉及人们对法律渊源与法律有不同的理解。"在学说史上大体有这样的一些认识：第一，是指法律的历史渊源，即指引起特定法律原则和规范产生的历史上的行为和事件；第二，是指法律的理论渊源，就是那些促进过立法和法律改革的理论原则和哲学原理；第三，是指法律的形式渊源，就是那些被赋予法律效力和强制力的、具有权威性的某些原则和规范；第四，是指文件渊源，即指对于法律规范作权威性解释的文件或者公文；第五，是指文献渊源，就是指那些没有权威性的、法官没有义务加以采纳的各种关于法律问题的文献资料；第六，指法与法律的本质来源，如自然法认为法律源于人类的理性。"② 上述学者对法律渊源的不同理解，对于我们理解教育法律渊源有重要的借鉴价值，本书在后续研究中将会参考他们的观点。

**（三）教育法律渊源的理论与实践之间的关系**

马克思主义认为，理论来源于实践，实践的强烈需求必然会推动理论家去思考理论是否正确、是否需要改进和完善。在教育司法实践中已经出现大量因为没有现成的法律条文而难以裁决具体案件的情况下，没有必要因为所谓的立法立场或法理立场上那些狭隘的理解而将鲜活的司法实践困死在人为设定的这些立场之中。教育是一个复杂的社会现象，包含着丰富的实践行为和实践主体，这就使得教育的法律渊源要思考这些复杂主体之间的法律关系及其法律地位等一系列问题。从这个意义上看，我们完全可以以教育法理学作为研究教育法律的理论基础，一旦如此，我们就必须深入探讨教育工作的实践，从大量的实践中寻找丰富的资料，在此基础上将实践上升为理性的认识，这就是教育法理学。

当然，"作为描述法院选取和识别案件裁判所必需法律的概念，法律渊源当然不能等同于法律本身，理解法律渊源应该更多地从法院的裁判过程中着手。但法律渊源对司法过程的这种依赖性不能由此认为存在非实在法，或法院所不遵守的法律，或者说法官裁决的

---

① 李龙．法理学［M］．武汉：武汉大学出版社，2011：148.
② 公丕祥．法理学（第 2 版）［M］．上海：复旦大学出版社，2008：234.

任何东西就是法律，这些说法着实荒谬"①。应当从认知层面澄清"同案同判""类案判"是司法的构成性特征。但是我们在现实生活中看到的往往是教育司法实践中同案不能同判，这就说明我国的教育法律制度的不健全和教育法律的司法性不够，同样的法条在法院的法官裁决中却有不同的理解和操作。在一个具有高度统一性的中国，出现这种现象本身就是教育司法的不公性的体现。

教育法律渊源理论的丰富依赖于教育法律实践的深入程度。我们研究教育法律渊源的最终目的就是解决教育法律实践中所面临的各种困境，特别是那些在现有法律条文体系中难以找到依据且不知如何公平正义地解决的疑难杂症。这样的认识更让我们能够理解"理论是苍白的，实践之树常青"这句名言的真正含义了。

综上所述，我们将教育法律渊源理解为教育司法者对司法对象的心理感受（心理得到平衡和满足进而产生一种满意感）准确理解的基础上，寻找到的能够使司法对象得到心理满足而使用的有效裁决的所有规则和观念的集合。这些规则和观念包括宪法，教育法律，与教育相关的法律，教育法规，教育政策，教育司法解释和指导性案例，教育国际法，中华传统文化中的教育法律，法律原则中的教育法律（教育真理、教育规律），等等。

按照上述对教育法律渊源内涵中众多构成要素的理解，我们将这些规则和观念的构成要素作为本书基本结构对我国教育法律渊源进行阐释和分析。需要指出的是，教育法律渊源仅表示教育法律可能的来源，但并不一定就是教育法律，它只是为教育法律的创制者提供了可以创制法律的途径和方向，减少教育法律创制者因为立法而花费太多的精力去寻找教育立法材料，提高教育立法的效率，从而避免过多地走弯路。教育法律渊源是一个动态的过程而不是静态的结果。一些要素在一个时期可以被视为教育法律渊源，而经过一定发展阶段以后也许就不再是教育法律渊源。

---

① 张洪新．论民间法与国家法之间的三重关系——基于法律渊源命题的一种考察［J］．民间法，2018（21）：5.

# 第二章　我国宪法中的教育法律渊源

从本章开始，我们将对包含教育法律渊源的各要素进行详细展开与分析。

《中华人民共和国宪法》（以下简称《宪法》）是国家的根本法，是治国安邦的总章程，具有最高的法律地位、法律权威、法律效力，也是我国教育法律渊源中最重要、最基础的法律渊源。"无论在学理表述或一般观念中，民主原则一般都被认为是我国宪法的基本原则。"① 无论学界对民主原则作如何解读，这个原则对于教育事业都具有特别重要的价值。中华人民共和国成立以来，制定（包括修订）了多部宪法，虽然这些宪法在内容上有所调整，但是作为我国教育法律渊源这一点始终不能改变。下文将按照中华人民共和国成立以来各部宪法颁布的时间来分析其中的教育法律渊源。

## 第一节　《共同纲领》中的教育法律渊源

《中国人民政治协商会议共同纲领》（以下简称《共同纲领》）是中华人民共和国成立之初的临时约法，规定了中华人民共和国的国体和政体，划分了各种主体的法律关系，确定了这些主体的法律地位，扮演着宪法的角色，是中华人民共和国的非正式宪法。尽管如此，这部具有宪法作用的文本的意义重大。其是自1840年中国逐步沦为半殖民地半封建社会以来第一部具有代表中国广大民众利益的法律文本，标志着半殖民地半封建社会在中国的结束，中国进入了新民主主义社会，人民真正实现了当家作主的愿望，这是几千年来从没有出现过的社会。从这个意义上看，这部不是宪法的宪法就是中华人民共和国的"人权宣言"，其历史地位无论如何评价都不为过。

一、《共同纲领》产生的历史背景和法学地位

《共同纲领》是特殊时期产生的特殊制度文本，为中华人民共和国的成立和新民主主义制度的建立奠定了法制基础。其对于中华人民共和国的文化教育事业发展提供了基本的路径选择，也为后来的宪法产生提供了立法经验，奠定了坚实的法理基础。

---

① 钱坤. 论《共同纲领》中的民主原则［J］. 法学评论（双月刊），2021（6）：27.

**（一）《共同纲领》产生的历史背景**

抗日战争结束之后，国民党为了实现其独裁统治，很快撕下了和平的面纱，发动了内战，史称第三次国内革命战争。《共同纲领》在序言中也阐释了这个文本的历史背景，即"中国人民解放战争和人民革命的伟大胜利，已使帝国主义、封建主义和官僚资本主义在中国的统治时代宣告结束。中国人民由被压迫的地位变成为新社会新国家的主人，而以人民民主专政的共和国代替那封建买办法西斯专政的国民党反动统治"。"中国人民政治协商会议代表全国人民的意志，宣告中华人民共和国的成立，组织人民自己的中央政府。中国人民政治协商会议一致同意以新民主主义即人民民主主义为中华人民共和国成立的政治基础，并制定以下的共同纲领，凡参加人民政治协商会议的各单位、各级人民政府和全国人民均应共同遵守。"纲领全文由序言和总纲、政权机关、军事制度、经济政策、文化教育政策、民族政策、外交政策，七章六十条组成。"《共同纲领》中的民主原则以新民主主义理论为基础，指向'人民民主'与'实质民主'，在规范体系中起到建构性作用。"① 《共同纲领》总结了新民主主义革命的历史经验，为建设新民主主义社会，并逐步过渡到社会主义社会确定了一系列正确的方针政策，是全国各族各界人民的共同意志的体现。

**（二）《共同纲领》的法学地位**

1949 年 9 月 27 日至 29 日，全国政协会议通过的《中国人民政治协商会议组织法》《中华人民共和国中央人民政府组织法》《中国人民政治协商会议共同纲领》是中华人民共和国成立的法律基础。其中《共同纲领》是中华人民共和国成立初期政府的施政纲领并起到临时宪法作用。有学者认为，"从立法中心主义视角出发，法律渊源的含义则主要集中于国家立法机关制定的充分体现国家权威的成文法，换句话说，法律渊源作为一国的法和法律的预备库或半成品，表明一国的法可以或可能基于何种途径产生"②。"这里所指的法律渊源是形式意义上的，指由不同的国家机关制定或认可的，因而具有不同法律效力或法律地位的各种类别的规范性法律文件的总称。一般又称为法律的形式。"③ 《共同纲领》在当时就是中华人民共和国基本的法律渊源。

《共同纲领》在《总纲》的第一条就提出："中华人民共和国为新民主主义即人民民主主义的国家，实行工人阶级领导的、以工农联盟为基础的、团结各民主阶级和国内各民族的人民民主专政，反对帝国主义、封建主义和官僚资本主义，为中国的独立、民主、和平、统一和富强而奋斗。"紧接着在第五条里更加明确地规定了公民（人民）的基本权利，即"中华人民共和国人民有思想、言论、出版、集会、结社、通讯、人身、居住、迁徙、宗教信仰及示威游行的自由权"。第一条从国家体制的角度赋予了人民的政权性质，

---

① 钱坤. 论《共同纲领》中的民主原则 [J]. 法学评论（双月刊），2021（6）：27.

② 刘晶.《国际法院规约》中法律渊源的逻辑互动：国际软法视域下的形式封闭和实质开放 [D]. 中南财经政法大学，2016：16.

③ 公丕祥. 法理学（第 2 版）[M]. 上海：复旦大学出版社，2008：235.

第五条则是赋予人民具体的权利。这些规定赋予中华人民共和国人民的法律地位，明确了人民当家作主的权利，所以说《共同纲领》是中华人民共和国的"人权宣言"，这些基本立法思想一直被后面的宪法所接受并影响至今。这些规定也是教育法律渊源的重要内容。正如1954年《宪法》所指出的那样："中华人民共和国第一届全国人民代表大会第一次会议，1954年9月20日在首都北京，庄严地通过中华人民共和国宪法。这个宪法以1949年的中国人民政治协商会议共同纲领为基础，又是共同纲领的发展。"

## 二、《共同纲领》中的教育法律

《共同纲领》解决了在还不具备召开全国人民代表大会条件时建立和治理中华人民共和国的宪法依据问题。《共同纲领》还是1954年中华人民共和国第一部宪法的基础。《共同纲领》中有很多条款涉及教育事业发展的内容，它们都是重要的教育法律渊源。主要包括两个方面的规定：第一章"总纲"和第五章"文化教育政策"。

### （一）第一章"总纲"中的教育法律

《共同纲领》在"总纲"中至少有三个条款与教育事业发展有着密切关系，分别是第五条、第六条和第九条。

"总纲"第五条规定："中华人民共和国人民有思想、言论、出版、集会、结社、通讯、人身、居住、迁徙、宗教信仰及示威游行的自由权。"这一条是对一个国家公民基本权利所作的规定，而且该条将其定性为"自由权"。该规定的教育学意义就在于其提出公民有"思想、言论和出版"等各项自由权，其在教育法律上的意义至少有两个方面。

首先，该条规定与世界大多数国家的宪法规定基本相同，从宪法角度为公民进行教育教学的国际交流提供了思想和依据。人类进入近代社会以来，各国特别是制定法系国家几乎都在各自国家的宪法中对公民的上述自由权作了大致相同或相近的规定。从教育法律的角度来看，大多数国家宪法的这些规定，扫清了各国之间在教育领域开展交流的障碍。

其次，该条款规定的这些"思想、言论和出版"等各项自由权对于国家教育事业有着直接的促进作用。因为这三个要素都与教育事业发展有着特别密切的关系：思想自由是教育事业发展的前提，具体到学校教育中就是要培养精神健全的人，西方称之为"心灵自由"（Liberal），我国称之为智育。"随心所欲不逾矩"是我国古代对思想自由的概述；而高等教育中的思想自由即为学术自由①。言论自由和出版自由是思想自由的表现形式，教育要进步就必须允许广大师生开展广泛的自由的科学探索，并将这些探索结果以适当的方式呈现给社会，同时也可以将这些成果作为新的教育教学内容在学校教育中传递下去。

该条款中的"居住、迁徙的自由权"的规定也同样具有重要的宪法意义。因为对于每

---

① 沈文钦在《美国联邦最高法院的学术自由判例及其法律意涵》（学术界，2007（1）：288）中介绍了美国高等学校20世纪50—60年代两个关于学术自由的经典判例。内容如下：

第一个是美国最高法院对"斯威兹诉新罕布什尔州政府"一案的判决。保罗·斯威兹（Paul Sweezy）是新罕布什尔大学教授，他曾经与人合写文章，哀叹美国和其他资本主义国家试图用暴力来（转下页）

一个具体的受教育对象来说，他所接受的教育一定与具体居住地密切相关。如果公民具有居住和迁徙的自由权则意味着公民有自由地选择学校接受教育的权利。那么，这就与当下的某些限制学生学籍的制度发生了冲突。这一点值得教育法律研制部门特别是国家教育主管部门深入思考。

第六条规定："中华人民共和国废除束缚妇女的封建制度。妇女在政治的、经济的、文化教育的、社会的生活各方面，均有与男子平等的权利。"根据本条款的规定，男女有平等地受教育的权利，这在近代中国的历史上有重要的意义。"我国女子受教育权最早在清政府颁布的《女子小学堂章程》与《女子师范学堂章程》中得到有限的确立，自此女性享有部分学习机会权，可以进入女子小学和初级师范学校学习。民国初年，女子受教育权通过教育部颁布的《普通教育暂行办法》《中学校令》《师范教育令》等规章进一步确立，女性获得了接受更高层次教育的机会，教育条件也逐渐向男性靠拢。五四运动后，《学校系统改革案》使女子受教育权获得平等确立，不久后宪法也对男女受教育权的平等地位作出强调。"①虽然如此，但在清末和民国时期真正实现男女平等受教育权是十分困难的，各级各类学校中女子的人数还是相当不足。

第九条规定："中华人民共和国境内各民族，均有平等的权利和义务。"该条款虽然没

---

（接上页）维护必然崩溃的社会制度，宣称社会主义的暴力将会克服这种抵抗，社会主义的暴力在道义上更优越，因为其目的是创造一个真正人道的社会。1951年，新罕布什尔州议会通过法案，全面管制颠覆活动。1954年，斯威兹两次被检察官传唤。他对两类问题避而不答，一类涉及其妻子、朋友与进步党的关系，另一类涉及他在课堂上讲述社会主义、马克思主义的内容。

斯威兹因拒绝回答而被判蔑视法庭罪，遭到监禁。此后，州最高法院支持检察官的要求，要求斯威兹必须回答这些问题。1957年，联邦最高法院推翻州最高法院的判决。

大法官沃伦的判词不仅充分肯定了学术自由的必要性，而且也对其内容作了界定（即四项自由）："自由在美国大学里的重要性几乎是不言而喻的。任何人都不应低估那些对我们的青年进行指导和训练的人所起的关键作用。把任何紧身衣强加给我们大学的思想导师身上都会危害我们国家的未来。如果对任何一个教育领域不作如此理解，就不可能有任何新的发现。社会科学领域尤其如此。在怀疑和不信任的氛围中，学术不能繁荣。教师和学生必须永远自由地追问、自由地研究、自由地评价、自由地获得新的成熟和理解，否则我们的文明将会停滞乃至灭亡。"

另一位法官法兰克福特在附加意见中指出："任何政府对大学知识活动的干涉"都可能危害教师的基本职能。该案保障了教师更多的言论自由，此案所确立的原则为后来许多项类似的案件所援引。

第二个案例是1967年美国最高法院对"凯伊西安等诉纽约州立大学董事会"一案的判决。1962年，私立的巴法罗大学并入州立大学系统，成为纽约州立大学巴法罗分校。根据纽约的教育法第3021、3022款和公务员法第105款，共产党员不得受雇于公共教育机构。学校要求所有的教员在一份表明自己不是共产党员的誓词上签字。英语讲师凯伊西安（Keyishian）等五人拒绝签字，他们先后接到解聘通知。五人遂向联邦地方法院状告纽约州立大学董事会，联邦地方法院判校方胜诉。凯伊西安等上诉到第二巡回上诉法庭，依然败诉。他们上诉到联邦最高法院，取得胜利。

联邦最高法院裁定纽约州的相关法律违宪。判决书援引了上述"斯威兹诉新罕布什尔州政府"一案的判决书，宣布学术自由也是第一修正案所关注的一个具体方面。判决书还宣布，"即使是共产党员，但是不了解或没有打算实现共产党的非法目标，没有参与非法活动，就不得被解雇"。

① 朱希.试论清末民初女子受教育权的确立及实施［D］.南昌大学硕士学位论文，2020：1.

有指明"均有平等的权利和义务"的具体内涵是否包含教育权利和义务,但从《总纲》前述各条款的规定的逻辑关系来看,我们完全可以得出"中华人民共和国境内各民族,均有平等的受教育的权利和义务"。这个规定在中华人民共和国成立之初具有团结各民族共同建设新中国的重大意义。

**(二) 第五章"文化教育政策"中的教育法律**

《共同纲领》专门设置了第五章"文化教育政策"作为专章来规范教育事业发展,这在后来的《宪法》中均再也没有出现过,而是将文教方面的规定放在了"总纲"和"公民的基本权利和义务"等相关章节中,这些内容都是教育法律的宪法渊源。

《共同纲领》第四十一条规定:"中华人民共和国的文化教育为新民主主义的,即民族的、科学的、大众的文化教育。人民政府的文化教育工作,应以提高人民文化水平、培养国家建设人才、肃清封建的、买办的、法西斯主义的思想、发展为人民服务的思想为主要任务。"该条款将中华人民共和国的文教事业的性质作了明确规定,从而为中华人民共和国教育事业的发展指明了方向;同时也提出了中华人民共和国教育的基本任务和目标。

第四十二条规定:"提倡爱祖国、爱人民、爱劳动、爱科学、爱护公共财物为中华人民共和国全体国民的公德。"该条款为中华人民共和国的教育方针中德育工作作了法律铺垫。纵观古今中外各国教育事业发展历史,无不重视对学生的品德教育和培养。四大文明古国在人类社会的早期就非常重视通过家庭教育的方式加强对青年人的品德训练和培养。实际上,今天我们在讨论学生的德育工作时,有时候对其内涵的理解并不是十分清晰。因此,我们不妨从该条款中获得启发。

第四十三条规定:"努力发展自然科学,以服务于工业农业和国防的建设。奖励科学的发现和发明,普及科学知识。"科学素养和科学精神的养成是一个民族进步的重要条件。中华人民共和国成立之初,国民的整体素养较差,文盲半文盲占全体国民人数的80%。这种国民素质状况显然难以承担建设强大国家特别是建设强大工业国的重任。所以,学校教育必须加强科学素养的教育,增加科学技术知识的学习,提高人们认识自然世界的能力。

第四十四条规定:"提倡用科学的历史观点,研究和解释历史、经济、政治、文化及国际事务。奖励优秀的社会科学著作。"该条款可以理解为在学校教育中加强对学生人文精神的培养,在高等学校中要加强人文社会科学的研究。同科学精神养成一样,人文精神的养成同样重要,中华人民共和国的建设既需要大量掌握自然科学知识的科技人才,也需要大量的人文社会科学的专业队伍,二者都不可偏废。对于学校来说,基础教育阶段的各级各类学校在课程设计方面,大学在专业设置方面都应该统筹兼顾人文社会科学和自然科学之间的平衡。

第四十五条规定:"提倡文学艺术为人民服务,启发人民的政治觉悟,鼓励人民的劳动热情。奖励优秀的文学艺术作品。发展人民的戏剧电影事业。"文学艺术教育是党的教育方针中美育的主要途径,东西方各国从古至今都很重视对学生的创造美、欣赏美的教育。古希腊"七艺"中的文法、修辞和音乐教育,中国古代"六艺"中的"乐"和

"书"，这些课程内容大致可以等同今天的文学艺术教育，也是教育方针中美育的主要内容。该条款的规定为学校开展美育提供了重要法律基础。

第四十六条规定："中华人民共和国的教育方法为理论与实际一致。人民政府应有计划有步骤地改革旧的教育制度、教育内容和教学法。"该条款直接对国家各级各类学校教育的制度、内容和方法进行明确规定，这在世界各国宪法意义上的法律文本中并不多见，但是确实有着一定的教育法律的价值，至少为今后的教育教学改革提供了基本的思路，也是教育立法的指导思想。

第四十七条规定："有计划有步骤地实行普及教育，加强中等教育和高等教育，注重技术教育，加强劳动者的业余教育和在职干部教育，给青年知识分子和旧知识分子以革命的政治教育，以应革命工作和国家建设工作的广泛需要。"该条款的规定应该是对国家中央政府提出的要求，即国家应该是教育事业发展的承担者，这在后来的宪法中都有明确的表述。这里虽然没有提出明确的建设主体，但结合上下文来看，应该表达的是国家有办教育的责任。

第四十八条规定："提倡国民体育。推广卫生医药事业，并注意保护母亲、婴儿和儿童的健康。"该条款在当时具有特别重要的意义，中华人民共和国成立之初，国民整体素质普遍较弱，由于缺少医疗资源，人民的健康状况堪忧。在这种情况下，必须通过不同的路径来改变这种状况。条款至少提出从两个方面来解决这个问题：一方面要对人民加强体育教育，提高他们的健康意识，培养他们的运动精神，从而逐步提高身体素质；另一方面要大力发展医疗卫生事业，特别要关注妇女和儿童的身体健康。

第四十九条规定："保护报道真实新闻的自由。禁止利用新闻以进行诽谤，破坏国家人民的利益和煽动世界战争。发展人民广播事业。发展人民出版事业，并注重出版有益于人民的通俗书报。"该条款虽然看上去与学校教育没有关系，但实际上与学校教育的教学内容有着十分密切的关系。在很大程度上，新闻媒体所报道的这些内容也是学校教育应该关注并实施的内容。可以想象，如果没有学校教育的密切配合，新闻报道所要达到的效果必然会大打折扣。

第五十三条规定："各少数民族均有发展其语言文字、保持或改革其风俗习惯及宗教信仰的自由。人民政府应帮助各少数民族的人民大众发展其政治、经济、文化、教育的建设事业。"该条款在教育法律上的意义就在于强调国内各民族在教育领域拥有平等的权利，具体地说，就是在各级各类学校教育领域里不应该搞民族歧视，各民族在学校教育中有权使用本民族的语言文字，而且政府还需要为他们在教育方面提供各种帮助。

## 第二节　1954 年《宪法》中的教育法律

为了加快中华人民共和国法制工作的步伐，国家急需制定一部根本大法。在《共同纲领》的指导下，中央人民政府委员会"在地方各级人民代表大会相继召开的基础上，由1226 名代表组成的我国第一届全国人民代表大会于 1954 年 9 月 15 日至 28 日举行了第一次会议。会议的一项最重要议程就是讨论审议宪法草案和宪法草案报告。9月20日下午，出席会议的1197名代表以无记名投票方式全票通过了《中华人民共和国宪法》（史称'五四宪法'，以下简称亦为'五四宪法'）。同日，发布中华人民共和国全国人民代表大会公告予以公布，新中国的总章程、根本大法正式诞生"①。

五四宪法在中华人民共和国的法制史上具有特别重要的地位。这是因为"1954年宪法制定后，后来都是对宪法的修改。1975年宪法修改了1954年宪法，1978年宪法修改了1975年宪法，1982年宪法以1954年宪法为基础修改了1978年宪法"②。"五四宪法"由以毛泽东为首的宪法起草委员会起草，是在《中国人民政治协商会议共同纲领》的基础上产生的，"五四宪法"是一部较为完善的具有坚实制宪基础的宪法，但还不是完全社会主义的宪法，而是一个过渡时期的宪法。

## 一、"五四宪法"产生的历史背景

历史来到1954年，距离中华人民共和国成立的1949年已经过去了5年时光，在这短暂的5年内，国家的形势发生了急剧变化，其中一些向好形势的变化也是当时国家领导人未曾预料到的。"从1950年冬到1953年春，除部分少数民族地区外，占全国人口一大半的新解放区农村完成了土地改革。通过增产节约和'三反''五反'等运动，饱受战乱凋敝的国民经济到1952年已经得到全面恢复。1953年起，我国开始了第一个五年计划并系统地实行国家的社会主义工业化及对农业、手工业和资本主义工商业的社会主义改造。"③由此可见，当时的中华人民共和国，无论是在国民经济、政治文化领域，还是科技发展等领域，都表明国内政治形势已经基本稳定。在这种情况下，中华人民共和国的领导人必然要思考国家根本大法宪法的制定问题，以便理顺中华人民共和国方方面面的关系。在毛泽东等中国领导人的倡议下，当时的中央人民政府委员会④积极开展宪法的准备工作。

于是，在中央人民政府委员会第二十次会议上，决定成立中华人民共和国宪法起草委

---

① 冯涛．中华人民共和国宪法制定和发展完善历程［DB/EB］．（2021-08-24）［2022-11-23］．http：//www.npc.gov.cn/npc/dzlfxzgcl70nlflc/202108/8495c61fa0dc4cc8b69079fef7fa8af8.shtml.

② 阚珂．为啥国家宪法日定在12月4日［DB/EB］．（2014-11-13）［2022-10-17］．http：//www.npc.gov.cn/npc/c234/201411/a42139fad31643718b1c973e9c3ef2d0.shtml.

③ 冯涛．中华人民共和国宪法制定和发展完善历程［DB/EB］．（2021-08-24）［2022-11-23］．http：//www.npc.gov.cn/npc/dzlfxzgcl70nlflc/202108/8495c61fa0dc4cc8b69079fef7fa8af8.shtml.

④ 由于1949—1954年的中央人民政府是由中央人民政府委员会及其下属的政务院、人民革命军事委员会、最高人民法院和最高人民检察署五部分共同组成，这与1954年第一届全国人民代表大会召开后实行的"国务院即中央人民政府"的体制明显不同。因此，1949—1954年的中央人民政府从其机构组成就可以看出，是集立法、行政和司法三权于一身的"议行合一"体制。其中，中央人民政府委员会主要负责立法，政务院和人民革命军事委员会主要负责行政（军事权属于行政权），最高人民法院和最高人民检察署主要负责司法。但由于三权并不是平行并立，而是行政权和司法权从属于立法权，最后集中统一于作为过渡时期国家最高政权机关的中央人民政府委员会。参见："议行合一"的中央人民政府委员会［EB/OL］．（2021-06-22）［2022-11-14］．http：//www.npc.gov.cn/npc/zdskxjzt004/202106/88ed56ebf31a475eaf50ac2df4140735.shtml。

员会。"在地方各级人民代表大会相继召开的基础上，由 1226 名代表组成的我国第一届全国人民代表大会于 1954 年 9 月 15 日至 28 日举行了第一次会议。会议的一项最重要议程就是讨论审议宪法草案和宪法草案报告。9 月 20 日下午，出席会议的 1197 名代表以无记名投票方式全票通过了宪法。同日，发布中华人民共和国全国人民代表大会公告予以公布，新中国的总章程、根本大法正式诞生。"① "到这时，新中国刚刚成立 5 年，还处于从新民主主义到社会主义的过渡时期。这次会议所制定的宪法的一个重要任务，就是为全国人民指出一条清楚的、明确的和正确的前进道路——走社会主义道路。"② "五四宪法"的诞生，标志着中华人民共和国正式迈进了依法治国的法治轨道，从此，中华人民共和国有了自己的根本大法。

### 二、"五四宪法"中的教育法律

"五四宪法"在《序言》里明确指出："这个宪法以 1949 年的中国人民政治协商会议共同纲领为基础，又是共同纲领的发展。"可见"五四宪法"与《共同纲领》之间存在着一定的渊源关系。在教育法律渊源上也同样存在着这样渊源关系，这种渊源关系的存在保证了国家教育事业发展的连续性和可持续性，有利于我国教育事业的稳定和发展。"五四宪法"对于国家教育事业的发展直接或间接地作了多条款的规定。

第三条规定："中华人民共和国是统一的多民族的国家。各民族一律平等。禁止对任何民族的歧视和压迫，禁止破坏各民族团结的行为。各民族都有使用和发展自己的语言文字的自由，都有保持或者改革自己的风俗习惯的自由。各少数民族聚居的地方实行区域自治。"该条款的教育法律意义就在于国家在发展教育事业的过程中必须保持各民族一律平等，不得在教育工作的过程中出现针对任何民族的歧视和压迫。具体说来，就是要尊重各民族使用本民族语言文字的权利，有在教学中运用本民族风俗习惯内容的权利。在教育管理过程中要充分尊重各民族自主举办各级各类学校教育，并积极鼓励各民族发展民族教育事业。

第十六条规定："劳动是中华人民共和国一切有劳动能力的公民的光荣的事情。国家鼓励公民在劳动中的积极性和创造性。"该条款对于教育法律渊源的价值就在于赋予国民以劳动的权利之下。由此逻辑自然可以推导出在各级各类学校加强劳动教育的重要性和合法性，为在教育法律中制定加强劳动教育提供了坚实的宪法依据。由于受生产力发展水平的限制，劳动常常被简单地理解为在户外开展的让人觉得不愉快甚至痛苦的体力劳动，因而在人们心中形成了"劳动＝辛劳"的"刺激-反应"连接，且逐步产生了远离劳动的态度。但是劳动教育在形成学生的正确三观、养成尊重劳动的素养以及提高学生身心健康水

---

① 冯涛．中华人民共和国宪法制定和发展完善历程［DB/EB］．（2021-08-24）［2022-11-23］．http：//www.npc.gov.cn/npc/dzlfxzgcl70nlflc/202108/8495c61fa0dc4cc8b69079fef7fa8af8.shtml.

② 阚珂．为啥国家宪法日定在 12 月 4 日［DB/EB］．（2014-11-13）［2023-10-17］．http：//www.npc.gov.cn/npc/c234/201411/a42139fad31643718b1c973e9c3ef2d0.shtml.

平等方面具有其他教育无法替代的功能。所以，在宪法中赋予公民的劳动权利并加以国家鼓励，对于教育法律的制定和各级各类学校的实施具有特别重要的意义。

第二十二条规定："全国人民代表大会是行使国家立法权的唯一机关。"这个规定对于明确教育立法权具有重要价值，实际上也就是明确了制定教育法律的权力问题。说明了教育法律渊源的权力来源。

第四十九条第九款规定，"国务院行使管理文化、教育和卫生工作职权"；第十七款规定，"国务院拥有全国人民代表大会和全国人民代表大会常务委员会授予的其他职权"。从中我们可以看出，第四十九条中有两款涉及教育法律渊源。前一款赋予了国务院管理教育的工作职权，从而为国务院及其教育主管部门管理教育提供了宪法依据。由此可以推演出国务院及其教育主管部门可以依据有关法律制定相应的行政法规，这些法律法规都是教育法律渊源。后一款则更加明确了国务院及其教育主管部门可以获得全国人民代表大会和全国人民代表大会常务委员会授予的其他职权，意味着国务院及其教育主管部门在管理教育过程中除了行使制定行政法规和部门规章的权力外，还具有在管理教育过程中所必需的其他权力，例如，制定教育政策。那么这些政策也可以被视为教育法律渊源。

第八十五条规定："中华人民共和国公民在法律上一律平等。"本条款的教育法律意义在于确定了国家公民在接受教育方面享有平等的权利。但是，这里有一个值得关注的问题或者也可以称之为瑕疵，那就是在"五四宪法"中并未对"国家公民"作出界定，而对"国家公民"的界定是在1982年宪法第三十三条中作出的，该条款规定："凡具有中华人民共和国国籍的人都是中华人民共和国公民。"可见，如果没有中华人民共和国国籍的人就不是中华人民共和国公民，也就没有平等的受教育权。那么是否可以推导出非中华人民共和国公民（如外国人）在中国不能享有平等的受教育权？这个问题值得教育法学界深思。

第八十七条规定："中华人民共和国公民有言论、出版、集会、结社、游行、示威的自由。国家供给必需的物质上的便利，以保证公民享受这些自由。"该条款与《共同纲领》第五条规定的"中华人民共和国人民有思想、言论、集会、结社、通讯、人身、居住、迁徙、宗教信仰及示威游行的自由权"比较接近，但是删除了"思想"和"人身"自由权，增加了"出版"自由权。其他的权利在下面的条款中作了拓展。其教育法律渊源价值在上文已经作了分析，这里不再赘述。

第九十条规定："中华人民共和国公民的住宅不受侵犯，通信秘密受法律的保护。中华人民共和国公民有居住和迁徙的自由。"该条款与《共同纲领》相同，不再赘述。

第九十四条规定："中华人民共和国公民有受教育的权利。国家设立并且逐步扩大各种学校和其他文化教育机关，以保证公民享受这种权利。国家特别关怀青年的体力和智力的发展。"该条款是教育法律渊源最直接的表述，这在《共同纲领》里并没有与此相似的条款。而在此后的宪法中都有近似的表述。该条款赋予了教育法律最重要的宪法基础，但是，也有一点缺憾，即没有指出公民有"平等的"受教育权利。能否有公平的受教育权这一点很重要，因为仅仅规定有受教育的权利还是不够的，对于广大公民来说，他们更希望能有接受平等的教育权利，否则就会在实际办学过程中出现教育不公平的现象。实际上，在此后至今的教育发展过程中确实出现了制度性人为的教育不公平现象，特别是在基础教育阶段。例如，重点中小学、师范中小学，甚至高等学校的分类、分层办学都有不公平的嫌疑。

该条款还特别强调要重视青年体力和智力的发展。这是教育方针中的体育和智育。这与当时的国情有很大关系。1950年代国家迫切需要经济建设人才，然而中华人民共和国刚刚成立不久，人民还没有完全解决温饱问题，身体素质总体还不高，文化素质的状况也大致如此。故在"五四宪法"中并没有提到美育和德育，但这并不意味着这两方面的教育不重要。

第九十五条规定："中华人民共和国保障公民进行科学研究、文学艺术创作和其他文化活动的自由。国家对于从事科学、教育、文学、艺术和其他文化事业的公民的创造性工作，给以鼓励和帮助。"该条款的教育法律渊源的意义在于，宪法规定了公民自由地开展科学研究和文化教育活动，并且国家还给予鼓励。表现在学校教育活动中鼓励师生自由开展创新性的科学研究和文化活动。这里特别提到了"创造性"，这对于国家学校教育事业的进步具有积极的引导作用，也为调动我国各级各类学校教育教学积极性提供了坚实宪法依据。

第九十六条规定："中华人民共和国妇女在政治的、经济的、文化的、社会的和家庭的生活各方面享有同男子平等的权利。"该条款的规定与《共同纲领》的相关规定相近，从宪法的角度再次强调了男女平等的权利，推演到教育事业就是男女有平等的受教育权。

第一百条规定："中华人民共和国公民必须遵守宪法和法律，遵守劳动纪律，遵守公共秩序，尊重社会公德。"这条规定是对公民基本品格的要求，即要遵纪守法，同时也要尊重社会公德。这一条规定在教育法律上的意义就在于要提高公民的道德水平，在一定程度上弥补了第九十五条规定的不足。

## 第三节　"五四宪法"后各《宪法》中的教育法律

关于"五四宪法"以后出现的多部宪法是不是新宪法，法学专家有不同的观点。有专家认为，"可以肯定地说，1954年宪法制定后，后来都是对宪法的修改。1975年宪法修改了1954年宪法，1978年宪法修改了1975年宪法，1982年宪法以1954年宪法为基础修改了1978年宪法"①。与此同时，他又认为，"应该看到，1975年、1978年、1982年三次都是对宪法的全面修改。正是因为如此，才在1954年宪法制定后，在事实上1975年、1978年、1982年这三次修改后分别形成了一部新的宪法。还需要说明的是，1978年宪法通过

---

① 阚珂．为啥国家宪法日定在12月4日［DB/EB］．（2014-11-13）［2022-10-17］．http：//www.npc.gov.cn/npc/c234/201411/a42139fad31643718b1c973e9c3ef2d0.shtml.

后，在 1979 年、1980 年作了两次个别条文的修改，但不形成新的宪法"①。也有专家反对将"五四宪法"后的多部宪法认定为新宪法，旗帜鲜明地指出"认定我国'制定'过数部宪法的观点和主张是不准确的"②。

上述认为继"五四宪法"之后，我国再也没有新宪法的观点也得到部分学者的认同，他们认为，"1981 年 6 月，党中央通过了《中共中央关于建国以来党的若干历史问题的决议》，彭真同志也明确指出，总体来看，现行宪法形式上是对 1978 年宪法的修改，实质上不是以 1978 年宪法为基础，而是以 1954 年宪法为基础"③。"需要说明的是，根据 1980 年 8 月中国共产党中央委员会关于修改宪法和成立宪法修改委员会的建议，彭真同志 1982 年 4 月所作的宪法修改草案的说明以及同年 8 月所作的宪法修改草案的报告，1982 年宪法不是新制定的宪法而是新修改的宪法。"④ 因此，"从新中国成立至今，宪法文本虽然几经

① 阚珂. 为啥国家宪法日定在 12 月 4 日 [DB/EB]. (2014-11-13) [2022-10-17]. http：//www. npc. gov. cn/npc/c234/201411/a42139fad31643718b1c973e9c3ef2d0. shtml.

② 翟勇在《"制定"还是"修改"?》一文（参见 http：//www. npc. gov. cn/npc/c221/200901/4f20bf431bc74ea5a8a5627e84ebfbad. shtml.）中充分论述了"五四宪法"以后的多部宪法不能够成为新的宪法的理由。他在分析古今中外宪法制定历史的基础上，对我国"五四宪法"及其以后宪法演变过程作了如下论证和阐释：

通过回顾人类宪政的历史，我们不能找到支持那种认定"我国制定过 4 部宪法"的观点的依据。因为，第一，这三次"制宪"既没有以新国家或者新政权的产生为前提，也没有一定的宪法或者其他的依据赋予制宪机构以制定宪法的权力；第二，没有依法成立的专门的制宪机构，而均是依据宪法成立的修宪委员会或者类似的机构；第三，关于 1975 年宪法、1978 年宪法和 1982 年宪法的说明均以修改宪法的报告为题；第四，在这三次所谓的制宪活动中，均未宣布对过去宪法的废止。1975 年、1978 年和 1982 年三次"制定"宪法，仅仅应当认定是对 1954 年宪法的三次大的修改。

有一点必须十分明确，1954 年制定的《中华人民共和国宪法》和人们所认定的 1975 年宪法、1978 年宪法、1982 年宪法，均未授予立法机关即全国人民代表大会或者全国人民代表大会常务委员会有制定宪法的权力，在人们所划分的 1954 年宪法、1975 年宪法、1978 年宪法和 1982 年宪法中，仅仅规定了全国人民代表大会具有修改宪法的权力。

1954 年宪法中没有将制定宪法的权力授予任何主体，仅仅在全国人民代表大会的职权中，规定了其行使修改宪法的权力；即便是在人们所认定的 1975 年宪法、1978 年宪法和 1982 年宪法中，同样没有授予任何主体行使制定宪法的权力，均规定了全国人民代表大会有修改宪法的权力。人们所认定的 1975 年宪法、1978 年宪法和 1982 年宪法的制定情况，实际上是在这三年中，我国对 1954 年宪法作出的三次大的修改。

对此，三次关于宪法修改报告的说明可以作为充分的证据证明，如 1975 年的说明是"关于修改宪法的报告"；1978 年的说明是叶剑英委员长作的"关于修改宪法的报告"；1982 年的说明是宪法修改委员会副主任委员彭真作的"关于中华人民共和国宪法修改草案的报告"。而且，这三次都是成立的修宪委员会或者类似的机构，没有成立制宪委员会或者类似的机构。同时，尽管 1978 年以后的两次修改似乎是针对 1975 年宪法和 1978 年宪法进行的，但却没有一次是对 1954 年宪法的完整恢复，都是对 1954 年宪法有不同程度的修改，所以从实质上说，应当认定这三次均是对 1954 年宪法的修改。

经过以上分析，应当肯定地得出这样的结论，即认定我国"制定"过数部宪法的观点和主张是不准确的，事实上依据我国宪法的规定，我国任何机构均没有制定宪法的权力。

③ 冯涛. 中华人民共和国宪法制定和发展完善历程 [DB/EB]. (2021-08-24) [2022-11-23]. http：//www. npc. gov. cn/npc/dzlfxzgcl70nlflc/202108/8495c61fa0dc4cc8b69079fef7fa8af8. shtml.

④ 冯涛. 中华人民共和国宪法制定和发展完善历程 [DB/EB]. (2021-08-24) [2022-11-23]. http：//www. npc. gov. cn/npc/dzlfxzgcl70nlflc/202108/8495c61fa0dc4cc8b69079fef7fa8af8. shtml.

修改，但其从一开始所确立的国家的根本性质、根本道路、根本制度、根本任务并没有改变，社会主义一直是全国各族人民团结奋斗的共同理想"①。强调这一点对于我们正确认识中华人民共和国宪法的作用和维护其权威性具有重要价值，对于我们构建中华人民共和国的教育法律体系、正确认识我国教育法律渊源都具有现实意义。

## 一、1975 年《宪法》中的教育法律

法学界对于 1975 年宪法的总体看法大致可以归结为"不完善且有着严重错误"②。许崇德等在《略论我国一九七五年宪法》（载《法学杂志》社 1981 年版的《法学论集》）中对于 1975 年宪法是这样评价的："随着中华人民共和国成立以来民主革命任务的完成和社会主义改造、社会主义建设的发展，随着剥削制度的消灭和剥削阶级分子的逐步改造，国内的阶级关系以及阶级斗争的形势早已发生了深刻变化。1975 年宪法以所谓基本路线作为指导思想，是不符合我国社会发展规律的。"但作者同时也对 1975 年宪法作了一定的肯定。他认为，该宪法的《总纲》"反映了我国无产阶级专政的根本性质，确认了单一的社会经济基础。从这一点来说，1975 年宪法仍不失为一部社会主义的宪法"。

1975 年宪法对"五四宪法"进行了大幅度删减，如表 2-1 所示。

表 2-1　　　　　　　　　　　　1975 年宪法与五四宪法内容比较

| 项目<br>宪法名称 | 序言 | 总条文数 | 总纲的条文数 | 总纲条文占全部条文的比重 |
|---|---|---|---|---|
| 1954 年宪法 | 934 个字 | 106 条 | 20 条 | 18.86% |
| 1975 年宪法 | 800 个字 | 30 条 | 15 条 | 50% |

资料来源：许崇德等.略论我国一九七五年宪法 [J].法学论集，1981：74.

---

① 冯涛.中华人民共和国宪法制定和发展完善历程 [DB/EB].（2021-08-24）[2022-11-23]. http://www.npc.gov.cn/npc/dzlfxzgcl70nlflc/202108/8495c61fa0dc4cc8b69079fef7fa8af8.shtml.

② 参见 1975 年宪法：不完善且有着严重错误 [EB/OL].（2014-09-30）[2022-08-11]. http://www.jcrb.com/xztpd/2014zt/shdkr/65nfzjc/xflc/201409/t20140930_1436868.html.该文认为，1975 年宪法除序言外，有总纲，国家机构，公民的基本权利和义务，以及国旗、国徽、首都共 4 章 30 条。它的结构过于简单，不可能概括国家生活各方面的内容，从而也必然影响到它的完备性。这部宪法的指导思想是贯彻所谓"党的基本路线"，强调"继续革命""全面专政"等极左的东西。指导思想上的错误必然导致宪法在内容上的严重缺陷。

总之，1975 年宪法是我国特定历史条件下的产物。它反映了"文化大革命"中"左"的路线的严重干扰。它把"文革"中的许多错误理论和做法加以法律化、制度化，使之成为国家生活的最高准则，并为"四人帮"篡夺国家权力提供了法律根据。1975 年宪法不仅条文过少，内容简单，而且规范疏漏，文字上也有许多不确切、不协调之处，是一部很不完善而且有着严重缺点和错误的宪法。但是，1975 年宪法保留了 1954 年宪法的某些基本原则，如坚持生产资料的社会主义公有制，坚持无产阶级专政等，因而仍不失为一部社会主义宪法。它在历史上只存在了 3 年多，由于"四人帮"蔑视法制，因而它在实践中也并没有受到重视和得到认真贯彻，没有起到多少作用。

此外，1975 年宪法还减少了公民的权利和自由，删除了公民的居住和迁徙权，取消了1954 年宪法"公民在法律上一律平等"的原则；去掉了国家关怀青少年的体力和智力发展，进行科学研究、文艺创作和其他文化活动自由；取消了公民实现权利的物质保障，使公民的权利和自由的范围比过去狭小。但是，因为其还是一部社会主义的宪法，我们这里还是介绍一下该宪法中十分有限的关于教育法律的条款，以供研究者参考。

第四条规定："中华人民共和国是统一的多民族的国家。各民族都有使用自己的语言文字的自由。"

第十二条规定："文化教育、文学艺术、体育卫生、科学研究都必须为无产阶级政治服务，为工农兵服务，与生产劳动相结合。"

第二十七条规定："公民有劳动的权利，有受教育的权利。妇女在各方面享有同男子平等的权利。"

第二十八条规定："公民有言论、通信、出版、集会、结社、游行、示威、罢工的自由。"

从上述各条款中可以看出，与"五四宪法"相比，1975 年宪法与教育法律相关的条款数量被大幅度删除了。仅有的上述几条教育法律基本上也都是"五四宪法"里被规定过的。但从第二十条的规定，"教育必须为无产阶级政治服务，为工农兵服务，与生产劳动相结合"中可见教育事业被赋予了强烈的政治色彩，这与当时的国内政治形势的状况是分不开的。

## 二、1978 年《宪法》中的教育法律

1978 年宪法继承了1954 年宪法的一些基本原则，特别是恢复了公民的权利和义务的诸多内容。因此，1978 年宪法中关于教育事业发展方面的条款的内容有了更进一步的丰富。主要条款如下：

第四条规定："各民族一律平等。各民族间要团结友爱，互相帮助，互相学习。各民族都有使用和发展自己的语言文字的自由，都有保持或者改革自己的风俗习惯的自由。各少数民族聚居的地方实行区域自治。"该条款再次强调了各民族一律平等的理念，这就意味着各民族在教育事业发展方面不能被歧视，同时强调了各级各类学校教育有使用各民族语言和民族地区自主管理教育事业的权利。

第十二条规定："国家大力发展科学事业，加强科学研究，开展技术革新和技术革命，在国民经济一切部门中尽量采用先进技术。科学技术工作必须实行专业队伍和广大群众相结合、学习和独创相结合。"科学与科学研究、技术革新与技术革命、学习与独创等都与学校教育密切相关，宪法的这个要求实际上也是对各级各类学校教育的要求，为学校教育教学指明了改革的方向。

第十三条规定："国家大力发展教育事业，提高全国人民的文化科学水平。教育必须为无产阶级政治服务，同生产劳动相结合，使受教育者在德育、智育、体育几方面都得到

发展，成为有社会主义觉悟的有文化的劳动者。"该条款所述内容实际上就是那个时期党的教育方针，这个时期的教育方针中强调的是德智体全面发展，这个规定也对我国人才培养规格作了界定，虽然没有在这里提到"美育"和"劳动教育"，但也符合那个时代国家对人才的迫切需求。

第十四条规定："国家坚持马克思主义、列宁主义、毛泽东思想在各个思想文化领域的领导地位。各项文化事业都必须为工农兵服务，为社会主义服务。国家实行'百花齐放、百家争鸣'的方针，以促进艺术发展和科学进步，促进社会主义文化繁荣。"这是发展文化事业最重要最直接的手段，学校在促进文化事业发展中应该坚持什么方针，文化发展的目的是什么、服务对象是什么，等等，在该条款中得到了明确表述，这也是评价学校教育成效的一个法律标准。

第四十五条规定："公民有言论、通信、出版、集会、结社、游行、示威、罢工的自由，有运用'大鸣、大放、大辩论、大字报'的权利。"该条款的前部分赋予公民的权利与"五四宪法"基本相同，其教育法律意义就是鼓励创新，因为只有言论和出版等方面的自由，创新才有可能。而本条款的后半部分则仍保留了 1975 年宪法的内容，具有明显的"文革"色彩，这并不利于学校教育事业的进步，相反有可能使师生走向歧途。

第五十一条规定："公民有受教育的权利。国家逐步增加各种类型的学校和其他文化教育设施，普及教育，以保证公民享受这种权利。国家特别关怀青少年的健康成长。"

第五十二条规定："公民有进行科学研究、文学艺术创作和其他文化活动的自由。国家对于从事科学、教育、文学、艺术、新闻、出版、卫生、体育等文化事业的公民的创造性工作，给以鼓励和帮助。"

第五十三条规定："妇女在政治的、经济的、文化的、社会的和家庭的生活各方面享有同男子平等的权利。"

以上三条基本上恢复了"五四宪法"的精神，其教育法律的价值已经在前文中作了分析，这里不再赘述。

### 三、1982 年《宪法》中的教育法律

1978 年 12 月 18 日至 22 日，中国共产党第十一届中央委员会第三次全体会议在北京举行。全会冲破长期"左"的错误和严重束缚，彻底否定"两个凡是"的错误方针，高度评价关于真理标准讨论，重新确立了党的实事求是的思想路线。这是一个在中华人民共和国和中国共产党历史上具有划时代和里程碑意义的大会。邓小平在会议闭幕式上作了题为《解放思想，实事求是，团结一致向前看》的报告。报告指出：民主是解放思想的重要条件，在党内和人民内部的政治生活中，只能采取民主手段，不能采取压制、打击的手段；应让地方和企业、生产队有更多的经营管理自主权；为保障人民民主，必须使民主制度化、法律化；要维护党规党纪，把党风搞好。

党的十一届三中全会吹响了改革开放的号角，全党全军和全国人民团结一致积极投身

到四个现代化建设之中。在这样的背景下，1978 年的宪法显然在很多方面不适应新形势发展的需要，需要进行进一步的修改，于是便产生了 1982 年宪法。1982 年宪法继承和发展了 1954 年宪法的基本原则，总结了中国特色社会主义发展的经验，并吸收了国际经验，是中国共产党在新时期的总政策、总路线、总任务的条文化、法律化，是一部有中国特色、适应中国特色社会主义现代化建设需要的根本大法。

1982 年宪法中有关教育方面的条款与 1954 年宪法中的多数相同或相近，但是在涉及教育的条款数量上有了较多的增加，同时对很多条款的内容作了更为细致和准确的表述，现呈现如下：

第四条规定："中华人民共和国各民族一律平等。国家保障各少数民族的合法的权利和利益，维护和发展各民族的平等、团结、互助关系。禁止对任何民族的歧视和压迫，禁止破坏民族团结和制造民族分裂的行为。国家根据各少数民族的特点和需要，帮助各少数民族地区加速经济和文化的发展。各少数民族聚居的地方实行区域自治，设立自治机关，行使自治权。各民族都有使用和发展自己的语言文字的自由，都有保持或者改革自己的风俗习惯的自由。"该条款与 1954 年宪法的条款在总体精神上是一致的，即加强民族团结、尊重各民族的语言文化和民族自治等方面的自由权。这些自由权对于保护各民族，特别是少数民族公民的教育权同样具有教育法律的价值。

第十九条规定："国家发展社会主义的教育事业，提高全国人民的科学文化水平。国家举办各种学校，普及初等义务教育，发展中等教育、职业教育和高等教育，并且发展学前教育。国家发展各种教育设施，扫除文盲，对工人、农民、国家工作人员和其他劳动者进行政治、文化、科学、技术、业务的教育，鼓励自学成才。国家鼓励集体经济组织、国家企业事业组织和其他社会力量依照法律规定举办各种教育事业。国家推广全国通用的普通话。"该条款对国家承担举办各级各类学校教育作了十分详细的规定，强调举办教育是国家的义务，要发展各种教育设施。特别需要强调的是，该条款提出"国家鼓励集体经济组织、国家企业事业组织和其他社会力量依照法律规定举办各种教育事业"。这为民办教育的发展提供了宪法依据，也是后来的民办教育促进法的法律渊源。"国家推广全国通用的普通话"也是学校教育中一项重要工作，为各级各类教育的教学语言特别是民族地区的双语教学工作提供了宪法保证。

第二十条规定："国家发展自然科学和社会科学事业，普及科学和技术知识，奖励科学研究成果和技术发明创造。"该条款赋予了学校教育一项重要的职责，即科普工作，这是"五四宪法"所没有的，说明国家对科学研究和科学知识学习的重要性有了更高的认识。

第二十一条规定："国家发展体育事业，开展群众性的体育活动，增强人民体质。"这是国家在宪法里第一次将体育事业以单独条款呈现，足见国家对体育事业的关注，此后我国的体育事业确实实现了突飞猛进的进步，在国际重大体育赛事中不断取得佳绩，这与本宪法的规定是分不开的。

第二十二条规定："国家发展为人民服务、为社会主义服务的文学艺术事业、新闻广播电视事业、出版发行事业、图书馆博物馆文化馆和其他文化事业，开展群众性的文化活动。"该条款的表达与"五四宪法"和1978年宪法的表述不完全一致，"五四宪法"和1978年宪法强调文学艺术创造为公民的自由权，这里则强调发展文艺事业是国家的义务。这是两个不同的视角，其积极意义就在于国家承担了发展文艺事业的责任。

第二十三条规定："国家培养为社会主义服务的各种专业人才，扩大知识分子的队伍，创造条件，充分发挥他们在社会主义现代化建设中的作用。"关于"知识分子"这个提法在"五四宪法"中没有体现，在1978年宪法中出现了这个概念。但是，1978年宪法强调的是"团结知识分子"，而1982年宪法强调的是发挥知识分子的积极性。表述的方式不一样，其对知识分子的态度也发生了变化。知识分子主要集中在教育领域，调动好知识分子的积极性无疑对国家四个现代化建设和教育事业发展都有极为重要的意义。

第二十四条规定："国家通过普及理想教育、道德教育、文化教育、纪律和法制教育，通过在城乡不同范围的群众中制定和执行各种守则、公约、加强社会主义精神文明的建设。国家提倡爱祖国、爱人民、爱劳动、爱科学、爱社会主义的公德，在人民中进行爱国主义、集体主义和国际主义、共产主义的教育，进行辩证唯物主义和历史唯物主义的教育，反对资本主义的、封建主义的和其他的腐朽思想。"该条款虽然是对全体公民的要求，但同样也是对各级各类学校教育提出的要求，因而具有教育法律的价值。

第三十三条规定："凡具有中华人民共和国国籍的人都是中华人民共和国公民。中华人民共和国公民在法律面前一律平等。"这是中华人民共和国成立以来，第一次在宪法里对"国籍"作了明确规定，其教育法律的意义就在于确定了不同国籍的人在中国的各级各类学校教育中所处的法律地位。

第三十四条规定："中华人民共和国年满十八周岁的公民，不分民族、种族、性别、职业、家庭出身、宗教信仰、教育程度、财产状况、居住期限、都有选举权和被选举权；但是依照法律被剥夺政治权利的人除外。"从中国现行的学校教育制度来看，年满18岁的公民包括大学在校生，本条规定的教育法律意义在于赋予了在校大学生具有选举权和被选举权。这对于培养大学生参与国家治理意识和履行公民权利的能力有积极意义。

第三十五条规定："中华人民共和国公民有言论、出版、集会、结社、游行、示威的自由。"该条款在"五四宪法"、1978年宪法中都有大致相同的规定，其教育法律价值不再赘述。

第四十二条规定："中华人民共和国公民有劳动的权利和义务。国家对就业前的公民进行必要的劳动就业训练。"在此以前的宪法中只强调了公民有劳动的权利，但是并未要求对公民进行劳动前的就业培训。现在提出了这个要求也是非常符合时代发展需要的，因为随着科学技术的广泛运用，普通公民如果不进行职前培训就难以胜任工作岗位的需要。其规定对于学校教育也提出了要求，即在学校教育中要加强科学技术的教育，同时也为发展国家的职业技术教育提供了宪法依据。

第四十四条规定："国家依照法律规定实行企业事业组织的职工和国家机关工作人员的退休制度。退休人员的生活受到国家和社会的保障。"该条款虽然不是针对教育领域提出的要求，但是对于教育领域退休的教师、科研人员和管理干部来说同样适用。退休制度的完善对于调动在职人员的积极性有重要作用，所以，这里对退休人员的关注同样也可以调动教育领域所有人员的积极性，有利于促进教育事业的发展。

第四十五条规定："中华人民共和国公民在年老、疾病或者丧失劳动能力的情况下，有从国家和社会获得物质帮助的权利。国家发展为公民享受这些权利所需要的社会保险、社会救济和医疗卫生事业。"该条款规定的教育法律价值与前款一致，不再阐释。

第四十六条规定："中华人民共和国公民有受教育的权利和义务。国家培养青年、少年、儿童在品德、智力、体质等方面全面发展。"第四十七条规定："中华人民共和国公民有进行科学研究、文学艺术创作和其他文化活动的自由。国家对于从事教育、科学、技术、文学、艺术和其他文化事业的公民的有益于人民的创造性工作，给以鼓励和帮助。"第四十八条规定："中华人民共和国妇女在政治的、经济的、文化的、社会的和家庭的生活等各方面享有同男子平等的权利。国家保护妇女的权利和利益，实行男女同工同酬，培养和选拔妇女干部。"这三款的规定在"五四宪法"、1978年宪法中都有相似条款，其指导思想也是一致的，因而其具有的教育法律价值也是相同的，在此不再阐释。

第四十九条规定："父母有抚养教育未成年子女的义务，成年子女有赡养扶助父母的义务。禁止破坏婚姻自由，禁止虐待老人、妇女和儿童。"该条款的教育法律意义就在于强调家庭教育的重要性。由于社会发展速度过快，中国传统的家庭结构正在发生急剧变化，"三口之家"逐步取代了"三代之家"，更谈不上"四世同堂"了。传统家庭的解构意味着传统文化失去了传承的链条，中国传统文化也逐步丧失。在这种情况下，宪法强调家庭关系的和谐稳定不仅具有社会学和政治学的价值，同样也是对学校教育的新要求和对家庭教育的重视，这才有了我们今天的《家庭教育促进法》的颁布和实施。

第五十三条规定："中华人民共和国公民必须遵守宪法和法律，保守国家秘密，爱护公共财产，遵守劳动纪律，遵守公共秩序，尊重社会公德。"随着科技手段的普及化和便捷化，国家机密的保护越来越受到各界的关注。近年来，有关保密方面的学科建设和研究正在逐步推进，这就需要培养公民的保密意识，而这个责任自然是落到了学校教育上。所以，该条款也是教育法律渊源。

## 四、1988年《宪法修正案》中的教育法律

从1988年《宪法修正案》开始至今的所有修正案都是对1954年宪法的修正，因而其基本精神是一致的。通常情况下，宪法的修正主要动因是调整国家的经济关系，但其中也偶有关于教育法律方面条款的修正。下文开始我们将对1982年宪法后的修正案中涉及教育事业的条款进行分析。

1988年《宪法修正案》中共有两条。第一条是增加规定："国家允许私营经济在法律

规定的范围内存在和发展。私营经济是社会主义公有制经济的补充。国家保护私营经济的合法的权利和利益，对私营经济实行引导、监督和管理。"第二条是"任何组织或者个人不得侵占、买卖或者以其他形式非法转让土地。土地的使用权可以依照法律的规定转让。"由此可见，1988年《宪法修正案》中没有涉及教育的条款。

## 五、1993 年《宪法修正案》中的教育法律

1993年《宪法修正案》第三条："我国正处于社会主义初级阶段。国家的根本任务是，根据建设有中国特色社会主义的理论，集中力量进行社会主义现代化建设。中国各族人民将继续在中国共产党领导下，在马克思列宁主义、毛泽东思想指引下，坚持人民民主专政，坚持社会主义道路，坚持改革开放，不断完善社会主义的各项制度，发展社会主义民主，健全社会主义法制，自力更生，艰苦奋斗，逐步实现工业、农业、国防和科学技术的现代化，把我国建设成为富强、民主、文明的社会主义国家。"这里提到的"进行社会主义现代化建设"，"实现工业、农业、国防和科学技术的现代化"等，虽然没有提及教育，但这也是教育工作的指导方针，是教育立法和依法治教的重要依据。

1993年《宪法修正案》第四十二条第二款："劳动是一切有劳动能力的公民的光荣职责。国有企业和城乡集体经济组织的劳动者都应当以国家主人翁的态度对待自己的劳动。国家提倡社会主义劳动竞赛，奖励劳动模范和先进工作者。国家提倡公民从事义务劳动。"这条规定是党的教育方针中对学生开展"劳动技能教育"的宪法依据。

## 六、1999 年《宪法修正案》中的教育法律

1999年《宪法修正案》中提道：要"发展社会主义民主，健全社会主义法制，自力更生，艰苦奋斗，逐步实现工业、农业、国防和科学技术的现代化，把我国建设成为富强、民主、文明的社会主义国家"和"中华人民共和国实行依法治国，建设社会主义法治国家"。这些规定既是对教育事业提出的要求，例如要实现四个现代化，又是教育事业发展的基础，例如依法治国，教育事业发展当然也需要依法治教、依法治校，等等。

## 七、2004 年《宪法修正案》中的教育法律

2004年《宪法修正案》提出："发展社会主义民主，健全社会主义法制，自力更生，艰苦奋斗，逐步实现工业、农业、国防和科学技术的现代化，推动物质文明、政治文明和精神文明协调发展，把我国建设成为富强、民主、文明的社会主义国家。""国家尊重和保障人权。""中华人民共和国国歌是《义勇军进行曲》。"这些都对教育事业的发展有指导作用，特别是强调"国家尊重和保障人权"具有强烈的时代性，也是对教育国际化提出的基本要求。

## 八、2018 年《宪法修正案》中的教育法律

2018年《宪法修正案》提出："发展社会主义民主，健全社会主义法治，贯彻新发展

理念，自力更生，艰苦奋斗，逐步实现工业、农业、国防和科学技术的现代化，推动物质文明、政治文明、精神文明、社会文明、生态文明协调发展，把我国建设成为富强民主文明和谐美丽的社会主义现代化强国，实现中华民族伟大复兴。""发展同各国的外交关系和经济、文化交流，推动构建人类命运共同体。"这是对前述几个修正案内容的进一步充实，特别是结合了新时代新理念，而这些理念内含了学校教育必须完成的历史使命。

2018 年《宪法修正案》还提出："国家倡导社会主义核心价值观，提倡爱祖国、爱人民、爱劳动、爱科学、爱社会主义的公德，在人民中进行爱国主义、集体主义和国际主义、共产主义的教育，进行辩证唯物主义和历史唯物主义的教育，反对资本主义的、封建主义的和其他的腐朽思想。"这些要求是对各级各类学校教学内容如何进行改革的要求，值得我们高度关注，也是今后教育改革的努力方向。

2018 年《宪法修正案》要求："县级以上地方各级人民政府依照法律规定的权限，管理本行政区域内的经济、教育、科学、文化、卫生、体育事业、城乡建设事业。"这是宪法赋予地方政府对于教育事业的管辖权，明确了地方政府在教育事业发展中的责任。

# 第三章  教育法律

教育法律是我国现行教育法律渊源的主体部分，其主要包括教育基本法和教育部门法。教育法律是全国人民代表大会或全国人民代表大会常务委员会通过一定的立法程序所研制的法律文本。教育法律的结构如图 3-1 所示。

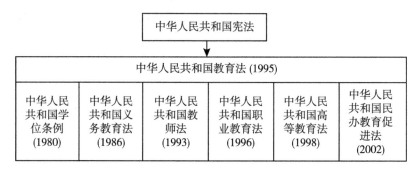

图 3-1  我国教育法律结构图

## 第一节  中华人民共和国教育法

《中华人民共和国教育法》（以下简称《教育法》）是我国教育的基本法，也被称为教育母法。该法是教育法律与宪法之间的桥梁，扮演着承上启下的作用。现行的教育法是 1995 年 3 月 18 日第八届全国人民代表大会第三次会议通过的。根据 2009 年 8 月 27 日第十一届全国人民代表大会常务委员会第十次会议《关于修改部分法律的决定》第一次修正；根据 2015 年 12 月 27 日第十二届全国人民代表大会常务委员会第十八次会议《关于修改〈中华人民共和国教育法〉的决定》第二次修正；根据 2021 年 4 月 29 日第十三届全国人民代表大会常务委员会第二十八次会议《关于修改〈中华人民共和国教育法〉的决定》第三次修正。现行的《教育法》共十章八十六条。

一、《教育法》的历史地位和价值

图 3-1 显示，《教育法》的法理基础是依据《宪法》的相关条款研制的，这在《教育

法》的第一条中有了明确的说明，即"为了发展教育事业，提高全民族的素质，促进社会主义物质文明和精神文明建设，根据宪法，制定本法"。

党的十一届三中全会在会议公报里明确提出，全国人大应当加强立法工作，贯彻法律面前人人平等，树立法律的极大权威，政法干部应该树立"三个忠于"思想，即忠于人民，忠于法律，忠于事实真相。党应当不要过于干预司法机关办案，同时也提出了"有法可依，有法必依，执法必严，违法必究"的"十六字方针"作为中国法制建设的指导方针。1982年宪法序言强调"全国各族人民、一切国家机关和武装力量、各政党和各社会团体、各企事业组织，都必须以宪法为根本的活动准则"，树立宪法的最高权威。由此可见，从1978年党的十一届三中全会开始，中国已经走上依法治国的道路，开始了这一历史性进程。1980年9月7日，时任中央总书记的华国锋同志在第五届全国人民代表大会上指出，要进一步发展社会主义民主和法制。由此可见，我们可以肯定地认为，党的十一届三中全会的召开标志着中华人民共和国正式启动了依法治国的新征程。

到了20世纪90年代，随着开发力度的增加，我们对外面世界的认识更为清晰，民主化已经成为一种社会共识。而民主化的基本条件就是要依法治国。对于教育事业发展来说，教育的民主化、公平化的前提就是依法治教。在国内外法治思潮的推动之下，一部教育基本法律《教育法》① 应运而生。《教育法》的颁布并实施为教育事业发展和教育法制建设奠定了坚实的法律基础。实际上，在此之后国家又陆续出台了《中华人民共和国职业教育法》（以下简称《职业教育法》）、《中华人民共和国高等教育法》（以下简称《高等教育法》）、《中华人民共和国民办教育促进法》（以下简称《民办教育法》），等等。可见，《教育法》确实发挥了教育的基本法的作用。

这里面可能会有这样一个疑问，通常一个法律门类的立法模式采用两条路径：一条路径是先制定该法律门类的基本法，然后依据这个基本法的基本原则和指导思想再制定该门类的部门法（或称之为"单行法"）；另外一条路径是先制定该门类的部门法（单行法），待这些部门法（单行法）逐步成熟、基本上没有法律空白以后，再将这些部门法（单行法）通过法律编纂的立法程序整合为该门类的基本法。而我国的《教育法》似乎没有采取国际上通常的两种立法模式，而是在部门法（单行法）立法的同时制定了《教育法》这个教育法律的基本法。因为在1995年《教育法》产生之前，我国已经有了《中华人民共和国学位条例》（以下简称《学位条例》）、《中华人民共和国义务教育法》（以下简称

---

① 顺便说一下《教育法》这个概念的英文翻译。现在的官方文件都将其翻译成"Education Law"。我们认为这个翻译有点望文生义，是中式的表达。因为在英文里"Law"是一个多义词，可以表达为"法律（体系）；法令，法规；规律，法则，定律；法学，法律学；司法界，律师业；（道德或宗教上的）准则，守则；警方，警察"，等等。就法学的角度来说，该词表达的是所有的一般意义上的法律，而不是针对某一部具体的法律文本。因此，"Education Law"翻译成中文就是教育法律，即是指教育这个部门的所有法律，甚至等同于教育法律渊源意义上的所有教育类的法律，而不是我们所说的《中华人民共和国教育法》这个具体的法律文本。正确的翻译应该是"Education Act"，《中华人民共和国教育法》应该翻译成"Education Act of the People's Republic of China"。

《义务教育法》）和《中华人民共和国教师法》（以下简称《教师法》）。这种立法模式是否合理，我们可以商榷。但有一点现在可以基本明确，那就是《教育法》作为教育类法律的基本法的稳定性不足，这种不稳定性会随着后期各种单行法不断制定而表现得更加明显。目前这部法律已经进行了三次修改，也从一个侧面反映出不稳定性。随后可能还会有更多的修改。

### 二、《教育法》的法律属性

《教育法》的法律属性是指在实施过程中刚性和柔性的表现程度。通常情况下，每一部法律在实施过程中都会表现出一定的刚性或者柔性。像我国的民法典、各类诉讼法、行政法和刑法等，都有非常明确和具体的规定，一旦触犯便会受到明确且严厉的处罚。所以，判断一部法律的刚性如何，主要从其法律责任中可以大致判定。从 1995 年的《教育法》到 2021 年的《教育法》的演进过程来看，《教育法》的刚性在不断增加，柔性在慢慢减少。1995 年的《教育法》中的不少条款还具有宣言性、政策性、原则性等特点，而2021 年的《教育法》则更多具有法制性、规范性、强制性等特点。这从下文对两个不同版本的文本分析，特别是"法律责任"的文本分析中可见一斑。

1995 年《教育法》共有十章 84 条 6000 多字，2021 年的《教育法》共有十章 86 条8000 多字，增加了近 2000 字。增加的两条都是在第九章的《法律责任》中，第九章的字数也相应地有了大幅度增加：由 1995 年《教育法》的 1008 个字增加到 2021 年《教育法》的 2290 个字，增加了近 1300 字。字数的增加意味着内容的变化，对于法律来说，法条的增加和内容的扩展意味着规定更加细化、操作性更强、更便于司法实践，对于教育法律来说意味着对教育事业管理更加规范。

1995 年《教育法》第七十六条规定："违反国家有关规定招收学员的，由教育行政部门责令退回招收的学员，退还所收费用；对直接负责的主管人员和其他直接责任人员，依法给予行政处分。"而 2021 年《教育法》第七十六条的规定则被修改为"学校或者其他教育机构违反国家有关规定招收学生的，由教育行政部门或者其他有关行政部门责令退回招收的学生，退还所收费用；对学校、其他教育机构给予警告，可以处违法所得五倍以下罚款；情节严重的，责令停止相关招生资格一年以上三年以下，直至撤销招生资格、吊销办学许可证；对直接负责的主管人员和其他直接责任人员，依法给予处分；构成犯罪的，依法追究刑事责任"。

1995 年《教育法》第七十七条是这样规定的："在招收学生工作中徇私舞弊的，由教育行政部门责令退回招收的人员；对直接负责的主管人员和其他直接责任人员，依法给予行政处分；构成犯罪的，依法追究刑事责任。"而 2021 年《教育法》第七十七条则作了非常细致的规定，内容也有了大幅度增加。具体内容为："在招收学生工作中滥用职权、玩忽职守、徇私舞弊的，由教育行政部门或者其他有关行政部门责令退回招收的不符合入学条件的人员；对直接负责的主管人员和其他直接责任人员，依法给予处分；构成犯罪的，依法追究刑事责任。

盗用、冒用他人身份，顶替他人取得的入学资格的，由教育行政部门或者其他有关行政部门责令撤销入学资格，并责令停止参加相关国家教育考试二年以上五年以下；已经取得学位证书、学历证书或者其他学业证书的，由颁发机构撤销相关证书；已经成为公职人员的，依法给予开除处分；构成违反治安管理行为的，由公安机关依法给予治安管理处罚；构成犯罪的，依法追究刑事责任。

与他人串通，允许他人冒用本人身份，顶替本人取得的入学资格的，由教育行政部门或者其他有关行政部门责令停止参加相关国家教育考试一年以上三年以下；有违法所得的，没收违法所得；已经成为公职人员的，依法给予处分；构成违反治安管理行为的，由公安机关依法给予治安管理处罚；构成犯罪的，依法追究刑事责任。

组织、指使盗用或者冒用他人身份，顶替他人取得的入学资格的，有违法所得的，没收违法所得；属于公职人员的，依法给予处分；构成违反治安管理行为的，由公安机关依法给予治安管理处罚；构成犯罪的，依法追究刑事责任。

入学资格被顶替权利受到侵害的，可以请求恢复其入学资格。"

1995年《教育法》第七十九条的规定："在国家教育考试中作弊的，由教育行政部门宣布考试无效，对直接负责的主管人员和其他直接责任人员，依法给予行政处分。

非法举办国家教育考试的，由教育行政部门宣布考试无效；有违法所得的，没收违法所得；对直接负责的主管人员和其他直接责任人员，依法给予行政处分。"

而2021年《教育法》也对规定作了大幅度扩展。其第七十九条规定修改为："考生在国家教育考试中有下列行为之一的，由组织考试的教育考试机构工作人员在考试现场采取必要措施予以制止并终止其继续参加考试；组织考试的教育考试机构可以取消其相关考试资格或者考试成绩；情节严重的，由教育行政部门责令停止参加相关国家教育考试一年以上三年以下；构成违反治安管理行为的，由公安机关依法给予治安管理处罚；构成犯罪的，依法追究刑事责任：

（一）非法获取考试试题或者答案的；

（二）携带或者使用考试作弊器材、资料的；

（三）抄袭他人答案的；

（四）让他人代替自己参加考试的；

（五）其他以不正当手段获得考试成绩的作弊行为。"

同时，2021年《教育法》又在《法律责任》中增加了两条规定，即第八十条规定"任何组织或者个人在国家教育考试中有下列行为之一，有违法所得的，由公安机关没收违法所得，并处违法所得一倍以上五倍以下罚款；情节严重的，处五日以上十五日以下拘留；构成犯罪的，依法追究刑事责任；属于国家机关工作人员的，还应当依法给予处分：

（一）组织作弊的；

（二）通过提供考试作弊器材等方式为作弊提供帮助或者便利的；

（三）代替他人参加考试的；

（四）在考试结束前泄露、传播考试试题或者答案的；

（五）其他扰乱考试秩序的行为。"

第八十一条规定："举办国家教育考试，教育行政部门、教育考试机构疏于管理，造成考场秩序混乱、作弊情况严重的，对直接负责的主管人员和其他直接责任人员，依法给予处分；构成犯罪的，依法追究刑事责任。"

1995 年《教育法》第八十条规定："违反本法规定，颁发学位证书、学历证书或者其他学业证书的，由教育行政部门宣布证书无效，责令收回或者予以没收；有违法所得的，没收违法所得；情节严重的，取消其颁发证书的资格。"而 2021 年《教育法》也作了较大幅度的扩展。具体表述为："学校或者其他教育机构违反本法规定，颁发学位证书、学历证书或者其他学业证书的，由教育行政部门或者其他有关行政部门宣布证书无效，责令收回或者予以没收；有违法所得的，没收违法所得；情节严重的，责令停止相关招生资格一年以上三年以下，直至撤销招生资格、颁发证书资格；对直接负责的主管人员和其他直接责任人员，依法给予处分。

前款规定以外的任何组织或者个人制造、销售、颁发假冒学位证书、学历证书或者其他学业证书，构成违反治安管理行为的，由公安机关依法给予治安管理处罚；构成犯罪的，依法追究刑事责任。

以作弊、剽窃、抄袭等欺诈行为或者其他不正当手段获得学位证书、学历证书或者其他学业证书的，由颁发机构撤销相关证书。购买、使用假冒学位证书、学历证书或者其他学业证书，构成违反治安管理行为的，由公安机关依法给予治安管理处罚。"

上述一系列修订和扩展大多数是因为自 1995 年《教育法》颁布实施以后，在学校教育中发生了多起具有典型意义的纠纷，特别是屡禁不止的考试舞弊事件等都是导致《教育法》在修正过程中加大了对相关规定的细致规定。应该说这些修正对于维护《教育法》的权威性、威慑性和刚性都起到了积极的作用。

### 三、《教育法》如何适应未来社会发展

人类社会之所以要建立法治国家、制定各种法律，其目的都是要通过这些法律的实施使得社会更加公平、正义。所以法律必须要注重实践性和可操作性。所以说"法律是一门实践性很强的学科，其法律术语与法律实践存在紧密的关系。完全脱离于法律实践的法律术语，既没有产生的可能，也没有存在的必要"①。当然，"法律无疑与法官发布的规则相一致，但这些规则之所以由法院发布是因为它们是法律，而不是说，它们因为被法官发布

---

① 周安平. 法律渊源的司法主义界定［J］. 南大法学，2020（4）：37.

才成为法律"①。假如我们通过时光通道来到 2050 年，就可能会发现，现行的《教育法》有诸多需要修改的条款甚至需要废除。这是因为未来社会已经发生了许多巨大的变革。

**（一）新科技革命的特征**

我们已经跨进了新科技革命时代，这是人类社会发展的必然和客观现实，因而是不可能回避和熟视无睹的。正确的做法应该是正视这个现实并尽快制定出应对之策。《教育法》目前要思考的就是面对新科技革命的挑战应该如何作出相应的调整，从而促进我国未来教育事业的进步。

（1）以加速的方式促进科学与技术的相互融合。历史上的历次科技革命都是科学革命与技术革命交替发生，前后间隔达 60~100 年，而新科技革命有可能是技术和科学的革命同步发生、发展。这种特征表现在教育领域里就是各级各类学校的教学内容以以往社会所不曾有的速度快速变化、更新速度更加迅猛，相应地教学方法和教学手段也会随之发生变化。面对如此高速、复杂的变化，教育法律如何适应，是我们现在应该考虑的问题。

（2）人的主体性地位被打破。随着生物技术的发展与应用，基因治疗、转基因食品、仿生技术等越来越渗透到人的生活中。学界认为，由于新技术的使用，人类逐步被改造成一种新人类——赛博人（Cyborg）。这种人虽然看上去是"人（H）"，但实际上是已经被技术改造过的"人（C）"。由"H"人变为"C"人，不仅仅是生理上的变化，而且也会带来心理上的变化，更为重要的是它会带来社会伦理等方面的挑战。那么教育法如何能够应对这些变化并使这种转变变得平缓是对教育工作者和立法者智慧的考验。

（3）社会发展的不确定性。人们再也不知道明天会发生什么，人类面对未来比以往任何时候都更加迷茫、无知和无助。这个挑战是最具挑战力的，不仅是对全社会的，也是针对教育事业的。我们可以设想一下，如果我们无法知道明天会发生什么，那么我们只能有两种选择：要么坐等明天的到来，要么假想明天会面临什么。实际上就只有一种选择，因为你假想的明天大概率不会是你假想的样子。对于学校教育来说首先面临的困境就是我们给学生教什么，至于如何教那还是次要的事情。对于教育法来说，如何让学校的教学活动和教学内容合法化便是一件十分棘手的大难题。

（4）新科技也会加剧社会不平等现象。新技术将赋予人们前所未有的能力，使富人和穷人之间有可能产生生物学意义上的鸿沟；富有的精英能够将自身或者他们的后代打造成能力更强的"超人"，人类将因此分裂为不同的生物阶层。人类社会自产生之日起就有着追求公平、平等、自由的动机，西方学者所谓的天赋人权不过是一种理论的假设和美好的

---

① 张洪新. 论民间法与国家法之间的三重关系——基于法律渊源命题的一种考察［J］. 民间法，2018（21）：5.

期望而已。未来社会的这种因技术而导致的不公平实际上现已初现端倪。教育法从根本上来说无法消除社会的不公平、不正义，但是在其力所能及的范围内如何应对这种挑战？我们认为，还是需要从技术本身去寻找答案。

**（二）新科技革命对教育领域的挑战**

新科技革命在学校教育中已经开始被广泛运用，除了我们现在经常看到的线上教学（例如 MOOC、各种交流平台）之外，也有教师开始用机器人来代替教师开展教学和教学管理工作。例如，"在美国佐治亚理工学院，有一位教授开了一门网上人工智能的课，他后来和他的学生们，根据 IBM 的沃森系统设计了一个助教系统 Jill Watson，这个助教非常风趣幽默，而且能针对同学们的各种问题及时有效地回答，所以很多同学们认为她表现得非常好，要评选她为优秀助教，直到后来发现这是人工智能的助教"①。即便在今天看来，这个技术并非高大上，那么我们可以想见，随着 AI 的深入应用，学校教学和管理完全智能化并不是什么天方夜谭，只是取决于我们是否愿意去运用而已。

我们很快会发现，我们的学校教育在变化：学校与社会高度融合，它们之间的边界将更加模糊，不再会有人说"我现在学校学习"，也不会有人说，"我现在在工作"；人人可学、人人能学、人人必学、人人乐学、终身学习；人人是教师、人人是学生。这些看起来匪夷所思的科幻正在迅猛地扑面而来。② 现在还有不少人以"人-机"交流不解决师生情

---

① 薛澜. 第四次工业革命来了！［DB/OL］.（2018-06-21）［2022-03-17］. http：//aoc. ouc. edu. cn/2018/0621/c9824a204042/pagem. htm.

② 关于未来社会中技术革命对教育的影响，参见黄明东等发表的论文《再论在线开放课程对高等学校发展的影响》（《中国电化教育》，2019 年第 10 期），该文认为：

在用人机构对用人观念的转变和在线开放课程技术的广泛使用的双重压力下，不远的未来，我们现在的大学形态将会发生如下的变化：

（1）大学校园将变得无比安静。人们将在办公室、车站、咖啡屋、列车上、家里甚至厕所里努力学习而无须按照现行教学管理方式定时定点地在教室里参与课堂教学。因此，当你走进未来的大学校园，将很难看到现在大学里人头攒动、车水马龙、热闹非凡的校园，你会发现，学生将可能同时出现在世界各国不同大学的"教室"里听课并积极参与讨论。

（2）毕业生的概念将成为历史。用人单位看中的是个体的职业素养而并不关心你是否毕业或者毕业于哪所大学。学生是否毕业首先没有了学制这种时间的概念，你觉得自己通过学习已经满足某岗位素养的要求就可以了。因此，是否拿到毕业文凭和学位证书都将变得并不重要甚至可有可无；为了提高自己的职业素养，学生通常会从世界各国高等学校中选择最优质的课程来学习，因此所谓的毕业生也不再是某个学校的毕业生，如果非要印制毕业证书的话，那这个证书上将可能需要盖上无数个学校的印章。

（3）毕业生质量评价方式将不受现行培养方案的限制。评价学生的质量将不再依据现行的培养方案的规定，而是只看这些学生拿到了什么样的课程学分。用人机构在确定是否招聘这个学生时，也只会依据职业岗位素养的需要评估学生所学的课程数量和内容是否达到岗位素养的要求。因此，学生所呈现给用人机构的成绩单将是来自不同高等学校的课程目录以及是否合格的一张清单，用人单位据此决定是否录用。（转下页）

感互动等理由坚持认为这种情况不会发生，但是我们认为，凡是技术能够解决的问题都不是问题，我们必须大胆甚至无奈地承认，这些所谓各种拒绝技术对教育产生冲击的理由都将不复存在。面对这样史无前例的冲击，教育法必须重新思考自己的使命，重新规划自己所要规范的对象和内容。

### （三）尽快弥补教育法律存在的诸多空白

近年来，特别是《中华人民共和国民法典》颁布以来，教育法学界不少研究人员有点头脑发热、激情澎湃地提出要尽快制定出《中华人民共和国教育法典》，对此我们必须冷

---

（接上页）（4）专业的概念将成为远古尘封的历史。随着技术的不断进步和用人制度的不断变革，一个人一辈子只学习一个专业的时代已经一去不复返了，代之而起的则是每个人必须会根据自己的需要学习无数个所谓的"专业"。目前我们所界定的专业也将成为历史，就业的需要迫使每个人都必须接触不同的知识领域，不断更新自己的职业素养。

（5）现行的学籍管理等一系列规章制度都将不复存在。由于在线开放课程不需要学生花费大量的时间到实体校园里来学习，因此，与学生学习和生活的相关事务的管理也将大大减少，有些设施甚至完全没有必要保存，如学生宿舍、运动场地、生活设施等；学生管理的工作量也将大大减少甚至不需要。教师的教学场所和教师人数也会随之发生变化。上述种种状况的出现，必然会导致现行的各种规章制度的消失，相关教育管理部门也将变得可有可无。

（6）大学的形态将会改变。大学将变得更加区域化、联盟化，因为只有联合才能有效整合大学的科研成果和优质课程资源，抱团取暖是大学能否继续生存的唯一选择。大学的数量因此会大为减少，那些不能提供优质课程资源的高等学校将会走向消亡之路；现行的大学将不再被称为"大学"，而有可能被一个新的概念所取代，如"教学科研联合体"（University 这个词的原本意义就是学者联合体或者学者行会的意思），这个联合体的形态将与现行的大学的形态迥异。按照在线开放课程目前的发展势头，目前这种形式的高等学校有可能消失，学院这种以学科为基础的教学单位也会逐步消失，代之而起的可能是科研机构，教师将首先是一名优秀的科研人员。因为，只有从事科学研究才能产出优质的科研成果，才有可能将这些优质的科研成果转变成受学生欢迎的教学内容，否则，学生就会在其他学校选择更优质的课程来学习。

（7）大学与社会的界限将变得更加模糊。一台功能齐全且强大的服务器就可以提供多样化的优质课程，承担一所大学的教学任务从而变成实际的大学。大学与社会的联系将更加紧密，将承担更多的社会教育责任，大学社会化和社会大学化，大学与社会之间的界限也将逐步模糊，现行的大学形态也将不复存在。

（8）高考制度也将自行消失。因为"人人可学"的在线开放平台已经不需要参加高考，每个人只要接受了良好的基础教育，都可以随时随地地接受高等教育。高等教育也因此变成普及化的教育，国民的高等教育素质将迅速提高。

（9）教师和管理人员会大量失业或者转型。凡有一技之长的人都可能是大学教师，教师和学生的界限将更加模糊。部分科研能力强、成果丰富且优质的教师将成为"明星教师"而继续在"教学科研联合体"中求得谋生，而大部分教师将因此失业或转型到其他行业中去。同样，高等学校的管理机构和管理人员也将大大精简，大量管理人员不得不另谋出路。

（10）高等学校的人才培养模式及其管理体制机制会重新设计。高等学校的上述变革将是史无前例的变革，它将彻底改变高等学校的基本职能和生存形态。为了保证高等学校能继续生存，必须在对原有的高等学校结构进行解制的基础上重新规制，从而完成高等学校的"凤凰涅槃"。

静理性地分析教育法律的现状。如何制定我国的教育法典，我们有自己的观点。① 虽然，现在提出制定教育法典有些揠苗助长，但是从教育法律研制的角度来看，我们确实还需要加快立法进度，弥补教育法律体系中的空白。例如，我们现在有了《教师法》，但是还没有《学生法》。此外，《特殊教育法》《高中教育法》《成人教育法》《教育投入法》《老年人教育法》，等等，都需要我们去思考。只有这些方面都得到弥补，我们才能更好地应对技术革命给教育事业发展带来的所有挑战。

## 第二节　中华人民共和国学位条例

《学位条例》是中华人民共和国成立后的第一部教育法律，尽管其以《条例》的标题出现，但却是实实在在的法律文本，因为这个文本是全国人民代表大会常务委员会通过立法程序完成的法律文本。这里有两个问题需要我们思考：一是在没有《教育法》出台之前为什么要先制定《学位条例》（相对于学位法）？二是为什么这部法律没有在文本名称上冠以"法"字，而是冠之以行政法规的"条例"二字？

### 一、《学位条例》产生的背景

20 世纪 60 年代，在我国教育领域里出台了三个政策性文本，即《中华人民共和国教育部直属高等学校暂行工作条例》（草案，1961 年 9 月）（史称"高教六十条"）、《全日制中学暂行工作条例（草案，1963 年 3 月）》（史称"中学五十条"或"中教五十条"）、《全日制小学暂行工作条例（草案，1963 年 3 月）》（史称"小学四十条"或"小教四十条"）。这三个文

---

① 参见黄明东. 论教育法法典化的过程理性和路径理性［J］. 高等教育评论，2022（2）。该文的结论是：

我国教育立法的实践经验还不够丰富。中华人民共和国成立以来，国家出台的第一部教育法律《中华人民共和国学位条例》，从其规范性上来看就不能认为是最合适的表述，理应为《中华人民共和国学位法》（民国期间就有这样的法律），这也在很大程度上说明当时对这个法律的定位和内容的设计还不够清晰和自信，所以只能用"条例"二字来表述，应该可以感受到其中的无奈。直到 1986 年才有了中华人民共和国的第二部教育法律《中华人民共和国义务教育法》的出台，而具有教育母法性质的《中华人民共和国教育法》直到 1995 年才正式颁布。出现这些非路径理性的立法过程，充分说明我国在教育立法上还缺乏经验和系统设计。

马克思主义质变和量变的规律告诉我们，质变和量变是相互转化的，量变是质变的必要准备，质变是量变的必然结果，当量变达到一定程度，突破事物的度，就产生质变。质变又引起新的量变，开始一个新的发展过程。教育法律向教育法的法典化转变也是一种质变的过程，而这种质变的前提便是有一定数量的积累，在这一点上我国现行的教育法律文本的数量显然不足以推动教育法律的质变。如果过早地制定教育法典将会影响甚至妨碍后期教育立法工作，使得一些急需且重要的教育法律因为与法典发生冲突而无法立法（因为教育的变革性和滞后性使得法典过程难以准确对未来教育走向作出精准的判断）。因此，我国教育法典化还缺乏坚实的数量基础，教育法典这座大厦还暂时难以拔地而起。当下我们要做的就是从过程理性和路径理性这两个层面，充分做好理论研究和路径设计，为教育法典这座大厦早日拔地而起奠定坚实的基础。

件尽管从文本的形式来看其具有法律文本的特征，但是从立法的角度来看这些文本都不是教育法律。① 在当时没有教育法律的历史情况下，这些文本实际上发挥着教育法律的作用，对于扭转"教育大革命"中出现的各种"左倾"错误思想和举措、推动我国各级各类学校教育事业的发展起到了积极的推动作用。

由于《中华人民共和国教育部直属高等学校暂行工作条例》是在纠正"教育大革命"在高等学校教育的错误思想的背景下形成的文件，并没有从根本上改变党在"教育大革命"中"左"的指导思想，还有浓厚的"教育大革命"的痕迹，必然存在着很多局限性。例如，该文件就没有提到"学位"二字，可见当时的学位工作并不是该文件关注的重点。这是因为在当时政治背景下，学位制度被认为是资产阶级的产物，与"资产阶级法权"有关。因此，"高教六十条"里没有出现对学位工作方面的要求便可以理解了，当然也更不可能制定出学位法之类的法律文本。

从中华人民共和国教育立法的角度来看，《学位条例》作为高等学校诸多管理实务中的一项，将其上升为一部法律确实有点不合常理。它与后面出台的《义务教育法》《教师法》《职业教育法》等法律不在一个层面，如果后面出台的这些法律被视为部门法，那么《学位条例》是什么法呢？显然它不是部门法。那为什么国家又制定了这个法律呢？这其中的原因可以概括为"是我国的改革开放，直接的教育需求背景是 1978 年我国研究生教育的恢复和对外交流的需要，即国外的研究生教育都有学位，而我国的研究生教育不授学位；另一个重要背景是国家法制建设的全面恢复"②。那么，为什么中华人民共和国教育领域诞生的第一部法律不是教育的基本法即《教育法》而是《学位条例》呢？"一个重要原因是在此前已有若干次建立学位制度的立法研究和论证基础，制定并颁布《学位条例》是新中国五六十年代教育立法活动的继续。"③ 由此可见，20 世纪 50—70 年代特殊的国内政治气候难以生长出《学位条例》这样的鲜花。

---

① 这三个文件都是由中共中央分别批准的，批准时间分别是：1961 年 9 月、1963 年 3 月 23 日、1963 年 3 月 23 日，而且也都是中共中央发布的指导小学教育工作性文件。不具有立法意义上的程序和法律依据，所以，这三个文件都应该是政策性文本。但这些政策文本在当时还没有一部正式教育法律的背景下发挥着教育法律的效力，因此，这些文件同样也是我国的教育法律渊源。

② 秦惠民.《学位条例》的"立""释""修"——略论我国学位法律制度的历史与发展 [J]. 学位与研究生教育，2019（8）：1.

③ 秦惠民在《〈学位条例〉的"立""释""修"——略论我国学位法律制度的历史与发展》（《学位与研究生教育》2019（8）：1）一文中作了详细的阐释。内容如下：

"建国以来，我们曾经两次研究建立学位制度，但由于指导思想上的'左'的偏差和'文化大革命'的发动，都没有搞成。1978 年，党的十一届三中全会开始全面地、认真地纠正'文化大革命'中及其以前的'左倾'错误以后，我国的学位条例，才能顺利地完成了立法程序。"对《学位条例》草案的研究论证，在"文化大革命"以前已经具有了一定的基础。20 世纪 50 年代初期，在学习苏联经验的背景下，开始尝试借鉴苏联的研究生教育和学位制度。根据中央的指示，1954—1957 年，由林枫同志主持起草了《中华人民共和国学位条例（草案）》的初稿，但因 1957 年整风"反右"运动的开展而中断了立法进程。（转下页）

当中华人民共和国的列车到达 1978 年的时候，我国的政治气候发生巨变，在指导思想上我们不再以"政治挂帅"而是转移到"经济建设"。在中国共产党的领导下，我们主动打开国门迎接我们前所未见的新世界。就高等教育来说，因为我们错过了西方国家在"二战"以后的黄金发展时期，我们倍感压力，必须急速直追，主动融入世界高等教育发展的洪流之中。学位制度即是其中的重要举措之一，《学位条例》便应运而生了。

## 二、《学位条例》的教育法律价值

《学位条例》作为中华人民共和国成立以后颁布实施的第一部教育法律，在教育法制建设和规范教育事业发展等诸多方面都具有独特的价值。概括起来，其价值主要表现为以下几个方面：

### （一）实现了中华人民共和国教育事业发展有法可依的目标

1980 年的《学位条例》共有 20 条 1600 多字，2004 年修改后，无论是条款数还是正文的篇幅基本上没有变化，2004 年版的《学位条例》比 1980 年的《学位条例》的篇幅字数还少一点。作为一部法律这样的篇幅并不大，但是，其作为中华人民共和国成立以来第一部教育法律其具有教育立法的历史意义却不可忽视。其中，最具教育法律建设意义的便是，《学位条例》的颁布实施标志着中华人民共和国教育事业发展有法可依的目标终于实现了。在此之前，教育领域里没有一部成文的法律，国家对于教育的管理主要是依靠政策。作为现代化的国家，对于教育事业发展无法可依，虽然政策的作用也很大，但毕竟具有很多的弹性和不稳定性，人治的色彩难以抹去，拍脑袋的事情也在所不免。这无疑对于融入世界主流的发展大潮是十分不利的。

### （二）为高等教育国际化奠定了一定的法律基础

现代的学位制度发源于欧洲中世纪早期的大学，如博洛尼亚大学、巴黎大学、牛津大学，等等。这些大学经过千年的发展，已经形成了较为成熟和稳定的制度体系，为大学的进步提供了制度基础。其中学位制度是划分现代大学与古代大学的重要标准之一，这些大学在各自的发展过程中或者从教皇或者从国王那里通过他们颁发的"特许状"等形式获得了学位授予的权力，这些早期的"特许状"就是学位制度的法律，进而形成了这些大学早期的学位制度。中华人民共和国成立之后，我国也几次试图建立学位制度，但都因当时的

---

（接上页）1961—1964 年，第二次启动《学位条例》的立法活动，当时由聂荣臻副总理主持起草《中华人民共和国学位授予条例（草案）》，但一直到 1966 年"文化大革命"开始，始终没能完成《学位条例》的立法程序。1978 年"党的十一届三中全会后，邓小平同志再次提出要建立学位制度"。他说："关于学校和科学研究单位培养、选拔人才的问题，我昨天在中国科学院成立三十周年纪念会上讲了，要建立学位制度，也要搞学术和技术职称。"正是在这样的历史背景和特殊条件下，1979 年得以重启《学位条例》的立法工作并在较短的时间内完成了立法程序。1979 年 12 月 24 日，全国人大常委会法制委员会全体会议讨论了《学位条例（草案）》，1980 年 2 月 12 日，经第五届全国人大常委会第十三次会议完成立法程序，叶剑英委员长签署命令，从 1981 年 1 月 1 日起施行。

政治因素的干扰未能建成，直到改革开放以后《学位条例》的颁布才建立了具有法律意义的学位制度。学位制度的建立是我国高等学校、科研机构与发达国家高等学校、科研机构开展学术交流的基础和保障，也为中国高等教育专业人才培养赢得了国际对话的平台。

**（三）规范了学位授予的标准，明确了人才培养的要求**

《学位条例》中对于学士学位、硕士学位和博士学位的获得标准都作了明确的规定。例如，现行的《学位条例》第四条就规定："高等学校本科毕业生，成绩优良，达到下述学术水平者，授予学士学位：（一）较好地掌握本门学科的基础理论、专门知识和基本技能；（二）具有从事科学研究工作或担负专门技术工作的初步能力。"这些要求对高等学校等人才培养单位提出了明确的规范，从而明确了人才培养的要求。

**（四）调动了高等学校和科研机构提高人才培养质量的积极性**

学位本质上是对学位获得者学术水平和科研能力的肯定，现行的《学位条例》第十三条规定："对于在科学或专门技术上有重要的著作、发明、发现或发展者，经有关专家推荐，学位授予单位同意，可以免除考试，直接参加博士学位论文答辩。对于通过论文答辩者，授予博士学位。"第十四条规定："对于国内外卓越的学者或著名的社会活动家，经学位授予单位提名，国务院学位委员会批准，可以授予名誉博士学位。"所以，对于学位获得者来说，这种肯定带给他们的内在激励是难以言表的。它不仅是一种荣誉，也是一种地位和身份的表达，因而必然会调动学者们的工作热情，进而提高高等学校和科研机构人才培养的内在动机。

**（五）拓展了我国教育法律渊源**

《学位条例》的第一条是这样表述的："为了促进我国科学专门人才的成长，促进各门学科学术水平的提高和教育、科学事业的发展，以适应社会主义现代化建设的需要，特制定本条例。"这一表述形式十分有趣。通常情况下，作为教育法律的一部分，《学位条例》的第一条应该表述为"依据×××法，特制定本条例"。但由于当时我国的《教育法》还没有出台，所以不可能说依据《教育法》。可是，这部法律又没有提出依据《宪法》（《义务教育法》《职业教育法》等就在第一条用了"依据宪法"这样的表述）。直到2004年版《学位条例》还是选择了这样的表述，这就意味着《学位条例》制定的依据是"科学和学科"发展的需要。从法律渊源的角度看，这样的表述意味着"实际需要"也是法律渊源，这就丰富了我国教育法律渊源。

尽管如此，《学位条例》中还是有一些瑕疵的，需要在未来的修改中予以关注。学位授权由国务院学位委员会审批学位授予单位的做法并不能很好地发挥高等学校办学自主权和积极性。学位授予只是高等学校和科研机构培养人才的一个环节，表明其培养对象已经完成了学业任务获得了一定的学术能力。这些都是培养单位自己的事情，也是培养单位的基本权利。国家不应该将学术权力渗透到如此基层中来，应该相信培养单位的自律性和能力。即便有培养单位滥发学位证书，那么社会也会给予相应的评价，即通过社会是否认可来规范和促进学校改进措施、提高质量，而不是由国家强制性给予一些培养单位授予学位的权力，否定另一些培养单位授予学位的权力。例如，两所高等学校 A、B 同时都可以授予某个学位，如果 A 高校办学水平高，那么用人部门必然会更多地选择 A 校的毕业生，那么这个学校的学位也就随之得到了认可；相反，如果 B 校办学不投入，培养质量不高，那么该校的毕业生就难以就业，实际上该校的学位也就自然得不到认可。如果 B 校要想让其毕业生被用人单位接纳，就必须走内涵式发展道路，经过若干年的建设，它的毕业生质量提高了，其学位也就自然地被认可了。从这个角度来看，将学位授予权下放到人才培养单位不仅不会降低学术水平，反而会激发培养单位的内在动力，也可以减少学术活动中的灰色行为。

作为国务院学术委员会的主要职责是制定规则，而不是执行规则；是通过规则组织评价，而不是用各种规则来彰显自己高高在上的权力，并且其在行使这个权力时候，既有行政权力与学术权力的模糊，也有裁判员与运动员不分之嫌（《学位条例》第十九条规定：本条例的实施办法，由国务院学位委员会制定，报国务院审批）。实际上，我国高等学校经过百年的发展与整合，已经形成了不同类型不同层级，这本身已经表明了办学质量和水平的差异，其背后隐含的就是学位含金量的差异，用人单位也已经作出了评价，更没有必要在这种情况下再去决定哪些单位有或没有授予学位的权力。

三、《学位条例》与《学位法》

中国高等教育的发展在未来能够制定《学位法》是值得我们研究的话题。《学位条例》虽然也是教育法律，但是其法律效力及其内容表述与《学位法》还是有一定的差别的。现行的《学位条例》在文本上有点尴尬，既不完全像一部法律文本，又不像是行政规章；既没有法律内容的严谨、规范和完整（章节条等结构），也没有行政规章的细致和可操作性。目前的《学位条例》的内容过于简略，因而很多规定必然就是原则性的要求。通常情况下，法律都应该有法律责任方面的要求，这是法律的威慑性、权威性和刚性的主要特点，但是现行的《学位条例》只在第十七条和第十八条作了十分简单的表述。如"第十七条规定，学位授予单位对于已经授予的学位，如发现有舞弊作伪等严重违反本条例规定的情况，经学位评定委员会复议，可以撤销"。第十八条规定，"国务院对于已经批准授予学位的单位，在确认其不能保证所授学位的学术水平时，可以停止或撤销其授予学位的资格"。实际上，学位获得过程的复杂性远超出这两条规定所涉及的内容，如此简单处理极大地稀释了该法律的权威性。

为此，我们希望国家立法部门在今后的教育法律建设过程中，做好教育法律体系修改的规划，重新思考《学位条例》的指导思想、追求目标、管理过程和法律责任等问题，尽快将《学位条例》转化为《学位法》。

制定学位法我们有很多文献和经验值得借鉴：清末的《奏定学堂章程》（1903 年），北洋政府时期的《壬子癸丑学制》（1912 年）、《大学令》（1912 年）、《大学规程》（1913 年）、《修正大学令》（1917 年）、《全国教育计划书》（1919 年）、《国立大学校条例令》

（1924 年）。南京国民政府时期的《大学组织法》（1929 年）、《大学研究院暂行组织规程》（1934 年）、《学位授予法》（1935 年）、《学位细分细则》（1935 年）、《硕士学位考试细则》（1935 年）、《博士学位评定组织法》（1940 年）、《博士学位考试细则》（1940 年）。其中，《学位授予法》的颁行结束了近代中国没有专门学位法的历史，标志着学士学位、硕士学位和博士学位三级学位制度的定型。

除此之外，世界其他国家的学位法建设的成果也值得我们借鉴。美国"2008 年高等教育机会法案颁布，从法律层面界定了院校申请、第三方认证审核、州政府审批的学位授权审核机制"①。法国 1984 年的《高等教育法》《印度尼西亚共和国国家教育制度法》、韩国《教育法》、英国的《大学考试法》、1953 年日本的《学位规则》、1986 年印度的《国家教育政策》，等等，都是可以借鉴的文献资料。

## 第三节　中华人民共和国义务教育法

《义务教育法》是 1986 年 4 月 12 日第六届全国人民代表大会第四次会议通过的教育部门法。2006 年 6 月 29 日第十届全国人民代表大会常务委员会第二十二次会议修订；根据 2015 年 4 月 24 日第十二届全国人民代表大会常务委员会第十四次会议《关于修改〈中华人民共和国义务教育法〉等五部法律的决定》第一次修正；根据 2018 年 12 月 29 日第十三届全国人民代表大会常务委员会第七次会议《关于修改〈中华人民共和国产品质量法〉等五部法律的决定》第二次修正。在已经出台的教育部门法中，《义务教育法》的法律地位与《教育法》的法律地位相同，因为《义务教育法》也是由全国人民代表大会制定通过的，而其他教育部门都是由全国人大常委会制定通过的。这说明了《义务教育法》的重要性，也说明国家对义务教育的重视程度。

### 一、《义务教育法》产生的背景

《义务教育法》是中华人民共和国成立后教育领域里第一部被冠以"法"字的教育法律，从其制定主体来看，其法律地位与《教育法》相同，因为这两部教育法律都是由全国人民代表大会制定的，而其他已经颁布实施的教育法律都是由全国人大常委会制定的。1986 年版的《义务教育法》的第一条是这样说明的："为了发展基础教育，促进社会主义物质文明和精神文明建设，根据宪法和我国实际情况，制定本法。"也就是说，《义务教育法》的法律渊源和效力直接来自宪法。由此可见，其法律效力很高，足以显示国家对义务教育的重视。现行的《义务教育法》共 8 章 63 条，6000 多字。新的《义务教育法》从旧版的 18 条，现在变为 8 章 63 条，作为一部法律它变得更加完善了。《义务教育法》之所

---

① 美国大学的学位授予，严格的学位制度［EB/OL］.（2022-09-05）［2022-11-21］. https：//www. paperera. com/skills/87796. html.

以比《教育法》更早研制和实施的背景主要有以下四个方面：

（一）基础教育地位亟待提高

义务教育是基础教育中的基础，其在国家学制体系中处于基石的地位，没有良好和高质量的义务教育就不可能有优质的基础教育，高等教育的质量也就无从谈起。正因为如此，1986 年版的《义务教育法》开宗明义，第一条便明确提出了《义务教育法》的根本目的是"为了发展基础教育，促进社会主义物质文明和精神文明建设"。到了 2018 年版的《义务教育法》仍然在第一条中再次表明了该法的目的，即为了保障适龄儿童、少年接受义务教育的权利，保证义务教育的实施，提高全民族素质。

历史进入 20 世纪 80 年代，我国正处于改革开放初期，国家的政治重心已经由阶级斗争转移到经济建设上来，最直接的任务就是要实现四个现代化。邓小平同志 1983 年 10 月 1 日为北京景山学校的题词中的"三个面向"① 正是当时国家对教育事业的期望和要求。而此时我国的基础教育经过十年动乱的磨难之后，正处于重新发展阶段，无论是教学内容还是教学方法等都存在很多问题，整体教育水平令人担忧，教育质量与国家重心转移的要求相比亟待提高。为了尽快改变这种被动的状态，国家在还没有《教育法》的情况下，首先通过全国人民代表大会制定了《义务教育法》。

（二）依法治教的必然追求

在《义务教育法》制定之前，我国教育领域里只有一部高等教育领域的法律《学位条例》，这显然不足以满足依法治教的现实需要。随着改革开放的深入，必然要面对的是如何适应国际合作与交流的需要，加强法治建设、健全法律体系。对于教育事业的发展来说，要逐步建立健全教育法律体系，实现依法治教的目标。因此，从 20 世纪 80 年代开始，教育领域开始加快了教育立法的规划和立法的速度，《义务教育法》的制定和实施便是建立教育法律体系和依法治教的具体体现。

（三）进一步明确国家在义务教育中的地位和责任

基础教育长期被视为基层地方政府如乡镇的职责，但是由于地方政府财力有限，造成基础教育长期处于低水平运行状态，教学场所陈旧落后，存在着大量的安全隐患，同时也造成各地特别是城乡之间基础教育发展的不均衡。更为严重的是这种状况造成人们对基础教育的漠视，在广大贫困地区人们有了基础教育可有可无的观念。这种观念一旦形成则难以在很长一段时间内被改变。应该说，即便是《义务教育法》已经实施了 30 多年的今天，基础教育的地位和作用在不少人心目中并不高，他们对义务教育的信心并不足。

为了改变这种名义上是国家举办义务教育而实际上是基层地方政府举办义务教育的现

---

① 三个面向即教育要面向现代化、面向世界、面向未来。这是邓小平 1983 年 10 月 1 日为北京景山学校的题词。它是在新的历史条件下，根据我国国情，从党的总路线总任务出发，适应世界新的技术革命的发展趋势提出来的。它是邓小平在新的历史时期对教育工作指导思想的精辟概括。教育要面向现代化，就是要求贯彻教育为社会主义现代化建设服务的方针，把实现现代化作为教育改革的目标，使教育适应经济和社会发展的需要。

状，国家希望通过制定《义务教育法》来改变人们对基础教育的观念，提出义务教育不仅是每个适龄公民的权利，也是他们每个人应尽的义务。所以，1986年版的《义务教育法》第二条明确规定，"国家实行九年制义务教育。省、自治区、直辖市根据本地区的经济、文化发展状况，确定推行义务教育的步骤。"这一点在2006年版的《义务教育法》中再次得到了确认，该版的第二条指出："义务教育是国家统一实施的所有适龄儿童、少年必须接受的教育，是国家必须予以保障的公益性事业。"明确了"义务教育是政府的责任"基调。

**（四）加大对危害义务教育的惩处，保护义务教育阶段师生合法权益的需要**

由于义务教育处于基层组织管理范畴，学校日常教学活动中的教师和学生的法律地位不够明确。客观地说，基础教育在《义务教育法》出台之前能够比较平稳地发展，除了主要得益于中央和国家相关政策的作用之外，传统文化中的重教观念也在潜移默化地产生作用。尽管如此，在没有教育法律出台之前学校教育的法律地位和师生的法律地位都不明确，因而在基础教育阶段中，在广大贫困地区学校师生员工遭受侵害的事件时常发生。这种现象的存在必然会影响基础教育的健康发展，急需出台相应的法律来维护学校工作的合法权益。《义务教育法》的出台必然具有合法性和合理性。虽然在1986年版的《义务教育法》中没有专设"法律责任"条款，但是仍然在第十五条和第十六条中作了一般性的规定，随着该法的不断修订和完善，2018年版的《义务教育法》已相对完善，从而提高了《义务教育法》的威慑性和权威性。

## 二、《义务教育法》教育法律价值

《义务教育法》作为振兴和促进我国基础教育规范化发展的教育立法，其在教育法律体系中处于先行者和基石的地位，对于维护儿童教育权利，提高国民整体素质和高等教育的质量都发挥了其他法律难以替代的积极作用。因此，《义务教育法》也就必然具有独特的教育法律价值。

**（一）充分体现国家对适龄儿童、少年接受义务教育权利的重视**

《义务教育法》最突出的立法理念和指导思想就是以人为本，保障受教育者的基本权利。具体来说，《义务教育法》通过法律的规定，进一步确认我国适龄儿童、少年接受义务教育的权利，这也是《宪法》赋予公民的一项基本权利。该法律的各章有关规定当中，特别是针对学生这一章比较系统地确认了适龄儿童和少年接受义务教育的权利。在不同的少年和儿童当中，哪怕在弱势群体当中都进行了特别规定。我国虽然不是世界上最早实行义务教育的国家，但是我们在实施义务教育的工作力度和重视程度上并不落后于西方发达国家，这体现在1986年《义务教育法》实施以后在2006年、2015年和2018年被高频率地修改上。之所以这样高频率地对《义务教育法》进行修改，就是为了保障该法律能够快速适应社会各方面发展的需要。

### （二）凸显义务教育的义务性

在相当长的一段时间内，人们对于包括义务教育在内的所有教育的认识大多数停留在享受教育是国家赋予每位公民的基本权利，但很少会认为享受教育也是公民的基本义务。而《义务教育法》则改变了人们对教育权利和义务关系的固有观念，认为义务教育不仅是公民享受教育的权利，同时也是公民必须履行的义务，真正实现了法律上的权利与义务的对等。《义务教育法》第二条指出："国家实行九年义务教育制度。义务教育是国家统一实施的所有适龄儿童、少年必须接受的教育，是国家必须予以保障的公益性事业。"在第四条中更加明确了公民的义务性，即"凡具有中华人民共和国国籍的适龄儿童、少年，不分性别、民族、种族、家庭财产状况、宗教信仰等，依法享有平等接受义务教育的权利，并履行接受义务教育的义务"。这样就保障了义务教育的强制性和普遍性，打消了部分公民不愿意接受义务教育的消极观念。

### （三）强调义务教育发展的公平性和均衡性

追求教育公平是人类社会的普遍现象。修订后的《义务教育法》非常强调"公平、均衡"，这体现了现代教育的理念。中国幅员辽阔，各地域在经济、科技、文化和教育等方面的发展差距非常大，客观上必然会造成受教育机会和教育资源的不平衡。但我们不能因此而无所作为，更不能加大这些差距而造成更多的不公平和更大的不均衡。在基础教育阶段我们曾经通过制度设计产生了重点学校、示范学校等不同类型的学校。虽然这些学校在人才培养效率方面曾经发挥过一定的积极作用，但是其所造成的教育不公而产生的负面效应也十分明显，在广大人民群众中引起了强烈反响。为了消除这些因为制度设计而导致的基础教育不公，《义务教育法》专门作了相应的规定，力图消除这种不公平现象。如《义务教育法》第二十二条就规定："县级以上人民政府及其教育行政部门应当促进学校均衡发展，缩小学校之间办学条件的差距，不得将学校分为重点学校和非重点学校。学校不得分设重点班和非重点班。县级以上人民政府及其教育行政部门不得以任何名义改变或者变相改变公办学校的性质。"所以，如果有人还要试图办重点学校或重点班级，就是违法行为，就要承担相应的法律责任。

### （四）提高义务教育的法律责任

1986 年版的《义务教育法》虽然也有两条关于法律责任的规定，但是这个规定比较笼统，因此在很长一段时间内，不少人说这个教育法律不是法律，是一个提纲，是一个文件，很难适用，在司法适用的过程里会碰到很多的困难。因为"在法理论层面，法的渊源理论以法的适用为视角，致力于寻找和证成对司法裁判具有法律拘束力的规范基础。相应地，法的渊源就是司法裁判过程中裁判依据的来源，在法律论证中发挥着权威理由的功能。它包括效力渊源和认知渊源两种类型。效力渊源在司法裁判活动中具有主导地位，认知渊源须获得效力渊源的认可并与之相结合才能起作用。如此定义，既能有效区分法的渊源与其他规范材料（裁判理由），又能恰当界定法的渊源与'法'及'法的（表现）形式'这两个范畴之间的关系。在此基础上，可以对当代中国法的诸"渊源"的地位进行准确分析"①。

随着《义务教育法》被高频率修改以后，这种法律责任难以变成司法实践依据的现象基本上得到了改变，大大提高了法律的可塑性，有利于在义务教育阶段维护受教育权利的司法实践。《义务教育法》用了十条专门规定了违反该法律所要承担的法律责任，占了该法律近1/6的章节数，涉及的内容非常广泛。主要包括：教育经费、日常管理、教学内容、师生合法权益等诸多方面。例如，上述举办重点学校和重点班级的违规行为，就规定了其相应的法律责任。在《义务教育法》第五十三条中规定："县级以上人民政府或者其教育行政部门有下列情形之一的，由上级人民政府或者其教育行政部门责令限期改正、通报批评；情节严重的，对直接负责的主管人员和其他直接责任人员依法给予行政处分。"其中第一款规定"将学校分为重点学校和非重点学校的"。此外，对于其他违法行为也有比较严厉的处罚规定。例如，《义务教育法》第五十二条规定：县级以上地方人民政府有下列情形之一的，由上级人民政府责令限期改正；情节严重的，对直接负责的主管人员和其他直接责任人员依法给予行政处分：未按照国家有关规定制定、调整学校的设置规划的；学校建设不符合国家规定的办学标准、选址要求和建设标准的；未定期对学校校舍安全进行检查，并及时维修、改造的；未依照本法规定均衡安排义务教育经费的。我们相信，这些罚则的出台对于规范义务教育行为、维护师生合法权益一定会有积极的作用。

**（五）赋予了公民依法举报违反《义务教育法》行为的权利**

法律的实施需要有良好的监督体系，对于《义务教育法》来说也是如此。为此，该法律规定了任何社会组织或者个人有权对违反本法的行为向有关国家机关提出检举和控告的权利。因为对义务教育这项公益性事业，任何组织和个人都享有公益性诉讼权利。这在我国法律首开公益性诉讼的先河，也是我国立法的一大进步。为了更好地对《义务教育法》的实施过程进行良好的监督和评价，《义务教育法》在修订时，把国家建立教育督导制度具体化了，所以在教育督导的法治建设方面向前大大地迈进了一步。《义务教育法》第八条规定："人民政府教育督导机构对义务教育工作执行法律法规情况、教育教学质量以及义务教育均衡发展状况等进行督导，督导报告向社会公布。"

**（六）强调了特殊教育的重要性，体现出对特殊学生的人文关怀**

特殊学生的受教育问题一直难以真正受到重视和落实，在还没有出台《特殊教育法》的情况下，《义务教育法》对此给了很多的关注，在很大程度上弥补了没有《特殊教育法》的缺憾。在《义务教育法》中至少有三项条款涉及特殊教育工作的规定。例如，第十九条规定："县级以上地方人民政府根据需要设置相应的实施特殊教育的学校（班），对视力残疾、听力语言残疾和智力残疾的适龄儿童、少年实施义务教育。特殊教育学校（班）应当具备适应残疾儿童、少年学习、康复、生活特点的场所和设施。"第三十一条规定："特殊教育教师享有特殊岗位补助津贴。在民族地区和边远贫困地区工作的教师享

---

① 雷磊. 重构"法的渊源"范畴 [J]. 中国社会科学, 2012 (6)：147.

有艰苦贫困地区补助津贴。"第四十三条规定："特殊教育学校（班）学生人均公用经费标准应当高于普通学校学生人均公用经费标准。"

**（七）进一步拓展了我国教育法律渊源**

如同《学位条例》一样，1986年版的《义务教育法》在第一条中也采用了大致相同的表述，即"为了发展基础教育，促进社会主义物质文明和精神文明建设，根据宪法和我国实际情况，制定本法"。这个表述比《学位条例》更加明确，直接使用了"我国实际情况"，这再次说明了"教育建设和发展实际需要"就是我国的教育法律渊源。由于在1986年我国的《教育法》还没有出台，所以在《义务教育法》中不可能用"依据教育法"，而是采用了《学位条例》的表述，再次说明了"教育发展实际需要"具有教育法律渊源的特性，是我国教育法律渊源的一部分。

此外，为解决农村义务教育经费没有法律保障的困境，国家建立了义务教育经费保障机制，这在我国义务教育发展史上应该说是一个重大的制度创新，是国家承担义务教育责任的根本体现。《义务教育法》第四十四条第一款规定，"义务教育投入实行国务院和地方各级人民政府根据责任共同负担，省自治区直辖市人民政府负责统筹落实的体制"。

## 三、《义务教育法》仍需进一步完善之处

经过多轮修改以后的《义务教育法》与1986年第一版的《义务教育法》相比，在体例和内容上已经得到极大的丰富，特别是罚则的内容更加具体、更便于司法实践的操作，但是还存在着一些需要今后修改时注意的方面。

**（一）如何适应教育国际化的需要**

随着中国国际地位的提高，我们将会获得越来越多的话语权，在教育领域中也会如此。这就会出现有更多的国外留学生来华学习，其中不乏大量的留学人员会带着自己的未成年人来我国接受义务教育阶段的学校教育。面对这样的现状，《义务教育法》如何应对。根据《义务教育法》第四条的规定，"凡是具有中华人民共和国国籍的适龄儿童少年，不分性别、不分民族、不分种族、不分家庭财产状况，不分宗教信仰，依法享有平等接受义务教育的权利"。这里仅仅将义务教育对象确定为具有中国国籍的适龄儿童，那么适龄的国外学生怎么办？现在发达国家例如美国、加拿大以及部分发达国家通行的教育管理都是基础教育阶段的外国学生享受与本国学生无差别的受教育权，那么，我国的《义务教育法》是否应该在这个方面有所规定。我们在学的留学生中就有一些学生的子女不能在我国的中小学学习，抑或要交学费也很难以获得入学机会。这给这些留学生带来了很多困扰，使其难以静心求学。

**（二）充分考虑两头衔接的事项规定**

由于我们目前还未出台《学前教育法》和《普通高中教育法》，这就在基础教育阶段出现了两头立法空白的现象。所以，我们希望《义务教育法》能够拓宽视野，从立足于基础教育整体性的角度出发，将学前教育和高中教育更好地衔接起来。具体来说，即要关注

学前教育如何过渡到义务教育，再由义务教育过渡到高中教育。其中最主要的是在课程设置上作出相应的规定。例如，不允许设置重点幼儿教育机构，也不允许在高中阶段设置重点学校和重点班级，如此等等。

**（三）明确界定某些模糊的概念**

《义务教育法》中还有一些概念性事项需要作更明确的解释，否则难以追责问责。例如，《义务教育法》第二条规定"实施义务教育，不收学费、杂费"。但现在教育行政部门对于什么是学费、什么是杂费的政策性解释可谓五花八门、别出心裁，导致学校在实际办学中很难确定学费和杂费，尤其是杂费。不少学校因此可以乱收费、乱作为。例如，北方学校冬天取暖需要购买煤炭、柴草，有的地方政府认为这个费用不是杂费，因此有些学校就开始向学生收取，如此等等。此外还有不少模糊的难以界定的费用，如购置校服、购置教学设施的耗材、笔墨纸张、参考资料、社会实践以及兴趣班活动等费用，这些到底属于什么费用，该由谁来支付，如果不能够明确规定，则最后都会转嫁到学生家长身上，义务教育的乱收费、成本高的问题仍然存在并一直困扰着家长。

# 第四节　中华人民共和国教师法

教师是学校教育的核心力量，是各级各类学校教育中"立德树人"的主体。中国人有尊师重教的传统，教师在中国人心目中有着特殊的不可替代的地位。中国人将教师与天地相提并论，"天地君亲师"则是民间祭祖时可以在牌位上常常看到的；中国人还将教师视为自己的父母，有"一日为师，终生为父"的观念，侍师如侍父，忤逆师父被视为大逆不道。所有这些在当今世界其他国家和文化中则十分罕见。为了凸显教师的法律地位，规范教师的教育教学行为，提高教师的社会地位，明确教师的法律地位，国家制定了《教师法》，该法是 1993 年 10 月 31 日第八届全国人民代表大会常务委员会第四次会议通过的并于 1994 年 1 月 1 日开始实施。根据 2009 年 8 月 27 日第十一届全国人民代表大会常务委员会第十次会议《关于修改部分法律的决定》作了第一次修正。

## 一、《教师法》产生的背景

虽然教师在人才培养过程中发挥了至关重要的角色，但是经过 20 世纪的"文革"以后，教师在政治上被贬为"臭老九"，政治地位、经济地位急剧下降，在社会上的地位也得不到认可。改革开放以后直到 20 世纪 90 年代，教师的经济待遇、社会地位一直处于令人担忧的状态，基础教育中大量教师的工资得不到保障，"打白条"一度成为众多地区教师面临的尴尬局面。中华人民共和国成立以后，教师队伍的管理主要依靠一些政策和制度。这些政策和制度缺乏法律上的效力，没有强制性，并且缺乏法律所需的具体、明确的肯定性，缺乏稳定性和连续性。教师队伍的管理随意性很大，许多方面无法可依。通过制定《教师法》，使教师队伍的建设走上规范化、法治化的轨道。在这样的社会大背景下，急需国家出台教师法律来明确教师的地位，保护教师的合法权益。

**（一）教师的法律地位亟待明确**

长期以来，由于受种种因素的影响，我国教师队伍的政治素质和业务素质都比较低，已不能适应培养人才的需要，广大教师急需提高政治素质和业务素质。为了更有效地完成这一任务，有必要通过立法，制定一整套提高教师素质的措施、制度，对教师的思想品德和业务素质作出明确的规定，以加强教师队伍的建设，提高教师的整体素质。中华人民共和国成立后的相当长的一段时间内，一方面在如何界定教师法律地位这个问题上，国家缺乏法律依据，增加了教师管理的难度；另一方面教师被视为知识分子，而在"左倾"思想的影响下，知识分子的政治地位也忽高忽低，导致了教师的法律地位也难以确定。民国时期的相关法律被废止，教师的法律地位一直得不到合法确认。各级各类学校教育中的教师的权利缺乏有力的法律保障。这就必然会造成教师在人才培养工作中畏首畏尾、缩手缩脚，加上"文革"的摧残，不少教师还心有余悸，不敢大胆进行教学改革和创新，严重影响了他们的教学积极性，也必然会影响学校教育的质量。广大教师和教育工作者以及社会有识之士，强烈呼吁要尽快出台保护教师的相关法律，明确教师的法律地位。

**（二）教师的社会地位必须提高**

社会地位主要体现在政治地位上。20世纪50年代中后期，"左倾"思想愈演愈烈，阶级斗争成为社会生活的主旋律。我党在这一时期对待知识分子由斗争对象逐步演变为改造利用，也就是说在相当长一段时间内，作为知识分子队伍中主要力量的教师始终得不到充分的信任。在这种社会氛围之下，教师的社会地位岌岌可危，在日常生活中遭受凌辱甚至人身攻击的事件时常发生，稍不注意就可能受到批判和再教育。显然，要调动广大教师的人才培养的积极性和工作热情，必须从思想上消除教师的包袱，在精神上消除各种戒心，在政治上明确教师的地位等已经成为紧迫的政策需要。特别是进入20世纪80年代以后，国家为了加快实现四个现代化，急需培养大量各行各业的人才，摆在教育事业发展面前的最大瓶颈是如何让教师从思想上解放出来，放下包袱。

社会主义现代化建设事业需要一批又一批既具有坚定、正确的政治方向，又掌握现代科学文化知识的社会主义事业的建设者和接班人。而人才的培养关键在于教师，建设一支具有良好思想品德修养和业务素质的教师队伍，是搞好社会主义事业的关键。"振兴民族的希望在教育，振兴教育的希望在教师。"这就需要国家尽快制定教师法律。因此，1986年3月，六届全国人大四次会议和六届全国政协四次会议上，多位全国人大代表和全国政协委员提出了关于尽快制定教师法的提案和建议。此后不久，国家教委据此成立了《教师法》起草工作领导小组，着手《教师法（草案）》的起草工作。

**（三）教师的经济待遇急需得到保障**

如同政治地位不高一样，直至20世纪90年代中后期，各级各类学校教师的经济待遇也十分低下。长期以来，我国教师的地位和待遇偏低，拖欠教师工资、干扰教育教学活动等情况屡有发生。在一定程度上挫伤了教师的积极性，影响了教育事业的发展。大学教师的工资虽然还没有出现被"打白条"的情况，但是却很微薄，"造导弹的不如卖茶叶蛋的"现象一度成为民间的笑谈。学校教学在教师们无私奉献的状况下苦苦支撑，这显然不是现代化国家和社会所应该有的正常现象。国家也意识到了局面的严峻性，制定了一系列相关政策试图改善这种现象，但是效果并不理想。在这种情况下，更需要有一部保护教师合法权益的法律。为了稳定教师队伍，提高教师的地位和待遇，提高教师的工作积极性，吸引优秀人才从事教育，必须制定《教师法》保障教师群体的合法权益。实际上，《教师法》从 1986 年开始起草，后经过八年酝酿、修改，终于在千万教师的期盼中出台了。

**（四）依法治教的教育法律体系建设的需要**

"二战"以后，民主化、法治化已经成为世界各国治理的基本潮流和发展大势，在这种潮流推动之下，各国纷纷加快了立法的步伐。在教育领域，不论是制定法系国家如法国、德国等国家，还是判例法系国家如美国、英国等国家都加大了立法的力度，纷纷制定大量的教育法律，涉及教育事业发展的方方面面。对于教师的立法也是其中的热点之一。客观地说，我国在 20 世纪教育立法的数量和速度与这些发达国家相比都有较大的差距。改革开放以后，国家立法部门也意识到这种现状的严重性，因此，也在加快我国教育法律的规划和研制，甚至采取了超常规的立法举措，例如，在我国还没有出台教育的基本法《教育法》的情况下，根据形势紧迫性，优先研制出台了《学位条例》《义务教育法》，《教师法》也是在这个国际立法趋势的大背景下出台的，应该说《教师法》的重要性并不亚于在此之前的几部教育法律。

## 二、《教师法》的教育法律价值

《教师法》的制定和颁布，对于提高教师的地位，保障教师的合法权益，造就一支具有良好的思想品德和业务素质的教师队伍，促进我国社会主义教育事业的发展，有着重要的意义。

**（一）第一次明确了教师的法律地位**

众所周知，中华人民共和国成立以后，在《教师法》出台之前，教师的法律地位是不明确的，所以，实际上在很长一段时间内，教师在人才培养过程中往往更多地体现为义务而不太注重和讲究权利。《教师法》颁布实施以后，彻底地改变了中国教师法律地位不明确的窘境。《教师法》在第二章《权利和义务》中有两条分别规定了教师的权利和义务。其中第七条对教师享有的权利规定如下：

进行教育教学活动，开展教育教学改革和实验；从事科学研究、学术交流，参加专业的学术团体，在学术活动中充分发表意见；指导学生的学习和发展，评定学生的品行和学业成绩；按时获取工资报酬，享受国家规定的福利待遇以及寒暑假期的带薪休假；对学校教育教学、管理工作和教育行政部门的工作提出意见和建议，通过教职工代表大会或者其他形式，参与学校的民主管理；参加进修或者其他方式的培训。

在第八条中对教师应当履行的义务作了如下规定：

遵守宪法、法律和职业道德，为人师表；贯彻国家的教育方针，遵守规章制度，执行学校的教学计划，履行教师聘约，完成教育教学工作任务；对学生进行宪法所确定的基本原则的教育和爱国主义、民族团结的教育，法制教育以及思想品德、文化、科学技术教育，组织、带领学生开展有益的社会活动；关心、爱护全体学生，尊重学生人格，促进学生在品德、智力、体质等方面全面发展；制止有害于学生的行为或者其他侵犯学生合法权益的行为，批评和抵制有害于学生健康成长的现象；不断提高思想政治觉悟和教育教学业务水平。

**（二）扩大了教师概念的外延**

《教师法》总则第二条规定了适用范围："本法适用于在各级各类学校和其他教育机构中专门从事教育教学工作的教师。"这里所指的"各级各类学校"是指实施学前教育、普通初中教育、普通高中教育、职业教育、普通高等教育以及特殊教育、成人教育的学校。这里所指的"其他教育机构"是特指与中小学的教育、教学工作紧密联系的少年宫、地方中小学教研室、电化教育馆等教育机构。其第三条对教师的内涵作了解释，认为"教师是履行教育教学职责的专业人员，承担教书育人，培养社会主义事业建设者和接班人、提高民族素质的使命。教师应当忠诚于人民的教育事业"。这样的界定扩大了教师概念的外延，即《教育法》所说的教师首先是专业人员，也就是说具备专门的知识并且获得相应资格的人才能被称为教师，其不仅包括我们通常所谓的各级各类学校从事教育教学工作的人员，也包括一些教育机构的教育教学和研究人员。该条款还特别强调了教师的工作包括教学和教育两个方面，而不仅仅局限于从事教学工作，这就意味着在学校工作中很多不直接承担课堂教学的工作人员，如果他们参与了对学生的教育工作，他们也是《教师法》所规定的教师。此外，一些合法的教研机构的研究人员也是教师的范畴。所有这些人员都享有《教师法》赋予的权利和义务。

**（三）明确了教师的待遇及应得的奖励**

上文已经阐释过，《教师法》出台的重要任务就是要提高并明确教师的待遇，激发教师全身心投入各级各类人才培养的动机。所以，《教师法》用了两章（第六章《待遇》和第七章《奖励》）详细规定了教师应该享受的合法待遇和奖励。例如，在《待遇》中就规定："教师的平均工资水平应当不低于或者高于国家公务员的平均工资水平，并逐步提高。建立正常晋级增薪制度，具体办法由国务院规定。中小学教师和职业学校教师享受教龄津贴和其他津贴，具体办法由国务院教育行政部门会同有关部门制定。""教师的医疗同当地国家公务员享受同等的待遇；定期对教师进行身体健康检查，并因地制宜安排教师进行休养。医疗机构应当对当地教师的医疗提供方便。教师退休或者退职后，享受国家规定的退休或者退职待遇。"在《教师法》出台之前，教师很难有这样明确的待遇。

在《奖励》中也对教师受到的奖励作了较为明确的规定。如，"教师在教育教学、培养人才、科学研究、教学改革、学校建设、社会服务、勤工俭学等方面成绩优异的，由所在学校予以表彰、奖励。国务院和地方各级人民政府及其有关部门对有突出贡献的教师，应当予以表彰、奖励。对有重大贡献的教师，依照国家有关规定授予荣誉称号。国家支持和鼓励社会组织或者个人向依法成立的奖励教师的基金组织捐助资金，对教师进行奖励"。虽然这些规定略显原则化，但是这些框架性的界定，给教师带来了希望，必然也就会调动教师们的工作积极性。

**（四）加强了法律责任的规定，维护了教师的合法权益**

《教师法》在"法律责任"这一章中用了五条规定来界定违反《教师法》必须承担的法律责任，在该法律整个文本中占据了较大的篇幅，说明国家对维护《教师法》威慑性和权威性的重视。其中有些规定值得称道。例如："侮辱、殴打教师的，根据不同情况，分别给予行政处分或者行政处罚；造成损害的，责令赔偿损失；情节严重，构成犯罪的，依法追究刑事责任。""国家工作人员对教师打击报复构成犯罪的，依照刑法有关规定追究刑事责任。""地方人民政府对违反本法规定，拖欠教师工资或者侵犯教师其他合法权益的，应当责令其限期改正。违反国家财政制度、财务制度，挪用国家财政用于教育的经费，严重妨碍教育教学工作，拖欠教师工资，损害教师合法权益的，由上级机关责令限期归还被挪用的经费，并对直接责任人员给予行政处分；情节严重，构成犯罪的，依法追究刑事责任。"

**（五）拓展了教育法律渊源**

如同《学位条例》和《义务教育法》一样，《教师法》再次明确了"教育实践需要"的法律渊源性。《教师法》的第一条表述为"为了保障教师的合法权益，建设具有良好思想品德修养和业务素质的教师队伍，促进社会主义教育事业的发展，制定本法"。之所以出现这样的表述，其道理在《学位条例》和《义务教育法》中已经作了分析，不再赘述。

### 三、《教师法》仍需进一步完善之处

《教师法》共43条4000多字，相比于教育法律中的其他几部法律，这样的篇幅并不算大，说明其中会有一些规定不够具体细致，有些条款仍然带有宣言性和原则性。所以，在未来的《教师法》修改中还需要进一步根据社会发展需要不断完善。

**（一）明确教师职业成长的理念**

根据《教师法》对教师内涵的界定，教师是专业人员。所以，教师由普通人变成教师必然需要进行专业教育和训练，使其适应教育教学这个职业的需要，胜任教育教学工作。由此可见，教师在从一名普通人变成专业人员必须有一个职业成长的过程，这个过程对于每个人的时间跨度并不一致。并不是说一名大学毕业生或者师范大学的毕业生考取了教师资格证书就是一个合格的教师了，而要真正成为一名合格的教师需要很长的职业成长过程。针对教师职业成长的规律，《教师法》应该在教师职业胜任力方面作出一些规定。为此，首先应该通过《教师法》明确教师职业成长的正确理念，即我们需要什么样的教师，

合格的教师应该树立什么样的成长理念。

## （二）更加明确规定教师的基本素养

教师作为专业人员应该具有相应的专业素养。这种专业素养不仅是掌握一定的专业知识和教育教学工作方面的知识，而是要形成一套完整的知识结构。我国目前教师的知识结构大致是"专业知识+教育教学知识（1+1）"，而且教育教学知识实际上是非常薄弱的（对于师范大学的师范生来说，教育教学知识往往就是教育学基本理论、心理学和学科教育学的知识；而对于普通大学的毕业生来说，他们的教育教学知识也多半是为考教师资格证书而从相关的复习资料中学习到的一些知识，很难说是系统的教育教学知识），这样的知识结构显然是难以适应教师职业这个岗位的。合格教师的知识结构应该是"专业知识+教育教学知识+其他多学科的知识（1+1+X）"。教师的职业能力也应该是多元化的，但是，有一项知识是必须具有的，那就是批判思维能力。这个知识非常重要，因为只有具备批判思维能力才有可能具备创新能力。一个教师若不能具备批判思维能力何以能培养学生的创新精神和创新能力？良好的人格品质是教师素养的核心和基础。教师要为人师表、立德树人和教书育人，就必须首先具备良好的品格。否则，他所教出来的学生也很难有良好的品格，更谈不上有高尚的情操。有鉴于此，我们希望《教师法》在未来的修订过程中，能够将上述要求通过相关的法律条款体现出来。

## （三）培养和培训的目标还需进一步精准化

现行的《教师法》也涉及教师的培养和培训方面的规定，但是这些规定过于原则和简单，需要进一步细化。首先，《教师法》应该明确教师在职期间的培养和培训的目标，只有目标明确了，才能确定培养和培训的内容和方法。这就需要明确教师的职业核心素养，根据这些素养确定具体模式。中华人民共和国成立以来，我国建设了一批师范大学，其目的就是培养高素质的教师，但是现在的师范大学越来越淡化"师范"色彩，更加接近普通高等学校的培养模式。在这种情况下，我们建议在未来的《教师法》修改过程中，对师范大学的培养模式作出明确的要求，不断凸显师范大学的师范性。

## （四）考核的内容还需细化

教师的工作是一项专业性很强的职业，其所具备的知识、能力和品格在上文中已经作了粗略的分析。所以，对教师的考核也应该专业化而不是普适化。教师特别是高等学校的教师，除了从事课堂教学之外，还需要从事大量的科学研究。科学研究本质上就是探索真理、发现规律的过程。正如德国社会学家、政治学家马克斯·韦伯所言，科学研究是一项疯狂的冒险活动，特别是基础科学研究，这种冒险性和不确定性更加突出。这就意味着一个人可能一辈子在科研上没有获得任何所谓的研究成果。那么我们如何评价这些学者的工作呢？说他是失败者吗？所以，对教师工作的评价必须充分尊重教师本人的意见，同时还需要有宽容和允许失败的评价理念。我们同样希望《教师法》在对教师职业进行评价时能够体现出这样的评价理念，尊重和保护教师的职业精神。

# 第五节　中华人民共和国职业教育法

《中华人民共和国职业教育法》是 1996 年 5 月 15 日第八届全国人民代表大会常务委员会第十九次会议通过的，2022 年 4 月 20 日第十三届全国人民代表大会常务委员会第三十四次会议做了第一次修订。"新世纪以来，从中央到地方的政策文件在制度供给方面发挥重要作用，但这些政策不具有法律的强制性，缺乏法律执行效力和司法的适用性。因此，当务之急就是在充分吸收国家政策和地方立法及其实践经验的基础上，进行提炼加工总结，修订我国的职业教育法，使之上升为具有普遍性、规范性和强制性的法律。"[①] 这是摆在相关政府部门面前亟待思考的问题。

## 一、《职业教育法》产生的背景

1996 年版《职业教育法》全篇共 40 条内容 3000 多字，而 2022 年版共 8 章内容 10000 多字，可见这不仅是一部比较厚重的法律文本，而且条款规定得更为细致。制定《职业教育法》的目的是推动职业教育高质量发展，提高劳动者素质和技术技能水平，促进就业创业，建设教育强国、人力资源强国和技能型社会，推进社会主义现代化建设。

### （一）职业教育发展的曲折性

中华人民共和国成立以后，我国教育事业发展经历了起伏震荡的过程，而职业教育的发展更是大起大落，曲折艰难。除了 20 世纪 80 年代经过一个短暂的良好发展阶段之外，职业教育事业的发展始终不够理想，进入 20 世纪 90 年代以后，不少中等职业学校纷纷被撤销，大量教师和学校资产流失，其中不乏失业的师资转行或到经济发达地区打工，不少民众也不重视职业教育，不愿意让子女去接受职业教育。这就严重误导了人们对职业教育的正确认识。因为在传统的观念中，职业教育培养的是技术工人，在社会阶层中被认为是登不上大雅之堂的。

但是，随着中国科学技术和经济水平不断提高，特别是中国需要加入 WTO 以加快国家经济的国际化步伐。在申请加入 WTO 的过程中，国家和企业越来越多地意识到提高企业工人素质的必要性。仅仅依靠简单的体力劳动已经越来越不能适应国际经济发展的大势，只有不断提高工人的技术素养，才能在国际竞争中获得优势。因而，1996 年国家出台了《职业教育法》。尽管限于当时我国职业教育的办学经验和办学观念，1996 版的《职业教育法》在内容和表述上还十分简单，更多具有宣言性和原则性，但是其意义却十分深远，表明了国家希望发展职业教育的决心和态度，特别是 2022 年的修订，无疑为职业教育的发展开辟了新天地。

---

[①] 阮李全、刘飞君. 我国职业教育法律制度创新：渊源、维度、路径 [J]. 重庆电子工程职业学院学报，2019（5）：8.

**（二）职业教育中的校企合作的不协调性**

在中华人民共和国有限的职业教育发展历程中，发展十分艰难曲折的重要原因之一就是职业教育机构始终难以获得企业的支持和重视。职业教育与普通教育的最本质区别就是培养对象的应用性，也就是说，通过职业教育培养的学生必须掌握至少一种职业所需要的技术和技能，使他们在毕业后能够迅速在某个工作岗位上成为熟练的技术工人，同时也可以积极参与企业在技术等方面的创新活动，提高企业的生产质量。但是，在计划经济时代，企业的技术工人是国家分配的，企业没有与学校合作的积极性，也没有这方面的经费支持。有些学校是由企业直接举办的，这类机制虽然解决了学生的实践教学问题，但是因为经费不足，学校与企业的合作机制也不尽完善。改革开放以后，企业发展实行自负盈亏的自主发展模式，企业出于节约资源的需要不愿为学校提供实践教学的机会，原有的企业办的职业学校也纷纷被撤销，职业教育基本上处于停滞状况，中等职业教育基本消失。面对这样的职业教育状况，国家如果不出手，我国的职业教育将面临极大挑战。幸运的是1996年的《职业教育法》扭转了这种局面，让我国的职业教育走上了希望之路。

2022年教育部的工作要点对发展职业教育提出了如下9点要求：引导中职学校多样化发展，培育一批优质中职学校；实施中职、高职办学条件达标工程；稳步发展职业本科教育，支持整合优质高职资源设立一批本科层次职业学校；深化产教融合、校企合作，推动职业教育股份制、混合所有制办学，推动职业教育集团（联盟）实体化运作，支持校企共建"双师型"教师培养培训基地、企业实践基地；印发新版专业简介和一批专业教学标准；推进实施《职业学校学生实习管理规定》，加强实习管理；发展中国特色学徒制，推进岗课赛证综合育人；实施先进制造业现场工程师培养专项计划，加强家政、养老、托育等民生紧缺领域人才培养；积极推动技能型社会建设，大力营造国家重视技能、社会崇尚技能、人人享有技能的社会环境。

**（三）职业教育资源严重不足**

由于中华人民共和国成立后职业教育经历了诸多曲折，因而职业教育的资源与普通教育相比总体上资源严重不足。主要表现为两个方面：一是教师队伍的数量和质量不足，二是教学资源特别是实验实践教学资源严重不足。在教师队伍方面，职业学校的有限教师队伍中，大多数是开展普通教育课程的教师，即便是专业课教师队伍中，双师型师资数量和素质等方面难以适应职业技术教育的需要。他们中不少人善于从事理论课程教学，而对于专业实践知识的储备却不足。在教学资源方面，职业技术教学注重实践和技能的训练，这就需要大量的实习工厂和实习基地。而这些资源如果都依靠职业教育学校肯定是难以实现的，必须依赖企业的力量才能从根本上解决问题。所以，长期以来，职业教育中的教学资源不足问题始终是制约职业教育最为关键的因素，校企合作是提高职业教育质量的必由之路，只有通过制定《职业教育法》才能从根本上解决这个难题。

**（四）职业教育国际化发展的需要**

我国近代以来的职业教育是教育领域中的舶来品，鸦片战争后的洋务学堂大多数是职业教育性质的教育机构。此时的各类学堂往往都是由某个实业机构举办的，目的是培养洋务派所需要的人才，因而在教学资源和教师队伍方面虽然也存在着诸多不足，但总体上看矛盾并不十分突出（洋务派所办的这些学堂规模都不大，聘请的教师中洋教师比较多），基本上能够满足当时职业教育的需要。随着科学技术在世界范围内的传播和运用，各国都面临如何举办职业教育和如何开展国际交流与合作等挑战。为了加快职业教育国际合作和交流，国际上不少组织积极参与国际职业教育建设。"在众多国际组织中，对国际职业教育的发展和各国职业教育政策影响最大的是联合国教科文组织、世界银行和国际劳工组织[①]。这三个国际组织发布了一系列关于职业教育的公约、建议书或者政策报告，以及技术援助和资助，成为各国特别是发展中国家发展职业教育的重要咨询参考和政策指南，对国际职业教育的发展有着重要的借鉴意义。"[②] 我国是上述国际组织的签约国，自然会积极支持这些组织的各项条约，积极推动职业教育的国际合作与交流。2022 年教育部的工作要点就职教国际交流合作方面的工作，提出了如下 4 点要求：举办中外高级别人文交流机制会议，推进共建"一带一路"教育行动高质量发展，加强同东盟职业教育、学历互认等合作，建立中国—东盟教育高官磋商机制，办好中国—东盟教育交流周；实施"未来非洲—中非职业教育合作计划"，举办国际性职业教育大会，主办金砖国家教育部部长会议，建立金砖国家职业教育联盟和举办职业教育技能大赛，推进"鲁班工坊"建设；加强对欧高层次和技术技能人才培养工作，做实做细与俄乌等国留学生交流，深化国际产学研用合作，开展具有法人资格的中外合作办学机构、内地与港澳地区合作办学机构培养模式改革试点；推进海南国际教育创新岛建设，推进境外高水平大学、职业院校在海南自由贸易港设立理工农医类学校。

## 二、《职业教育法》的教育法律价值

很长时间以来，"国际上对职业教育的概念和内涵一直争执不休。传统的提法是职业教育（Vocational Education，英文缩写为 VE）或 职业技术教育（Vocational and Technical Education，VTE），联合国教科文组织 20 世纪 70 年代以来一直用技术与职业教育（Technical and Vocational Education，TVE），国际劳工组织的提法是职业教育与培训（Vocational Education and Training，VET），世界银行和亚洲开发银行 20 世纪 80 年代中期以来开始使用技术和职业教育与培训（Technical and Vocational Education and Training，

---

① 中国是国际劳工组织的创始成员国，也是该组织的常任理事国。1971 年，中国恢复了在该组织的合法席位。1983 年以前，中国未参加该组织的活动。1983 年 6 月，我国派出由劳动人事部部长率领的代表团出席第 69 届国际劳工大会，正式恢复了在国际劳工组织的活动。自 1983 年以来，中国每年均派代表团出席各种会议，并积极参与该组织在国际劳工立法和技术合作方面的活动。十几年来，中国与国际劳工组织的关系得到较大发展，开展了包括人员互访、考察、劳工组织派专家来华举办研讨会和讲习班、制定实施技术合作计划以及援助我国建立职业技术培训中心等各类活动。

② 和震. 国际组织的职业教育政策基本范畴及其意义 [J]. 教育发展研究，2006（21）：6.

TVET）的概念。1999 年教科文组织在汉城召开了第二届国际技术与职业教育大会，其正式文件中首次使用了技术和职业教育与培训（TVET）的提法。上述情况表明，国际上已经用技术和职业教育与培训替代了传统的职业技术教育或职业教育"①。我国的《职业教育法》在第二条中指出："本法所称职业教育，是指为了培养高素质技术技能人才，使受教育者具备从事某种职业或者实现职业发展所需要的职业道德、科学文化与专业知识、技术技能等职业综合素质和行动能力而实施的教育，包括职业学校教育和职业培训。"可见，《职业教育法》对于职业教育的理解与教科文组织的理解基本一致。《职业教育法》的颁布与实施对于促进国家职业教育发展具有特殊的法律价值，其主要表现为以下几个方面：

**（一）提高了《职业教育法》的法律效力**

1996 年版《职业教育法》在《总则》中给出的立法依据是"根据教育法和劳动法，制定本法"。而 2022 年版的《职业教育法》在《总则》里说明的立法依据是"根据宪法，制定本法"。而没有采用 1996 年版的来自"教育法和劳动法"的表述，可见 2022 年版《职业教育法》虽然制定主体是全国人大常委会，但是，其法律渊源和效力却直接来自宪法，其法律效力应该等同于教育基本法的《教育法》。这说明国家对职业教育事业的重视程度。这里也有一个有趣的现象——为什么 2022 年版的《职业教育法》在第一条中否定了教育法和劳动法在职业教育中的法律地位，而是直接将其渊源交给了宪法？如果从积极方面看我们可以说这样的表述方式提高了《职业教育法》的法律效力，充分体现了职业教育在国民教育体系中的独特地位，增强了《职业教育法》的时代性、全局性、科学性、权威性。但是如果从消极方面看，是不是可以得出结论说《职业教育法》与《教育法》和《劳动法》没有关系，或者说《教育法》不能规范《职业教育法》呢？

**（二）促进了国家职业教育规范化发展**

政策作为教育法律渊源是我国教育法律建设的一项重要经验，"我国职业教育法律层面上制度创新已滞后于政策层面上制度创新，但职业教育政策为职业教育立法提供了指导和丰富的制度素材与养分，为国家立法作铺垫、打基础"②。可以说，在《职业教育法》产生之前，在我国职业教育事业的建设和进步过程中，教育相关的政策发挥了无可替代的作用。但是，政策毕竟不是法律，政策也难以代替法律。从规范教育事业发展的角度看，我们必须加强立法建设，将政策法律化。就职业教育长远发展来看，仅仅依靠相关政策是不够的，必须制定相应的法律。《职业教育法》的出台意味着国家职业教育将走上规范化的建设之路。

**（三）加快了我国职业教育国际化的步伐**

从 1996 年版的《职业教育法》到 2022 年版的《职业教育法》，国家对职业教育的内

---

① 和震．国际组织的职业教育政策基本范畴及其意义［J］．教育发展研究，2006（21）：7.

② 阮李全，刘飞君．我国职业教育法律制度创新：渊源、维度、路径［J］．重庆电子工程职业学院学报，2019（5）：6.

涵和作用的认识与国际社会对职业教育内涵及其作用的认识越来越趋同，表明了我们积极参与职业教育国际化的态度和理念。从 1996 年到 2022 年，我国职业教育取得了重大进步，无论是学校的数量还是办学规模，都有了大幅度增加，特别是出现了一大批高等职业院校，截至 2022 年，我国已经拥有高职院校 1486 所，教职工 787355 人，本专科在校生 16030263 人。① 这些数据表明，我国的职业教育已经在国际上处于领先水平，正在由职业教育大国向职业教育强国迈进，为国家职业教育国际化和赢得更多国际职业教育话语权奠定了坚实的基础。

**（四）建构了较为完善的职业教育体系**

2022 年版《职业教育法》在第二章"职业教育体系"中专门用了 6 条 15 款 800 多字的篇幅解释和规定了职业教育体系的内涵和要求。例如，第十四条规定："国家建立健全适应经济社会发展需要，产教深度融合，职业学校教育和职业培训并重，职业教育与普通教育相互融通，不同层次职业教育有效贯通，服务全民终身学习的现代职业教育体系。国家优化教育结构，科学配置教育资源，在义务教育后的不同阶段因地制宜、统筹推进职业教育与普通教育协调发展。"

第十五条规定："职业学校教育分为中等职业学校教育、高等职业学校教育。中等职业学校教育由高级中等教育层次的中等职业学校（含技工学校）实施。高等职业学校教育由专科、本科及以上教育层次的高等职业学校和普通高等学校实施。根据高等职业学校设置制度规定，将符合条件的技师学院纳入高等职业学校序列。其他学校、教育机构或者符合条件的企业、行业组织按照教育行政部门的统筹规划，可以实施相应层次的职业学校教育或者提供纳入人才培养方案的学分课程。"

第十六条规定："职业培训包括就业前培训、在职培训、再就业培训及其他职业性培训，可以根据实际情况分级分类实施。职业培训可以由相应的职业培训机构、职业学校实施。其他学校或者教育机构以及企业、社会组织可以根据办学能力、社会需求，依法开展面向社会的、多种形式的职业培训。"这些规定表明，我国职业教育体系已经初步建成，这不仅是学界对职业教育研究的充分肯定，也是国家高度关注职业教育国际化的体现，职业教育的法律地位有了极大的提高。今后的主要任务将是在现有的体系基础上不断完善和成熟。

### 三、进一步实施《职业教育法》的主要举措

《职业教育法》的颁布和实施，其法律价值无须多言，也毋庸置疑。2022 年版《职业教育法》出台之后，未来在我国职业教育发展过程中，还需要关注以下几个方面的重要工作，以便使《职业教育法》发挥最大的法律效力。

---

① 教育部．教育统计数据［EB/OL］．http：//www.moe.gov.cn/jyb_sjzl/moe_560/moe_569/.

### （一）　加强国际职业教育事业发展走向的研究

与 20 世纪 80—90 年代的国际化相比，我们当今面临的国际形势更加复杂多变，加之新技术革命和新工业革命的兴起，未来的国际化将更加变幻莫测。这就意味着，国际社会在 20 世纪达成的很多共识将不复存在，诸多的国际秩序将会被改变，这就会导致国际社会理念的改变，随之而来的是一系列制度的改变。就职业教育发展来看，现有的国际交流与合作的机制将发生重大变化甚至不复存在。为此，我们应该在现有的《职业教育法》的指导下，加强国际职业教育发展趋势和未来动态的研究，不断提高我国职业教育在国际上的地位，展示我国职业教育方案的魅力，不断获取相应的国际话语权。与此同时，在职业教育国际化过程中不断完善我国的《职业教育法》。

### （二）　进一步依法落实校企融合机制的运行

职业教育并非仅仅依靠教育行政部门的行政能力就能办好，在这一点上它与普通学校教育是有区别的。《职业教育法》第六条指出："职业教育实行政府统筹、分级管理、地方为主、行业指导、校企合作、社会参与。"可见，要落实好职业教育法的要求，需要社会多方面的支持，特别是与职业教育密切相关的企业的支持。这一点在《职业教育法》的第二十四条中也有十分明确的要求，即"企业应当根据本单位实际，有计划地对本单位的职工和准备招用的人员实施职业教育，并可以设置专职或者兼职实施职业教育的岗位。企业应当按照国家有关规定实行培训上岗制度。企业招用的从事技术工种的劳动者，上岗前必须进行安全生产教育和技术培训；招用的从事涉及公共安全、人身健康、生命财产安全等特定职业（工种）的劳动者，必须经过培训并依法取得职业资格或者特种作业资格。企业开展职业教育的情况应当纳入企业社会责任报告"。如果离开了企业在经济、实践教学和教学设施等方面的支持，职业教育机构是很难生存和发展下去的。但是，《职业教育法》的这项规定，其法律价值不仅在于强调企业在职业教育中的地位，更为重要的是将企业纳入职业教育体系，企业成为职业教育的主体。所以，我们可以作出这样判断：职业教育是一个双主体的教育活动，企业和职业学校都是职业教育的主体，它们协同融合共同完成职业教育的任务。

### （三）　建立和谐、多方协作的联席制度

从《职业教育法》的第六条我们还可以看出，职业教育是一个需要多方协作的社会办学体系。在对职业教育的管理体系方面，《职业教育法》在第二十条中也作了明确规定："国务院教育行政部门会同有关部门根据经济社会发展需要和职业教育特点，组织制定、修订职业教育专业目录，完善职业教育教学等标准，宏观管理指导职业学校教材建设。"这一条规定明确了职业教育管理主体是"国务院教育行政部门和相关部门"，具体来说就是"教育部"和"行业主管部门、工会和中华职业教育社等群团组织、行业组织"。在该法的第二十三条进一步明确了相应的办学管理机构，即"行业主管部门按照行业、产业人才需求加强对职业教育的指导，定期发布人才需求信息。行业主管部门、工会和中华职业教育社等群团组织、行业组织可以根据需要，参与制定职业教育专业目录和相关职业教育

标准，开展人才需求预测、职业生涯发展研究及信息咨询，培育供需匹配的产教融合服务组织，举办或者联合举办职业学校、职业培训机构，组织、协调、指导相关企业、事业单位、社会组织举办职业学校、职业培训机构"。这些管理部门有的还是办学的直接参与者。这些多主体的管理和参与一方面对职业教育可以发挥促进作用，但是另一方面如果没有很好的协调机制，则可能会出现大家都不管的局面。为此，我们希望国家可根据《职业教育法》的这些要求，建立一个具有实质性协调作用的联席办公制度，共同解决职业教育发展中面临的困境。

**（四）进一步加强职业教育与普通教育之间的联系**

职业教育作为国家的一种教育类型，与普通教育有着十分密切的关系，如果不能正确地协调好这两种不同类型教育的关系，不仅会制约职业教育的发展，也会伤害普通教育的成长。《职业教育法》第十九条规定："县级以上人民政府教育行政部门应当鼓励和支持普通中小学、普通高等学校，根据实际需要增加职业教育相关教学内容，进行职业启蒙、职业认知、职业体验，开展职业规划指导、劳动教育，并组织、引导职业学校、职业培训机构、企业和行业组织等提供条件和支持。"第十五条也指出："职业学校教育分为中等职业学校教育、高等职业学校教育。中等职业学校教育由高级中等教育层次的中等职业学校（含技工学校）实施。高等职业学校教育由专科、本科及以上教育层次的高等职业学校和普通高等学校实施。根据高等职业学校设置制度规定，将符合条件的技师学院纳入高等职业学校序列。"这些规定都强调了职业教育与普通教育之间相互促进、相互支持的关系，为此，我们需要加强职业教育与普通教育之间的立交桥建设，使职业教育和普通教育协调发展。

**（五）大力加强残疾人职业教育与培训**

残疾人教育是特殊教育的范畴，长期以来人们习惯于所谓的"全纳教育"理论而将其与普通教育放在一起，但是残疾人如果仅被归纳为普通教育对象，实际上并不能解决他们的就业问题。如果我们将其工作重心从普通教育转到职业教育，也许更能符合残疾人的实际需要。所以，无论是1996年版的《职业教育法》还是2022年版的《职业教育法》，都给予了残疾人在职业教育中的地位的关注。与1996年版相比，2022年版的《职业教育法》对残疾人的职业教育的规定更加具体和明确。第十八条中提出："残疾人职业教育除由残疾人教育机构实施外，各级各类职业学校和职业培训机构及其他教育机构应当按照国家有关规定接纳残疾学生，并加强无障碍环境建设，为残疾学生学习、生活提供必要的帮助和便利。国家采取措施，支持残疾人教育机构、职业学校、职业培训机构及其他教育机构开展或者联合开展残疾人职业教育。从事残疾人职业教育的特殊教育教师按照规定享受特殊教育津贴。"当然，实施该条规定，还需要解决很多实际问题，特别是要根据残疾人的类型和特点，开展适合他们身心发展的不同类型的职业教育。

# 第六节 中华人民共和国高等教育法

高等教育是一个国家最高层次的教育阶段，高等学校是其主要的办学主体。我国的高等教育与西方的高等教育相比，有其独特性。"从历史文化渊源角度来看，我国高等教育发展自成一体。不可否认的是，大学这一教育形式确实来源于西方，然而这一形式被我国'拿来'之后，其发展轨迹在很大程度上脱离了它的母体。我国高等教育从一开始就肩负着拯救国家、民族于危亡之中的重任，大学是以一种力求摆脱苦难的姿态出现的，体现了后发国家对于教育强国的强烈渴望。"① 正因为如此，我国的高等教育和高等学校在实际办学和管理过程中不能简单搬用西方国家的模式，而要走自己的发展之路。

## 一、《高等教育法》产生的背景

现行的《高等教育法》是 1998 年 8 月 29 日第九届全国人民代表大会常务委员会第四次会议通过的，根据 2015 年 12 月 27 日第十二届全国人民代表大会常务委员会第十八次会议《关于修改〈中华人民共和国高等教育法〉的决定》作了第一次修正，根据 2018 年 12 月 29 日第十三届全国人民代表大会常务委员会第七次会议《关于修改〈中华人民共和国电力法〉等四部法律的决定》作了第二次修正。《高等教育法》之所以在 20 世纪末颁布实施，有着一定的历史背景。

### （一）加快高等教育大众化的步伐

20 世纪末，有一个关于高等教育发展的理论在国内的高等教育学界曾经十分时髦，那就是马丁·特罗（Martin Trow）的高等教育大众化理论。马丁·特罗是美国著名的教育社会学家、加利福尼亚大学伯克利分校公共政策研究院教授。他在《从精英向大众高等教育转变中的问题》一文中首先提出了"大众高等教育"概念，1970 年又提出"普及高等教育"概念，1973 年在上述理论的基础上再次提出高等教育大众化三阶段论，至此高等教育大众化理论基本得到完善。我国高等教育学界的部分学者在了解了这个理论之后，如获至宝，极为推崇，产出了一大批相关的研究成果，进而影响了自 20 世纪末开始的中国高等教育的发展进程。国家教育决策机构和相关负责人迅速（在一定程度上也可以说是盲目）扩大高等教育的发展规模，并自豪地宣称中国高等教育经过不到 10 年的发展历程，就完成了西方发达国家近百年的由精英阶段到大众化阶段的过渡。《高等教育法》的颁布和实施在一定程度上既是适应这种理论的需要，也在很大程度上加快了高等教育大众化的速度。

### （二）高等教育国际化面临的挑战

从"二战"结束到 20 世纪 60—70 年代的 30 年时间内，以美国为代表的西方发达国

---

① 曾威. 论我国大学章程法律效力的缺陷及弥合——以法律渊源为考察视角 [J]. 信阳师范学院学报（哲学社会科学版），2019（2）：35.

家的高等教育经历了一个快速发展的"黄金时期",将发展中国家的高等教育至少在数量上远远地甩在了后面。而此时我们除了"文革"之外,还在较长时期内受"左"倾思想影响,这些都使得我们错失了与西方高等教育并驾齐驱的快速发展机会。因此,当我们再次打开国门看世界的时候才惊恐地发现,我国的高等教育与西方等发达国家的高等教育之间无论是规模上还是办学理念上差距很大。在这种高等教育国际化的背景下,《高等教育法》颁布实施,可以说是高等教育发展进程中的一场及时雨和一剂强心针,为稳固推进高等教育发展、快速融入国际高等教育发展洪流提供了重要的法律保障。

### (三) 进一步提高高等教育质量

中华人民共和国的高等教育在很长时期是在计划经济背景下发展的,加上受苏联办学模式的影响,高等教育特色不够、个性缺乏、专业面狭窄、条块分割,进而导致知识内容陈旧、专业模式僵化,所有这些都严重影响了高等教育人才培养质量和科技发展水平。加之上述高等教育国际化洪流的催化,国人迫切需要出台相关的法律法规规范高等教育的发展,社会各界积极呼吁国家制定《高等教育法》。正是在这样的背景下,《高等教育法》终于在千呼万唤中于1998年颁布,并于1999年1月1日开始实施。1998年版的《高等教育法》在第一条中明确了国家发展高等教育的目的,即"为了发展高等教育事业,实施科教兴国战略,促进社会主义物质文明和精神文明,根据宪法和教育法,制定本法"。在第五条中再次肯定了这个目的,提出:"高等教育的任务是培养具有创新精神和实践能力的高级专门人才,发展科学技术文化,促进社会主义现代化建设。"这两条规定,在很大程度上回应了当时国家和社会对发展高等教育的期盼。2018年版的《高等教育》在第五条中进一步完善了这个目标,指出:"高等教育的任务是培养具有社会责任感、创新精神和实践能力的高级专门人才,发展科学技术文化,促进社会主义现代化建设。"

### (四) 完善部门法微法律体系

到1998年《高等教育法》颁布时,我国教育领域已经有了《教育法》《义务教育法》《教师法》《职业教育法》和《学位条例》5部教育法律,从教育类型和层次来看,接下来就应该出台《高等教育法》了。从完善部门法的微法律体系来看,如果《高等教育法》不出台,这个微体系的基本要素就不完善。在这种情况下,必须制定并出台《高等教育法》。从这个意义上看,1998年的《高等教育法》是及时完善教育法律微体系的必然需要和大势所趋,也是无奈之举。

## 二、《高等教育法》的教育法律价值

《高等教育法》的颁布和实施,是在《学位条例》基础上的又一次对高等教育和高等学校办学作出的规范。同样,结合《学位条例》,高等教育的法律正在向体系化方向迈进,标志着国家对高等教育事业发展更加重视。就高等教育的法律渊源来说这也是一大进步,因而具有其独特的法律价值。

**（一）规范了高等学校办学行为**

与其他各级各类学校教育相比，高等教育的主体拥有较多的自主权和灵活性。这一特点如果把握得当是有利于高等学校发展的，但如果不加规范则有可能制约高等学校的发展。所以，除了必要的政策引导之外，必须要有相关的法律加以约束和规范，《高等教育法》的实施就发挥了这个作用。正如教育部在《关于学习、宣传和贯彻实施〈中华人民共和国高等教育法〉的通知》（教高〔1998〕12 号）所指出的那样，《高等教育法》"总结了中华人民共和国成立以来，特别是改革开放以来高等教育改革与发展的经验，从我国社会、经济、文化及高等教育的实际出发，借鉴外国高等教育发展的有益经验，把我国高等教育长期发展过程中形成的科学的教育思想和教育观念、所取得的成功经验通过法律的形式固定下来，并且运用法律规范解决高等教育改革和发展过程中出现的种种问题，促进和保障我国高等教育的改革和发展。它规定了高等教育的性质和地位、高等教育发展的基本原则、高等教育的基本制度、高等教育投入和条件保障、高等学校的设立条件、高等学校的法律地位以及高等学校教师和学生的权利义务等内容，充分体现了《教育法》和《中国教育改革和发展纲要》的基本精神，它对于实现依法治教，保证我国高等教育面向21 世纪的改革发展，建设社会主义物质文明和精神文明，实现科教兴国的伟大战略有着极其重要的意义"。

**（二）加快了由高等教育大国向高等教育强国迈进的步伐**

经过 20 世纪 90 年代以来高等学校轰轰烈烈的扩招以后，我国高等学校的规模不断扩大，加之民办高等学校数量的逐年增加及科研机构①和社会力量的介入，到目前为

---

① 其间，中国科学院在举办研究生教育的基础上开始举办普通本科高等学校——中国科学院大学。该学校网站主页的学校简介中这样表述：中国科学院大学简称"国科大"，是一所以科教融合为办学模式、研究生教育为办学主体、精英化本科教育为办学特色的创新型大学。1964 年 9 月，中国科学院在北京试办"中国科学院研究生院"。1977 年，中国科学院率先恢复研究生招生，为适应各研究所招收和培养研究生的需要，在北京成立了中国科学技术大学研究生院。1978 年，恢复招生后的首批研究生入学。1982 年，中国科学院党组批准研究生院同时使用"中国科学院研究生院""中国科学技术大学研究生院"两个名称。2000 年 12 月，学校更名为中国科学院研究生院。2005 年，中国科学院管理干部学院并入中国科学院研究生院。2012 年 6 月，中国科学院研究生院更名为中国科学院大学，并于 2014 年开始招收本科生，形成了覆盖本、硕、博三个层次的高等教育体系（参见：https：//www.ucas.ac.cn/site/11）。

与此同时，中国社科院也创办了中国社会科学院大学。该校主页在学校简介中是这样描述的：中国社会科学院大学（简称中国社科大），英文名称 University of Chinese Academy of Social Sciences（UCASS），校训"笃学、慎思、明辨、尚行"，以中国社会科学院研究生院为基础，整合中国青年政治学院本科教育及部分研究生教育资源而组建，以马克思主义为指导，坚持党的领导，坚持正确的办学方向，坚持中国特色社会主义大学的办学方针，致力培养政治可靠、作风过硬、理论深厚、学术精湛的哲学社会科学后备人才，培养又红又专、德才兼备、全面发展的中国特色社会主义事业接班人和建设者，努力建设成为具有中国特色的社会主义一流文科大学（参见：https：//www.ucass.edu.cn/xxgk1/xxjj.htm）。但蹊跷的是，该校的学校简介中并没有说明学校是哪一天创办的。只是在百度百科找到了这样一句话："2017 年 5 月，以中国社会科学院研究生院为基础，整合中国青年政治学院本科教育及部分研究生教育资源创办中国社会科学院大学。"

止，我国高等教育俨然成为庞然大物。为此，高等教育界（包括高等教育政府机构和学术研究界）欢欣鼓舞，认为中国已经成为高等教育大国了。截至 2021 年，我国高等学校数为 3012 所，教职工人数为 2785592 人，其中专任教师数为 1913817 人，在校生人数为 55359207 人。① 这些数据与发达国家相比，似乎很庞大，但是如果将其放在 14 亿人口的背景下来看，其国民占有的高等学校数量并不高，因而认为我国已经成为高等教育大国似乎还比较勉强，更谈不上高等教育强国了，真可谓"不知有汉，无论魏晋"了。

尽管如此，我国高等教育规模的绝对数量确实不小，但仅仅追求数量而忽视质量的理念显然是错误的。好在教育主管部门和相关领导很快意识到了这个问题的严重性。教育部和其他相关机构提出高等教育要走内涵式发展道路，提高人才培养质量。从这个角度看，《高等教育法》的实施，必然会加快由高等教育大国向高等教育强国迈进的步伐。

### （三）高等教育法治建设不断进步

中华人民共和国的第一部高等教育法律是 1980 年的《学位条例》，直到 1998 年才有了《高等教育法》，中间相隔近 20 年。但是，高等教育内部特别是高等学校在实际办学过程中涉及一系列因素，这不是仅仅依靠《学位条例》这部法律就能解决得了的，必须出台《高等教育法》来确定诸多要素及其关系。因此，《高等教育法》出台不是早了而是晚了。但是，从高等教育领域这个系统来看，这部法律的颁布在完善高等教育法律微观体系建设方面，是一个巨大的进步。从此以后，诸多高等学校关系有了法定的解释和规定，避免造成不必要的争论和不稳定因素的加剧。

### （四）明确了高等学校内部管理体制

中华人民共和国成立以后，关于高等学校内部管理体制经过了较复杂的演化过程，不可谓说不坎坷，也曾经一度引起过较大的争议甚至混乱。《高等教育法》实施以后，从法制上终结了这种争议和混乱。《高等教育法》第三十九条规定："国家举办的高等学校实行中国共产党高等学校基层委员会领导下的校长负责制。中国共产党高等学校基层委员会按照中国共产党章程和有关规定，统一领导学校工作，支持校长独立负责地行使职权，其领导职责主要是：执行中国共产党的路线、方针、政策，坚持社会主义办学方向，领导学校的思想政治工作和德育工作，讨论决定学校内部组织机构的设置和内部组织机构负责人的人选，讨论决定学校的改革、发展和基本管理制度等重大事项，保证以培养人才为中心的各项任务的完成。社会力量举办的高等学校的内部管理体制按照国家有关社会力量办学的规定确定。"这就使得人们在高等学校内部管理上的很多认识得到了法律的支持，避免了因为认识不一致而导致的对高等学校各项工作的制约。

---

① 以上数据根据教育部网站发布的《教育统计数据》（http：//www.moe.gov.cn/jyb_sjzl/moe_560/2021/）整理而成。

**(五) 赋予了高等学校章程坚实的法律基础**

从法治的角度来看，高等学校的章程在高等学校内部管理中发挥着至关重要的作用，被人们称为高等学校的宪法和母法。但是，中华人民共和国成立后很长一段时间，高校内部的章程并未受到应有的重视。"从20世纪末、21世纪初开始，'大学章程建设'、'按照章程自主办学'等关键词频频出现于我国的教育法律法规中。其中，1995年颁布的《教育法》第26条明确规定'章程'是设立学校及其他教育机构必须具备的基本条件之一，这是我国在教育法律法规中最早提到'章程'。1995年8月原国家教委下发《关于实施〈中华人民共和国教育法〉的若干意见》进一步指出，'各级各类学校及其他教育机构，原则上应实行一校一章程'。"① 由此开始了高等学校的章程建设。《高等教育法》第二十八条明确了高等学校章程的作用和要求，指出："高等学校的章程应当规定以下事项：学校名称、校址；办学宗旨；办学规模；学科门类的设置；教育形式；内部管理体制；经费来源、财产和财务制度；举办者与学校之间的权利、义务；章程修改程序；其他必须由章程规定的事项。"该条款的规定不仅为高等学校章程建设奠定了法律基础，也为章程的基本内容设定了框架，从而保证了高校章程在形式上的统一性，有利于教育主管部门的统一管理。

**三、《高等教育法》在实施过程中需要重点关注的领域**

《高等教育法》1999年开始实施，2015年和2018年又分别作了一些修改，所有这些工作都标志着我国高等教育已经逐步走上了依法治高教的轨道。但是高等教育是国家各级各类学校教育中变化最快的教育层次，所以，高等教育在今后的法制化建设过程中还需要重点关注以下几个方面的事项。

**(一) 密切关注高等教育国际化的新动态、新特点**

2008年世界范围的经济危机爆发以来，国际化的含义已经发生了变化，单一化与多极化、脱钩与合作等两种不同价值取向所引发的世界格局正在发生变化。因此，我们不能用20世纪末开始的国际化的内涵来理解今天的国际化，实际上现在的国际化在很大程度上是逆国际化思潮主导着当今世界的发展路径。面对这样的局面，我们必须转变已有的观念，重新审视世界的新局面、新格局。高等教育是国际化中最活跃的因素之一，它涉及的不仅是人才培养，更多的则是科学技术、文化、制度等方面的交流与合作。如果能够合理地把握这些方面的交流与合作则是有利于人类社会的发展，反之亦然。据此，我们希望国家高等教育立法部门密切关注高等教育国际化的新动态、新特点，不断修正《高等教育法》。

**(二) 重新审视"双一流"高校建设的合法性**

"双一流"高校建设是指建设一批世界一流大学和一流学科。"2015年8月18日，

---

① 东北大学党委宣传部. 我国大学章程的推进历程 [J]. 长沙理工大学学报，2014（309）：2.

中央全面深化改革领导小组会议审议通过《统筹推进世界一流大学和一流学科建设总体方案》，对新时期高等教育重点建设做出新部署，将'211工程'、'985工程'、'优势学科创新平台'、'特色重点学科项目'等重点建设项目，统一纳入世界一流大学和一流学科建设，并于同年11月由国务院印发，决定统筹推进建设世界一流大学和一流学科；2017年1月，经国务院同意，教育部、财政部、国家发展和改革委员会印发《统筹推进世界一流大学和一流学科建设实施办法（暂行）》。"① 可见，"双一流"高等学校建设是在国家的主导下实施的又一项工程，此前已经有了"211""985"和"珠峰计划""拔尖人才培养"等一系列的所谓工程，尽管花样百出，但有一点是不变的，那就是所有这些所谓的工程都是由各级政府主导的，人为地将我国的高等学校分成三六九等。在我国特色的体制下，国家主导高等教育建设并无不妥，但是，如果这种主导影响了高等学校办学的自主权和积极性，则可能会事倍功半。马克思主义认为，事物变化的根本动力来自事物内部，即内因是事物变化的根本，外因只起促进作用。所以，高等学校发展的根本动因还是高等学校自身，如果外界干预过多，则高校可能会失去活力和动力，最终成为依附在国家资源上的累赘和负担。如果结果真的变成这样，那就事与愿违了。有鉴于此，我们希望在下一轮《高等教育法》修订时，从法律的角度重新评估"双一流"高校建设是否合理合法。否则可能会导致国家教育资源的浪费，放缓了我国高等教育发展的速度。

**（三）高校教师法律地位对高校教师行为的规约性**

高校教师作为学科领域的专家，务必在合法的基础上谨言慎行。疫情让我们看到了不少专家（同时也是高等教育领域的教师）发表一些不够负责任的言论，误导民众对新冠疫情的认知，在民众的身心健康方面起到了负面的效应，失去了作为学者的基本良知，饱受广大民众的诟病，以至于现在有人戏称"专家"一词是贬义词而不是褒义词。

作为高等学校人才培养工作主体的教师，决定着高等教育的水平和人才培养的质量。如此重要的主体应该在《高等教育法》中对其法律地位（权利和义务）有相应的表述和规定。然而，现行的《高等教育法》只在第四十五条这样规定："高等学校的教师及其他教育工作者享有法律规定的权利，履行法律规定的义务，忠诚于人民的教育事业。"这条规定明显是不明确的，试问"享有法律规定的权利，履行法律规定的义务"中具体指哪部法律的规定？如果没有明确指出依据什么法律，那么这句话就成为一句空话。《高等教育法》第五十二条规定："高等学校的教师、管理人员和教学辅助人员及其他专业技术人员，应当以教学和培养人才为中心做好本职工作。"看似明确，但仔细分析一下，这条规定也是比较空洞的，没有太多实质性的意义。

由此，就出现一个问题：高校教师的行为如何规约？如果没有履行自己的义务或者

---

① 首轮"双一流"建设简介［DB/OL］．（2017-09-21）［2023-11-07］．http：//syl. shzu. edu. cn/slwsylwjs/list. htm.

做出违背自己工作和身份的行为，对此应该如何规约，他们应该承担什么样的法律责任？这些在《高等教育法》中都未作任何表述，只是《高等教育法》第八章"附则"中的第六十六条有这样的规定："对高等教育活动中违反教育法规定的，依照教育法的有关规定给予处罚。"然而，《教育法》在第九章"法律责任"中的规定，基本上是基于学校和机构，而对于学校教育中教师如果违反教育法该承担什么样的法律责任几乎没有规定。这是现行《高等教育法》中存在的一个漏洞，建议在未来《高等教育法》修订时可予以关注。

**（四）进一步明确高等学校办学的主体地位**

高等学校办学的自主性和主体地位一直是高等教育界密切关注的话题，高等学校更是将其视为自己的生命。教育部《关于学习、宣传和贯彻实施〈中华人民共和国高等教育法〉的通知》（教高〔1998〕12号）中也特别强调这一点，明确指出："要结合高等教育改革和发展的实际情况，根据不同类型、不同层次高等学校的实际，推进高等教育体制改革和高等教育教学改革，优化高等教育结构和资源配置，提高高等教育的质量和效益。要适应社会主义市场经济的发展，进一步转变思想观念，加强宏观管理，简政放权，增强高等学校根据经济和社会发展需要自主办学的能力，切实落实《高等教育法》规定的高等学校的自主权，促进高等学校自我约束、自我发展的良性运行机制的形成。"虽然《高等教育法》在高等学校的办学自主权方面已经作了很多的表述，也比较细致，但是在实际办学中还是存在诸多办学自主权受限、需要不断请示教育主管部门的现象，这说明《高等教育法》在未来修订时还有进一步修改和完善的空间。

**（五）加强对法律责任的研判**

现行的《高等教育法》没有"法律责任"或类似"罚则"的条款，只是在第八章"附则"中的第六十六条有这样的规定："对高等教育活动中违反教育法规定的，依照教育法的有关规定给予处罚。"而《教育法》中的"法律责任"基本上只是对学校和机构作出要求，对于学校内部的教师、学生、管理人员和工勤人员的法律地位并没有规定，对于这些群体的个体如果违反相关规定应如何承担法律责任也没有作出规定。特别是对于掌握学校和基层组织办学资源的校长、院长（系主任、中心主任等）在办学过程中的不规范行为需承担什么样的法律责任应该有一定的哪怕是原则性的规定或者表述。应该说这一点是《高等教育法》在未来修订时值得参考的。

# 第七节　中华人民共和国民办教育促进法

民办教育在我国有着十分悠久的历史，孔子被社会各界特别是教育史学界普遍视为中国教育史上最早开展民办教育的杰出代表。近代社会受西方教育的影响，我国的各级各类教育中都出现了民办教育（私立教育）。中华人民共和国成立以来，我国的民办教育经历了一个较为曲折的发展历程。① 对于民办教育如何发挥其应有的作用，中央政府早在 1952 年就发文允许民办小学，1958 年和 1959 年又分别提出要 "两条腿" 走路的办学方针。尽管

---

①　王献玲在《建国初 "两条腿走路" 办学方针的渊源及启示》（《浙江万里学院学报》2008 年第 4 期，第 105~106 页）一文中比较系统地回顾了中华人民共和国成立以来，我国民办教育的发展历程。该文认为：

中华人民共和国成立，国家鼎力发展教育，但当时百业待兴，无力将教育全包下来。在这种背景下，"两条腿走路" 办学的传统意念就找到了延续其生命的土壤。1952 年 11 月 15 日，教育部发布指示："今后几年内发展小学教育的方针，一方面政府应有计划地增设公立小学，同时应允许群众在完全自愿的基础上出钱出力有条件地发展民办小学，以满足群众送子女入学的要求。" 1959 年 5 月 17 日，中共中央发出通知：在教育的发展中，必须坚持贯彻执行 "两条腿走路" 的方针。

当时，"两条腿走路" 办学的实施主要体现在以下几个方面：

首先，发动群众集体办学。1951 年 11 月 28 日，教育部提出："发动群众根据自愿和公平合理的原则，出钱出力办学。" 1957 年 6 月 30 日，教育部发出通知："中小学是地方性和群众性的事业" "必须大力提倡群众办学。" 当年民办小学在校学生发展为 500.7 万人，占小学在校学生总数 6428.3 万人的 7.8%。1964 年 5 月 6 日，中共中央指出："用一条腿走路的办法普及教育，只能用强迫命令的办法，而且国家开支不起。用两条腿走路的办法，可以多快好省地普及教育。" 1965 年，民办小学在校生 4752 万人，占小学在校生总数 11620.9 万人的 40.9%。"文革" 期间，中小学因不再有公民办之分，实际上均为集体办学。

其次，鼓励私人办学。1953 年 5 月，毛泽东在中共中央政治局会议上提出："应允许那些私塾式、改良式、不正规的小学存在。" 1957 年 6 月，教育部发出通知："还应鼓励华侨办学，并允许私人办学。" 1963 年 3 月 23 日，中共中央要求："对于少数地区出现的 '私塾'，必须加以领导和管理，提供适当的教材和教师，不要轻易取消。" 此后，私人办学开始整顿，"文革" 时期全部转入集体办学。

最后，组织多种形式办学。1953 年 11 月，政务院发出指示："在农村，则除办集中的正规的小学外，还可以办分散的不正规的小学，如半日制、早班、夜校之类。" 1959 年 9 月，中共中央、国务院《关于教育工作的指示》把多种形式办学概括为三类："第一类是全日制的学校、第二类是半工半读的学校，第三类是各种形式的业余学习的学校。" 到 1965 年，全国已有半工半读和半耕半读小学 84.9 万所，在校生 2518.1 万人，占全国小学在校生总数的 21.67%。

20 世纪 80 年代，改革开放后教育事业全面整顿、提高，为了调动一切积极因素发展教育，党和政府继续鼓励民间办学并逐步完善有关民办教育的政策。1980 年 12 月 3 日，中共中央、国务院《关于普及小学教育若干问题的决定》指出：还要鼓励群众自筹经费办学，"坚持 '两条腿走路' 的方针"。1985 年 5 月 27 日，中共中央、国务院《关于教育体制改革的决定》指出：鼓励各民主党派、人民团体、社会组织、集体单位和个人，"采取多种形式和办法，积极地自愿地为发展教育事业贡献力量"。1994 年 9 月国家教委在关于 "普九" 的《实施意见》中讲道："中小学校舍建设应采取 '两条腿走路' 的方针，实行国家、社会和个人的多渠道投资体制。" 这一时期的群众办学，多属于解决 "教育集资" 问题，社会力量的集资捐款，主要是流向公立学校。

到 20 世纪 90 年代中期，学历教育陆续向私人办学开放。1997 年 7 月，国务院《社会力量办学条例》开始允许义务教育民办："国家鼓励社会力量举办实施义务教育的教育机构作为国家实施义务教育的补充。" 接着在 1999 年 6 月 13 日，中共中央、国务院《关于深化教育改革全面推进素质教育的决定》又允许普通高等教育民办。在扩展民办教育办学范围、层次的同时，国家也开始规范民办教育的 "办学体制"。1997 年国务院颁布《社会力量办学条例》，就国家发展民办教育的基本原则、行政管理体制、政府保障与扶持、法律责任等问题作了规定。1998 年 12 月 24 日，教育部《面向 21 世纪教育振兴行动计划》指出："今后 3~5 年，基本形成以政府办学为主体、社会各界共同参与、公办学校和民办学校共同发展的办学体制。" 这样，在国家各项政策的促动下，到 2000 年全国社会力量举办的各级各类学校共有 5.43 万所。

如此，民办教育这条腿一直处于较短、较弱、无力的跛脚状态。这就急需有一部法律来明确其法律地位，规范其发展，从而为国家培养更多优秀人才。在 2002 年国家颁布了《中华人民共和国民办教育促进法》，从此，民办教育的法律地位得到了明确。

一、《民办教育法》产生的背景

《民办教育法》是 2002 年 12 月 28 日第九届全国人民代表大会常务委员会第三十一次会议通过的，根据 2013 年 6 月 29 日第十二届全国人民代表大会常务委员会第三次会议《关于修改〈中华人民共和国文物保护法〉等十二部法律的决定》第一次修正，根据 2016 年 11 月 7 日第十二届全国人民代表大会常务委员会第二十四次会议《关于修改〈中华人民共和国民办教育促进法〉的决定》第二次修正，根据 2018 年 12 月 29 日第十三届全国人民代表大会常务委员会第七次会议《关于修改〈中华人民共和国劳动法〉等七部法律的决定》第三次修正。其产生有一定的历史背景。

（一）国家教育资源不足

1958 年 9 月，中共中央和国务院颁布了《关于教育工作的指示》，该指示提出了学制改革"两条腿走路"的办学方针和"三个结合""六个并举"的具体办学原则。这是中华人民共和国成立以后提出"两条腿走路"办学方针的第一个文件，但是这个方针在很快到来的"左"倾思想以及紧接其后的"文革"的干扰下并未能长期有效地得到落实。改革开放以后，国家急需大量掌握基础科学文化知识的建设者，这就需要扩大各级各类学校的招生规模。但是，当时国家的经济基础薄弱，无力承担如此大规模的学校教育。于是，如何重新"两条腿走路"再次被提了出来。"1997 年 7 月，国务院《社会力量办学条例》开始允许义务教育民办：国家鼓励社会力量举办实施义务教育的教育机构作为国家实施义务教育的补充。接着在 1999 年 6 月 13 日，中共中央、国务院《关于深化教育改革全面推进素质教育的决定》又允许普通高等教育民办。"① 为了规范民办教育的行为，国家急需制定《民办教育法》。

（二）民办教育政策法律化的必然需求

从上述分析中，我们可以看出，在《民办教育法》颁布之前，中央和国家为了发展民办教育事业，从 1952 年开始已经制定了一系列政策。这些政策在中华人民共和国成立以后的民办教育事业发展中发挥了积极的作用。我们可以大胆地设想，如果没有这些政策作为基础，不仅民办教育事业自身的发展不会达到如今的规模和质量，而且《民办教育法》的立法基础也不够坚实。所以，从这个意义上看，之所以在世纪之初国家能够颁布《民办教育法》也是中华人民共和国成立以后长期政策积累和不断成熟后法律化的结果。这也说明我国的国家政策确实在特殊情况下可以扮演法律的角色，发挥法律的效力，是重要的法律渊源。

（三）中国有悠久的私学传统

教育史学界认为，我国的私学兴起于春秋时期。私学作为教育事业的重要组成部分，对

---

① 王献玲. 建国初"两条腿走路"办学方针的渊源及启示 [J]. 浙江万里学院学报，2008（4）：105-106.

中华文明的发展作出了巨大的贡献。孔子因为其办学规模和影响较大，通常被称为中国私学第一人。从春秋时期开始至今，私学虽然在一些重大历史转型时期受到冲击，但是延绵至今并未中断。所以说，中国有着悠久的私学传统、相应的文化和制度。民办教育作为私学延续的一种表现形式，在我国教育事业发展过程中，作出了杰出的贡献。截至 2022 年 7 月 5 日，"全国共有各级各类民办学校 17.83 万所，占全国各级各类学校总数的 34.37%。在校生 5282.70 万人，占全国各级各类在校生总数的 18.05%"①。民办教育的快速发展，必然要求国家制定相应的法律加以规范、明确其法律地位。如此，便有了《民办教育法》的颁布与实施。

**（四）民间有着强烈的办学积极性和相应的资源**

除了中国有民办教育的传统之外，还有着一定的经济基础。改革开放到 20 世纪 90 年代，民间已经产生了一大批民营企业家，他们中的部分人除希望通过举办教育获得部分利润之外，也为国家的教育事业作出了贡献（有些企业家确实有办教育的情怀）。但是，如果国家没有相应的政策，他们即便有着满腔热情也无计可施。所以，1997 年 7 月国务院在公布了《社会力量办学条例》之后，又陆续出台了诸多政策，民办教育得到了国家的支持，各地开始陆续出现民办学校。但是，如何更加规范地举办民办教育并明确其法律地位成为了急待解决的问题，此时，《民办教育法》应运而生，民办教育据此有了合法的基础和法律依据。

## 二、《民办教育法》的教育法律价值

《民办教育法》的颁布与实施是中华人民共和国成立后教育事业发展中的一件大事件，其意义在很大程度上超过了前述的各部教育法律。因为在处理私有制和公有制问题上，国家一直处于非此即彼的状态，很长时期内私有制得不到国家甚至民众的认可，私有经济的发展举步维艰。改革开放以后，虽然人们对于私有经济的认识开始发生变化，但是对私有经济仍存在着本能的抵触情绪，这也许是民办教育在相当长时期内得不到官方和民众高度认可的重要原因。而《民办教育法》的颁布与实施为民办教育提供了坚实的法律基础，民办教育实现了合法化。

**（一）明确了民办教育的法律地位**

《民办教育法》在《总则》里，明确了民办教育的性质以及国家对于民办教育的态度。在该法的第三条中指出："民办教育事业属于公益性事业，是社会主义教育事业的组成部分。国家对民办教育实行积极鼓励、大力支持、正确引导、依法管理的方针。各级人民政府应当将民办教育事业纳入国民经济和社会发展规划。"第五条明确承认："民办学校与公办学校具有同等的法律地位，国家保障民办学校的办学自主权。国家保障民办学校举

---

① 2022 年全国教育事业发展统计公报 [EB/OL].（2023-07-05）[2023-10-17]. http://www.moe. gov.cn/jyb_sjzl_fztjgb/20230705_1067278.html.

办者、校长、教职工和受教育者的合法权益。"该两条规定从法律上解决了民办教育能不能办、民办教育与公办教育之间的关系以及民办教育的合法权益能不能得到与公办教育同等的保护等问题。从此，我国的民办教育开始走向合法化、规范化、快速化发展之路。

### （二）确立了民办学校中师生的法律地位

由于前述对于私有企业的偏颇认识，民办学校在办学过程中最关注的问题便是民办学校中教师和学生的法律地位。不少人本能地认为，民办学校的师生不应该与公办学校的师生具有同等的法律地位，给出的理由很简单也很任性和粗暴，即这些学校是私人的不是公家的。在他们看来公办学校比私立学校好，应该具有更高的社会地位，因而也应该具有更高的法律地位。为了消除人们这种错误的思想观念，《民办教育法》专门设置了第四章"教师与受教育者"，以明确民办学校师生的法律地位。

### （三）为扶持与奖励民办学校提供法律依据

民办教育与公办教育相比，无论是基础设施还是师资力量都有很大的差距，加之民间对民办教育的偏见和歧视，这些因素集合起来对于民办教育事业的发展十分不利。在这种情况下，国家不仅需要通过媒体和理论研究来改变这种现状，更重要的是要拿出切实的扶持和奖励政策来改变人们的认识，帮助民办学校尽快走出现实和观念上的困境。令人十分欣慰的是，《民办教育法》特别关注到这个困境点，并专门设置了第七章"扶持与奖励"并细化为八个条款对其予以规定和明确。

首先，该章明确了扶持和奖励民办学校的主体——县级以上各级政府直至中央政府。在该章的第四十五条规定："县级以上各级人民政府可以设立专项资金，用于资助民办学校的发展，奖励和表彰有突出贡献的集体和个人。"第四十九条指出："国家鼓励金融机构运用信贷手段，支持民办教育事业的发展。"

其次，该法明确了扶持和奖励民办学校的方式。第四十六条规定："县级以上各级人民政府可以采取购买服务、助学贷款、奖助学金和出租、转让闲置的国有资产等措施对民办学校予以扶持；对非营利性民办学校还可以采取政府补贴、基金奖励、捐资激励等扶持措施。"紧接着，在第四十七条和第四十八条又更详细地规定了扶持和奖励的方式，即"民办学校享受国家规定的税收优惠政策；其中，非营利性民办学校享受与公办学校同等的税收优惠政策"和"民办学校依照国家有关法律、法规，可以接受公民、法人或者其他组织的捐赠。国家对向民办学校捐赠财产的公民、法人或者其他组织按照有关规定给予税收优惠，并予以表彰"。有了这些规定，民办教育在未来的发展中遇到的阻力和负面干扰的因素会越来越少。

### （四）强化了对法律责任的规定

《民办教育法》在第九章"法律责任"中用了四个条款700多字，对民办教育主体和政府及其教育管理机构办学者和管理者之间法律责任作了基本的规定。例如，第六十一条规定："民办学校在教育活动中违反教育法、教师法规定的，依照教育法、教师法的有关规定给予处罚。"第六十二条规定："民办学校有下列行为之一的，由县级以上人民政府教育行政部门、人力资源社会保障行政部门或者其他有关部门责令限期改正，并予以警告；有违法所得的，退还所收费用后没收违法所得；情节严重的，责令停止招生、吊销办学许可证；构成犯罪的，依法追究刑事责任。"① 对于政府部门同样作了法律责任的规定，例如，第六十三条就规定："县级以上人民政府教育行政部门、人力资源社会保障行政部门或者其他有关部门有下列行为之一的，由上级机关责令其改正；情节严重的，对直接负责的主管人员和其他直接责任人员，依法给予处分；造成经济损失的，依法承担赔偿责任；构成犯罪的，依法追究刑事责任。"② 这些法律责任的规定在很大程度上规范了政府和民办学校等各主体的行为，如有违反则其必须承担相应的法律责任。

## 三、《民办教育法》视角下的民办教育走向

尽管国家已经有了《民办教育法》以及相应的法规和一系列政策，但是，民办教育并未因此而顺利地发展。近年来，民办教育中又出现了各种新问题、新情况，值得我们反思和警醒。我们希望国家能够重视这些问题，并在未来的法律修订和新的法规、政策研制过程中着力解决这些问题。

### （一）促进教育观念的进一步转化

长期以来，人们之所以对民办学校另眼相待的主要原因是民办学校是"私人办的"，所以民办学校的教学活动是属于私人的活动。按照这个逻辑继续推理下去，其得出的结论必然是私立学校所培养的学生也是私有的。这显然是十分荒唐的结论。实际上，民办学校（或者私立学校）的教学内容是符合国家规定的，教学手段和教学方法也是符合教育规律的，所设定的培养规格和目标也是符合科学技术发展需要的。唯一不同的是民办学校的办学资金主要是由企业（个人）筹集并不断支持的。因而，民办学校也是在培养中华人民共和国的公民，在这一点上它们与公办学校并无差异，它们在法律地位上与公办学校应一样。这一点，在未来的《民办教育法》中还可以更加明确地表达出来，减少人们对民办教育的偏见。

### （二）进一步明确民办教育的法律地位

近年来，国家出台了一些新的政策要求地方政府回收民办中小学校，减少民办学校的

---

① 这些行为包括八个方面：擅自分立、合并民办学校的；擅自改变民办学校名称、层次、类别和举办者的；发布虚假招生简章或者广告，骗取钱财的；非法颁发或者伪造学历证书、结业证书、培训证书、职业资格证书的；管理混乱严重影响教育教学，产生恶劣社会影响的；提交虚假证明文件或者采取其他欺诈手段隐瞒重要事实骗取办学许可证的；伪造、变造、买卖、出租、出借办学许可证的；恶意终止办学、抽逃资金或者挪用办学经费的。

② 这些行为包括六个方面：已受理设立申请，逾期不予答复的；批准不符合本法规定条件申请的；疏于管理，造成严重后果的；违反国家有关规定收取费用的；侵犯民办学校合法权益的；其他滥用职权、徇私舞弊的。

数量和办学规模（限制招生指标）。"2014 年 5 月 16 日，广州市白云区教育局举行座谈会，就近期收回信孚黄石小学、信孚黄石中学、积德花园小学、同德南方小学、同德南方中学等 5 所民办学校承办权。"① 近年来，各地被地方政府收回的民办学校（包括民办高等学校）越来越多，这种现象的出现引起了基础教育界的思想混乱和民办教育者（大多数是企业家）的担忧，也很难说不与《民办教育法》相冲突。《民办教育法》第六十条规定："终止的民办学校，由审批机关收回办学许可证和销毁印章，并注销登记。"但《民办教育法》在这个规定之前还设定了诸多条件，而不是让政府无条件地任性地收回已经运营的民办学校。从法律的效力来看，政策的效力应该低于法律的效力。政策法律化最主要的目的是规范相关主体的行为并使之相对稳定，所以，在没有修改《民办教育法》的情况下，由政府制定政策或者法规通过诸如回收民办学校等做法来限制民办教育的发展显然是违法的和不合理的。依照《民办教育法》的规定，如果地方政府在回收民办学校上违规操作，应该承担相应的法律责任。

**（三）扩大民办学校办学过程中相关者的法律责任**

《民办教育法》在法律责任中只强调了民办学校和政府之间的法律责任，这是不够的。民办学校在实际办学中所面临的困境远非只是学校和政府之间的法律关系，还有诸多法律关系需要明确，只有这样才能明确法律责任，特别是对民办学校办学过程中的校外个体和团体的违法行为进行惩处也需要明确。上文提到的民办学校因受到许多个体和团体的歧视和偏见，经常处于弱势地位，如果不对干扰和破坏民办学校正常合法的办学行为的个体和团体进行惩处，不仅不利于民办学校的正常办学，也是对民办学校变相的歧视。所以，《民办教育法》在未来的修订时，应该扩大民办学校相关者的法律责任，而且必须要明确且具体，不能采用原则性和宣示性的语言表达，因为这些难以操作的表达实际上并不能解决民办学校的实际困境。

## 四、教育法律的空白急需填补

从目前已经颁布实施的教育法律来看，我国的基础法律体系还不十分完善，这就意味着我国教育法律还有诸多空白，急需立法部门加快立法进度，尽早填补这些空白。这些空白点包括：《中华人民共和国特殊教育法》《中华人民共和国学生法》《中华人民共和国学前教育法》《中华人民共和国中等（高中）教育法》《中华人民共和国教育投入法》《中华人民共和国高考（考试）法》《中华人民共和国成人教育法》《中华人民共和国老年人教育法》，等等。

---

① 参见黄少宏、云宣. 广州白云区教育局回应收回 5 民校承办权：无不利影响 [N]. 南方日报 2014-05-18。该文指出："收回五所民办学校的承办权，引入竞争机制，通过公开招投标方式重新确定承办者，是白云区实施教育改革，调整教育规划布局的一项试点工程。招投标合同将在招生规模、招生范围、提高教师待遇、设施设备添置等方面予以严格要求。如参加投标单位或个人无法满足相关要求，将由政府接管开办成公办学校。"

# 第四章　与教育相关的法律

相关教育法律也被称为斜向教育法律，本书中使用的这个概念是指在法律文本标题上虽然没有冠以"教育"二字但内容上却与教育特别是学校教育相关的法律，抑或虽然在法律文本标题上冠以"教育"二字但却非教育管理部门和学校教育独立实施或具有独立履行行为能力的法律。目前中国现在一共颁布了 892 部法律，现行有效的法律有 295 部。[①]　由于教育事业发展与国家诸多部门和多项事业都有密切关系，可以夸张一点地说，这些法律可能与教育发展和学校教育都有着或多或少的关系，从这个意义上看，这些法律几乎都可以被视为教育法律渊源。所以，相关教育法律是数量大、内容复杂的法律文本所构成的体系。正是由于其数量庞大，我们不可能通过枚举的方法对每一部法律进行分析，为了能够较清晰地呈现这类教育法律，我们将对其中部分与教育工作密切相关法律进行分类研究。

全国人民代表大会在其网站[②]公布了《现行有效法律目录（295 件）》（截至 2022 年 10 月 30 日十三届全国人大常委会第三十七次会议闭幕，按法律部门分类），本书以法律部门名称作为划分依据对教育相关法律进行分类研究（详见表 4-1）。

表 4-1　　　　　　　　　　　　　　　现行有效法律目录

| 类别 | 序号 | 法律文本名称 | 最新版本时间 | 是否为教育相关法律 |
|---|---|---|---|---|
| 中华人民共和国宪法 | 1 | 中华人民共和国宪法 | 1982 年 | Y |
| | 2 | 中华人民共和国宪法修正案 | 1988 年 | |
| | 3 | 中华人民共和国宪法修正案 | 1993 年 | |
| | 4 | 中华人民共和国宪法修正案 | 1999 年 | |
| | 5 | 中华人民共和国宪法修正案 | 2004 年 | |
| | 6 | 中华人民共和国宪法修正案 | 2018 年 | |

---

①　夏红真. 现行有效法律目录（295 件）［EB/OL］.（2023-01-06）［2023-03-11］. http：//www.npc. gov.cn/npc/c30834/202301/a945c1d655ca4cc9ab7db512fb767e78. shtml.

②　夏红真. 现行有效法律目录（295 件）［EB/OL］.（2023-01-06）［2023-03-11］. http：//www.npc. gov.cn/npc/c30834/202301/a945c1d655ca4cc9ab7db512fb767e78. shtml.

| 类别 | 序号 | 法律文本名称 | 最新版本时间 | 是否为教育相关法律 |
|---|---|---|---|---|
| 宪法相关法（49件） | 1 | 中华人民共和国地方各级人民代表大会和地方各级人民政府组织法 | 2015 年 | N |
| | 2 | 中华人民共和国全国人民代表大会和地方各级人民代表大会选举法 | 2015 年 | N |
| | 3 | 中华人民共和国人民法院组织法 | 2018 年 | N |
| | 4 | 中华人民共和国人民检察院组织法 | 2018 年 | N |
| | 5 | 中华人民共和国国籍法 | 1980 年 | Y |
| | 6 | 中华人民共和国全国人民代表大会组织法 | 2001 年 | N |
| | 7 | 中华人民共和国国务院组织法 | 1982 年 | N |
| | 8 | 全国人民代表大会常务委员会关于县级以下人民代表大会代表直接选举的若干规定 | 1983 年 | N |
| | 9 | 中华人民共和国民族区域自治法 | 2001 年 | Y |
| | 10 | 全国人民代表大会常务委员会关于在沿海港口城市设立海事法院的决定 | 1984 年 | N |
| | 11 | 中华人民共和国外交特权与豁免条例 | 1986 年 | N |
| | 12 | 中华人民共和国全国人民代表大会常务委员会议事规则 | 2009 年 | N |
| | 13 | 全国人民代表大会常务委员会关于批准中央军事委员会《关于授予军队离休干部中国人民解放军功勋荣誉章的规定》的决定 | 1988 年 | N |
| | 14 | 中华人民共和国全国人民代表大会议事规则 | 2021 年 | N |
| | 15 | 中华人民共和国集会游行示威法 | 2009 年 | Y |
| | 16 | 中华人民共和国城市居民委员会组织法 | 2018 年 | N |
| | 17 | 中华人民共和国香港特别行政区基本法 | 2021 年 | Y |
| | 18 | 中华人民共和国国旗法 | 2020 年 | Y |
| | 19 | 中华人民共和国领事特权与豁免条例 | 1990 年 | N |
| | 20 | 中华人民共和国缔结条约程序法 | 1990 年 | N |
| | 21 | 中华人民共和国国徽法 | 2020 年 | N |
| | 22 | 中华人民共和国领海及毗连区法 | 1992 年 | N |
| | 23 | 中华人民共和国全国人民代表大会和地方各级人民代表大会代表法 | 2015 年 | N |
| | 24 | 中华人民共和国澳门特别行政区基本法 | 1993 年 | Y |
| | 25 | 中华人民共和国国家赔偿法 | 2012 年 | N |
| | 26 | 中华人民共和国法官法 | 2017 年 | N |
| | 27 | 中华人民共和国检察官法 | 2019 年 | N |
| | 28 | 中华人民共和国戒严法 | 1996 年 | N |

| 类别 | 序号 | 法律文本名称 | 最新版本时间 | 是否为教育相关法律 |
|---|---|---|---|---|
| 宪法相关法（49件） | 29 | 中国人民解放军选举全国人民代表大会和县级以上地方各级人民代表大会代表的办法 | 2012 年 | N |
| | 30 | 中华人民共和国香港特别行政区驻军法 | 1996 年 | N |
| | 31 | 中华人民共和国国防法 | 2009 年 | Y |
| | 32 | 中华人民共和国专属经济区和大陆架法 | 1998 年 | N |
| | 33 | 中华人民共和国村民委员会组织法 | 2010 年 | N |
| | 34 | 中华人民共和国澳门特别行政区驻军法 | 1999 年 | N |
| | 35 | 中华人民共和国立法法 | 2015 年 | N |
| | 36 | 反分裂国家法 | 2005 年 | Y |
| | 37 | 中华人民共和国外国中央银行财产司法强制措施豁免法 | 2005 年 | N |
| | 38 | 中华人民共和国各级人民代表大会常务委员会监督法 | 2006 年 | N |
| | 39 | 中华人民共和国国家安全法 | 2015 年 | Y |
| | 40 | 中华人民共和国国家勋章和国家荣誉称号法 | 2015 年 | Y |
| | 41 | 中华人民共和国国歌法 | 2017 年 | Y |
| | 42 | 中华人民共和国监察法 | 2018 年 | N |
| | 43 | 中华人民共和国人民陪审员法 | 2018 年 | N |
| | 44 | 中华人民共和国英雄烈士保护法 | 2018 年 | Y |
| | 45 | 中华人民共和国公职人员政务处分法 | 2020 年 | Y |
| | 46 | 中华人民共和国香港特别行政区维护国家安全法 | 2020 年 | Y |
| | 47 | 中华人民共和国反外国制裁法 | 2021 年 | N |
| | 48 | 中华人民共和国监察官法 | 2021 年 | N |
| | 49 | 中华人民共和国陆地国界法 | 2021 年 | Y |
| 民法商法（24件） | 1 | 中华人民共和国民法典 | 2020 年 | Y |
| | 2 | 中华人民共和国商标法 | 2019 年 | N |
| | 3 | 中华人民共和国专利法 | 2020 年 | Y |
| | 4 | 中华人民共和国全民所有制工业企业法 | 2009 年 | N |
| | 5 | 中华人民共和国著作权法 | 2010 年 | Y |
| | 6 | 中华人民共和国海商法 | 1992 年 | N |
| | 7 | 中华人民共和国消费者权益保护法 | 2013 年 | N |
| | 8 | 中华人民共和国公司法 | 2018 年 | N |
| | 9 | 中华人民共和国商业银行法 | 2015 年 | N |

续表

| 类别 | 序号 | 法律文本名称 | 最新版本时间 | 是否为教育相关法律 |
|---|---|---|---|---|
| 民法商法（24件） | 10 | 中华人民共和国票据法 | 2004年 | Y |
| | 11 | 中华人民共和国保险法 | 2015年 | Y |
| | 12 | 中华人民共和国拍卖法 | 2015年 | N |
| | 13 | 中华人民共和国合伙企业法 | 2006年 | N |
| | 14 | 中华人民共和国证券法 | 2019年 | N |
| | 15 | 中华人民共和国个人独资企业法 | 1999年 | N |
| | 16 | 中华人民共和国招标投标法 | 2017年 | Y |
| | 17 | 中华人民共和国信托法 | 2001年 | N |
| | 18 | 中华人民共和国农村土地承包法 | 2018年 | N |
| | 19 | 中华人民共和国证券投资基金法 | 2015年 | N |
| | 20 | 中华人民共和国电子签名法 | 2015年 | Y |
| | 21 | 中华人民共和国企业破产法 | 2006年 | Y |
| | 22 | 中华人民共和国农民专业合作社法 | 2017年 | N |
| | 23 | 中华人民共和国涉外民事关系法律适用法 | 2010年 | N |
| | 24 | 中华人民共和国期货和衍生品法 | 2022年 | N |
| 行政法（96件） | 1 | 中华人民共和国户口登记条例 | 1958年 | Y |
| | 2 | 全国人民代表大会常务委员会关于批准《国务院关于安置老弱病干部的暂行办法》的决议 | 1978年 | N |
| | 3 | 中华人民共和国学位条例 | 2004年 | LW |
| | 4 | 全国人民代表大会常务委员会关于批准《国务院关于老干部离职休养的暂行规定》的决议 | 1980年 | N |
| | 5 | 中华人民共和国海洋环境保护法 | 2017年 | N |
| | 6 | 中华人民共和国文物保护法 | 2017年 | Y |
| | 7 | 中华人民共和国海上交通安全法 | 2016年 | N |
| | 8 | 中华人民共和国水污染防治法 | 2017年 | N |
| | 9 | 中华人民共和国兵役法 | 2021年 | Y |
| | 10 | 中华人民共和国药品管理法 | 2019年 | N |
| | 11 | 中华人民共和国义务教育法 | 2018年 | LW |
| | 12 | 中华人民共和国土地管理法 | 2019年 | Y |
| | 13 | 中华人民共和国国境卫生检疫法 | 2018年 | N |
| | 14 | 中华人民共和国海关法 | 2017年 | N |

| 类别 | 序号 | 法律文本名称 | 最新版本时间 | 是否为教育相关法律 |
|---|---|---|---|---|
| 行政法<br>（96 件） | 15 | 中华人民共和国大气污染防治法 | 2018 年 | N |
| | 16 | 中华人民共和国档案法 | 2020 年 | Y |
| | 17 | 中国人民解放军军官军衔条例 | 1994 年 | N |
| | 18 | 中华人民共和国保守国家秘密法 | 2010 年 | Y |
| | 19 | 中华人民共和国野生动物保护法 | 2022 年 | Y |
| | 20 | 中华人民共和国传染病防治法 | 2013 年 | Y |
| | 21 | 中华人民共和国环境保护法 | 2014 年 | Y |
| | 22 | 中华人民共和国军事设施保护法 | 2021 年 | N |
| | 23 | 中华人民共和国人民警察警衔条例 | 2009 年 | N |
| | 24 | 中华人民共和国测绘法 | 2017 年 | Y |
| | 25 | 中华人民共和国科学技术进步法 | 2021 年 | Y |
| | 26 | 中华人民共和国教师法 | 2009 年 | LW |
| | 27 | 中华人民共和国城市房地产管理法 | 2019 年 | N |
| | 28 | 中华人民共和国监狱法 | 2012 年 | Y |
| | 29 | 中华人民共和国人民警察法 | 2012 年 | N |
| | 30 | 中华人民共和国教育法 | 2021 年 | LW |
| | 31 | 中华人民共和国预备役军官法 | 2010 年 | Y |
| | 32 | 中华人民共和国体育法 | 2022 年 | Y |
| | 33 | 中华人民共和国固体废物污染环境防治法 | 2020 年 | Y |
| | 34 | 中华人民共和国行政处罚法 | 2021 年 | Y |
| | 35 | 中华人民共和国律师法 | 2017 年 | N |
| | 36 | 中华人民共和国促进科技成果转化法 | 2015 年 | Y |
| | 37 | 中华人民共和国职业教育法 | 2022 年 | LW |
| | 38 | 中华人民共和国枪支管理法 | 2015 年 | N |
| | 39 | 中华人民共和国人民防空法 | 2009 年 | Y |
| | 40 | 中华人民共和国献血法 | 1997 年 | Y |
| | 41 | 中华人民共和国防震减灾法 | 2008 年 | N |
| | 42 | 中华人民共和国消防法 | 2021 年 | Y |
| | 43 | 中华人民共和国高等教育法 | 2018 年 | LW |
| | 44 | 中华人民共和国行政复议法 | 2017 年 | Y |
| | 45 | 中华人民共和国气象法 | 2016 年 | Y |

| 类别 | 序号 | 法律文本名称 | 最新版本时间 | 是否为教育相关法律 |
|---|---|---|---|---|
| 行政法（96件） | 46 | 中华人民共和国国家通用语言文字法 | 2000 年 | Y |
| | 47 | 中华人民共和国现役军官法 | 2000 年 | Y |
| | 48 | 中华人民共和国国防教育法 | 2018 年 | Y |
| | 49 | 中华人民共和国防沙治沙法 | 2018 年 | N |
| | 50 | 中华人民共和国人口与计划生育法 | 2021 年 | Y |
| | 51 | 中华人民共和国科学技术普及法 | 2002 年 | Y |
| | 52 | 中华人民共和国环境影响评价法 | 2018 年 | N |
| | 53 | 中华人民共和国民办教育促进法 | 2018 年 | LW |
| | 54 | 中华人民共和国海关关衔条例 | 2003 年 | N |
| | 55 | 中华人民共和国居民身份证法 | 2011 年 | N |
| | 56 | 中华人民共和国放射性污染防治法 | 2003 年 | N |
| | 57 | 中华人民共和国行政许可法 | 2019 年 | N |
| | 58 | 中华人民共和国道路交通安全法 | 2021 年 | Y |
| | 59 | 中华人民共和国公务员法 | 2018 年 | N |
| | 60 | 中华人民共和国治安管理处罚法 | 2012 年 | Y |
| | 61 | 中华人民共和国公证法 | 2017 年 | N |
| | 62 | 中华人民共和国护照法 | 2006 年 | N |
| | 63 | 中华人民共和国突发事件应对法 | 2007 年 | N |
| | 64 | 中华人民共和国城乡规划法 | 2019 年 | N |
| | 65 | 中华人民共和国禁毒法 | 2007 年 | Y |
| | 66 | 中华人民共和国食品安全法 | 2018 年 | N |
| | 67 | 中华人民共和国人民武装警察法 | 2020 年 | N |
| | 68 | 中华人民共和国驻外外交人员法 | 2009 年 | N |
| | 69 | 中华人民共和国海岛保护法 | 2009 年 | N |
| | 70 | 中华人民共和国国防动员法 | 2010 年 | N |
| | 71 | 中华人民共和国非物质文化遗产法 | 2011 年 | Y |
| | 72 | 中华人民共和国行政强制法 | 2011 年 | N |
| | 73 | 中华人民共和国出境入境管理法 | 2012 年 | N |
| | 74 | 中华人民共和国精神卫生法 | 2018 年 | Y |
| | 75 | 中华人民共和国反间谍法 | 2014 年 | N |
| | 76 | 中华人民共和国反恐怖主义法 | 2018 年 | Y |

| 类别 | 序号 | 法律文本名称 | 最新版本时间 | 是否为教育相关法律 |
|---|---|---|---|---|
| 行政法<br>（96件） | 77 | 中华人民共和国国防交通法 | 2016 年 | N |
| | 78 | 中华人民共和国电影产业促进法 | 2016 年 | N |
| | 79 | 中华人民共和国中医药法 | 2016 年 | Y |
| | 80 | 中华人民共和国公共文化服务保障法 | 2016 年 | Y |
| | 81 | 中华人民共和国国家情报法 | 2018 年 | Y |
| | 82 | 中华人民共和国核安全法 | 2017 年 | N |
| | 83 | 中华人民共和国公共图书馆法 | 2018 年 | Y |
| | 84 | 中华人民共和国土壤污染防治法 | 2018 年 | Y |
| | 85 | 中华人民共和国消防救援衔条例 | 2018 年 | N |
| | 86 | 中华人民共和国疫苗管理法 | 2019 年 | N |
| | 87 | 中华人民共和国密码法 | 2019 年 | Y |
| | 88 | 中华人民共和国基本医疗卫生与健康促进法 | 2019 年 | Y |
| | 89 | 中华人民共和国社区矫正法 | 2019 年 | N |
| | 90 | 中华人民共和国生物安全法 | 2020 年 | Y |
| | 91 | 中华人民共和国海警法 | 2021 年 | N |
| | 92 | 中华人民共和国反食品浪费法 | 2021 年 | N |
| | 93 | 中华人民共和国军人地位和权益保障法 | 2021 年 | Y |
| | 94 | 中华人民共和国医师法 | 2021 年 | Y |
| | 95 | 中华人民共和国噪声污染防治法 | 2021 年 | Y |
| | 96 | 全国人民代表大会常务委员会关于中国人民解放军现役士兵衔级制度的决定 | 2022 年 | N |
| | 97 | 中华人民共和国预备役人员法 | 2022 年 | Y |
| 经济法<br>（83件） | 1 | 全国人民代表大会常务委员会关于批准《广东省经济特区条例》的决议 | 1980 年 | N |
| | 2 | 中华人民共和国个人所得税法 | 2018 年 | Y |
| | 3 | 中华人民共和国统计法 | 2009 年 | N |
| | 4 | 中华人民共和国森林法 | 2019 年 | Y |
| | 5 | 中华人民共和国会计法 | 2017 年 | Y |
| | 6 | 中华人民共和国草原法 | 2021 年 | N |
| | 7 | 中华人民共和国计量法 | 2018 年 | N |
| | 8 | 中华人民共和国渔业法 | 2013 年 | N |

续表

| 类别 | 序号 | 法律文本名称 | 最新版本时间 | 是否为教育相关法律 |
|---|---|---|---|---|
| 经济法（83 件） | 9 | 中华人民共和国矿产资源法 | 1994 年 | N |
| | 10 | 中华人民共和国邮政法 | 2015 年 | N |
| | 11 | 中华人民共和国水法 | 2016 年 | N |
| | 12 | 中华人民共和国标准化法 | 2017 年 | Y |
| | 13 | 中华人民共和国进出口商品检验法 | 2021 年 | N |
| | 14 | 中华人民共和国铁路法 | 2015 年 | Y |
| | 15 | 中华人民共和国烟草专卖法 | 2015 年 | Y |
| | 16 | 中华人民共和国水土保持法 | 2020 年 | Y |
| | 17 | 中华人民共和国进出境动植物检疫法 | 2009 年 | N |
| | 18 | 中华人民共和国税收征收管理法 | 2015 年 | N |
| | 19 | 中华人民共和国产品质量法 | 2018 年 | N |
| | 20 | 中华人民共和国农业技术推广法 | 2012 年 | Y |
| | 21 | 中华人民共和国农业法 | 2012 年 | Y |
| | 22 | 中华人民共和国反不正当竞争法 | 2019 年 | N |
| | 23 | 中华人民共和国注册会计师法 | 2014 年 | Y |
| | 24 | 全国人民代表大会常务委员会关于外商投资企业和外国企业适用增值税、消费税、营业税等税收暂行条例的决定 | 1993 年 | N |
| | 25 | 中华人民共和国台湾同胞投资保护法 | 2019 年 | N |
| | 26 | 中华人民共和国预算法 | 2018 年 | N |
| | 27 | 中华人民共和国对外贸易法 | 2016 年 | N |
| | 28 | 中华人民共和国审计法 | 2021 年 | N |
| | 29 | 中华人民共和国广告法 | 2021 年 | N |
| | 30 | 中华人民共和国中国人民银行法 | 2003 年 | N |
| | 31 | 中华人民共和国民用航空法 | 2021 年 | N |
| | 32 | 中华人民共和国电力法 | 2018 年 | N |
| | 33 | 中华人民共和国煤炭法 | 2016 年 | N |
| | 34 | 中华人民共和国乡镇企业法 | 1996 年 | N |
| | 35 | 中华人民共和国公路法 | 2017 年 | N |
| | 36 | 中华人民共和国动物防疫法 | 2021 年 | Y |
| | 37 | 中华人民共和国防洪法 | 2016 年 | Y |
| | 38 | 中华人民共和国节约能源法 | 2018 年 | Y |

| 类别 | 序号 | 法律文本名称 | 最新版本时间 | 是否为教育相关法律 |
|---|---|---|---|---|
| 经济法（83件） | 39 | 中华人民共和国建筑法 | 2019 年 | N |
| | 40 | 中华人民共和国价格法 | 1997 年 | N |
| | 41 | 中华人民共和国种子法 | 2021 年 | N |
| | 42 | 中华人民共和国海域使用管理法 | 2001 年 | N |
| | 43 | 中华人民共和国政府采购法 | 2014 年 | N |
| | 44 | 中华人民共和国中小企业促进法 | 2017 年 | Y |
| | 45 | 中华人民共和国清洁生产促进法 | 2012 年 | Y |
| | 46 | 中华人民共和国港口法 | 2018 年 | N |
| | 47 | 中华人民共和国银行业监督管理法 | 2006 年 | N |
| | 48 | 中华人民共和国农业机械化促进法 | 2018 年 | Y |
| | 49 | 中华人民共和国可再生能源法 | 2009 年 | Y |
| | 50 | 中华人民共和国畜牧法 | 2022 年 | Y |
| | 51 | 中华人民共和国农产品质量安全法 | 2022 年 | N |
| | 52 | 中华人民共和国反洗钱法 | 2006 年 | N |
| | 53 | 中华人民共和国企业所得税法 | 2018 年 | N |
| | 54 | 中华人民共和国反垄断法 | 2022 年 | N |
| | 55 | 中华人民共和国循环经济促进法 | 2018 年 | N |
| | 56 | 中华人民共和国企业国有资产法 | 2008 年 | N |
| | 57 | 中华人民共和国石油天然气管道保护法 | 2010 年 | N |
| | 58 | 中华人民共和国车船税法 | 2019 年 | N |
| | 59 | 中华人民共和国旅游法 | 2018 年 | N |
| | 60 | 中华人民共和国航道法 | 2016 年 | N |
| | 61 | 中华人民共和国深海海底区域资源勘探开发法 | 2016 年 | N |
| | 62 | 中华人民共和国资产评估法 | 2016 年 | N |
| | 63 | 中华人民共和国网络安全法 | 2016 年 | Y |
| | 64 | 中华人民共和国环境保护税法 | 2018 年 | N |
| | 65 | 中华人民共和国烟叶税法 | 2017 年 | N |
| | 66 | 中华人民共和国船舶吨税法 | 2018 年 | N |
| | 67 | 中华人民共和国电子商务法 | 2018 年 | N |
| | 68 | 中华人民共和国耕地占用税法 | 2018 年 | Y |
| | 69 | 中华人民共和国车辆购置税法 | 2018 年 | N |

续表

| 类别 | 序号 | 法律文本名称 | 最新版本时间 | 是否为教育相关法律 |
|---|---|---|---|---|
| 经济法<br>（83件） | 70 | 中华人民共和国外商投资法 | 2019 年 | N |
| | 71 | 中华人民共和国资源税法 | 2019 年 | N |
| | 72 | 中华人民共和国城市维护建设税法 | 2020 年 | N |
| | 73 | 中华人民共和国契税法 | 2020 年 | Y |
| | 74 | 中华人民共和国出口管制法 | 2020 年 | N |
| | 75 | 中华人民共和国长江保护法 | 2020 年 | N |
| | 76 | 中华人民共和国乡村振兴促进法 | 2021 年 | Y |
| | 77 | 中华人民共和国数据安全法 | 2021 年 | Y |
| | 78 | 中华人民共和国海南自由贸易港法 | 2021 年 | Y |
| | 79 | 中华人民共和国印花税法 | 2016 年 | Y |
| | 80 | 中华人民共和国个人信息保护法 | 2021 年 | N |
| | 81 | 中华人民共和国湿地保护法 | 2021 年 | Y |
| | 82 | 中华人民共和国黑土地保护法 | 2022 年 | Y |
| | 83 | 中华人民共和国黄河保护法 | 2022 年 | N |
| 社会法<br>（27件） | 1 | 全国人民代表大会常务委员会关于批准《国务院关于工人退休、退职的暂行办法》的决议 | 1978 年 | N |
| | 2 | 全国人民代表大会常务委员会关于批准《国务院关于职工探亲待遇的规定》的决议 | 1981 年 | N |
| | 3 | 中华人民共和国归侨侨眷权益保护法 | 2009 年 | Y |
| | 4 | 中华人民共和国残疾人保障法 | 2018 年 | Y |
| | 5 | 中华人民共和国未成年人保护法 | 2020 年 | Y |
| | 6 | 中华人民共和国工会法 | 2021 年 | Y |
| | 7 | 中华人民共和国妇女权益保障法 | 2022 年 | Y |
| | 8 | 中华人民共和国矿山安全法 | 2009 年 | N |
| | 9 | 中华人民共和国红十字会法 | 2017 年 | Y |
| | 10 | 中华人民共和国劳动法 | 2018 年 | Y |
| | 11 | 中华人民共和国母婴保健法 | 2017 年 | Y |
| | 12 | 中华人民共和国老年人权益保障法 | 2018 年 | Y |
| | 13 | 中华人民共和国预防未成年人犯罪法 | 2020 年 | Y |
| | 14 | 中华人民共和国公益事业捐赠法 | 1999 年 | Y |

续表

| 类别 | 序号 | 法律文本名称 | 最新版本时间 | 是否为教育相关法律 |
|---|---|---|---|---|
| 社会法（27件） | 15 | 中华人民共和国职业病防治法 | 2018 年 | Y |
| | 16 | 中华人民共和国安全生产法 | 2021 年 | N |
| | 17 | 中华人民共和国劳动合同法 | 2012 年 | Y |
| | 18 | 中华人民共和国就业促进法 | 2015 年 | Y |
| | 19 | 中华人民共和国社会保险法 | 2018 年 | N |
| | 20 | 中华人民共和国军人保险法 | 2012 年 | N |
| | 21 | 中华人民共和国特种设备安全法 | 2013 年 | N |
| | 22 | 中华人民共和国反家庭暴力法 | 2015 年 | Y |
| | 23 | 中华人民共和国慈善法 | 2016 年 | Y |
| | 24 | 中华人民共和国境外非政府组织境内活动管理法 | 2017 年 | Y |
| | 25 | 中华人民共和国退役军人保障法 | 2020 年 | Y |
| | 26 | 中华人民共和国法律援助法 | 2021 年 | Y |
| | 27 | 中华人民共和国家庭教育促进法 | 2021 年 | Y |
| 刑法（3件） | 1 | 中华人民共和国刑法<br>全国人民代表大会常务委员会关于惩治骗购外汇、逃汇和非法买卖外汇犯罪的决定<br>中华人民共和国刑法修正案<br>中华人民共和国刑法修正案（二）<br>中华人民共和国刑法修正案（三）<br>中华人民共和国刑法修正案（四）<br>中华人民共和国刑法修正案（五）<br>中华人民共和国刑法修正案（六）<br>中华人民共和国刑法修正案（七）<br>中华人民共和国刑法修正案（八）<br>中华人民共和国刑法修正案（九）<br>中华人民共和国刑法修正案（十）<br>中华人民共和国刑法修正案（十一） | 2020 年 | Y |
| | 2 | 中华人民共和国反有组织犯罪法 | 2021 年 | Y |
| | 3 | 中华人民共和国反电信网络诈骗法 | 2022 年 | Y |

| 类别 | 序号 | 法律文本名称 | 最新版本时间 | 是否为教育相关法律 |
|---|---|---|---|---|
| 诉讼与非诉讼程序法（11件） | 1 | 中华人民共和国刑事诉讼法 | 2018 年 | Y |
| | 2 | 全国人民代表大会常务委员会关于对中华人民共和国缔结或者参加的国际条约所规定的罪行行使刑事管辖权的决定 | 1987 年 | Y |
| | 3 | 中华人民共和国行政诉讼法 | 2017 年 | Y |
| | 4 | 中华人民共和国民事诉讼法 | 2021 年 | Y |
| | 5 | 中华人民共和国仲裁法 | 2017 年 | Y |
| | 6 | 中华人民共和国海事诉讼特别程序法 | 1999 年 | N |
| | 7 | 中华人民共和国引渡法 | 2000 年 | N |
| | 8 | 中华人民共和国劳动争议调解仲裁法 | 2007 年 | Y |
| | 9 | 中华人民共和国农村土地承包经营纠纷调解仲裁法 | 2009 年 | N |
| | 10 | 中华人民共和国人民调解法 | 2010 年 | N |
| | 11 | 中华人民共和国国际刑事司法协助法 | 2018 年 | N |

注：Y＝与教育工作密切相关的法律；N＝与教育工作不相关或相关不密切的法律；EL＝教育法律。由于在第三章专门研究了教育法律，故本章不再论述。

从表 4-1 中我们可以看出，295 件法律类型包括：中华人民共和国刑法（1 件）、宪法相关法（49 件）、民法商法（24 件）、行政法（97 件）、经济法（83 件）、社会法（27 件）、刑法（3 件）、诉讼与非诉讼程序法（11 件）。其中，宪法中教育法律渊源已经在第二章作了分析，教育法律也在第三章作了研究，这里将分析在这些法律之外与教育事业发展相关的法律。

从表 4-2 中可以看出，在现行有效的 295 部法律中，有 128 部法律与教育工作密切相关，是教育法律的主要渊源。其中行政法类的文本数量最多，达到了 46 部，说明我国教育法律更多地归属为行政法范畴的观点是有现实依据的；除了宪法和刑法这两类特殊法律文本基数极少之外，社会法中与教育密切相关的法律文本占比最高（达 74.0%），说明教育事业发展与社会发展关系密切，今后的教育立法过程中，必然需要更加关注社会发展对教育的作用。

表 4-2　　　　　各类法律中与教育相关的法律件数及其所占百分比

| 序号 | 法律类型 | 类型总件数（件） | 教育相关的法律件数（件） | 所占百分比（%） |
|---|---|---|---|---|
| 1 | 宪法 | 1 | 1 | 100 |
| 2 | 宪法相关法 | 49 | 15 | 30.6 |

| 序号 | 法律类型 | 类型总件数（件） | 教育相关的法律件数（件） | 所占百分比（%） |
|---|---|---|---|---|
| 3 | 民法商法 | 24 | 8 | 33.3 |
| 4 | 行政法 | 97 | 45 | 46.4 |
| 5 | 经济法 | 83 | 26 | 31.3 |
| 6 | 社会法 | 27 | 20 | 74.0 |
| 7 | 刑法 | 3 | 3 | 100 |
| 8 | 诉讼与非诉讼程序法 | 11 | 6 | 54.5 |
| | 合计 | 295 | 128 | 43.4 |

# 第一节　宪法相关法中与教育相关的法律

宪法是国家的根本大法和母法，除了《宪法》这个独立的法律文本有关于教育的条款规定之外，目前有效的宪法相关法律共有 49 部，其中 8 部是关于教育事业的规范发展方面的规定，这些法律显然属于教育法律渊源。这 8 部法律分别是：《中华人民共和国国籍法》《中华人民共和国民族区域自治法》《中华人民共和国集会游行示威法》《中华人民共和国国旗法》《中华人民共和国国防法》《中华人民共和国国家安全法》《中华人民共和国国歌法》《中华人民共和国陆地国界法》。

## 一、《中华人民共和国国籍法》

1980 年颁布实施的《中华人民共和国国籍法》（以下简称《国籍法》）虽然在其法律文本中没有出现"教育""学校""教师"和"学生"等与教育和学校教育有关的规定，但是取得国籍是在国籍所在国接受平等教育权的基本前提。虽然外国公民在中国也可以接受各级各类学校教育，但是其法律地位与我国公民的法律地位是不完全一样的，这在国际上也是基本通例。因此，《国籍法》也是规范公民行为和维护其教育权的法律依据，是我国的教育法律渊源。

## 二、《中华人民共和国民族区域自治法》

《中华人民共和国民族区域自治法》（以下简称《民族自治法》）1984 年 5 月 31 日在第六届全国人民代表大会第二次会议通过。根据 2001 年 2 月 28 日第九届全国人民代表大会常务委员会第二十次会议《关于修改〈中华人民共和国民族区域自治法〉的决定》作了第一次修正。《民族自治法》中涉及教育工作的条款非常多，是我国教育法律的重要渊源之一。例如，第三十六条规定：民族自治地方的自治机关根据国家的教育方针，依照法律规定，决定本地方的教育规划，各级各类学校的设置、学制、办学形式、教学内容、教学用语和招生办法。第三十七条规定：民族自治地方的自治机关自主地发展民族教育，扫除文盲，举办各类学校，普及九年义务教育，采取多种形式发展普通高级中等教育和中等职业技术教育，根据条件和需要发展高等教育，培养各少数民族专业人才。招收少数民族学生为主的学校（班级）和其他教育机构，有条件的应当采用少数民族文字的课本，并用少数民族语言讲课；根据情况从小学低年级或者高年级起开设汉语文课程，推广全国通用的普通话和规范汉字。

### 三、《中华人民共和国集会游行示威法》

《中华人民共和国集会游行示威法》（以下简称《游行示威法》）是 1989 年 10 月 31 日在第七届全国人民代表大会常务委员会第十次会议通过的，1989 年 10 月 31 日中华人民共和国主席令第二十号公布，自公布之日起施行。长期以来，在很多人把集会游行示威视为一种负面活动或者说是非法活动，会不自觉地把这些活动视为消极的行为。其实这种观念是非常错误的，为了改变人们对集会游行示威的误解，《游行示威法》在第一条明确指出："为了保障公民依法行使集会、游行、示威的权利，维护社会安定和公共秩序，根据宪法，制定本法。"这条规定明确指出了集会游行示威是宪法赋予公民的合法的基本权利。

《游行示威法》同样适用于学校教育。例如，在高等学校的教学和科研活动中，不可避免地会有一些观念和思想可以通过该法所规定的方式来合法表达。该法第七条第二款就规定："国家机关、政党、社会团体、企业事业组织依照法律、组织章程举行的集会。"第十七条规定："以国家机关、社会团体、企业事业组织的名义组织或者参加集会、游行、示威，必须经本单位负责人批准。"学校作为组织自然可以通过合法途径来表达和宣传自己的研究成果。但是，《游行示威法》在正常社会生活状态下是有效的，但当社会出现特殊情况时，学校必须依照《中华人民共和国戒严法》，不再行使罢课的权利。不过，现行的《宪法》并未对学校有无罢课权作出规定。因而，《中华人民共和国戒严法》在未来的修订中要对此进行修改。

### 四、《中华人民共和国香港特别行政区基本法》

《中华人民共和国香港特别行政区基本法》（以下简称《香港基本法》）是 1990 年 4 月 4 日由第七届全国人民代表大会第三次会议通过的，1990 年 4 月 4 日中华人民共和国主席令第二十六号公布，自 1997 年 7 月 1 日起实施。《香港基本法》虽然只是在香港特别行政区发挥法律效力，但是，作为中华人民共和国的组成部分（《香港基本法》第一条就规定："香港特别行政区是中华人民共和国不可分离的部分。"第二条指出："全国人民代表大会授权香港特别行政区依照本法的规定实行高度自治，享有行政管理权、立法权、独立的司法权和终审权。"），其教育事业仍然是我国教育事业的一部分，理应受到宪法的规范和约束。为此，在《香港基本法》中，专门设置了第六章"教育、科学、文化、体育、宗教、劳工和社会服务"，在该章中有两条专门对香港的教育事业作了规定：第一百三十六条规定："香港特别行政区政府在原有教育制度的基础上，自行制定有关教育的发展和改进的政策，包括教育体制和管理、教学语言、经费分配、考试制度、学位制度和承认学历等政策。社会团体和私人可依法在香港特别行政区兴办各种教育事业。"第一百三十七条规定："各类院校均可保留其自主性并享有学术自由，可继续从香港特别行政区以外招聘教职员和选用教材。宗教组织所办的学校可继续提供宗教教育，包括开设宗教课程。学生享有选择院校和在香港特别行政区以外求学的自由。"此外，该法还对科学技术政策和文化政策等与教育发展密切相关的工作同样作了规定。

### 五、《中华人民共和国澳门特别行政区基本法》

《中华人民共和国澳门特别行政区基本法》（以下简称《澳门基本法》）是 1993 年 3 月 31 日由第八届全国人民代表大会第一次会议通过的。该法首先确定了澳门特别行政区与中华人民共和国之间的关系。第一条规定，澳门特别行政区是中华人民共和国不可分离的部分。第二条规定，中华人民共和国全国人民代表大会授权澳门特别行政区依照本法的规定实行高度自治，享有行政管理权、立法权、独立的司法权和终审权。《澳门基本法》至少有三条对澳门特别行政区的教育作了规定，作为中华人民共和国教育事业的一部分，这些规定也是我国的教育法律渊源。例如，第三十七条规定："澳门居民有从事教育、学术研究、文学艺术创作和其他文化活动的自由。"第一百二十一条规定："澳门特别行政区政府自行制定教育政策，包括教育体制和管理、教学语言、经费分配、考试制度、承认学历和学位等政策，推动教育的发展。澳门特别行政区政府依法推行义务教育。社会团体和私人可依法举办各种教育事业。"第一百二十二条规定："澳门原有各类学校均可继续开办。澳门特别行政区各类学校均有办学的自主性，依法享有教学自由和学术自由。各类学校可以继续从澳门特别行政区以外招聘教职员和选用教材。学生享有选择院校和在澳门特别行政区以外求学的自由。"

### 六、《中华人民共和国国旗法》

《中华人民共和国国旗法》（以下简称《国旗法》）是 1990 年 6 月 28 日由第七届全国人民代表大会常务委员会第十四次会议通过的；根据 2009 年 8 月 27 日第十一届全国人民代表大会常务委员会第十次会议《关于修改部分法律的决定》作了第一次修正；根据 2020 年 10 月 17 日第十三届全国人民代表大会常务委员会第二十二次会议对《关于修改〈中华人民共和国国旗法〉的决定》作了第二次修正。颁布实施《国旗法》的目的是"为了维护国旗的尊严，规范国旗的使用，增强公民的国家观念，弘扬爱国主义精神，培育和践行社会主义核心价值观"。可见，《国旗法》与学校教育活动密切相关，其不仅是学校教育教学活动的法律依据，也是学校教育教学活动的内容的一部分。《国旗法》在多条条款中对学校教育提出了相关的要求。例如，第六条规定："学校除寒假、暑假和休息日外，应当每日升挂国旗。有条件的幼儿园参照学校的规定升挂国旗。"第十四条规定："学校除假期外，每周举行一次升旗仪式。"第二十一条规定："国旗应当作为爱国主义教育的重要内容。中小学应当教育学生了解国旗的历史和精神内涵、遵守国旗升挂使用规范和升旗仪式礼仪。"

### 七、《中华人民共和国国防法》

《中华人民共和国国防法》（以下简称《国防法》）是 1997 年 3 月 14 日由第八届全国人民代表大会第五次会议通过的；根据 2009 年 8 月 27 日由第十一届全国人民代表大会常务委员会第十次会议《关于修改部分法律的决定》作了第一次修正；2020 年 12 月 26 日由第十三届全国人民代表大会常务委员会第二十四次会议作了第二次修订。《国防法》中的第一条规定："为了建设和巩固国防，保障改革开放和社会主义现代化建设的顺利进行，实现中华民族伟大复兴。"这与我国的教育目的是一致的，所以，《国防法》与教育活动密切相关，是教育法律的渊源之一。该法专门设置了第七章"国防教育"，其中的多项条款都直接对学校教育提出了明确的要求。例如，第四十五条就指出："学校的国防教育是全民国防教育的基础。各级各类学校应当设置适当的国防教育课程，或者在有关课程中增加国防教育的内容。普通高等学校和高中阶段学校应当按照规定组织学生军事训练。"

### 八、《中华人民共和国国家安全法》

《中华人民共和国国家安全法》（以下简称《国家安全法》）是 1993 年 2 月 22 日由第七届全国人民代表大会常务委员会第三十次会议通过的，1993 年 2 月 22 日中华人民共和国主席令第六十八号公布。2015 年 7 月 1 日由第十二届全国人民代表大会常务委员会第十五次会议再次通过。同《国防法》一样，《国家安全法》与学校教育的关系也十分密切。例如，该法的第七十六条规定："国家加强国家安全新闻宣传和舆论引导，通过多种形式开展国家安全宣传教育活动，将国家安全教育纳入国民教育体系和公务员教育培训体系，增强全民国家安全意识。"第七十八条又规定："机关、人民团体、企业事业组织和其他社会组织应当对本单位的人员进行维护国家安全的教育，动员、组织本单位的人员防范、制止危害国家安全的行为。"学校教育机构作为事业组织同样要遵守这条规定。

### 九、《中华人民共和国国家勋章和国家荣誉称号法》

《中华人民共和国国家勋章和国家荣誉称号法》（以下简称《国家荣誉称号法》）是 2015 年 12 月 27 日由第十二届全国人民代表大会常务委员会第十八次会议通过的一部旨在褒奖在中国特色社会主义建设中作出突出贡献的杰出人士，弘扬民族精神和时代精神，激发全国各族人民建设富强、民主、文明、和谐的社会主义现代化国家的积极性，实现中华民族伟大复兴的法律，其立法依据为宪法，可见其法律效力很高。《国家荣誉称号法》的颁布对鼓励从事教育工作有着积极的促进作用，激励更多的人关心教育、支持教育，发挥着促进教育发展的作用。从这角度来看，它也是一部教育促进法。

《国家荣誉称号法》第四条规定："国家设立国家荣誉称号，授予在经济、社会、国防、外交、教育、科技、文化、卫生、体育等各领域各行业作出重大贡献、享有崇高声誉的杰出人士。""教育"赫然其中，说明该法律同样属于教育法律渊源。近年来，获得"国家勋章和国家荣誉称号获得者"中，不少获得者直接是学校教育教学第一线的教师。例如，"人民教育家"于漪就是上海市杨浦高级中学名誉校长，她长期躬耕于中学语文教学事业，坚持教文育人，推动"人文性"写入全国《语文课程标准》。"人民教育家"卫兴华为中国人民大学经济学系原主任、教授，是我国著名经济学家和经济学教育家，长期从事《资本论》研究，为马克思主义政治经济学中国化作出重要贡献。"人民楷模"李保国为河北农业大学教授。"人民教育家"高铭暄为中国人民大学法学院教授，是当代著名法学家和法学教育家，中华人民共和国刑法学的主要奠基者和开拓者。此外，还有一大批科学家，他们同样在自己所在的科研院所从事培养研究生的教育教学工作，同样也是教育工作者。

## 十、《中华人民共和国英雄烈士保护法》

《中华人民共和国英雄烈士保护法》（以下简称《烈士保护法》）是 2018 年 4 月 27 日，第十三届全国人民代表大会常务委员会第二次会议通过的与教育事业相关的法律。《烈士保护法》开宗明义地指出制定本法的目的是"加强对英雄烈士的保护，维护社会公共利益，传承和弘扬英雄烈士精神、爱国主义精神，培育和践行社会主义核心价值观，激发实现中华民族伟大复兴中国梦的强大精神力量"。显然为了达到这些目的，学校的教育教学是其中的主要途径。因而，《烈士保护法》第六条就规定："在清明节和重要纪念日，机关、团体、乡村、社区、学校、企业事业单位和军队有关单位根据实际情况，组织开展英雄烈士纪念活动。"可以看出，学校是组织纪念活动的主体之一。同时，《烈士保护法》的第十七条要求："教育行政部门应当以青少年学生为重点，将英雄烈士事迹和精神的宣传教育纳入国民教育体系。教育行政部门、各级各类学校应当将英雄烈士事迹和精神纳入教育内容，组织开展纪念教育活动，加强对学生的爱国主义、集体主义、社会主义教育。"这就把对英雄烈士的宣传直接纳入学校教育教学活动。因此，《烈士保护法》理所当然属于教育法律渊源。

## 十一、《中华人民共和国公职人员政务处分法》

《中华人民共和国公职人员政务处分法》（以下简称《政务处分法》）是 2020 年 6 月 20 日由第十三届全国人民代表大会常务委员会第十九次会议通过的一部法律。《政务处分法》的制定是为了"加强对所有行使公权力的公职人员的监督，促进公职人员依法履职、秉公用权、廉洁从政从业、坚持道德操守"。由于公办教育机构中的管理人员实际上是在执行公务活动,所以,《政务处分法》中也对此作了规定。例如,《政务处分法》第二十条规定:"法律、法规授权或者受国家机关依法委托管理公共事务的组织中从事公务的人员,以及公办的教育、科研、文化、医疗卫生、体育等单位中从事管理的人员,在政务处分期内,不得晋升职务、岗位和职员等级、职称;其中,被记过、记大过、降级、撤职的,不得晋升薪酬待遇等级。被撤职的,降低职务、岗位或者职员等级,同时降低薪酬待遇。"第二十七条规定:"公职人员因违法行为获得的职务、职级、衔级、级别、岗位和职员等级、职称、待遇、资格、学历、学位、荣誉、奖励等其他利益,监察机关应当建议有关机关、单位、组织按规定予以纠正。"这些工作都是我国学校教育中管理工作的一部分,同样适用于《政务处分法》。

### 十二、《中华人民共和国香港特别行政区维护国家安全法》

《中华人民共和国香港特别行政区维护国家安全法》(以下简称《香港安全法》)是2020年6月30日由第十三届全国人民代表大会常务委员会第二十次会议通过的,其目的是"坚定不移并全面准确贯彻'一国两制'、'港人治港'、高度自治的方针,维护国家安全,防范、制止和惩治与香港特别行政区有关的分裂国家、颠覆国家政权、组织实施恐怖活动和勾结外国或者境外势力危害国家安全等犯罪,保持香港特别行政区的繁荣和稳定,保障香港特别行政区居民的合法权益"。显然,要实现上述目标与学校教育工作密不可分。为此,《香港安全法》第九条规定:"香港特别行政区应当加强维护国家安全和防范恐怖活动的工作。对学校、社会团体、媒体、网络等涉及国家安全的事宜,香港特别行政区政府应当采取必要措施,加强宣传、指导、监督和管理。"这就赋予了香港特别行政区政府对学校教育工作开展规范化管理的权力。在第十条规定:"香港特别行政区应当通过学校、社会团体、媒体、网络等开展国家安全教育,提高香港特别行政区居民的国家安全意识和守法意识。"这是对学校教育工作更具体的要求。香港特别行政区作为中华人民共和国不可分割的一部分,其教育法律也是国家法律体系的组成要素,也是教育法律渊源之一。

### 十三、《中华人民共和国国歌法》

《中华人民共和国国歌法》(以下简称《国歌法》)是2017年9月1日由第十二届全国人民代表大会常务委员会第二十九次会议通过的。《国歌法》第一条指出了该法实施的目的就是"维护国歌的尊严,规范国歌的奏唱、播放和使用,增强公民的国家观念,弘扬爱国主义精神,培育和践行社会主义核心价值观"。可见,该法与我国的学校教育活动具有共同的价值取向。而且,在《国歌法》中还设有专门涉及教育活动的规定。例如,第十一条规定:"国歌纳入中小学教育。中小学应当将国歌作为爱国主义教育的重要内容,组织学生学唱国歌,教育学生了解国歌的历史和精神内涵、遵守国歌奏唱礼仪。"这个规定对于培养中小学生的爱国情感具有非常重要的价值。

### 十四、《反分裂国家法》

《反分裂国家法》是 2005 年 3 月 14 日由第十届全国人民代表大会第三次会议通过的。该法明确提出："反对和遏制'台独'分裂势力分裂国家，促进祖国和平统一，维护台湾海峡地区的和平稳定，维护国家主权和领土完整，维护中华民族的根本利益。"为了维护台湾地区的和平与稳定，发展两岸关系，该法第六条提出"鼓励和推动两岸教育、科技、文化、卫生、体育交流，共同弘扬中华文化的优秀传统"。可见，教育工作是维护国家和平统一的重要手段，依据这一条规定，有关台湾的历史、文化、现状等都应该被视为学校的教育教学内容组成部分，各级各类学校都应该通过丰富多彩的方式完成相关的教育教学任务。

### 十五、《中华人民共和国陆地国界法》

《中华人民共和国陆地国界法》（以下简称《国界法》）是 2021 年 10 月 23 日由第十三届全国人民代表大会常务委员会第三十一次会议通过的法律，目的在于"规范和加强陆地国界工作，保障陆地国界及边境的安全稳定，促进我国与陆地邻国睦邻友好和交流合作，维护国家主权、安全和领土完整"。从其目的中我们似乎很难看出《国界法》与教育工作之间的关系，但是，《国界法》还是赋予了教育工作以重要任务。《国界法》第十一条规定："国家加强陆地国界宣传教育，铸牢中华民族共同体意识，弘扬中华民族捍卫祖国统一和领土完整的精神，增强公民的国家观念和国土安全意识，构筑中华民族共有精神家园。各级人民政府和有关教育科研机构应当加强对陆地国界及边境相关史料的收集、保护和研究。"显然，这里提出的"精神""意识"和"精神家园"等要求，当之无愧是需要通过学校教育工作来完成的，所以，《国界法》提出教育科研机构应该加强相关工作的研究。

## 第二节　民法商法中与教育相关的法律

民法商法是与国民日常生活最直接相关的法律，因而也在各国的法律体系中占据十分重要的角色。而教育事业与每个国民的日常生活都有极密切和复杂的关系，其中涉及大量诸如公平、公正、权利、价值追求等多方面的法律关系。正因为如此，民法商法体系中也有数量较多的教育法律，它们是我国教育法律渊源必要的组成部分。

### 一、《中华人民共和国民法典》

《中华人民共和国民法典》（以下简称《民法典》）是 2020 年 5 月 28 日第十三届

全国人民代表大会第三次会议通过的中华人民共和国第一部法典文本。《民法典》的第二十四条明确指出："本条规定的有关组织包括：居民委员会、村民委员会、学校、医疗机构、妇女联合会、残疾人联合会、依法设立的老年人组织、民政部门等。"可见，学校是实施《民法典》的法律主体之一，从这个意义上看，《民法典》当属于教育法律渊源。实际上，《民法典》中关于"课堂教学"的表述有 1 条、"学习"的有 5 条，"学校"的有 8 条、"教育"的有 16 条。可见，《民法典》对于学校教育工作的重视程度。这里仅以其中三个法条为例加以佐证。《民法典》第一千一百九十九条规定："无民事行为能力人在幼儿园、学校或者其他教育机构学习、生活期间受到人身损害的，幼儿园、学校或者其他教育机构应当承担侵权责任；但是，能够证明尽到教育、管理职责的，不承担侵权责任。"第一千二百条规定："限制民事行为能力人在学校或者其他教育机构学习、生活期间受到人身损害，学校或者其他教育机构未尽到教育、管理职责的，应当承担侵权责任。"第一千二百零一条规定："无民事行为能力人或者限制民事行为能力人在幼儿园、学校或者其他教育机构学习、生活期间，受到幼儿园、学校或者其他教育机构以外的第三人人身损害的，由第三人承担侵权责任；幼儿园、学校或者其他教育机构未尽到管理职责的，承担相应的补充责任。幼儿园、学校或者其他教育机构承担补充责任后，可以向第三人追偿。"

## 二、《中华人民共和国专利法》

《中华人民共和国专利法》（以下简称《专利法》）是 1984 年 3 月 12 日由第六届全国人民代表大会常务委员会第四次会议通过的，后经多次修正，这些修正包括：根据 1992 年 9 月 4 日第七届全国人民代表大会常务委员会第二十七次会议《关于修改〈中华人民共和国专利法〉的决定》第一次修正；根据 2000 年 8 月 25 日第九届全国人民代表大会常务委员会第十七次会议《关于修改〈中华人民共和国专利法〉的决定》第二次修正；根据 2008 年 12 月 27 日第十一届全国人民代表大会常务委员会第六次会议《关于修改〈中华人民共和国专利法〉的决定》第三次修正；根据 2020 年 10 月 17 日第十三届全国人民代表大会常务委员会第二十二次会议《关于修改〈中华人民共和国专利法〉的决定》第四次修正。

《专利法》是知识产权法中的核心，因而也是最重要的法律，其实施的主旨便是保护专利权人的合法权益，鼓励发明创造，推动发明创造的应用，提高创新能力，促进科学技术进步和经济社会发展。这里所提到的"发明创造""创新能力""科技进步"等，如果离开了学校教育工作的支持，这些要求基本上就如空中楼阁。表 4-3 显示的是2017—2021 年我国高校教师申请专利数情况，可见，高校教师已经成为了国家专利申请的主力军。

表 4-3　　　　　　我国高校教师专利申请与授权数一览（单位：个）

| 年份<br>类型 | 2017 | 2018 | 2019 | 2020 | 2021 |
|---|---|---|---|---|---|
| 专利申请数 | 277524 | 320790 | 340685 | 340360 | 381565 |
| 发明专利 | 157131 | 191964 | 210885 | 194612 | 220640 |
| 专利授权 | 169679 | 193027 | 213163 | 278016 | 319514 |
| 发明专利 | 78254 | 79773 | 92394 | 116633 | 145352 |

注：数据来源于国家统计局：《2022 年统计年鉴》，http：//www.stats.gov.cn/tjsj/ndsj/2022/indexch.htm。

所以，尽管《专利法》中没有直接提到"教育""学校""教师""学生"等字眼，但是，在国家每年公布的专利中，有相当多的专利是高等学校教师和学生完成的①，也有少数申请者是其他各级各类学校的教师和学生。可见，学校的师生是专利任务的主要力量之一，他们的热情直接影响着我国知识产权的进步与发展。因此，将《专利法》视为教育法律渊源是有充分的教育学和法理学依据的。

### 三、《中华人民共和国著作权法》

《中华人民共和国著作权法》（以下简称《著作权法》）是 1990 年 9 月 7 日第七届全国人民代表大会常务委员会第十五次会议通过的一部知识产权类的法律，根据 2001 年 10 月 27 日第九届全国人民代表大会常务委员会第二十四次会议《关于修改〈中华人民共和国著作权法〉的决定》第一次修正；根据 2010 年 2 月 26 日第十一届全国人民代表大会常

---

① 《2022 年中国专利调查报告》显示，我国高校发明专利实施率、产业化率有所提高，产学研发明专利产业化水平相对较高，高校专利转移转化水平整体有所上升。

一是高校发明专利实施率、产业化率较上年有所提高。2022 年高校发明专利实施率上升至 16.9%，较上年提高 3.1 个百分点。高校发明专利产业化率为 3.9%，较上年提高 0.9 个百分点，其中，重点高校发明专利产业化率为 4.4%，较上年提高 0.2 个百分点。

二是高校拥有的产学研发明专利产业化水平相对较高。经测算，近两年高校作为第一专利权人的产学研发明专利产业化率为 17.8%，远高于高校发明专利平均水平；2022 年产业化平均收益为 528.7 万元/件，比高校发明专利产业化收益平均水平（420.5 万元/件）高 25.7%。

三是高校专利许可中普通许可超六成，较上年略有提升。高校许可他人使用的专利中，64.3% 通过普通许可的方式实现，较上年（62.2%）提高了 2.1 个百分点；其次是独占许可，占 33.1%。从高校类型来看，重点高校和普通本科高校以普通许可为主，分别占 69.6% 和 63.9%；而专科高职院校以独占许可方式为主，占 88.8%。四是超五成高校开展职务科技成果（含专利权）权属改革。

2022 年调查显示，高校已经开展赋予科研人员职务科技成果（含专利权）所有权或长期使用权改革的比例为 55.4%。在权属改革过程中，科研人员对专利价值实现环节最关注，担心企业承接积极性、科技成果价值是否会被低估的比例最高，分别为 34.0% 和 31.6%。——转引自国家知识产权局：《2022 年中国专利调查报告》，https：//www.cnipa.gov.cn/module/download/down.jsp？i_ID=181043&colID=88。

务委员会第十三次会议《关于修改〈中华人民共和国著作权法〉的决定》第二次修正。《著作权法》的作用在于"保护文学、艺术和科学作品作者的著作权，以及与著作权有关的权益，鼓励有益于社会主义精神文明、物质文明建设的作品的创作和传播，促进社会主义文化和科学事业的发展与繁荣"。这些任务的完成与学校教育工作同样密不可分。《著作权法》对著作的内涵作了规定，即"文字作品；口述作品；音乐、戏剧、曲艺、舞蹈、杂技艺术作品；美术、建筑作品；摄影作品；电影作品和以类似摄制电影的方法创作的作品；工程设计图、产品设计图、地图、示意图等图形作品和模型作品；计算机软件；法律、行政法规规定的其他作品"。可以说，这些作品外延非常广，而且也正是我国各级各类学校教育教学活动的主要内容。

表 4-4　　　　　　　　　　我国高校教师出版学术论文和著作数一览

| 年份<br>类型 | 2017 | 2018 | 2019 | 2020 | 2021 |
|---|---|---|---|---|---|
| 发表科技论文（篇） | 1308110 | 1389912 | 1447336 | 1503531 | 1577932 |
| 发表外文论文（篇） | 390235 | 459492 | 542557 | 595080 | 683991 |
| 出版科技著作（种） | 45591 | 44794 | 43331 | 42970 | 44039 |

注：数据来源于国家统计局：《2022 年统计年鉴》，http：//www.stats.gov.cn/tjsj/ndsj/2022/indexch.htm。

在《著作权法》中，对于学校人才培养工作中的著作权也作了具体的规定。该法第二十三条规定："为实施九年制义务教育和国家教育规划而编写出版教科书，除作者事先声明不许使用的外，可以不经著作权人许可，在教科书中汇编已经发表的作品片段或者短小的文字作品、音乐作品或者单幅的美术作品、摄影作品，但应当按照规定支付报酬，指明作者姓名、作品名称，并且不得侵犯著作权人依照本法享有的其他权利。"第二十二条限定了著作权的特许情况。指出"在下列情况下使用作品，可以不经著作权人许可，不向其支付报酬，但应当指明作者姓名、作品名称，并且不得侵犯著作权人依照本法享有的其他权利"。其中第六款规定："为学校课堂教学或者科学研究，翻译或者少量复制已经发表的作品，供教学或者科研人员使用，但不得出版发行。"这些规定都与教育工作密切相关。

四、《中华人民共和国票据法》

《中华人民共和国票据法》（以下简称《票据法》）是 1995 年 5 月 10 日由第八届全国人民代表大会常务委员会第十三次会议通过的一部法律，根据 2004 年 8 月 28 日第十届全国人民代表大会常务委员会第十一次会议《关于修改〈中华人民共和国票据法〉的决定》作了第一次修正。制定《票据法》的目的是"为了规范票据行为，保障票据活动中当事人的合法权益，维护社会经济秩序，促进社会主义市场经济的发展"。虽然《票据法》的文本中通篇并未出现教育、教学、学生等方面的概念，但是，学校特别是高等学校作为一个独立的法人，在其办学过程中每天都有票据法所涉及的法律行为。因此，学校为了规范办学、提高财务工作的效率，必须遵守《票据法》的要求。

### 五、《中华人民共和国保险法》

《中华人民共和国保险法》（以下简称《保险法》）是 1995 年 6 月 30 日由第八届全国人民代表大会常务委员会第十四次会议通过的专门法律。根据 2002 年 10 月 28 日第九届全国人民代表大会常务委员会第三十次会议《关于修改〈中华人民共和国保险法〉的决定》第一次修正；2009 年 2 月 28 日第十一届全国人民代表大会常务委员会第七次会议第二次修订；根据 2014 年 8 月 31 日第十二届全国人民代表大会常务委员会第十次会议《关于修改〈中华人民共和国保险法〉等五部法律的决定》第二次修正；根据 2015 年 4 月 24 日第十二届全国人民代表大会常务委员会第十四次会议《关于修改〈中华人民共和国计量法〉等五部法律的决定》第三次修正。

《保险法》第二条指出："本法所称保险，是指投保人根据合同约定，向保险人支付保险费，保险人对于合同约定的可能发生的事故因其发生所造成的财产损失承担赔偿保险金责任，或者当被保险人死亡、伤残、疾病或者达到合同约定的年龄、期限等条件时承担给付保险金责任的商业保险行为。"虽然《保险法》没有专门针对教育给出具体的规定，但实际上，现在很多学校为其师生员工购买了多种多样的保险，如学平险、校园责任险、医疗险、失业险，等等。随着保险事业的不断完善和社会活动的日益复杂，学校为了更好地办学，避免出现各种意外给师生员工造成的损失，也会购买更多更复杂的保险。在这种情况下，《保险法》对于学校教育教学工作事实上给予了规范和约束，应该被视为教育法律渊源。

### 六、《中华人民共和国招标投标法》

《中华人民共和国招标投标法》（以下简称《招投标法》）是 1999 年 8 月 30 日由第九届全国人民代表大会常务委员会第十一次会议通过的，根据 2017 年 12 月 27 日第十二届全国人民代表大会常务委员会第三十一次会议《关于修改〈中华人民共和国招标投标法〉、〈中华人民共和国计量法〉的决定》进行首次修正。制定《招投标法》是"为了规范招标投标活动，保护国家利益、社会公共利益和招标投标活动当事人的合法权益，提高经济效益，保证项目质量"。

《招投标法》第三条规定：在中华人民共和国境内进行下列工程建设项目包括项目的勘察、设计、施工、监理以及与工程建设有关的重要设备、材料等的采购，必须进行招标：大型基础设施、公用事业等关系社会公共利益、公众安全的项目；全部或者部分使用国有资金投资或者国家融资的项目；使用国际组织或者外国政府贷款、援助资金的项目。教育作为公共事业部门，在实际办学过程中（特别是高等学校）存在大量上述的项目建设而且往往数额巨大，如果不遵守《招投标法》的各项规定，势必造成很多不规范甚至违法犯罪行为。

### 七、《中华人民共和国电子签名法》

《中华人民共和国电子签名法》（以下简称《电子签名法》）是 2004 年 8 月 28 日由第十届全国人民代表大会常务委员会第十一次会议通过的法律文本，根据 2015 年 4 月 24 日第十二届全国人民代表大会常务委员会第十四次会议《关于修改〈中华人民共和国电力法〉等六部法律的决定》第一次修正；根据 2019 年 4 月 23 日第十三届全国人民代表大会常务委员会第十次会议《关于修改〈中华人民共和国建筑法〉等八部法律的决定》第二次修正。

《电子签名法》对于学校教育管理和师生的学术管理具有约束性。该法在第十七条提供电子认证服务，应当具备的六个条件中的第二款规定为"具有与提供电子认证服务相适应的专业技术人员和管理人员"。我国各级各类学校特别是高等学校的教师和科研人员都是专业技术人员，他们在科学研究、教学管理、科研项目评审和各类学术评议、评价过程中都需要大量的电子签名。他们在这些活动中的电子签名行为理应受到《电子签名法》的约束，在履行相关权利的同时，也要承担相应的法律责任。

### 八、《中华人民共和国企业破产法》

《中华人民共和国企业破产法》（以下简称《破产法》）是 2006 年 8 月 27 日由第十届全国人民代表大会常务委员会第二十三次会议通过的关于企业管理的一部法律。制定《破产法》是"为规范企业破产程序，公平清理债权债务，保护债权人和债务人的合法权益，维护社会主义市场经济秩序"。这部法律从形式上看似乎与教育工作没有什么关系，但是，由于从 20 世纪 90 年代开始，全国各级各类学校中陆陆续续创办了一大批校办企业，这些企业发展到今天只有一部分还继续生存下来。虽然这些企业中大多数具有独立的法人地位，但是它们的主办单位仍然属于学校（例如高等学校举办的出版社），在干部任免、人力资源管理、财务管理等方面仍然由学校来主导。这样看来，这些企业的生存和发展与学校有着天然的密切关系，它们是否破产也关系到学校的利益。从这种意义上来看，《破产法》仍然可以被视为教育法律渊源。

## 第三节　行政法中与教育相关的法律

长期以来，在我国传统的法学界大多数学者倾向于将教育法律视为行政法范畴，实际上，行政法中确实有数量庞大的法律文件都涉及教育工作。这些法律都应该被视为教育法律渊源。

## 一、《中华人民共和国户口登记条例》

《中华人民共和国户口登记条例》（以下简称《户口条例》）是 1958 年 1 月 9 日由全国人民代表大会常务委员会第九十一次会议通过的。这个文本虽然用的是"条例"，但是由于其是全国人民代表大会常务委员会制定的文本，因而如同《学位条例》一样，其是实实在在的法律文本而非法规文本。由于学校存在着单位内部和公管宿舍的户口，所以，学校办学过程中涉及户口方面的事宜也必须遵守《户口条例》的要求，而且这一点在《户口条例》中有专门的规定，即第三条"居住在机关、团体、学校、企业、事业等单位内部和公共宿舍的户口，由各单位指定专人，协助户口登记机关办理户口登记"。第五条"居住在机关、团体、学校、企业、事业等单位内部和公共宿舍的户口共立一户或者分别立户。户主负责按照本条例的规定申报户口登记"。第十条"公民迁出本户口管辖区，由本人或者户主在迁出前向户口登记机关申报迁出登记，领取迁移证件，注销户口。公民由农村迁往城市，必须持有城市劳动部门的录用证明，学校的录取证明，或者城市户口登记机关的准予迁入的证明，向常住地户口登记机关申请办理迁出手续"。

## 二、《中华人民共和国文物保护法》

《中华人民共和国文物保护法》（以下简称《文物保护法》）是 1982 年 11 月 19 日由第五届全国人民代表大会常务委员会第二十五次会议通过的文化建设方面的法律，此后经过了多次修正和修订：根据 1991 年 6 月 29 日第七届全国人民代表大会常务委员会第二十次会议《关于修改〈中华人民共和国文物保护法〉第三十条、第三十一条的决定》第一次修正；2002 年 10 月 28 日第九届全国人民代表大会常务委员会第三十次会议修订；根据 2007 年 12 月 29 日第十届全国人民代表大会常务委员会第三十一次会议《关于修改〈中华人民共和国文物保护法〉的决定》第二次修正；根据 2013 年 6 月 29 日第十二届全国人民代表大会常务委员会第三次会议《关于修改〈中华人民共和国文物保护法〉等十二部法律的决定》第三次修正；根据 2015 年 4 月 24 日第十二届全国人民代表大会常务委员会第十四次会议《关于修改〈中华人民共和国文物保护法〉的决定》第四次修正；根据 2017 年 11 月 4 日第十二届全国人民代表大会常务委员会第三十次会议《关于修改〈中华人民共和国会计法〉等十一部法律的决定》第五次修正。

《文物保护法》的目的与学校教育的目的高度融合。该法第一条指出其实施的目的是"加强对文物的保护，继承中华民族优秀的历史文化遗产，促进科学研究工作，进行爱国主义和革命传统教育，建设社会主义精神文明和物质文明"。这也正是学校所要达到的目的之一。为此，该法多次指出要加强对文物保护的科学研究。《文物保护法》第十一条指出："文物是不可再生的文化资源。国家加强文物保护的宣传教育，增强全民文物保护的意识，鼓励文物保护的科学研究，提高文物保护的科学技术水平。"第四十条规定："文物收藏单位应当充分发挥馆藏文物的作用，通过举办展览、科学研究等活动，加强对中华民族优秀的历史文化和革命传统的宣传教育。"这些工作的完成都与学校特别是高等学校的科学研究工作密切相关。

三、《中华人民共和国兵役法》

《中华人民共和国兵役法》（以下简称《兵役法》）是 1984 年 5 月 31 日由第六届全国人民代表大会第二次会议通过的。根据 1998 年 12 月 29 日第九届全国人民代表大会常务委员会第六次会议《关于修改〈中华人民共和国兵役法〉的决定》第一次修正；根据 2009 年 8 月 27 日第十一届全国人民代表大会常务委员会第十次会议《关于修改部分法律的决定》第二次修正；根据 2011 年 10 月 29 日第十一届全国人民代表大会常务委员会第二十三次会议《关于修改〈中华人民共和国兵役法〉的决定》第三次修正；2021 年 8 月 20 日第十三届全国人民代表大会常务委员会第三十次会议修订。

《兵役法》这个看似与教育无关的法律其实与教育工作关系十分密切。《兵役法》专门设置了第六章"军队院校从青年学生中招收的学员"，其中辟有 4 个法条对其加以规定。此外，还有一些规定和要求也涉及学校工作。例如，《兵役法》第五十一条规定："现役军官和军士的子女教育，家属的随军、就业创业以及工作调动，享受国家和社会的优待。"第六十三条规定："本法第五十七条、第五十八条、第五十九条规定的处罚，由县级以上地方人民政府兵役机关会同有关部门查明事实，经同级地方人民政府作出处罚决定后，由县级以上地方人民政府兵役机关、发展改革、公安、退役军人工作、卫生健康、教育、人力资源和社会保障等部门按照职责分工具体执行。"这其中就包含了"教育部门"。第九条还要求"普通高等学校应当有负责兵役工作的机构"。显然是为了更好地实施《兵役法》。

此外，《兵役法在》第二十条中规定："普通高等学校毕业生的征集年龄可以放宽至二十四周岁，研究生的征集年龄可以放宽至二十六周岁。"第三十三条规定现役军官选拔、招收途径中就包含军队院校毕业学员和普通高等学校应届毕业生。战时根据需要，可以从现役士兵、军队院校学员、征召的预备役军官和其他人员中直接任命军官。"凡此种种，都与学校工作有着千丝万缕的联系。

四、《中华人民共和国土地管理法》

《中华人民共和国土地管理法》（以下简称《土地法》）是 1986 年 6 月 25 日由第六届全国人民代表大会常务委员会第十六次会议通过的有关土地使用等方面规范化管理的法律。此后经历过多次修正和修订：根据 1988 年 12 月 29 日第七届全国人民代表大会常务委员会第五次会议《关于修改〈中华人民共和国土地管理法〉的决定》第一次修正；1998 年 8 月 29 日第九届全国人民代表大会常务委员会第四次会议修订；根据 2004 年 8 月 28 日第十届全国人民代表大会常务委员会第十一次会议《关于修改〈中华人民共和国土地管理法〉的决定》第二次修正；根据 2019 年 8 月 26 日第十三届全国人民代表大会常务委员会第十二次会议《关于修改〈中华人民共和国土地管理法〉、〈中华人民共和国城市房地产管理法〉的决定》第三次修正。

学校教育教学离不开对土地的使用,那么学校工作中如何使用土地以及学校所占用的土地是否能够得到有效保护呢?《土地法》第四十五条规定:"为了公共利益的需要,有下列情形之一,确需征收农民集体所有的土地的,可以依法实施征收。"其中第三款就划定了可以征收的范围,即"由政府组织实施的科技、教育、文化、卫生、体育、生态环境和资源保护、防灾减灾、文物保护、社区综合服务、社会福利、市政公用、优抚安置、英烈保护等公共事业需要用地的"。这个规定把教育(包括科技、文化、体育)都纳入可以征收之列,这为保障教育事业顺利发展提供了重要的物质基础。而且《土地法》第三十三条还规定:"国家实行永久基本农田保护制度。"但是下列耕地应当根据土地利用总体规划划为永久基本农田,实行严格保护,其中就包括"农业科研、教学试验田",使得学校的实践教学在使用土地方面不再有后顾之忧。

### 五、《中华人民共和国档案法》

《中华人民共和国档案法》(以下简称《档案法》)是 1987 年 9 月 5 日由第六届全国人民代表大会常务委员会第二十二次会议通过的一部法律。根据 1996 年 7 月 5 日第八届全国人民代表大会常务委员会第二十次会议《关于修改〈中华人民共和国档案法〉的决定》第一次修正;根据 2016 年 11 月 7 日第十二届全国人民代表大会常务委员会第二十四次会议《关于修改〈中华人民共和国对外贸易法〉等十二部法律的决定》第二次修正;2020 年 6 月 20 日第十三届全国人民代表大会常务委员会第十九次会议修订。

各级各类学校除了大量的人事、财务、师生员工的档案,还有大量的教学、科研和社会服务等方面的档案资料,所以《档案法》中的各项规定同样适用于教育管理和学校人才培养的需要。除此之外,《档案法》还对教育教学工作有一些特别的规定。例如,《档案法》第二十九条规定:"机关、团体、企业事业单位和其他组织以及公民根据经济建设、国防建设、教学科研和其他工作的需要,可以按照国家有关规定,利用档案馆未开放的档案以及有关机关、团体、企业事业单位和其他组织保存的档案。"同时,《档案法》第二十七条还规定:"县级以上各级档案馆的档案,应当自形成之日起满二十五年向社会开放。经济、教育、科技、文化等类档案,可以少于二十五年向社会开放。"适当开放档案对于相关学科的研究非常重要,这与高等学校的相关人才的培养也密切相关。

### 六、《中华人民共和国保守国家秘密法》

《中华人民共和国保守国家秘密法》(以下简称《保密法》)于 1988 年 9 月 5 日第七届全国人民代表大会常务委员会第三次会议获得通过,2010 年 4 月 29 日第十一届全国人民代表大会常务委员会第十四次会议修订。学校特别是高等学校及其所属的科研机构在其教育教学和科研过程中也会涉及不同级别的国家秘密,必须遵守《保密法》的相关要求,承担相应的法律责任。《保密法》第三条规定:"国家秘密受法律保护。一切国家机关、武装力量、政党、社会团体、企业事业单位和公民都有保守国家秘密的义务。任何危害国家秘密安全的行为，都必须受到法律追究。"学校属于企事业单位，理应按照《保密法》的要求履行相应的保密义务。

七、《中华人民共和国野生动物保护法》

《中华人民共和国野生动物保护法》（以下简称《动物保护法》）是 1988 年 11 月 8 日由第七届全国人民代表大会常务委员会第四次会议通过并开始实施的。根据 2004 年 8 月 28 日第十届全国人民代表大会常务委员会第十一次会议《关于修改〈中华人民共和国野生动物保护法〉的决定》第一次修正；根据 2009 年 8 月 27 日第十一届全国人民代表大会常务委员会第十次会议《关于修改部分法律的决定》第二次修正；2016 年 7 月 2 日第十二届全国人民代表大会常务委员会第二十一次会议第一次修订；根据 2018 年 10 月 26 日第十三届全国人民代表大会常务委员会第六次会议《关于修改〈中华人民共和国野生动物保护法〉等十五部法律的决定》第三次修正；2022 年 12 月 30 日第十三届全国人民代表大会常务委员会第三十八次会议第二次修订。

《动物保护法》实施的目的是"为了保护野生动物，拯救珍贵、濒危野生动物，维护生物多样性和生态平衡，推进生态文明建设，促进人与自然和谐共生"。这些内容与学校教育密不可分，也是各级各类学校教育教学的内容之一，因而，《动物保护法》应该被视为教育法律渊源法律。实际上，《动物保护法》也有诸多条款直接与学校的教学和科研工作相关，其中，加强对野生动物开展"科学研究"是规定中提到最多的词，而这些科学研究活动也是学校的职能之一。例如，《动物保护法》的第三条规定："国家保障依法从事野生动物科学研究、人工繁育等保护及相关活动的组织和个人的合法权益。"第四条规定："国家加强重要生态系统保护和修复，对野生动物实行保护优先、规范利用、严格监管的原则，鼓励和支持开展野生动物科学研究与应用，秉持生态文明理念，推动绿色发展。"

《动物保护法》第八条对学校教育作了明确要求，即"教育行政部门、学校应当对学生进行野生动物保护知识教育"。第三十八条要求："开展国际科学研究合作的，应当依法取得批准，有我国科研机构、高等学校、企业及其研究人员实质性参与研究，按照规定提出国家共享惠益的方案，并遵守我国法律、行政法规的规定。"这些要求为学校开展野生动物保护提供了重要的法律基础。

八、《中华人民共和国传染病防治法》

《中华人民共和国传染病防治法》（以下简称《传染病防治法》）于 1989 年 2 月 21 日第七届全国人民代表大会常务委员会第六次会议通过，2004 年 8 月 28 日第十届全国人民代表大会常务委员会第十一次会议修订，根据 2013 年 6 月 29 日第十二届全国人民代表大会常务委员会第三次会议《关于修改〈中华人民共和国文物保护法〉等十二部法律的决定》修正。

《传染病防治法》中多个法条对学校教育教学提出了要求。例如，第八条规定："国家发展现代医学和中医药等传统医学，支持和鼓励开展传染病防治的科学研究，提高传染病防治的科学技术水平。"这是医学院校必须完成的任务。第十条规定："各级各类学校应当对学生进行健康知识和传染病预防知识的教育。医学院校应当加强预防医学教育和科学研究，对在校学生以及其他与传染病防治相关人员进行预防医学教育和培训，为传染病防治工作提供技术支持。"第六十四条规定："对从事传染病预防、医疗、科研、教学、现场处理疫情的人员，以及在生产、工作中接触传染病病原体的其他人员，有关单位应当按照国家规定，采取有效的卫生防护措施和医疗保健措施，并给予适当的津贴。"

### 九、《中华人民共和国环境保护法》

《中华人民共和国环境保护法》（以下简称《环保法》）是 1989 年 12 月 26 日由第七届全国人民代表大会常务委员会第十一次会议通过的，2014 年 4 月 24 日第十二届全国人民代表大会常务委员会第八次会议修订。国家制定《环保法》的目的就是"为保护和改善环境，防治污染和其他公害，保障公众健康，推进生态文明建设，促进经济社会可持续发展"。这些目的也是我国学校教育教学中的内容之一。而且，《环保法》的第九条对教育工作提出了明确要求，即"教育行政部门、学校应当将环境保护知识纳入学校教育内容，培养学生的环境保护意识"。可见，《环保法》与教育工作也有很密切的法律渊源关系。

### 十、《中华人民共和国测绘法》

《中华人民共和国测绘法》（以下简称《测绘法》）于 1992 年 12 月 28 日第七届全国人民代表大会常务委员会第二十九次会议通过。2002 年 8 月 29 日第九届全国人民代表大会常务委员会第二十九次会议第一次修订，2017 年 4 月 27 日第十二届全国人民代表大会常务委员会第二十七次会议第二次修订。《测绘法》看上去似乎与学校教育教学没有关系，但其中至少有两个法条涉及学校的教育和教学。例如，第六条指出："国家鼓励测绘科学技术的创新和进步，采用先进的技术和设备，提高测绘水平，推动军民融合，促进测绘成果的应用。国家加强测绘科学技术的国际交流与合作。对在测绘科学技术的创新和进步中做出重要贡献的单位和个人，按照国家有关规定给予奖励。"这就为高等学校测绘科学技术的科学研究提供了重要法律依据。第七条规定："教育行政部门、学校应当将国家版图意识教育纳入中小学教学内容，加强爱国主义教育。"这是对学校教学内容的直接要求，成为中小学教学内容的组成部分，全国中小学必须在教材和课堂教学中得到落实。

### 十一、《中华人民共和国科学技术进步法》

《中华人民共和国科学技术进步法》（以下简称《科技进步法》）于 1993 年 7 月 2 日第八届全国人民代表大会常务委员会第二次会议获得通过。2007 年 12 月 29 日第十届全国人民代表大会常务委员会第三十一次会议第一次修订；2021 年 12 月 24 日第十三届全国人民代表大会常务委员会第三十二次会议第二次修订。

《科技进步法》与学校教育特别是高等学校教育工作关系十分密切，在总的 117 条法条中有 26 个法条（占比高达 22%）直接对学校特别是高等学校的教育和教学提出了要求，足见这是教育法律的重要渊源。这 26 个法条分别是：第六条、第八条、第九条、第十二条、第十七条、第十九条、第二十五条、第二十九条、第三十条、第三十一条、第三十七条、第三十九条、第四十条、第四十九条、第五十条、第五十九条、第六十条、第六十一条、第六十五条、第六十六条、第七十三条、第八十条、第八十二条、第八十四条、第九十一条、第九十三条。

由于涉及教育的法条数量众多、内容十分丰富，难以全部展现于此。这里仅列举部分法条内容予以呈现。例如，第六条规定："国家鼓励科学技术研究开发与高等教育、产业发展相结合，鼓励学科交叉融合和相互促进。"第八条规定："科学技术研究开发机构、高等学校、企业事业单位和公民有权自主选择课题，探索未知科学领域，从事基础研究、前沿技术研究和社会公益性技术研究。"第九条规定："学校及其他教育机构应当坚持理论联系实际，注重培养受教育者的独立思考能力、实践能力、创新能力和批判性思维，以及追求真理、崇尚创新、实事求是的科学精神。国家发挥高等学校在科学技术研究中的重要作用，鼓励高等学校开展科学研究、技术开发和社会服务，培养具有社会责任感、创新精神和实践能力的高级专门人才。"第二十五条指出："国家支持高等学校加强基础学科建设和基础研究人才培养，增强基础研究自主布局能力，推动高等学校基础研究高质量发展。"第五十九条规定："国家完善创新人才教育培养机制，在基础教育中加强科学兴趣培养，在职业教育中加强技术技能人才培养，强化高等教育资源配置与科学技术领域创新人才培养的结合，加强完善战略性科学技术人才储备。"第九十三条强调："国家鼓励设置综合性科学技术实验服务单位，为科学技术研究开发机构、高等学校、企业和科学技术人员提供或者委托他人提供科学技术实验服务。"

## 十二、《中华人民共和国监狱法》

《中华人民共和国监狱法》（以下简称《监狱法》）是 1994 年 12 月 29 日由第八届全国人民代表大会常务委员会第十一次会议通过的一部与教育工作有一定关系的法律。根据 2012 年 10 月 26 日第十一届全国人民代表大会常务委员会第二十九次会议《关于修改〈中华人民共和国监狱法〉的决定》修正。

之所以说《监狱法》与教育工作相关，是因为其中有多个法条涉及对未成年人的学习和教育等方面的规定。《监狱法》还专门设置了第六章《对未成年犯的教育改造》。该法第六十三条规定："监狱应当根据不同情况，对罪犯进行扫盲教育、初等教育和初级中等教育，经考试合格的，由教育部门发给相应的学业证书。"第六十五条规定："监狱鼓励罪犯自学，经考试合格的，由有关部门发给相应的证书。"在对待未成年人犯罪后如何惩处，

《监狱法》也作了明确要求。第七十五条规定："对未成年犯执行刑罚应当以教育改造为主。未成年犯的劳动，应当符合未成年人的特点，以学习文化和生产技能为主。监狱应当配合国家、社会、学校等教育机构，为未成年犯接受义务教育提供必要的条件。"这就将监狱工作与学校教育教学工作密切地联系起来了。

### 十三、《中华人民共和国预备役军官法》

《中华人民共和国预备役军官法》（以下简称《预备役军官法》）是 1995 年 5 月 10 日由第八届全国人民代表大会常务委员会第十三次会议通过的一部与学校教育工作相关的法律，根据 2010 年 8 月 28 日第十一届全国人民代表大会常务委员会第十六次会议《关于修改〈中华人民共和国预备役军官法〉的决定》修正。《预备役军官法》中涉及学校的管理工作。例如，第十二条关于预备役军官的人员中列举了六类人，其中，第四类就是"普通高等学校毕业学生"。再次，在第四十三条中规定："军队院校、预备役军官训练机构、现役部队、预备役部队和有关的普通高等学校，应当按照国家有关规定，承担预备役军官的培训任务。"这就把预备役军官的管理工作与高等学校的人才培养工作紧密结合起来了。

### 十四、《中华人民共和国体育法》

《中华人民共和国体育法》（以下简称《体育法》）是 1995 年 8 月 29 日由第八届全国人民代表大会常务委员会第十五次会议通过的有关教育的法律。根据 2009 年 8 月 27 日第十一届全国人民代表大会常务委员会第十次会议《关于修改部分法律的决定》第一次修正；根据 2016 年 11 月 7 日第十二届全国人民代表大会常务委员会第二十四次会议《关于修改〈中华人民共和国对外贸易法〉等十二部法律的决定》第二次修正；2022 年 6 月 24 日第十三届全国人民代表大会常务委员会第三十五次会议修订。

制定《体育法》的目的是"促进体育事业，弘扬中华体育精神，培育中华体育文化，发展体育运动，增强人民体质"。显然这些要求也都是各级各类学校教育教学工作的主要内容之一。《体育法》中有大量条款涉及学校教育教学工作，还专门设置了第三章"青少年和学校体育"。在关于学校体育工作方面，《体育法》有许多非常细致的规定。例如，第三十一条规定："学校应当按照国家有关规定，配足合格的体育教师，保障体育教师享受与其他学科教师同等待遇。"第二十五条规定："教育行政部门和学校应当将体育纳入学生综合素质评价范围，将达到国家学生体质健康标准要求作为教育教学考核的重要内容，培养学生体育锻炼习惯，提升学生体育素养。"第二十七条规定："学校应当将在校内开展的学生课外体育活动纳入教学计划，与体育课教学内容相衔接，保障学生在校期间每天参加不少于一小时体育锻炼。"在此不再一一枚举。总之，《体育法》是一部与学校教育教学工作密切相关的法律。

### 十五、《中华人民共和国固体废物污染环境防治法》

《中华人民共和国固体废物污染环境防治法》（以下简称《环境防治法》）是 1995 年

10 月 30 日由第八届全国人民代表大会常务委员会第十六次会议通过的一部与教育事业发展有关的法律。此后，经过了多次修正和修订，即 2004 年 12 月 29 日第十届全国人民代表大会常务委员会第十三次会议第一次修订；根据 2013 年 6 月 29 日第十二届全国人民代表大会常务委员会第三次会议《关于修改〈中华人民共和国文物保护法〉等十二部法律的决定》第一次修正；根据 2015 年 4 月 24 日第十二届全国人民代表大会常务委员会第十四次会议《关于修改〈中华人民共和国港口法〉等七部法律的决定》第二次修正；根据 2016 年 11 月 7 日第十二届全国人民代表大会常务委员会第二十四次会议《关于修改〈中华人民共和国对外贸易法〉等十二部法律的决定》第三次修正；2020 年 4 月 29 日第十三届全国人民代表大会常务委员会第十七次会议第二次修订。

《环境防治法》制定的目的是"保护和改善生态环境，防治固体废物污染环境，保障公众健康，维护生态安全，推进生态文明建设，促进经济社会可持续发展"。这与学校教育的目标高度一致。因而，《环境防治法》第十条规定："国家鼓励、支持固体废物污染环境防治的科学研究、技术开发、先进技术推广和科学普及，加强固体废物污染环境防治科技支撑。"这里的科学研究显然离不开高等学校教师科研的支持。第十一条规定："学校应当开展生活垃圾分类以及其他固体废物污染环境防治知识普及和教育。"显然，《环境防治法》对学校教学内容提出了明确的要求，学校必须在教材和课堂教学等环节加强相关内容的教学。

### 十六、《中华人民共和国行政处罚法》

《中华人民共和国行政处罚法》（以下简称《行政处罚法》）于 1996 年 3 月 17 日第八届全国人民代表大会第四次会议通过。根据 2009 年 8 月 27 日第十一届全国人民代表大会常务委员会第十次会议《关于修改部分法律的决定》第一次修正；根据 2017 年 9 月 1 日第十二届全国人民代表大会常务委员会第二十九次会议《关于修改〈中华人民共和国法官法〉等八部法律的决定》第二次修正；2021 年 1 月 22 日第十三届全国人民代表大会常务委员会第二十五次会议修订。

《行政处罚法》制定的目的是"规范行政处罚的设定和实施，保障和监督行政机关有效实施行政管理，维护公共利益和社会秩序，保护公民、法人或者其他组织的合法权益"。我国学校特别是公办学校在日常管理中基本上属于国家教育行政行为，因而，《行政处罚法》中的相应规定对于各级各类学校日常管理同样适用。《行政处罚法》还专门针对在学的未成年人作了规定。该法第三十条规定："不满十四周岁的未成年人有违法行为的，不予行政处罚，责令监护人加以管教；已满十四周岁不满十八周岁的未成年人有违法行为的，应当从轻或者减轻行政处罚。"这为学校内部约束学生行为提供了法律依据。

### 十七、《中华人民共和国促进科技成果转化法》

《中华人民共和国促进科技成果转化法》（以下简称《科技成果转化法》）是 1996 年

5 月 15 日由第八届全国人民代表大会常务委员会第十九次会议通过的一部与高等学校科研工作和人才培养工作密切相关的法律。根据 2015 年 8 月 29 日第十二届全国人民代表大会常务委员会第十六次会议《关于修改〈中华人民共和国促进科技成果转化法〉的决定》修正。

《科技成果转化法》实施的目的是促进科技成果转化为现实生产力，规范科技成果转化活动，加速科学技术进步，推动经济建设和社会发展。该法第二条对"科技成果"和"科技成果转化"进行了界定。即本法所称科技成果，是指通过科学研究与技术开发所产生的具有实用价值的成果。职务科技成果，是指执行研究开发机构、高等院校和企业等单位的工作任务，或者主要是利用上述单位的物质技术条件所完成的科技成果。本法所称科技成果转化，是指为提高生产力水平而对科技成果所进行的后续试验、开发、应用、推广直至形成新技术、新工艺、新材料、新产品，发展新产业等活动。这些界定都对高等学校创造科技成果及其转化起到了积极的促进作用。

《科技成果转化法》第二十六条对高等学校创造科技成果的方式提出了明确要求，即"国家鼓励企业与研究开发机构、高等院校及其他组织采取联合建立研究开发平台、技术转移机构或者技术创新联盟等产学研合作方式，共同开展研究开发、成果应用与推广、标准研究与制定等活动"。第二十七条提出了科技成果产生的鼓励措施，指出："国家鼓励研究开发机构、高等院校与企业及其他组织开展科技人员交流，根据专业特点、行业领域技术发展需要，聘请企业及其他组织的科技人员兼职从事教学和科研工作，支持本单位的科技人员到企业及其他组织从事科技成果转化活动。"第二十八条也提出，国家支持企业与研究开发机构、高等院校、职业院校及培训机构联合建立学生实习实践培训基地和研究生科研实践工作机构，共同培养专业技术人才和高技能人才。

### 十八、《中华人民共和国人民防空法》

《中华人民共和国人民防空法》（以下简称《防空法》）是 1996 年 10 月 29 日由第八届全国人民代表大会常务委员会第二十二次会议通过的一部与学校教育相关的法律。根据 2009 年 8 月 27 日第十一届全国人民代表大会常务委员会第十次会议《关于修改部分法律的决定》修正。

《防空法》专门设置了第七章"人民防空教育"，该章的第四十六条规定："国家人民防空主管部门负责组织制定人民防空教育计划，规定教育内容。在校学生的人民防空教育，由各级教育主管部门和人民防空主管部门组织实施。"可见防空教育也是学校教学内容的一部分。

### 十九、《中华人民共和国献血法》

《中华人民共和国献血法》（以下简称《献血法》）是 1997 年 12 月 29 日由第八届全国人民代表大会常务委员会第二十九次会议通过的与教育相关的法律。《献血法》的目的是"保证医疗临床用血需要和安全，保障献血者和用血者身体健康，发扬人道主义精神，促进社会主义物质文明和精神文明建设"。这些内容也是学校教育中的基本内容，而且《献血法》第七条也规定："国家鼓励国家工作人员、现役军人和高等学校在校学生率先献血，为树立社会新风尚作表率。"这说明《献血法》与学校管理有着一定的关系。

## 二十、《中华人民共和国消防法》

《中华人民共和国消防法》（以下简称《消防法》）是 1998 年 4 月 29 日由第九届全国人民代表大会常务委员会第二次会议通过的涉及教育工作的法律。2008 年 10 月 28 日第十一届全国人民代表大会常务委员会第五次会议修订；根据 2019 年 4 月 23 日第十三届全国人民代表大会常务委员会第十次会议《关于修改〈中华人民共和国建筑法〉等八部法律的决定》第一次修正；根据 2021 年 4 月 29 日第十三届全国人民代表大会常务委员会第二十八次会议《关于修改〈中华人民共和国道路交通安全法〉等八部法律的决定》第二次修正。

消防安全事关千家万户的生命财产安全，同样也关系到学校师生在教育教学活动中的安全，学校的消防措施和设备必须符合《消防法》的要求。《消防法》第六条规定："各级人民政府应当组织开展经常性的消防宣传教育，提高公民的消防安全意识。教育、人力资源行政主管部门和学校、有关职业培训机构应当将消防知识纳入教育、教学、培训的内容。新闻、广播、电视等有关单位，应当有针对性地面向社会进行消防宣传教育。"《消防法》在第七十三条对消防相关用语界定时，专门将学校列为其中之一。该条款规定："人员密集场所，是指公众聚集场所，医院的门诊楼、病房楼，学校的教学楼、图书馆、食堂和集体宿舍，养老院，福利院，托儿所，幼儿园，公共图书馆的阅览室，公共展览馆、博物馆的展示厅，劳动密集型企业的生产加工车间和员工集体宿舍，旅游、宗教活动场所等。"这其中涉及的学校教育教学场所，其均应该按照《消防法》的规定做好相应的防控措施。

## 二十一、《中华人民共和国行政复议法》

《中华人民共和国行政复议法》（以下简称《行政复议法》）是 1999 年 4 月 29 日由第九届全国人民代表大会常务委员会第九次会议通过的一部与教育工作密切相关的法律。根据 2009 年 8 月 27 日第十一届全国人民代表大会常务委员会第十次会议《关于修改部分法律的决定》第一次修正；根据 2017 年 9 月 1 日第十二届全国人民代表大会常务委员会第二十九次会议《关于修改〈中华人民共和国法官法〉等八部法律的决定》第二次修正。

《行政复议法》第一条明示了该法制定的目的是"防止和纠正违法的或者不当的具体行政行为，保护公民、法人和其他组织的合法权益，保障和监督行政机关依法行使职权"。学校在管理过程中作为事实上的一种行政机关（也有学者将学校界定为准行政机构），在日常行政管理工作过程中必须遵守《行政复议法》的相关要求。

### 二十二、《中华人民共和国气象法》

《中华人民共和国气象法》（以下简称《气象法》）是 1999 年 10 月 31 日由第九届全国人民代表大会常务委员会第十二次会议通过的。根据 2009 年 8 月 27 日第十一届全国人民代表大会常务委员会第十次会议《关于修改部分法律的决定》第一次修正；根据 2014 年 8 月 31 日第十二届全国人民代表大会常务委员会第十次会议《关于修改〈中华人民共和国保险法〉等五部法律的决定》第二次修正；根据 2016 年 11 月 7 日第十二届全国人民代表大会常务委员会第二十四次会议《关于修改〈中华人民共和国对外贸易法〉等十二部法律的决定》第三次修正。

气象是一个自然活动的现象，准确把握气象规律并使之为国家经济社会以及人民日常生活服务，必须加强气象科学研究，这就把气象工作与学校教育教学工作紧密联系在一起了。所以，《气象法》第七条规定："国家鼓励和支持气象科学技术研究、气象科学知识普及，培养气象人才，推广先进的气象科学技术，保护气象科技成果，加强国际气象合作与交流，发展气象信息产业，提高气象工作水平。"提高气象人才培养质量，也需要遵守《气象法》的相关要求。

### 二十三、《中华人民共和国国家通用语言文字法》

《中华人民共和国国家通用语言文字法》（以下简称《语言文字法》）是 2000 年 10 月 31 日由第九届全国人民代表大会常务委员会第十八次会议通过的一部与教育工作十分相关的法律。在教育部网站公布的 8 个"教育法律"文件中，《语言文字法》赫然其中。这是因为《语言文字法》的实施主体是各级各类学校教育教学，也是教育部的日常工作之一，国家语言文字工作委员会也在 1998 年机构改革中被并入教育部，对外保留国家语言文字工作委员会的牌子。

《语言文字法》中有大量条款直接规定了学校教育教学工作。这里列举部分条款。第六条规定："国家颁布国家通用语言文字的规范和标准，管理国家通用语言文字的社会应用，支持国家通用语言文字的教学和科学研究，促进国家通用语言文字的规范、丰富和发展。"第十条规定："学校及其他教育机构以普通话和规范汉字为基本的教育教学用语用字。法律另有规定的除外。学校及其他教育机构通过汉语文课程教授普通话和规范汉字。使用的汉语文教材，应当符合国家通用语言文字的规范和标准。"第十八条要求，"初等教育应当进行汉语拼音教学。"第二十七条进行了法律追责，即"违反本法规定，干涉他人学习和使用国家通用语言文字的，由有关行政管理部门责令限期改正，并予以警告。"

### 二十四、《中华人民共和国现役军官法》

《中华人民共和国现役军官法》（以下简称《现役军官法》）是 1988 年 9 月 5 日由第七届全国人民代表大会常务委员会第三次会议通过的一部教育相关法律。根据 1994 年 5

月 12 日第八届全国人民代表大会常务委员会第七次会议《关于修改〈中国人民解放军现役军官服役条例〉的决定》修正；根据 2000 年 12 月 28 日第九届全国人民代表大会常务委员会第十九次会议《关于修改〈中国人民解放军现役军官服役条例〉的决定》第二次修正。

《现役军官法》中多个条款涉及学校教育工作。例如，在第八条的军官必须具备的基本条件中，就有一款规定："具有胜任本职工作所必需的理论、政策水平，现代军事、科学文化、专业知识，组织、指挥能力，经过院校培训并取得相应学历，身体健康。"第九条关于军官的来源中有两款规定："选拔优秀士兵和普通中学毕业生入军队院校学习毕业；接收普通高等学校毕业生。"第十条则明确规定，人民解放军实行经院校培训提拔军官的制度。"军事、政治、后勤、装备军官每晋升一级指挥职务，应当经过相应的院校或者其他训练机构培训。担任营级以下指挥职务的军官，应当经过初级指挥院校培训；担任团级和师级指挥职务的军官，应当经过中级指挥院校培训；担任军级以上指挥职务的军官，应当经过高级指挥院校培训。在机关任职的军官应当经过相应的院校培训。专业技术军官每晋升一级专业技术职务，应当经过与其所从事专业相应的院校培训；院校培训不能满足需要时，应当通过其他方式，完成规定的继续教育任务。"为了确保军官能够安心于工作岗位，在《现役军官法》的第四十一条则明确要求："军官的家属随军、就业、工作调动和子女教育，享受国家和社会优待。"此外，还有诸多条款涉及学校教育工作，这里不再一一枚举。

### 二十五、《中华人民共和国国防教育法》

《中华人民共和国国防教育法》（以下简称《国防教育法》）是 2001 年 4 月 28 日由第九届全国人民代表大会常务委员会第二十一次会议通过的一部与教育工作密切相关的法律。根据 2018 年 4 月 27 日第十三届全国人民代表大会常务委员会第二次会议《关于修改〈中华人民共和国国境卫生检疫法〉等六部法律的决定》修正。

《国防教育法》在第一条指出了该法律制定的目的和依据，即"为了普及和加强国防教育，发扬爱国主义精神，促进国防建设和社会主义精神文明建设，根据国防法和教育法，制定本法"。可见，这部法律本身就是教育法律的一部分。实际上，在《国防教育法》全部六章中，共有三章直接对学校教育工作作了规定，这三章分别是第二章学校国防教育、第三章社会国防教育、第四章国防教育的保障。

### 二十六、《中华人民共和国人口与计划生育法》

《中华人民共和国人口与计划生育法》（以下简称《计生法》）是 2001 年 12 月 29 日由第九届全国人民代表大会常务委员会第二十五次会议通过的与教育工作相关的法律。根据 2015 年 12 月 27 日第十二届全国人民代表大会常务委员会第十八次会议《关于修改〈中华人民共和国人口与计划生育法〉的决定》第一次修正；根据 2021 年 8 月 20 日第十三届全国人民代表大会常务委员会第三十次会议《关于修改〈中华人民共和国人口与计划生育法〉的决定》第二次修正。

《计生法》制定的目的之一是"促进家庭幸福、民族繁荣与社会进步"，这也是学校教育所追求的目的之一。《计生法》第十三条规定："卫生健康、教育、科技、文化、民政、新闻出版、广播电视等部门应当组织开展人口与计划生育宣传教育。学校应当在学生中，以符合受教育者特征的适当方式，有计划地开展生理卫生教育、青春期教育或者性健康教育。"第二十七条指出："国家采取财政、税收、保险、教育、住房、就业等支持措施，减轻家庭生育、养育、教育负担。"这些都与学校的教育教学工作有着密切的关系。

## 二十七、《中华人民共和国科学技术普及法》

《中华人民共和国科学技术普及法》（以下简称《科普法》）是 2002 年 6 月 29 日由第九届全国人民代表大会常务委员会第二十八次会议通过的一部与教育工作相关的教育法律。制定《科普法》的目的是"实施科教兴国战略和可持续发展战略，加强科学技术普及工作，提高公民的科学文化素质，推动经济发展和社会进步"。而且《科普法》中有多项条款对学校教育工作提出了具体要求。例如，《科普法》第十四条就规定："各类学校及其他教育机构，应当把科普作为素质教育的重要内容，组织学生开展多种形式的科普活动。"第二十条也要求，农村基层组织应当根据当地经济与社会发展的需要，围绕科学生产、文明生活，发挥乡镇科普组织、农村学校的作用，开展科普工作。第二十一条提出："城镇基层组织及社区应当利用所在地的科技、教育、文化、卫生、旅游等资源，结合居民的生活、学习、健康娱乐等需要开展科普活动。"

## 二十八、《中华人民共和国道路交通安全法》

《中华人民共和国道路交通安全法》（以下简称《道路安全法》）是 2003 年 10 月 28 日由第十届全国人民代表大会常务委员会第五次会议通过的与教育工作相关的法律。根据 2007 年 12 月 29 日第十届全国人民代表大会常务委员会第三十一次会议《关于修改〈中华人民共和国道路交通安全法〉的决定》第一次修正；根据 2011 年 4 月 22 日第十一届全国人民代表大会常务委员会第二十次会议《关于修改〈中华人民共和国道路交通安全法〉的决定》第二次修正；根据 2021 年 4 月 29 日第十三届全国人民代表大会常务委员会第二十八次会议《关于修改〈中华人民共和国道路交通安全法〉等八部法律的决定》第三次修正。

《道路安全法》对于学校教育提出了专门要求。该法的第六条规定："教育行政部门、学校应当将道路交通安全教育纳入法制教育的内容。"这就使得《道路安全法》成为教育的法律渊源之一。

## 二十九、《中华人民共和国治安管理处罚法》

《中华人民共和国治安管理处罚法》（以下简称《治安法》）是 2005 年 8 月 28 日由

第十届全国人民代表大会常务委员会第十七次会议通过的一部与教育管理相关的法律。根据 2012 年 10 月 26 日第十一届全国人民代表大会常务委员会第二十九次会议《关于修改〈中华人民共和国治安管理处罚法〉的决定》修正。《治安法》第十二条规定："已满十四周岁不满十八周岁的人违反治安管理的，从轻或者减轻处罚；不满十四周岁的人违反治安管理的，不予处罚，但是应当责令其监护人严加管教。"而这个年龄的人正是接受学校教育的阶段，所以，《治安法》作出这样的特别规定对于学校教育教学工作是一个有力的支持。此外，《治安法》在第二十三条规定中列举了五种违反行为及相应处罚，其中一项就规定"扰乱机关、团体、企业、事业单位秩序，致使工作、生产、营业、医疗、教学、科研不能正常进行，尚未造成严重损失的"，这里将教学纳入其中。根据该条规定，有关部门可以处警告或者二百元以下罚款；情节较重的，处五日以上十日以下拘留，可以并处五百元以下罚款。

### 三十、《中华人民共和国禁毒法》

《中华人民共和国禁毒法》（以下简称《禁毒法》）是 2007 年 12 月 29 日由第十届全国人民代表大会常务委员会第三十一次会议通过的一部与教育工作相关的法律。《禁毒法》在第二条对毒品进行了界定，其中就涉及学校工作。规定指出："根据医疗、教学、科研的需要，依法可以生产、经营、使用、储存、运输麻醉药品和精神药品。"同时，在第八条要求"国家鼓励开展禁毒科学技术研究，推广先进的缉毒技术、装备和戒毒方法"，这些都与高等学校的科研工作密切相关。

《禁毒法》第十三条要求"教育行政部门、学校应当将禁毒知识纳入教育、教学内容，对学生进行禁毒宣传教育。公安机关、司法行政部门和卫生行政部门应当予以协助"。第四十六条规定了戒毒人员的相关权利，即"戒毒人员的亲属和所在单位或者就读学校的工作人员，可以按照有关规定探访戒毒人员。戒毒人员经强制隔离戒毒场所批准，可以外出探视配偶、直系亲属"。第五十二条规定："戒毒人员在入学、就业、享受社会保障等方面不受歧视。有关部门、组织和人员应当在入学、就业、享受社会保障等方面对戒毒人员给予必要的指导和帮助。"对于违反规定者提出了处罚措施。如第七十条规定："有关单位及其工作人员在入学、就业、享受社会保障等方面歧视戒毒人员的，由教育行政部门、劳动行政部门责令改正；给当事人造成损失的，依法承担赔偿责任。"

### 三十一、《中华人民共和国非物质文化遗产法》

《中华人民共和国非物质文化遗产法》（以下简称《非遗法》）是 2011 年 2 月 25 日由第十一届全国人民代表大会常务委员会第十九次会议通过的一部与学校教育事业相关的法律。制定该法律的目的是"继承和弘扬中华民族优秀传统文化，促进社会主义精神文明建设，加强非物质文化遗产保护、保存工作"，而该目的与我国各级各类学校教育的目的高度融合。《非遗法》第三十四条规定："学校应当按照国务院教育主管部门的规定，开展相关的非物质文化遗产教育。"

### 三十二、《中华人民共和国精神卫生法》

《中华人民共和国精神卫生法》（以下简称《精神卫生法》）是 2012 年 10 月 26 日由第十一届全国人民代表大会常务委员会第二十九次会议通过的一部与学校教学工作密切相关的法律。根据 2018 年 4 月 27 日第十三届全国人民代表大会常务委员会第二次会议《关于修改〈中华人民共和国国境卫生检疫法〉等六部法律的决定》修正。

《精神卫生法》明确了学校在精神卫生方面的任务。该法第八条要求："县级以上人民政府司法行政、民政、公安、教育、医疗保障等部门在各自职责范围内负责有关的精神卫生工作。"此外，《精神卫生法》在学校教学内容、教师培养、教学方法等方面作出了明确的规定。如，第十六条规定："各级各类学校应当对学生进行精神卫生知识教育；配备或者聘请心理健康教育教师、辅导人员，并可以设立心理健康辅导室，对学生进行心理健康教育。学前教育机构应当对幼儿开展符合其特点的心理健康教育。发生自然灾害、意外伤害、公共安全事件等可能影响学生心理健康的事件，学校应当及时组织专业人员对学生进行心理援助。教师应当学习和了解相关的精神卫生知识，关注学生心理健康状况，正确引导、激励学生。地方各级人民政府教育行政部门和学校应当重视教师心理健康。学校和教师应当与学生父母或者其他监护人、近亲属沟通学生心理健康情况。"

第六十四条规定："医学院校应当加强精神医学的教学和研究，按照精神卫生工作的实际需要培养精神医学专门人才，为精神卫生工作提供人才保障。"第六十七条要求："师范院校应当为学生开设精神卫生课程；医学院校应当为非精神医学专业的学生开设精神卫生课程。县级以上人民政府教育行政部门对教师进行上岗前和在岗培训，应当有精神卫生的内容，并定期组织心理健康教育教师、辅导人员进行专业培训。"

### 三十三、《中华人民共和国反恐怖主义法》

《中华人民共和国反恐怖主义法》（以下简称《反恐法》）是 2015 年 12 月 27 日由第十二届全国人民代表大会常务委员会第十八次会议通过的与学校教学工作相关的一部法律。根据 2018 年 4 月 27 日由第十三届全国人民代表大会常务委员会第二次会议《关于修改〈中华人民共和国国境卫生检疫法〉等六部法律的决定》修正。

《反恐法》第十七条要求："教育、人力资源行政主管部门和学校、有关职业培训机构应当将恐怖活动预防、应急知识纳入教育、教学、培训的内容。"并且在第二十九条中提出："对被教唆、胁迫、引诱参与恐怖活动、极端主义活动，或者参与恐怖活动、极端主义活动情节轻微，尚不构成犯罪的人员，公安机关应当组织有关部门、村民委员会、居民委员会、所在单位、就读学校、家庭和监护人对其进行帮教。"学校是其中的主体之一。第七十七条指出："国家鼓励、支持反恐怖主义科学研究和技术创新，开发和推广使用先进的反恐怖主义技术、设备。"这为高等学校的科学研究工作提供了一条路径。

### 三十四、《中华人民共和国中医药法》

《中华人民共和国中医药法》（以下简称《中医药法》）是 2016 年 12 月 25 日由第十二届全国人民代表大会常务委员会第二十五次会议通过的一部与学校教育密切相关的法律。《中医药法》有四章内容直接与学校教育相关。这四章分别是第三章"中药保护与发展"、第四章"中医药人才培养"、第五章"中医药科学研究"和第六章"中医药传承与文化传播"。

由于《中医药法》上述章节都与学校特别是高等学校的教育教学工作密切相关，因而该法中的教育教学条款内容也十分丰富，不便一一枚举，这里仅列举部分条款。例如，《中医药法》第七条倡导"国家发展中医药教育，建立适应中医药事业发展需要、规模适宜、结构合理、形式多样的中医药教育体系，培养中医药人才"。第十三条提出国家支持社会力量举办中医医疗机构。认为"社会力量举办的中医医疗机构在准入、执业、基本医疗保险、科研教学、医务人员职称评定等方面享有与政府举办的中医医疗机构同等的权利"。

第三十三条要求学校开展"中医药教育应当遵循中医药人才成长规律，以中医药内容为主，体现中医药文化特色，注重中医药经典理论和中医药临床实践、现代教育方式和传统教育方式相结合"。此外，"国家完善中医药学校教育体系，支持专门实施中医药教育的高等学校、中等职业学校和其他教育机构的发展。中医药学校教育的培养目标、修业年限、教学形式、教学内容、教学评价及学术水平评价标准等，应当体现中医药学科特色，符合中医药学科发展规律"。

### 三十五、《中华人民共和国公共文化服务保障法》

《中华人民共和国公共文化服务保障法》（以下简称《文化服务法》）是 2016 年 12 月 25 日由第十二届全国人民代表大会常务委员会第二十五次会议通过的一部与教育工作相关的法律。制定该法的目的是"加强公共文化服务体系建设，丰富人民群众精神文化生活，传承中华优秀传统文化，弘扬社会主义核心价值观，增强文化自信，促进中国特色社会主义文化繁荣发展，提高全民族文明素质"。这与学校教育工作的努力方向高度一致。

《文化服务法》第十条要求"国家鼓励和支持公共文化服务与学校教育相结合，充分发挥公共文化服务的社会教育功能，提高青少年思想道德和科学文化素质"。第三十一条规定："公共文化设施开放收取费用的，应当每月定期向中小学生免费开放。"同样，第三十二条也要求："国家鼓励和支持机关、学校、企业事业单位的文化体育设施向公众开放。"第三十八条号召："地方各级人民政府应当加强面向在校学生的公共文化服务，支持学校开展适合在校学生特点的文化体育活动，促进德智体美教育。"而且第五十四条规定："国家支持公共文化服务理论研究，加强多层次专业人才教育和培训。"

### 三十六、《中华人民共和国国家情报法》

《中华人民共和国国家情报法》（以下简称《情报法》）是 2017 年 6 月 27 日由第十二届全国人民代表大会常务委员会第二十八次会议通过的一部与教育工作相关的法律。根据 2018 年 4 月 27 日由第十三届全国人民代表大会常务委员会第二次会议《关于修改〈中华人民共和国国境卫生检疫法〉等六部法律的决定》修正。《情报法》第二十四条规定："对为国家情报工作作出贡献并需要安置的人员，国家给予妥善安置。公安、民政、财政、卫生、教育、人力资源和社会保障、退役军人事务、医疗保障等有关部门以及国有企业事业单位应当协助国家情报工作机构做好安置工作。"其中，教育部门也是承担安置工作的主体之一。

### 三十七、《中华人民共和国公共图书馆法》

《中华人民共和国公共图书馆法》（以下简称《图书馆法》）是 2017 年 11 月 4 日由第十二届全国人民代表大会常务委员会第三十次会议通过的一部与学校教育工作相关的法律。根据 2018 年 10 月 26 日第十三届全国人民代表大会常务委员会第六次会议《关于修改〈中华人民共和国野生动物保护法〉等十五部法律的决定》修正。制定该法的目的是"提高公民科学文化素质和社会文明程度，传承人类文明，坚定文化自信"。这也是学校教育工作需要完成的任务，这就使得该法律必然成为教育法律渊源。

《图书馆法》的第三十四条要求："政府设立的公共图书馆应当设置少年儿童阅览区域，根据少年儿童的特点配备相应的专业人员，开展面向少年儿童的阅读指导和社会教育活动，并为学校开展有关课外活动提供支持。有条件的地区可以单独设立少年儿童图书馆。"第四十八条规定："国家支持公共图书馆加强与学校图书馆、科研机构图书馆以及其他类型图书馆的交流与合作，开展联合服务。国家支持学校图书馆、科研机构图书馆以及其他类型图书馆向社会公众开放。"这为学校图书馆工作提供了明确的服务思路。

### 三十八、《中华人民共和国土壤污染防治法》

《中华人民共和国土壤污染防治法》（以下简称《土壤污染防治法》）是 2018 年 8 月 31 日由第十三届全国人民代表大会常务委员会第五次会议通过的一部与学校教学工作相关的法律。为了学校教学工作不受到干扰，《土壤污染防治法》的第三十二条规定："县级以上地方人民政府及其有关部门应当按照土地利用总体规划和城乡规划，严格执行相关行业企业布局选址要求，禁止在居民区和学校、医院、疗养院、养老院等单位周边新建、改建、扩建可能造成土壤污染的建设项目。"这些被保护的主体中就包含了学校。对于高等学校从事土壤研究工作来说，《土壤污染防治法》在第三十四条也有规定："因科学研究等特殊原因，需要进口土壤的，应当遵守国家出入境检验检疫的有关规定。"

三十九、《中华人民共和国密码法》

《中华人民共和国》（以下简称《密码法》）是 2019 年 10 月 26 日由第十三届全国人民代表大会常务委员会第十四次会议通过的一部与学校教学工作相关的法律。《密码法》第十条明确指出："国家采取多种形式加强密码安全教育，将密码安全教育纳入国民教育体系和公务员教育培训体系，增强公民、法人和其他组织的密码安全意识。"这就是说，在我国的各级各类学校教学中都要将密码安全教育作为教学工作的一部分。《密码法》第二十三条指出："国家鼓励企业、社会团体和教育、科研机构等参与商用密码国际标准化活动。"第九条规定："国家鼓励和支持密码科学技术研究和应用，依法保护密码领域的知识产权，促进密码科学技术进步和创新。"第二十一条规定："国家鼓励商用密码技术的研究开发、学术交流、成果转化和推广应用，健全统一、开放、竞争、有序的商用密码市场体系，鼓励和促进商用密码产业发展。"这些工作都与高等学校的科学研究工作密切相关，这就意味着高等学校相关领域的教师应该按照本法的要求开展相应的研究工作。

四十、《中华人民共和国基本医疗卫生与健康促进法》

《中华人民共和国基本医疗卫生与健康促进法》（以下简称《医疗卫生法》）是 2019 年 12 月 28 日由第十三届全国人民代表大会常务委员会第十五次会议通过的一部与医学教育教学工作十分密切的法律。这在《医疗卫生法》的诸多条款中得到体现，这里只列举部分条款供参考和研究。例如，《医疗卫生法》第八条明确指出："国家发展医学教育，完善适应医疗卫生事业发展需要的医学教育体系，大力培养医疗卫生人才。"第三十五条规定："医院主要提供疾病诊治，特别是急危重症和疑难病症的诊疗，突发事件医疗处置和救援以及健康教育等医疗卫生服务，并开展医学教育、医疗卫生人员培训、医学科学研究和对基层医疗卫生机构的业务指导等工作。"这就明确了医院与医学教学工作之间的关系。第四十一条规定："国家采取多种措施，鼓励和引导社会力量依法举办医疗卫生机构，支持和规范社会力量举办的医疗卫生机构与政府举办的医疗卫生机构开展多种类型的医疗业务、学科建设、人才培养等合作。"这一条点明了开展医学学科建设和人才培养的合法性，并明确了国家的相关义务。第六十八条则专门明确了医学教育在国家教育体系中的地位和医学教育机构的义务。该规定指出："国家将健康教育纳入国民教育体系。学校应当利用多种形式实施健康教育，普及健康知识、科学健身知识、急救知识和技能，提高学生主动防病的意识，培养学生良好的卫生习惯和健康的行为习惯，减少、改善学生近视、肥胖等不良健康状况。学校应当按照规定开设体育与健康课程，组织学生开展广播体操、眼保健操、体能锻炼等活动。学校按照规定配备校医，建立和完善卫生室、保健室等。县级以上人民政府教育主管部门应当按照规定将学生体质健康水平纳入学校考核体系。"

四十一、《中华人民共和国生物安全法》

《中华人民共和国生物安全法》（以下简称《生物安全法》）是 2020 年 10 月 17 日第

十三届全国人民代表大会常务委员会第二十二次会议通过的一部与高等学校生物科学教育教学工作相关的法律。《生物安全法》第七条规定："相关科研院校、医疗机构以及其他企业事业单位应当将生物安全法律法规和生物安全知识纳入教育培训内容，加强学生、从业人员生物安全意识和伦理意识的培养。"第六十九条则对国家主管部门提出了要求："国务院有关部门根据职责分工，加强生物基础科学研究人才和生物领域专业技术人才培养，推动生物基础科学学科建设和科学研究。"这些规定对医学教育发挥了重要的作用。

### 四十二、《中华人民共和国军人地位和权益保障法》

《中华人民共和国军人地位和权益保障法》（以下简称《军人权益保障法》）是2021年6月10日由第十三届全国人民代表大会常务委员会第二十九次会议通过的一部与学校教育教学工作密切相关的法律。《军人权益保障法》首先明确了学校教学内容的要求。该法第二十四条规定："各级各类学校设置的国防教育课程中，应当包括中国人民解放军光荣历史、军人英雄模范事迹等内容。"第三十九条则规定了军人教育体系，即"国家建立健全军人教育培训体系，保障军人的受教育权利，组织和支持军人参加专业和文化学习培训，提高军人履行职责的能力和退出现役后的就业创业能力"。

为了保障军人及其家属的合法权益，《军人权益保障法》第四十三条规定："国家保障军人、军人家属的户籍管理和相关权益。公民入伍时保留户籍。符合规定条件的军人，可以享受服现役所在地户籍人口在教育、养老、医疗、住房保障等方面的相关权益。"《军人权益保障法》在第五十五条和第五十九条对军人子女教育作了非常细致的规定，包括以下诸多方面：

国家对军人子女予以教育优待。地方各级人民政府及其有关部门应当为军人子女提供当地优质教育资源，创造接受良好教育的条件。军人子女入读公办义务教育阶段学校和普惠性幼儿园，可以在本人、父母、祖父母、外祖父母或者其他法定监护人户籍所在地，或者父母居住地、部队驻地入学，享受当地军人子女教育优待政策。

军人子女报考普通高中、中等职业学校，同等条件下优先录取；烈士、因公牺牲军人的子女和符合规定条件的军人子女，按照当地军人子女教育优待政策享受录取等方面的优待。因公牺牲军人的子女和符合规定条件的军人子女报考高等学校，按照国家有关规定优先录取；烈士子女享受加分等优待。

烈士子女和符合规定条件的军人子女按照规定享受奖学金、助学金和有关费用免除等学生资助政策。国家鼓励和扶持具备条件的民办学校，为军人子女和烈士、因公牺牲军人的子女提供教育优待。地方人民政府和军队单位对在未成年子女入学入托、老年人养老等方面遇到困难的军人家庭，应当给予必要的帮扶。

### 四十三、《中华人民共和国医师法》

《中华人民共和国医师法》（以下简称《医师法》）是2021年8月20日由第十三届

全国人民代表大会常务委员会第三十次会议通过的一部与医学教育教学工作密切相关的法律。该法中对医学教育工作的规定不仅法条数量多，而且也十分细致。这里只列举部分条款加以呈示。《医师法》第九条规定了执业医师资格考试的条件中就有两款与高等学校教育工作相关，即"具有高等学校相关医学专业本科以上学历，在执业医师指导下，在医疗卫生机构中参加医学专业工作实践满一年；具有高等学校相关医学专业专科学历，取得执业助理医师执业证书后，在医疗卫生机构中执业满二年"。在第十条也规定："具有高等学校相关医学专业专科以上学历，在执业医师指导下，在医疗卫生机构中参加医学专业工作实践满一年的，可以参加执业助理医师资格考试。"

《医师法》第二十二条规定了医师在执业活动中享有的权利，其中包括两款与医学教育相关，如：从事医学教育、研究、学术交流；参加专业培训，接受继续医学教育。第三十五条对医疗卫生机构提出要求："医疗卫生机构应当为有关医学生、医学毕业生参与临床诊疗活动提供必要的条件。参加临床教学实践的医学生和尚未取得医师执业证书、在医疗卫生机构中参加医学专业工作实践的医学毕业生，应当在执业医师监督、指导下参与临床诊疗活动。"

《医师法》第三十六条规定："有关行业组织、医疗卫生机构、医学院校应当加强对医师的医德医风教育。"第三十七条对国家提出要求："国家采取措施，加强医教协同，完善医学院校教育、毕业后教育和继续教育体系。"第四十一条规定："国家在每年的医学专业招生计划和教育培训计划中，核定一定比例用于定向培养、委托培训，加强基层和艰苦边远地区医师队伍建设。"这些规定对于规范国家义务和高等学校的责任起到了积极的作用。

四十四、《中华人民共和国噪声污染防治法》

《中华人民共和国噪声污染防治法》（以下简称《噪污防治法》）是 2021 年 12 月 24 日由第十三届全国人民代表大会常务委员会第三十二次会议通过的一部与学校教学工作相关的法律。《噪污防治法》首先界定了噪声污染的含义，即"本法所称噪声污染，是指超过噪声排放标准或者未依法采取防控措施产生噪声，并干扰他人正常生活、工作和学习的现象"。显然，这与学校教学工作密切相关。《噪污防治法》第十一条规定"国家鼓励、支持噪声污染防治科学技术研究开发、成果转化和推广应用，加强噪声污染防治专业技术人才培养，促进噪声污染防治科学技术进步和产业发展"。这为高等学校的相关专业教师的科学研究提供了法律依据。第三十三条则规定："在举行中等学校招生考试、高等学校招生统一考试等特殊活动期间，地方人民政府或者其指定的部门可以对可能产生噪声影响的活动，作出时间和区域的限制性规定，并提前向社会公告。"这对维护学校的正常教学工作起到了法律保护的作用。

四十五、《中华人民共和国预备役人员法》

《中华人民共和国预备役人员法》（以下简称《预备役人员法》）是 2022 年 12 月 30

日由第十三届全国人民代表大会常务委员会第三十八次会议通过的一部高等学校教育工作相关的法律。《预备役人员法》专设第四章"教育训练和晋升任用"，用以规范预备役人员的培养工作。该法第二十四条规定："预备役人员的教育训练，坚持院校教育、训练实践、职业培训相结合，纳入国家和军队教育培训体系。"这就把预备役人员的教育工作与普通高等学校的人才培养工作紧密结合起来了。

## 第四节　经济法中与教育相关的法律

教育与经济是当今社会发展中最重要的社会关系之一，教育的发展离不开坚实的经济基础，良好的经济条件显然能够更好地促进教育事业；同时，教育的高质量发展也必然会带来经济的高质量发展。可见，教育与经济关系极为密切，教育法与经济法之间有渊源也就不足为奇了。

### 一、《中华人民共和国个人所得税法》

《中华人民共和国个人所得税法》（以下简称《所得税法》）是 1980 年 9 月 10 日由第五届全国人民代表大会第三次会议通过的一部与教育工作相关的法律。从颁布至今已经修正了七次。根据 1993 年 10 月 31 日第八届全国人民代表大会常务委员会第四次会议《关于修改〈中华人民共和国个人所得税法〉的决定》第一次修正；根据 1999 年 8 月 30 日第九届全国人民代表大会常务委员会第十一次会议《关于修改〈中华人民共和国个人所得税法〉的决定》第二次修正；根据 2005 年 10 月 27 日第十届全国人民代表大会常务委员会第十八次会议《关于修改〈中华人民共和国个人所得税法〉的决定》第三次修正；根据 2007 年 6 月 29 日第十届全国人民代表大会常务委员会第二十八次会议《关于修改〈中华人民共和国个人所得税法〉的决定》第四次修正；根据 2007 年 12 月 29 日第十届全国人民代表大会常务委员会第三十一次会议《关于修改〈中华人民共和国个人所得税法〉的决定》第五次修正；根据 2011 年 6 月 30 日第十一届全国人民代表大会常务委员会第二十一次会议《关于修改〈中华人民共和国个人所得税法〉的决定》第六次修正；根据 2018 年 8 月 31 日第十三届全国人民代表大会常务委员会第五次会议《关于修改〈中华人民共和国个人所得税法〉的决定》第七次修正。

《所得税法》将教育纳入"免征个人所得税"范畴，该法第四条第一款规定："省级人民政府、国务院部委和中国人民解放军军以上单位，以及外国组织、国际组织颁发的科学、教育、技术、文化、卫生、体育、环境保护等方面的奖金"都免征个人所得税。

《所得税法》涉及教育内容主要集中在该法的第六条，其中对个人所得税作了很详细的规定。主要包括：个人将其所得对教育、扶贫、济困等公益慈善事业进行捐赠，捐赠额未超过纳税人申报的应纳税所得额 30% 的部分，可以从其应纳税所得额中扣除；专项附加扣除，包括子女教育、继续教育、大病医疗、住房贷款利息或者住房租金、赡养老人等支出，具体范围、标准和实施步骤由国务院确定，并报全国人民代表大会常务委员会备案。专项附加扣除，包括子女教育、继续教育、大病医疗、住房贷款利息或者住房租金、赡养老人等支出，具体范围、标准和实施步骤由国务院确定，并报全国人民代表大会常务委员会备案。第十五条对报税要求中也包括了教育。要求"教育、卫生、医疗保障、民政、人力资源和社会保障、住房城乡建设、公安、人民银行、金融监督管理等相关部门应当向税务机关提供纳税人子女教育、继续教育、大病医疗、住房贷款利息、住房租金、赡养老人等专项附加扣除信息"。

## 二、《中华人民共和国森林法》

《中华人民共和国森林法》（以下简称《森林法》）是 1984 年 9 月 20 日由第六届全国人民代表大会常务委员会第七次会议通过的一部与学校教育教学工作相关的法律。根据 1998 年 4 月 29 日第九届全国人民代表大会常务委员会第二次会议《关于修改〈中华人民共和国森林法〉的决定》第一次修正；根据 2009 年 8 月 27 日第十一届全国人民代表大会常务委员会第十次会议《关于修改部分法律的决定》第二次修正；2019 年 12 月 28 日第十三届全国人民代表大会常务委员会第十五次会议修订。

《森林法》对学校教育提出了明确要求。该法的第十二条规定："教育行政部门、学校应当对学生进行森林资源保护教育。"第十三条规定："对在造林绿化、森林保护、森林经营管理以及林业科学研究等方面成绩显著的组织或者个人，按照国家有关规定给予表彰、奖励。"第十一条指出："国家采取措施，鼓励和支持林业科学研究，推广先进适用的林业技术，提高林业科学技术水平。"这为高等学校特别是农林类高等学校的科学研究提供了法律思路。第四十三条规定："工矿区、工业园区、机关、学校用地，部队营区以及农场、牧场、渔场经营地区，由各该单位负责造林绿化。"学校是实施绿化工作的主体之一。

## 三、《中华人民共和国会计法》

《中华人民共和国会计法》（以下简称《会计法》）是 1985 年 1 月 21 日由第六届全国人民代表大会常务委员会第九次会议通过的一部与教育事业相关的法律。根据 1993 年 12 月 29 日由第八届全国人民代表大会常务委员会第五次会议《关于修改〈中华人民共和国会计法〉的决定》第一次修正；1999 年 10 月 31 日第九届全国人民代表大会常务委员会第十二次会议修订；根据 2017 年 11 月 4 日第十二届全国人民代表大会常务委员会第三十次会议《关于修改〈中华人民共和国会计法〉等十一部法律的决定》第二次修正。

《会计法》第二条规定："国家机关、社会团体、公司、企业、事业单位和其他组织（以下统称单位）必须依照本法办理会计事务。"我国各级各类学校属于事业单位，因而本法的规定同样适用学校的日常管理工作。

## 四、《中华人民共和国标准化法》

《中华人民共和国标准化法》（以下简称《标准化法》）1988 年 12 月 29 日由第七届全国人民代表大会常务委员会第五次会议通过。2017 年 11 月 4 日由第十二届全国人民代表大会常务委员会第三十次会议修订。

《标准化法》第七条规定："国家鼓励企业、社会团体和教育、科研机构等开展或者参与标准化工作。"可见，教育机构应该参与标准化工作。该法第八条规定："国家鼓励企业、社会团体和教育、科研机构等参与国际标准化活动。"第十五条指出："制定强制性标准、推荐性标准，应当在立项时对有关行政主管部门、企业、社会团体、消费者和教育、科研机构等方面的实际需求进行调查，对制定标准的必要性、可行性进行论证评估。"这些规定都与教育工作密切相关。

## 五、《中华人民共和国铁路法》

《中华人民共和国铁路法》（以下简称《铁路法》）是 1990 年 9 月 7 日由第七届全国人民代表大会常务委员会第十五次会议通过的一部与高等学校科学研究工作相关的法律。根据 2009 年 8 月 27 日第十一届全国人民代表大会常务委员会第十次会议《关于修改部分法律的决定》第一次修正；根据 2015 年 4 月 24 日中华人民共和国主席令第 25 号《关于修改〈中华人民共和国义务教育法〉等五部法律的决定》第二次修正。《铁路法》第九条规定："国家鼓励铁路科学技术研究，提高铁路科学技术水平。对在铁路科学技术研究中有显著成绩的单位和个人给予奖励。"显然，这就为高等学校相关专业教师的科学研究提供了法律依据。

## 六、《中华人民共和国烟草专卖法》

《中华人民共和国烟草专卖法》（以下简称《烟草专卖法》）是 1991 年 6 月 29 日由第七届全国人民代表大会常务委员会第二十次会议通过的一部与中小学学生行为习惯的法律。根据 2009 年 8 月 27 日第十一届全国人民代表大会常务委员会第十次会议《关于修改部分法律的决定》第一次修正；根据 2013 年 12 月 28 日第十二届全国人民代表大会常务委员会第六次会议《关于修改〈中华人民共和国海洋环境保护法〉等七部法律的决定》第二次修正；根据 2015 年 4 月 24 日第十二届全国人民代表大会常务委员会第十四次会议《关于修改〈中华人民共和国计量法〉等五部法律的决定》第三次修正。

《烟草专卖法》第五条规定："国家加强对烟草专卖品的科学研究和技术开发，提高烟草制品的质量，降低焦油和其他有害成份的含量。国家和社会加强吸烟危害健康的宣传教育，禁止或者限制在公共交通工具和公共场所吸烟，劝阻青少年吸烟，禁止中小学生吸烟。"这就为学校在管理学生日常行为中的禁烟行为提供了法律依据。

### 七、《中华人民共和国水土保持法》

《中华人民共和国水土保持法》（以下简称《水土保持法》）是 1991 年 6 月 29 日由第七届全国人民代表大会常务委员会第二十次会议通过的一部与高等学校科研工作相关的法律。2010 年 12 月 25 日第十一届全国人民代表大会常务委员会第十八次会议修订。《水土保持法》第七条规定："国家鼓励和支持水土保持科学技术研究，提高水土保持科学技术水平，推广先进的水土保持技术，培养水土保持科学技术人才。"这就为高等学校从事水土保护的人才培养和科学研究提供了法律依据。

### 八、《中华人民共和国农业技术推广法》

《中华人民共和国农业技术推广法》（以下简称《农技推广法》）是 1993 年 7 月 2 日由第八届全国人民代表大会常务委员会第二次会议通过的一部与学校教育教学工作相关的法律。根据 2012 年 8 月 31 日第十一届全国人民代表大会常务委员会第二十八次会议《关于修改〈中华人民共和国农业技术推广法〉的决定》修正。《农技推广法》第十条规定："农业技术推广，实行国家农业技术推广机构与农业科研单位、有关学校、农民专业合作社、涉农企业、群众性科技组织、农民技术人员等相结合的推广体系。"这就把学校纳入了这个推广体系中。第二十三条规定："教育、人力资源和社会保障、农业、林业、水利、科学技术等部门应当支持农业科研单位、有关学校开展有关农业技术推广的职业技术教育和技术培训，提高农业技术推广人员和农业劳动者的技术素质。"这为有关学校的农业技术人才培养提出了明确要求。

### 九、《中华人民共和国农业法》

《中华人民共和国农业法》（以下简称《农业法》）是 1993 年 7 月 2 日由第八届全国人民代表大会常务委员会第二次会议通过的一部与农村学校和农业教育相关的法律。2002 年 12 月 28 日第九届全国人民代表大会常务委员会第三十一次会议修订；根据 2009 年 8 月 27 日第十一届全国人民代表大会常务委员会第十次会议《关于修改部分法律的决定》第一次修正；根据 2012 年 12 月 28 日第十一届全国人民代表大会常务委员会第三十次会议《关于修改〈中华人民共和国农业法〉的决定》第二次修正。

《农业法》第四十九条规定："国家鼓励和引导农业科研、教育单位加强农业科学技术的基础研究和应用研究，传播和普及农业科学技术知识，加速科技成果转化与产业化，促进农业科学技术进步。"这就把农业人才培养和科学研究纳入了本法的规范范围之内。第五十二条提出要规范农业相关学校的智力服务、提高服务质量。要求"农业科研单位、有关学校、农民专业合作社、涉农企业、群众性科技组织及有关科技人员，根据农民和农业生产经营组织的需要，可以提供无偿服务，也可以通过技术转让、技术服务、技术承包、技术咨询和技术入股等形式，提供有偿服务，取得合法收益。农业科研单位、有关学校、农民专业合作社、涉农企业、群众性科技组织及有关科技人员应当提高服务水平，保证服务质量。对农业科研单位、有关学校、农业技术推广机构举办的为农业服务的企业，国家在税收、信贷等方面给予优惠"。

《农业法》第五十四条规范了农村地区义务教育行为，要求"国家在农村依法实施义务教育，并保障义务教育经费。国家在农村举办的普通中小学校教职工工资由县级人民政府按照国家规定统一发放，校舍等教学设施的建设和维护经费由县级人民政府按照国家规定统一安排"。同时，第七十条还进一步规范了农村义务教育的收费行为，要求"农村义务教育除按国务院规定收取的费用外，不得向农民和学生收取其他费用。禁止任何机关或者单位通过农村中小学校向农民收费"，如有违反，则会受到法律制裁。第九十四条规定"有下列行为之一的，由上级主管机关责令停止违法行为，并给予直接负责的主管人员和其他直接责任人员行政处分，责令退还违法收取的集资款、税款或者费用"。其中，第三款就涉及农村的学校。即"违反本法第七十条规定，通过农村中小学校向农民超额、超项目收费的"。

十、《中华人民共和国注册会计师法》

《中华人民共和国注册会计师法》（以下简称《会计师法》）是 1993 年 10 月 31 日由第八届全国人民代表大会常务委员会第四次会议通过的一部与高等学校学历管理相关的法律。根据 2014 年 8 月 31 日，第十二届全国人民代表大会常务委员会第十次会议《关于修改〈中华人民共和国保险法〉等五部法律的决定》修正。《会计师法》第八条规定："具有高等专科以上学校毕业的学历、或者具有会计或者相关专业中级以上技术职称的中国公民，可以申请参加注册会计师全国统一考试。"说明该法律与高等学校的学历管理有着密切关系。

十一、《中华人民共和国动物防疫法》

《中华人民共和国动物防疫法》（以下简称《动物防疫法》）是 1997 年 7 月 3 日由第八届全国人民代表大会常务委员会第二十六次会议通过的一部与动物防疫教育工作和科学研究工作相关的法律。2007 年 8 月 30 日第十届全国人民代表大会常务委员会第二十九次会议第一次修订；根据 2013 年 6 月 29 日第十二届全国人民代表大会常务委员会第三次会议《关于修改〈中华人民共和国文物保护法〉等十二部法律的决定》第一次修正；根据 2015 年 4 月 24 日第十二届全国人民代表大会常务委员会第十四次会议《关于修改〈中华人民共和国电力法〉等六部法律的决定》第二次修正；2021 年 1 月 22 日第十三届全国人民代表大会常务委员会第二十五次会议第二次修订。

《动物防疫法》第二十八条规定了动物防疫教学和科研工作的规范要求，指出："采集、保存、运输动物病料或者病原微生物以及从事病原微生物研究、教学、检测、诊断等活动，应当遵守国家有关病原微生物实验室管理的规定。"第十三条、第十四条和第八十条分别规定了国家对相关人员的鼓励要求，即"国家鼓励和支持开展动物疫病的科学研究以及国际合作与交流，推广先进适用的科学研究成果，提高动物疫病防治的科学技术水平。对在动物防疫工作、相关科学研究、动物疫情扑灭中做出贡献的单位和个人，各级人民政府和有关部门按照国家有关规定给予表彰、奖励。国家鼓励和支持动物防疫领域新技术、新设备、新产品等科学技术研究开发"。

《动物防疫法》第七十条规定了执业兽医的教育要求，即"国家鼓励执业兽医接受继续教育。执业兽医所在机构应当支持执业兽医参加继续教育"。第二十四条规定了防疫要求，即"动物饲养场和隔离场所、动物屠宰加工场所以及动物和动物产品无害化处理场所，应当符合下列动物防疫条件：场所的位置与居民生活区、生活饮用水水源地、学校、医院等公共场所的距离符合国务院农业农村主管部门的规定"。

《动物防疫法》第六十九条规定了执业兽医的资格，即"国家实行执业兽医资格考试制度。具有兽医相关专业大学专科以上学历的人员或者符合条件的乡村兽医，通过执业兽医资格考试的，由省、自治区、直辖市人民政府农业农村主管部门颁发执业兽医资格证书；从事动物诊疗等经营活动的，还应当向所在地县级人民政府农业农村主管部门备案"。

## 十二、《中华人民共和国防洪法》

《中华人民共和国防洪法》（以下简称《防洪法》）是 1997 年 8 月 29 日由第八届全国人民代表大会常务委员会第二十七次会议通过的一部与学校教学工作相关的法律。根据 2009 年 8 月 27 日由第十一届全国人民代表大会常务委员会第十次会议《关于修改部分法律的决定》第一次修；正根据 2015 年 4 月 24 日第十二届全国人民代表大会常务委员会第十四次会议《关于修改〈中华人民共和国港口法〉等七部法律的决定》第二次修正；根据 2016 年 7 月 2 日第十二届全国人民代表大会常务委员会第二十一次会议《关于修改〈中华人民共和国节约能源法〉等六部法律的决定》第三次修正。

《防洪法》第四十七条规定："发生洪涝灾害后，有关人民政府应当组织有关部门、单位做好灾区的生活供给、卫生防疫、救灾物资供应、治安管理、学校复课、恢复生产和重建家园等救灾工作以及所管辖地区的各项水毁工程设施修复工作。"在遭遇洪灾以后，学校是否复课将依据本法的规定执行。

## 十三、《中华人民共和国节约能源法》

《中华人民共和国节约能源法》（以下简称《节能法》）是 1997 年 11 月 1 日由第八届全国人民代表大会常务委员会第二十八次会议通过的与学校节约能源科学研究相关的法律。2007 年 10 月 28 日第十届全国人民代表大会常务委员会第三十次会议修订；根据 2016 年 7 月 2 日第十二届全国人民代表大会常务委员会第二十一次会议《关于修改〈中华人民共和国节约能源法〉等六部法律的决定》第一次修正；根据 2018 年 10 月 26 日第十三届全国人民代表大会常务委员会第六次会议《关于修改〈中华人民共和国野生动物保护法〉等十五部法律的决定》第二次修正。

《节能法》第八条明确了国家对节能科学研究的态度，即"国家鼓励、支持节能科学技术的研究、开发、示范和推广，促进节能技术创新与进步"。同时，在第六十七条中也规定"各级人民政府对在节能管理、节能科学技术研究和推广应用中有显著成绩以及检举严重浪费能源行为的单位和个人，给予表彰和奖励。同时要求学校开展节能方面的教育教学工作"。如，"国家开展节能宣传和教育，将节能知识纳入国民教育和培训体系，普及节能科学知识，增强全民的节能意识，提倡节约型的消费方式"。

### 十四、《中华人民共和国中小企业促进法》

《中华人民共和国中小企业促进法》（以下简称《企业促进法》）是 2002 年 6 月 29 日由第九届全国人民代表大会常务委员会第二十八次会议通过的一部与高等学校人才培养工作相关的法律。2017 年 9 月 1 日第十二届全国人民代表大会常务委员会第二十九次会议修订。

《企业促进法》第四十八条提出，"国家支持有关机构、高等学校开展针对中小企业经营管理及生产技术等方面的人员培训，提高企业营销、管理和技术水平。国家支持高等学校、职业教育院校和各类职业技能培训机构与中小企业合作共建实习实践基地，支持职业教育院校教师和中小企业技术人才双向交流，创新中小企业人才培养模式"。该法第二十五条规定："高等学校毕业生、退役军人和失业人员、残疾人员等创办小型微型企业，按照国家规定享受税收优惠和收费减免。"这对高等学校人才培养工作积极性的调动起到了促进和保护作用。

### 十五、《中华人民共和国清洁生产促进法》

《中华人民共和国清洁生产促进法》（以下简称《清洁生产促进法》）是 2002 年 6 月 29 日由第九届全国人民代表大会常务委员会第二十八次会议通过的一部与高等教育和职业教育相关的法律。根据 2012 年 2 月 29 日第十一届全国人民代表大会常务委员会第二十五次会议《关于修改〈中华人民共和国清洁生产促进法〉的决定》修正。《清洁生产促进法》第六条指出："国家鼓励开展有关清洁生产的科学研究、技术开发和国际合作，组织宣传、普及清洁生产知识，推广清洁生产技术。"这为国家的相关奖励性措施提供了法律依据。该法第十五条规定："国务院教育部门，应当将清洁生产技术和管理课程纳入有关高等教育、职业教育和技术培训体系。"因此，相关学校就应该在课程设置方面考虑该法的要求。

### 十六、《中华人民共和国农业机械化促进法》

《中华人民共和国农业机械化促进法》（以下简称《农机促进法》）是 2004 年 6 月 25 日由第十届全国人民代表大会常务委员会第十次会议通过的一部与高等学校教学和科学研

究工作相关的法律。根据 2018 年 10 月 26 日第十三届全国人民代表大会常务委员会第六次会议《关于修改〈中华人民共和国野生动物保护法〉等十五部法律的决定》修正。《农机促进法》第八条表明了国家在农业机械化方面的支持态度："国家支持有关科研机构和院校加强农业机械化科学技术研究，根据不同的农业生产条件和农民需求，研究开发先进适用的农业机械；支持农业机械科研、教学与生产、推广相结合，促进农业机械与农业生产技术的发展要求相适应。"所以，相关的高等学校在人才培养方面必须依据本法的要求开展培养工作。

### 十七、《中华人民共和国可再生能源法》

《中华人民共和国可再生能源法》（以下简称《再生能源法》）是 2005 年 2 月 28 日由第十届全国人民代表大会常务委员会第十四次会议通过的一部与学校教育和高等学校的科学研究相关的法律。根据 2009 年 12 月 26 日第十一届全国人民代表大会常务委员会第十二次会议《关于修改〈中华人民共和国可再生能源法〉的决定》修正。《再生能源法》第十二条规定："国家将可再生能源开发利用的科学技术研究和产业化发展列为科技发展与高技术产业发展的优先领域，纳入国家科技发展规划和高技术产业发展规划，并安排资金支持可再生能源开发利用的科学技术研究、应用示范和产业化发展。"第二十四条规定："国家财政设立可再生能源发展基金……可再生能源发展基金用于可再生能源开发利用的科学技术研究、标准制定和示范工程。"这为高校开展相关研究提供了经费的合法保障。为了鼓励再生能源的利用和开发，必须要学习和掌握相应的知识，所以，《再生能源法》还规定："国务院教育行政部门应当将可再生能源知识和技术纳入普通教育、职业教育课程。"这使得对可再生能源的知识和技术的学习成为各级各类学校教学内容的一部分。

### 十八、《中华人民共和国畜牧法》

《中华人民共和国畜牧法》（以下简称《畜牧法》）是 2005 年 12 月 29 日由第十届全国人民代表大会常务委员会第十九次会议通过的一部与高等学校教学和科研相关的法律。根据 2015 年 4 月 24 日第十二届全国人民代表大会常务委员会第十四次会议《关于修改〈中华人民共和国计量法〉等五部法律的决定》修正；2022 年 10 月 30 日第十三届全国人民代表大会常务委员会第三十七次会议修订。

《畜牧法》第四条规定："国家采取措施，培养畜牧兽医专业人才……发展畜牧兽医科学技术研究和推广事业……推进畜牧业科技进步和创新。"这条规定主要涉及畜牧业的科学研究和人才培养工作，这正是高等学校的基本职能。《畜牧法》第十条规定："国家……鼓励和支持高等学校、科研机构、企业加强畜禽遗传资源保护、利用的基础研究，提高科技创新能力。"第十九条规定："国家……支持企业、高等学校、科研机构和技术推广单位开展联合育种，建立健全畜禽良种繁育体系。"这两个法条则明确提出高等学校要参与畜牧业事业发展，发展畜牧业也因此成为相关高等学校的一项主要任务。

十九、《中华人民共和国网络安全法》

《中华人民共和国网络安全法》（以下简称《网安法》）是 2016 年 11 月 7 日由第十二届全国人民代表大会常务委员会第二十四次会议通过的一部与高等学校教学和科研密切相关的法律。《网安法》第十五条规定："国家支持企业、研究机构、高等学校、网络相关行业组织参与网络安全国家标准、行业标准的制定。" 该规定要求高等学校要成为网络安全国家标准、行业标准的制定主体之一，也说明参与网络安全国家标准、行业标准的制定是高等学校必须完成的任务和职责。《网安法》第十六条规定："国务院和省、自治区、直辖市人民政府应当统筹规划……支持企业、研究机构和高等学校等参与国家网络安全技术创新项目。" 第二十条规定："国家支持企业和高等学校、职业学校等教育培训机构开展网络安全相关教育与培训，采取多种方式培养网络安全人才，促进网络安全人才交流。" 这两项规定赋予了高等学校参与国家网络安全技术的人才培养和技术研究的权利，有利于促进国家网络安全人才的培养。

二十、《中华人民共和国耕地占用税法》

《中华人民共和国耕地占用税法》（以下简称《耕地税法》）是 2018 年 12 月 29 日由第十三届全国人民代表大会常务委员会第七次会议通过的一部与学校合法使用土地相关的法律。《耕地税法》第七条规定："军事设施、学校、幼儿园、社会福利机构、医疗机构占用耕地，免征耕地占用税。" 这条法律规定不仅明确了学校办学过程中可以合法使用政府划拨的土地，而且减轻了学校的财政压力，对于维护学校可持续发展必然会产生积极的作用。

二十一、《中华人民共和国契税法》

《中华人民共和国契税法》（以下简称《契税法》）是 2020 年 8 月 11 日由第十三届全国人民代表大会常务委员会第二十一次会议通过的一部事关学校财政相关的法律。《契税法》第六条规定："有下列情形之一的，免征契税：国家机关、事业单位、社会团体、军事单位承受土地、房屋权属用于办公、教学、医疗、科研、军事设施；非营利性的学校、医疗机构、社会福利机构承受土地、房屋权属用于办公、教学、医疗、科研、养老、救助。" 这两条规定为学校正常教学而免受契税压力提供了法律保障，有利于减轻学校的财政压力。

二十二、《中华人民共和国乡村振兴促进法》

《中华人民共和国乡村振兴促进法》（以下简称《乡村振兴法》）是 2021 年 4 月 29 日第十三届全国人民代表大会常务委员会第二十八次会议通过的一部涉及学校教育教学工作的法律。通览《乡村振兴法》，我们发现该法至少有五条涉及学校特别是高等学校的教育教学工作。《乡村振兴法》第十六条规定："国家……强化高等学校、科研机构、农业企业创新能力……加强农业知识产权保护……建设现代农业产业技术体系，推动农业农村创新驱动发展。"第十七条规定："国家……鼓励企业、高等学校、职业学校、科研机构、科学技术社会团体、农民专业合作社、农业专业化社会化服务组织、农业科技人员等创新推广方式，开展农业技术推广服务。"这些规定都赋予了高等学校参与乡村振兴的合法权利，有利于高等学校科学研究和智力服务职能的充分发挥。

乡村振兴从根本上来说需要提升乡村的基础教育，提高乡村建设的文化水平。所以，《乡村振兴法》第二十五条规定："各级人民政府应当加强农村教育工作统筹，持续改善农村学校办学条件，支持开展网络远程教育，提高农村基础教育质量，加大乡村教师培养力度，采取公费师范教育等方式吸引高等学校毕业生到乡村任教，对长期在乡村任教的教师在职称评定等方面给予优待，保障和改善乡村教师待遇，提高乡村教师学历水平、整体素质和乡村教育现代化水平。"这条规定对于乡村振兴具有长远的价值。

乡村振兴与职业教育密切相关，良好和合理的职业教育布局能够直接服务于乡村建设。为此，《乡村振兴法》第二十六条规定："各级人民政府应当采取措施，加强职业教育和继续教育，组织开展农业技能培训、返乡创业就业培训和职业技能培训，培养有文化、懂技术、善经营、会管理的高素质农民和农村实用人才、创新创业带头人。"而职业教育的发展离不开相应人才的培养。故此，《乡村振兴法》第二十七条规定："县级以上人民政府及其教育行政部门应当指导、支持高等学校、职业学校设置涉农相关专业，加大农村专业人才培养力度，鼓励高等学校、职业学校毕业生到农村就业创业。"通过上述各法条的分析，我们可以看出，《乡村振兴法》关于乡村振兴在教育领域的设计是系统的和逻辑紧密的，体现出设计者的巧思和对乡村振兴真正的关切。

## 二十三、《中华人民共和国数据安全法》

《中华人民共和国数据安全法》（以下简称《数安法》）是 2021 年 6 月 10 日由第十三届全国人民代表大会常务委员会第二十九次会议通过的一部与教育行政部门和高等学校教学、科学研究相关的法律。《数安法》第六条规定："工业、电信、交通、金融、自然资源、卫生健康、教育、科技等主管部门承担本行业、本领域数据安全监管职责。"作为教育主管部门必须承担各级各类学校的数据安全。

数据安全需要最先进的科学技术，这就需要包括高等学校在内的科研工作的支持。《数安法》第十七条："国家支持企业、社会团体和教育、科研机构等参与标准制定。"第十八条规定："国家支持有关部门、行业组织、企业、教育和科研机构、有关专业机构等在数据安全风险评估、防范、处置等方面开展协作。"第二十条要求："国家支持教育、科研机构和企业等开展数据开发利用技术和数据安全相关教育和培训，采取多种方式培养数据开发利用技术和数据安全专业人才，促进人才交流。"这三个法条所提出的要求，都赋予了高等学校在相关研究和人才培养方面的权利，在很大程度上激发了高等学校教学和科研的热情。

## 二十四、《中华人民共和国印花税法》

《中华人民共和国印花税法》（以下简称《印花税法》）是 2021 年 6 月 10 日由第十三届全国人民代表大会常务委员会第二十九次会议通过的一部与学校捐赠相关的法律。《印花税法》第十二条中列举的免征印花税的主体中就有学校，即"财产所有权人将财产赠与政府、学校、社会福利机构、慈善组织书立的产权转移书据"。这为社会上重视教育事业发展的有识之士的捐赠提供了有效的法律保障，也保护了这些人士对学校教育进行捐赠的积极性。

## 二十五、《中华人民共和国湿地保护法》

《中华人民共和国湿地保护法》（以下简称《湿地保护法》）是 2021 年 12 月 24 日由第十三届全国人民代表大会常务委员会第三十二次会议通过的一部与教育行政部门、基础教育教学内容和高等学校科学研究相关的法律。《湿地保护法》第七条指出："教育主管部门、学校应当在教育教学活动中注重培养学生的湿地保护意识。"可见，湿地保护不仅与学校教育工作密切相关，而且与科普教育也密切相关，所以，《湿地保护法》第三十三条规定："国务院住房城乡建设主管部门和地方各级人民政府应当加强对城市湿地的管理和保护……发挥城市湿地雨洪调蓄、净化水质、休闲游憩、科普教育等功能。"第九条规定："国家支持开展湿地保护科学技术研究开发和应用推广，加强湿地保护专业技术人才培养，提高湿地保护科学技术水平。"这为高等学校发挥职能提供了法律机遇。而且，为了更好地保护湿地，我们还需要加强国际合作，借鉴别国的经验。为此，《湿地保护法》第十条要求"国家支持开展湿地保护科学技术、生物多样性、候鸟迁徙等方面的国际合作与交流"。

## 二十六、《中华人民共和国黑土地保护法》

《中华人民共和国黑土地保护法》（以下简称《黑土地保护法》）是 2022 年 6 月 24 日由第十三届全国人民代表大会常务委员会第三十五次会议通过的一部与高等学校和职业教育相关的法律。《黑土地保护法》第十一条规定："国家采取措施加强黑土地保护的科技支撑能力建设……鼓励高等学校、科研机构和农业技术推广机构等协同开展科技攻关。……国家鼓励企业、高等学校、职业学校、科研机构、科学技术社会团体、农民专业合作社、农业社会化服务组织、农业科技人员等开展黑土地保护相关技术服务。"可见，高等学校可以在黑土地保护中发挥其人才和智力优势，更好地开发有限的黑土地资源。

## 第五节　社会法中与教育相关的法律

社会法是旨在保障社会的特殊群体和弱势群体的权益的法律，又称为劳动与社会保障法。"社会法的源头可以追溯到英国 16—17 世纪颁布的救贫法，但现代意义的社会立法出现在 19 世纪。1802 年，英国政府颁布了保护学徒的健康与道德法案，这被视为现代社会立法的开端。1811 年，德国国王威廉一世在一次演讲中首次提出了社会法的概念。"① 德国在 20 世纪 70 年代就开始着手编纂《社会法典》，该法典第一条规定："社会法典是为实现社会公平和社会安全而制定的包括社会救助和教育救助在内的社会给付的法律。"② 2001 年全国人大宣布由包含社会法在内的七大法律部门构成我国基本法律体系，这成为了我国社会法的最初来源。由于教育工作与社会发展的关系密切，所以，社会法中也有大量关于教育教学方面的法律规定。

## 一、《中华人民共和国归侨侨眷权益保护法》

《中华人民共和国归侨侨眷权益保护法》（以下简称《侨眷保护法》） 是 1990 年 9 月 7 日由第七届全国人民代表大会常务委员会第十五次会议通过的一部涉及华侨及其子女教育工作的一部法律。根据 2000 年 10 月 31 日第九届全国人民代表大会常务委员会第十八次会议《关于修改〈中华人民共和国归侨侨眷权益保护法〉的决定》第一次修；正根据 2009 年 8 月 27 日第十一届全国人民代表大会常务委员会第十次会议《关于修改部分法律的决定》第二次修正。

归国侨眷中部分在一些边远地区就业，为了保障他们的受教育权，《侨眷保护法》第九条规定："在安置归侨的农场、林场等企业所在的地方，可以根据需要合理设置学校和医疗保健机构，国家在人员、设备、经费等方面给予扶助。"同时，在该法的第十四条更为具体要求"归侨学生、归侨子女和华侨在国内的子女升学，按照国家有关规定给予照顾"。第二十一条再次规定："归侨、侨眷申请自费出境学习、讲学的……其所在单位和有关部门应当提供便利。"这些规定对于归国华侨来说在很大程度上消除了他们在教育方面的后顾之忧。

## 二、《中华人民共和国残疾人保障法》

《中华人民共和国残疾人保障法》（以下简称《残疾人保障法》） 是 1990 年 12 月 28 日由第七届全国人民代表大会常务委员会第十七次会议通过的一部与残疾人教育密切相关的法律。2008 年 4 月 24 日第十一届全国人民代表大会常务委员会第二次会议修订；根据 2018 年 10 月 26 日第十三届全国人民代表大会常务委员会第六次会议《关于修改〈中华人民共和国野生动物保护法〉等十五部法律的决定》修正。《残疾人保障法》专设第三章"教育"，可见国家残障人士的教育工作，在一定意义上扮演着特殊教育法的角色，对于残疾人教育权的保护起着基础性作用。由于《残疾人保障法》中关于教育工作的条款太多，

---

① 社会法的起源［EB/OL］. https：//zhidao.baidu.com/question/88988717.html.

② 刘一斐. 论社会法的概念及内涵［J］. 法制与社会，2020（26）：23.

这里只列举部分条款加以分析。

《残疾人保障法》首先指出残疾人的平等受教育权。该法第二十一条规定："国家保障残疾人享有平等接受教育的权利。"为此，"各级人民政府应当将残疾人教育作为国家教育事业的组成部分，统一规划，加强领导，为残疾人接受教育创造条件。政府、社会、学校应当采取有效措施，解决残疾儿童、少年就学存在的实际困难，帮助其完成义务教育"。为了解决残疾人在接受教育中的实际困难，该法还规定："各级人民政府对接受义务教育的残疾学生、贫困残疾人家庭的学生提供免费教科书，并给予寄宿生活费等费用补助；对接受义务教育以外其他教育的残疾学生、贫困残疾人家庭的学生按照国家有关规定给予资助。"在残疾人教育方式上，该法第二十二条规定："残疾人教育，实行普及与提高相结合、以普及为重点的方针，保障义务教育，着重发展职业教育，积极开展学前教育，逐步发展高级中等以上教育。"同时，还明确要求，"普通教育机构对具有接受普通教育能力的残疾人实施教育，并为其学习提供便利和帮助"。这为全纳教育和融合教育提供了重要的法律依据。

## 三、《中华人民共和国未成年人保护法》

《中华人民共和国未成年人保护法》（以下简称《未成年人法》）是 1991 年 9 月 4 日由第七届全国人民代表大会常务委员会第二十一次会议通过的一部涉及未成年人受教育的法律。2006 年 12 月 29 日第十届全国人民代表大会常务委员会第二十五次会议第一次修订；根据 2012 年 10 月 26 日第十一届全国人民代表大会常务委员会第二十九次会议《关于修改〈中华人民共和国未成年人保护法〉的决定》修正；2020 年 10 月 17 日第十三届全国人民代表大会常务委员会第二十二次会议第二次修订。

《未成年人法》除了开设第三章"学校保护"（该章共有 16 条专门规定了对于未成年人的保护工作）之外，还有大量关于未成年人教育方面的规定。这里也只是列举部分法条予以展示。该法第二十五条规定："学校应当全面贯彻国家教育方针，坚持立德树人，实施素质教育，提高教育质量，注重培养未成年学生认知能力、合作能力、创新能力和实践能力，促进未成年学生全面发展。学校应当建立未成年学生保护工作制度，健全学生行为规范，培养未成年学生遵纪守法的良好行为习惯。"

此外，《未成年人法》还在第二十六条、第二十七条和第二十八条规定了幼儿园和学校在未成年教育方面的要求。例如，"幼儿园应当做好保育、教育工作，遵循幼儿身心发展规律，实施启蒙教育，促进幼儿在体质、智力、品德等方面和谐发展。学校、幼儿园的教职员工应当尊重未成年人人格尊严，不得对未成年人实施体罚、变相体罚或者其他侮辱人格尊严的行为。学校应当保障未成年学生受教育的权利，不得违反国家规定开除、变相开除未成年学生"。这些规定体现了我国对未成年人受教育权的尊重和维护，反映的是国家意志，有效地保护了未成年人的受教育权。

### 四、《中华人民共和国工会法》

《中华人民共和国工会法》(以下简称《工会法》)是 1992 年 4 月 3 日由第七届全国人民代表大会第五次会议通过的一部关于学校教师参加工会权利的法律。根据 2001 年 10 月 27 日由第九届全国人民代表大会常务委员会第二十四次会议《关于修改〈中华人民共和国工会法〉的决定》第一次修正；根据 2009 年 8 月 27 日第十一届全国人民代表大会常务委员会第十次会议《关于修改部分法律的决定》第二次修正；根据 2021 年 12 月 24 日第十三届全国人民代表大会常务委员会第三十二次会议《关于修改〈中华人民共和国工会法〉的决定》第三次修正。

《工会法》第三条规定："在中国境内的企业、事业单位、机关、社会组织(以下统称用人单位)中以工资收入为主要生活来源的劳动者，不分民族、种族、性别、职业、宗教信仰、教育程度，都有依法参加和组织工会的权利。任何组织和个人不得阻挠和限制。"我国各级各类学校作为事业单位，其中的教职工因此可以享有参加工会获得相关资源的权利。

### 五、《中华人民共和国妇女权益保障法》

《中华人民共和国妇女权益保障法》(以下简称《女权保障法》)是 1992 年 4 月 3 日由第七届全国人民代表大会第五次会议通过的一部与妇女受教育权相关的法律。根据 2005 年 8 月 28 日第十届全国人民代表大会常务委员会第十七次会议《关于修改〈中华人民共和国妇女权益保障法〉的决定》第一次修正；根据 2018 年 10 月 26 日第十三届全国人民代表大会常务委员会第六次会议《关于修改〈中华人民共和国野生动物保护法〉等十五部法律的决定》第二次修正；2022 年 10 月 30 日第十三届全国人民代表大会常务委员会第三十七次会议修订。

《女权保障法》专门开设了第四章"文化教育权益"，对于妇女受教育权中的特别权利作了比较具体的规定。例如，该法第十条规定："国家将男女平等基本国策纳入国民教育体系，开展宣传教育，增强全社会的男女平等意识，培育尊重和关爱妇女的社会风尚。"在此基础上，该法第三十五条还强调，"国家保障妇女享有与男子平等的文化教育权利"。

该法的第二十四条根据在学校接受教育的女学生的特殊性，作了如下规定：学校应当根据女学生的年龄阶段，进行生理卫生、心理健康和自我保护教育，在教育、管理、设施等方面采取措施，提高其防范性侵害、性骚扰的自我保护意识和能力，保障女学生的人身安全和身心健康发展；学校应当建立有效预防和科学处置性侵害、性骚扰的工作制度。对性侵害、性骚扰女学生的违法犯罪行为，学校不得隐瞒，应当及时通知受害未成年女学生的父母或者其他监护人，向公安机关、教育行政部门报告，并配合相关部门依法处理；对遭受性侵害、性骚扰的女学生，学校、公安机关、教育行政部门等相关单位和人员应当保护其隐私和个人信息，并提供必要的保护措施。

女性在义务教育阶段能不能有效地接受完整的义务教育，与其家庭有很大的关系，有些家长因为观念落后或者经济条件不好而拒绝让女性接受完整的义务教育。为了杜绝这种现象的发生，《女权保障法》在第三十六条作了明确的规定和要求，即"父母或者其他监护人应当履行保障适龄女性未成年人接受并完成义务教育的义务。对无正当理由不送适龄女性未成年人入学的父母或者其他监护人，由当地乡镇人民政府或者县级人民政府教育行政部门给予批评教育，依法责令其限期改正"。这在很大程度上呼吁了《义务教育法》的要求，对于保护女性的教育权起到了积极的作用。所以，该法还规定"政府、学校应当采取有效措施，解决适龄女性未成年人就学存在的实际困难，并创造条件，保证适龄女性未成年人完成义务教育"。

## 六、《中华人民共和国红十字会法》

《中华人民共和国红十字会法》（以下简称《红十字会法》）是 1993 年 10 月 31 日由第八届全国人民代表大会常务委员会第四次会议通过的一部与学校教学工作相关的法律。根据 2009 年 8 月 27 日第十一届全国人民代表大会常务委员会第十次会议《关于修改部分法律的决定》修正；2017 年 2 月 24 日第十二届全国人民代表大会常务委员会第二十六次会议修订。《红十字会法》第三条规定："国家支持在学校开展红十字青少年工作。"虽然在该法中关于学校教育工作只有这么一个法条，但是其意义在于在青少年心中树立"保护人的生命和健康，维护人的尊严，发扬人道主义精神。"这也是德育工作的一部分，对于培养青少年良好的品格价值非凡。

## 七、《中华人民共和国劳动法》

《中华人民共和国劳动法》（以下简称《劳动法》）是 1994 年 7 月 5 日由第八届全国人民代表大会常务委员会第八次会议通过的一部与义务教育和职业教育相关的法律。根据 2009 年 8 月 27 日第十一届全国人民代表大会常务委员会第十次会议《关于修改部分法律的决定》第一次修正；根据 2018 年 12 月 29 日第十三届全国人民代表大会常务委员会第七次会议《关于修改〈中华人民共和国劳动法〉等七部法律的决定》第二次修正。1996版的《职业教育法》在第一条中明确指出："为了实施科教兴国战略，发展职业教育，提高劳动者素质，促进社会主义现代化建设，根据教育法和劳动法，制定本法。"说明劳动法是与教育法密切相关的法律，劳动法自然是教育法律渊源。

《劳动法》第五条阐释了劳动和职业教育之间的关系，即"国家采取各种措施，促进劳动就业，发展职业教育，制定劳动标准，调节社会收入，完善社会保险，协调劳动关系，逐步提高劳动者的生活水平"。为了未成年人接受教育的权利，该法对于用人单位作了严格规定。《劳动法》第十五条规定："禁止用人单位招用未满十六周岁的未成年人。文艺、体育和特种工艺单位招用未满十六周岁的未成年人，必须遵守国家有关规定，并保障其接受义务教育的权利。"这就把教育权与劳动权很好地结合起来了。

### 八、《中华人民共和国母婴保健法》

《中华人民共和国母婴保健法》（以下简称《母婴保健法》）是 1994 年 10 月 27 日由第八届全国人民代表大会常务委员会第十次会议通过的一部与高等学校开展母婴保健研究工作相关的法律。根据 2009 年 8 月 27 日由第十一届全国人民代表大会常务委员会第十次会议《关于修改部分法律的决定》第一次修正；根据 2017 年 11 月 4 日第十二届全国人民代表大会常务委员会第三十次会议《关于修改〈中华人民共和国会计法〉等十一部法律的决定》第二次修正。《母婴保健法》第五条规定："国家鼓励、支持母婴保健领域的教育和科学研究，推广先进、实用的母婴保健技术，普及母婴保健科学知识。"第六条规定："对在母婴保健工作中做出显著成绩和在母婴保健科学研究中取得显著成果的组织和个人，应当给予奖励。"这为相关学校特别是高等学校教师从事母婴保健方面的科学研究提供了依据。

### 九、《中华人民共和国老年人权益保障法》

《中华人民共和国老年人权益保障法》（以下简称《老年人保障法》）是 1996 年 8 月 29 日由第八届全国人民代表大会常务委员会第二十一次会议通过的一部与各级学校教育和相关科学研究工作的法律。根据 2009 年 8 月 27 日第十一届全国人民代表大会常务委员会第十次会议《关于修改部分法律的决定》第一次修正；2012 年 12 月 28 日第十一届全国人民代表大会常务委员会第三十次会议修订；根据 2015 年 4 月 24 日第十二届全国人民代表大会常务委员会第十四次会议《关于修改〈中华人民共和国电力法〉等六部法律的决定》第二次修正；根据 2018 年 12 月 29 日第十三届全国人民代表大会常务委员会第七次会议《关于修改〈中华人民共和国劳动法〉等七部法律的决定》第三次修正。

保护老年人的权益，需要年轻人发自内心地对老年人尊重。所以，《老年人保障法》第八条要求，"青少年组织、学校和幼儿园应当对青少年和儿童进行敬老、养老、助老的道德教育和维护老年人合法权益的法制教育"。因为老年人可以在教育方面发挥其特殊的作用，该法第六十九条规定：国家"根据社会需要和可能，鼓励老年人在自愿和量力的情况下，开展对青少年和儿童进行社会主义、爱国主义、集体主义和艰苦奋斗等优良传统教育；传授文化和科技知识。"

老年人虽然不一定要接受普通教育，但是可以享受老年人需要的教育。所以，《老年人保障法》第七十一条规定："老年人有继续受教育的权利。国家发展老年教育，把老年教育纳入终身教育体系，鼓励社会办好各类老年学校。各级人民政府对老年教育应当加强领导，统一规划，加大投入。"而且，"国家鼓励高等学校、中等职业学校和职业培训机构设置相关专业或者培训项目，培养养老服务专业人才"。为了落实上述要求，"国家采取措施，加强老年医学的研究和人才培养，提高老年病的预防、治疗、科研水平，促进老年病的早期发现、诊断和治疗"。

### 十、《中华人民共和国预防未成年人犯罪法》

《中华人民共和国预防未成年人犯罪法》（以下简称《未成年人犯罪法》）是 1999 年 6 月 28 日由第九届全国人民代表大会常务委员会第十次会议通过的一部与学校教育教学工作相关的法律。根据 2012 年 10 月 26 日第十一届全国人民代表大会常务委员会第二十九次会议《关于修改〈中华人民共和国预防未成年人犯罪法〉的决定》修正；2020 年 12 月 26 日第十三届全国人民代表大会常务委员会第二十四次会议修订。

《未成年人犯罪法》专门开设了第二章"预防犯罪的教育"对于各类学校在预防未成年人犯罪方面作出了很多规定。例如，该法第四条规定："国家机关、人民团体、社会组织、企业事业单位、居民委员会、村民委员会、学校、家庭等各负其责、相互配合，共同做好预防未成年人犯罪工作，及时消除滋生未成年人违法犯罪行为的各种消极因素，为未成年人身心健康发展创造良好的社会环境。"第六条规定："国家加强专门学校建设，对有严重不良行为的未成年人进行专门教育。专门教育是国民教育体系的组成部分，是对有严重不良行为的未成年人进行教育和矫治的重要保护处分措施。"第十七条规定："教育行政部门、学校应当将预防犯罪教育纳入学校教学计划，指导教职员工结合未成年人的特点，采取多种方式对未成年学生进行有针对性的预防犯罪教育。"该法关于预防未成年人犯罪的学校工作要求很多，限于篇幅，不再作过多分析。

### 十一、《中华人民共和国公益事业捐赠法》

《中华人民共和国公益事业捐赠法》（以下简称《公益事业捐赠法》）是 1999 年 6 月 28 日由第九届全国人民代表大会常务委员会第十次会议通过的一部与各级各类学校接受捐赠相关的法律。《公益事业捐赠法》第十条规定："公益性社会团体和公益性非营利的事业单位可以依照本法接受捐赠。……本法所称公益性非营利的事业单位是指依法成立的，从事公益事业的不以营利为目的的教育机构、科学研究机构、医疗卫生机构、社会公共文化机构、社会公共体育机构和社会福利机构等。"显然我国的各级各类学校是可以依照本法接受捐赠的。

### 十二、《中华人民共和国职业病防治法》

《中华人民共和国职业病防治法》（以下简称《职业病防治法》）是 2001 年 10 月 27 日由第九届全国人民代表大会常务委员会第二十四次会议通过的一部与各级各类学校中的教职员工的身体健康密切相关的法律。根据 2011 年 12 月 31 日第十一届全国人民代表大会常务委员会第二十四次会议《关于修改〈中华人民共和国职业病防治法〉的决定》第一次修正；根据 2016 年 7 月 2 日第十二届全国人民代表大会常务委员会第二十一次会议《关于修改〈中华人民共和国节约能源法〉等六部法律的决定》第二次修正；根据 2017 年 11 月 4 日第十二届全国人民代表大会常务委员会第三十次会议《关于修改〈中华人民共和国会计法〉等十一部法律的决定》第三次修正；根据 2018 年 12 月 29 日第十三届全国人民代表大会常务委员会第七次会议《关于修改〈中华人民共和国劳动法〉等七部法律的决定》第四次修正。

《职业病防治法》第二条规定："本法所称职业病，是指企业、事业单位和个体经济组织等用人单位的劳动者在职业活动中，因接触粉尘、放射性物质和其他有毒、有害因素而引起的疾病。"显然学校作为事业单位应该要按照本法律文本的要求保障教职工在学校工作中免受职业病的侵害，一旦发现存在侵害，学校必须提供条件，保障教职工享受到应有的医疗服务，提高他们的健康水平。

### 十三、《中华人民共和国劳动合同法》

《中华人民共和国劳动合同法》（以下简称《劳动合同法》）是 2007 年 6 月 29 日由第十届全国人民代表大会常务委员会第二十八次会议通过的一部与学校教职工劳动权益保护密切相关的法律。根据 2012 年 12 月 28 日由第十一届全国人民代表大会常务委员会第三十次会议《关于修改〈中华人民共和国劳动合同法〉的决定》修正。《劳动合同法》第二条规定："国家机关、事业单位、社会团体和与其建立劳动关系的劳动者，订立、履行、变更、解除或者终止劳动合同，依照本法执行。"第三条要求："订立劳动合同，应当遵循合法、公平、平等自愿、协商一致、诚实信用的原则。"《劳动合同法》中虽然没有专门针对学校或者教育专门设置法条，但是，这两条规定显然适用于在各级各类学校工作的教职员工，也就是说，学校的教职员工可以依据该法的这两条规定维护自己的合法权益。

### 十四、《中华人民共和国就业促进法》

《中华人民共和国就业促进法》（以下简称《就业法》）是 2007 年 8 月 30 日由第十届全国人民代表大会常务委员会第二十九次会议通过的一部与职业教育密切相关的法律，也是对《职业教育法》的补充和完善。根据 2015 年 4 月 24 日第十二届全国人民代表大会常务委员会第十四次会议《关于修改〈中华人民共和国电力法〉等六部法律的决定》修正。

《就业法》第五条中明确了地方政府在实施《就业法》中的责任，即"县级以上人民政府通过发展经济和调整产业结构、规范人力资源市场、完善就业服务、加强职业教育和培训、提供就业援助等措施，创造就业条件，扩大就业"。《就业法》专门设置了第五章"职业教育和培训"。其中有多项法条规范了地方政府、职业院校和企业等各自的任务和相互关系。例如，第四十四条规定："国家依法发展职业教育，鼓励开展职业培训，促进劳动者提高职业技能，增强就业能力和创业能力。"接着，该法的第四十七条要求，"县级以上地方人民政府和有关部门根据市场需求和产业发展方向，鼓励、指导企业加强职业教育和培训。职业院校、职业技能培训机构与企业应当密切联系，实行产教结合，为经济建设服务，培养实用人才和熟练劳动者。企业应当按照国家有关规定提取职工教育经费，对劳动者进行职业技能培训和继续教育培训"。

### 十五、《中华人民共和国反家庭暴力法》

《中华人民共和国反家庭暴力法》（以下简称《反家暴法》）是 2015 年 12 月 27 日由第十二届全国人民代表大会常务委员会第十八次会议通过的与学校教育有关的法律。《反家暴法》第六条指出："国家开展家庭美德宣传教育，普及反家庭暴力知识，增强公民反家庭暴力意识。学校、幼儿园应当开展家庭美德和反家庭暴力教育。"因此，有关机构和人员应该承担相应的法律义务，"学校、幼儿园、医疗机构、居民委员会、村民委员会、社会工作服务机构、救助管理机构、福利机构及其工作人员未依照本法第十四条规定①向公安机关报案，造成严重后果的，由上级主管部门或者本单位对直接负责的主管人员和其他直接责任人员依法给予处分"。该法对有效遏制家庭暴力发挥了积极作用。

### 十六、《中华人民共和国慈善法》

《中华人民共和国慈善法》（以下简称《慈善法》）是 2016 年 3 月 16 日由第十二届全国人民代表大会第四次会议通过的一部与学校特别是高等学校教学和科研相关的法律。《慈善法》第八十八条规定："学校等教育机构应当将慈善文化纳入教育教学内容。国家鼓励高等学校培养慈善专业人才，支持高等学校和科研机构开展慈善理论研究。"这为高等学校设置相关专业和从事慈善研究工作奠定了法律基础。

### 十七、《中华人民共和国境外非政府组织境内活动管理法》

《中华人民共和国境外非政府组织境内活动管理法》（以下简称《非政府组织管理法》）是 2016 年 4 月 28 日由第十二届全国人民代表大会常务委员会第二十次会议通过的一部与教育的国际交流与合作相关的法律。《非政府组织管理法》第三条规定："境外非政府组织依照本法可以在经济、教育、科技、文化、卫生、体育、环保等领域和济困、救灾等方面开展有利于公益事业发展的活动。"第五十三条规定："境外学校、医院、自然科学和工程技术的研究机构或者学术组织与境内学校、医院、自然科学和工程技术的研究机构或者学术组织开展交流合作，按照国家有关规定办理。"这些规定无疑规范了境外非政府组织在中国境内开展合作的行为，同时也是对国内相关教育机构在开展国际交流与合作方面行为的约束，有利于我国教育事业和科学事业的健康发展。

### 十八、《中华人民共和国退役军人保障法》

《中华人民共和国退役军人保障法》（以下简称《退役军人法》）是 2020 年 11 月 11

---

① 《反家暴法》第十四条规定：学校、幼儿园、医疗机构、居民委员会、村民委员会、社会工作服务机构、救助管理机构、福利机构及其工作人员在工作中发现无民事行为能力人、限制民事行为能力人遭受或者疑似遭受家庭暴力的，应当及时向公安机关报案。公安机关应当对报案人的信息予以保密。

日由第十三届全国人民代表大会常务委员会第二十三次会议通过的一部与退役军人子女教育密切相关的法律，也是对我国现行教育法律的补充和完善。军人作为国家的特殊人群在维护国家安全、保障国家领土和主权完整、捍卫国家和民族尊严等方面作出了特别的贡献，甚至付出了宝贵的生命。对于这样一群可爱的人，理应享受特殊的权利，因此，在他们的子女受教育权方面也应如此。所以，《退役军人法》第二十九条规定："随迁子女需要转学、入学的，安置地人民政府教育行政部门应当予以及时办理。"并且一些特殊的退役军人的随迁子女的教育要优先保障。这些特殊退役军人包括：参战退役军人；属于烈士子女、功臣模范的退役军人；长期在艰苦边远地区或者特殊岗位服现役的退役军人；其他符合条件的退役军人。

《退役军人法》还专门设置了第四章"教育培训"，共有 6 项条款，较为详尽地规定了退役军人及其子女的受教育权。如，第三十二条规定："国家建立学历教育和职业技能培训并行并举的退役军人教育培训体系，建立退役军人教育培训协调机制，统筹规划退役军人教育培训工作。"此外，还有"军人退役前，所在部队在保证完成军事任务的前提下，可以根据部队特点和条件提供职业技能储备培训，组织参加高等教育自学考试和各类高等学校举办的高等学历继续教育，以及知识拓展、技能培训等非学历继续教育"。"现役军人入伍前已被普通高等学校录取或者是正在普通高等学校就学的学生，服现役期间保留入学资格或者学籍，退役后两年内允许入学或者复学，可以按照国家有关规定转入本校其他专业学习。达到报考研究生条件的，按照国家有关规定享受优惠政策。"这些规定对于稳定军心至关重要，国家还应该制定系列政策来支持本法律更好地实施。

### 十九、《中华人民共和国法律援助法》

《中华人民共和国法律援助法》（以下简称《法律援助法》）是 2021 年 8 月 20 日由第十三届全国人民代表大会常务委员会第三十次会议通过的一部与高等学校教育和科研相关的法律。高等学校在法学教育研究和人才培养等方面有着独特的优势，理应为社会各类群体特别是弱势群体提供法律援助，以身作则体现法律的公平和正义，维护法律的尊严。为此，《法律援助法》第十七条规定："高等院校、科研机构可以组织从事法学教育、研究工作的人员和法学专业学生作为法律援助志愿者，在司法行政部门指导下，为当事人提供法律咨询、代拟法律文书等法律援助。"可见，提供法律援助是法学工作者的基本义务。

### 二十、《中华人民共和国家庭教育促进法》

《中华人民共和国家庭教育促进法》（以下简称《家教法》）是 2021 年 10 月 23 日由第十三届全国人民代表大会常务委员会第三十一次会议通过的一部与家庭教育和学校教育密切相关的法律，也是对我国现行法律体系的完善和补充。虽然在国家法律分类中没有将其纳入教育法律，但是其与学校教育工作有着深厚的内在联系。《家教法》中大量法条内容都与教育事业发展相关，难以一一枚举，这里仅列举部分法条予以展示。《家教法》第一条明确了本法律的地位和作用，即"为了发扬中华民族重视家庭教育的优良传统，引导全社会注重家庭、家教、家风，增进家庭幸福与社会和谐，培养德智体美劳全面发展的社会主义建设者和接班人，制定本法"。该法条将家庭教育提高到党的教育方针的高度，这再次说明该法律为我国的教育法律渊源。该法第十一条规定："国家鼓励开展家庭教育研究，鼓励高等学校开设家庭教育专业课程，支持师范院校和有条件的高等学校加强家庭教育学科建设，培养家庭教育服务专业人才，开展家庭教育服务人员培训。"这为高等学校和师范院校设置相关专业、开展家庭教育研究提供了明确的法律依据。

## 第六节　刑法中与教育相关的法律

刑法是对严重违法行为的惩处、体现国家权威和法律威慑性的法律，对于维护社会稳定和规范各类法人行为具有特别有效的作用。我国的刑法界定的各种违法行为中也有较多涉及国家的各级各类学校教育教学活动，合理运用刑法对于维护教育事业的健康稳定发展同样极为重要。

### 一、《中华人民共和国刑法》

《中华人民共和国刑法》（以下简称《刑法》）是 1979 年 7 月 1 日由第五届全国人民代表大会第二次会议通过的重要法律。此后该法经历过多次修订和修正。目前的文本已经到了 2020 年的修正版。《刑法》对于学校教育教学和考试等方面都作了相应的刑事规定，对于维护教育事业的健康发展发挥着特殊的作用。因此，《刑法》是一部与教育发展密切相关的法律。《刑法》第一百三十八条规定："明知校舍或者教育教学设施有危险，而不采取措施或者不及时报告，致使发生重大伤亡事故的，对直接责任人员，处三年以下有期徒刑或者拘役；后果特别严重的，处三年以上七年以下有期徒刑。"第二百八十条之二规定："盗用、冒用他人身份，顶替他人取得的高等学历教育入学资格、公务员录用资格、就业安置待遇的，处三年以下有期徒刑、拘役或者管制，并处罚金。"第二百九十条规定："聚众扰乱社会秩序，情节严重，致使工作、生产、营业和教学、科研、医疗无法进行，造成严重损失的，对首要分子，处三年以上七年以下有期徒刑；对其他积极参加的，处三年以下有期徒刑、拘役、管制或者剥夺政治权利。"这些规定的威慑性和严厉性对于那些违法分子必将产生巨大的心理冲击，而对于维护教育工作的正义性和教育性则是更加有利。

《刑法》还对学校的教学内容作了界定，明确了教学内容的科学性、教育性，并对淫秽作品进行了区分，有利于学校教育教学工作的正常进行，也有利于文学艺术事业的发展。《刑法》第三百六十七条规定："本法所称淫秽物品，是指具体描绘性行为或者露骨宣扬色情的诲淫性的书刊、影片、录像带、录音带、图片及其他淫秽物品。有关人体生理、医学知识的科学著作不是淫秽物品。包含有色情内容的有艺术价值的文学、艺术作品不视为淫秽物品。"

## 二、《中华人民共和国反有组织犯罪法》

《中华人民共和国反有组织犯罪法》（以下简称《反有组织犯罪法》）是 2021 年 12 月 24 日由第十三届全国人民代表大会常务委员会第三十二次会议通过的一部与学校安全工作密切相关的法律。《反有组织犯罪法》第十一条规定："教育行政部门、学校应当会同有关部门建立防范有组织犯罪侵害校园工作机制，加强反有组织犯罪宣传教育，增强学生防范有组织犯罪的意识，教育引导学生自觉抵制有组织犯罪，防范有组织犯罪的侵害。"因此，"学校发现有组织犯罪侵害学生人身、财产安全，妨害校园及周边秩序的，有组织犯罪组织在学生中发展成员的，或者学生参加有组织犯罪活动的，应当及时制止，采取防范措施，并向公安机关和教育行政部门报告"。这些规定对于规范学校安全工作，特别是对学校的教师和校长等在学校安全方面的要求提供了法律问责，否则，一旦出现校园安全问题，他们将承担相应的法律责任。

## 三、《中华人民共和国反电信网络诈骗法》

《中华人民共和国反电信网络诈骗法》（以下简称《反电信网络诈骗法》）是 2022 年 9 月 2 日由第十三届全国人民代表大会常务委员会第三十六次会议通过的一部与教育行政部门和学校教育相关的法律。网络诈骗已经成为侵害社会安全的不稳定因素，引起了世界各国和广大民众的普遍关注。为了消除这个毒瘤，《反电信网络诈骗法》第八条规定："教育行政、市场监管、民政等有关部门和村民委员会、居民委员会，应当结合电信网络诈骗受害群体的分布等特征，加强对老年人、青少年等群体的宣传教育，增强反电信网络诈骗宣传教育的针对性、精准性，开展反电信网络诈骗宣传教育进学校、进企业、进社区、进农村、进家庭等活动。"

# 第七节 诉讼与非诉讼程序法的教育相关法律

诉讼法是法律体系的重要组成部分，相比较其他各类法律，诉讼法更能直观和直接地体现法律的正义性、公正性。诉讼法是典型的法律程序法。目前，我国有三大诉讼法，分别是民事诉讼法、刑事诉讼法、行政诉讼法。此外，诉讼法的部门还包括《仲裁法》《监狱法》以及《律师法》，等等。在法治比较发达的国家，除了以上三大诉讼法外，一般还有宪法诉讼法。教育事业在发展过程中不可避免地涉及行政、民事和刑事等领域，因而也就必然会涉及上述各项诉讼法。

## 一、《中华人民共和国刑事诉讼法》

《中华人民共和国刑事诉讼法》（以下简称《刑诉法》）是 1979 年 7 月 1 日由第五届

全国人民代表大会第二次会议通过的一部与学校中未成年学生犯罪行为有关的法律。根据1996年3月17日由第八届全国人民代表大会第四次会议《关于修改〈中华人民共和国刑事诉讼法〉的决定》第一次修正；根据2012年3月14日第十一届全国人民代表大会第五次会议《关于修改〈中华人民共和国刑事诉讼法〉的决定》第二次修正；根据2018年10月26日第十三届全国人民代表大会常务委员会第六次会议《关于修改〈中华人民共和国刑事诉讼法〉的决定》第三次修正。

《刑诉法》第二百八十一条规定："对于未成年人刑事案件，在讯问和审判的时候，应当通知未成年犯罪嫌疑人、被告人的法定代理人到场。无法通知、法定代理人不能到场或者法定代理人是共犯的，也可以通知未成年犯罪嫌疑人、被告人的其他成年亲属，所在学校、单位、居住地基层组织或者未成年人保护组织的代表到场，并将有关情况记录在案。到场的法定代理人可以代为行使未成年犯罪嫌疑人、被告人的诉讼权利。"第二百八十五条规定："审判的时候被告人不满十八周岁的案件，不公开审理。但是，经未成年被告人及其法定代理人同意，未成年被告人所在学校和未成年人保护组织可以派代表到场。"这些规定对于有效保护学校和未成年人的合法权益有着积极的意义，有利于未成年人未来的发展。

## 二、《中华人民共和国行政诉讼法》

《中华人民共和国行政诉讼法》（以下简称《行诉法》）是1989年4月4日由第七届全国人民代表大会第二次会议通过的一部与各级各类学校管理工作密切相关的法律。根据2014年11月1日第十二届全国人民代表大会常务委员会第十一次会议《关于修改〈中华人民共和国行政诉讼法〉的决定》第一次修正；根据2017年6月27日第十二届全国人民代表大会常务委员会第二十八次会议《关于修改〈中华人民共和国民事诉讼法〉和〈中华人民共和国行政诉讼法〉的决定》第二次修正。

我国的各级各类学校在日常管理中主要是行政管理，各级政府及相关行政管理部门对于各级各类学校的日常管理特别是教育资源的配置起到决定性作用，他们的行政行为（包括法律、法规、规章授权的组织作出的行政行为）往往决定着学校的生存和发展。所以，《行诉法》制定的目的就是"保证人民法院公正、及时审理行政案件，解决行政争议，保护公民、法人和其他组织的合法权益，监督行政机关依法行使职权"。这对于作为行政管理对象且处于弱势状态的学校来说，显然具有特别的法律价值。为了保护弱势学校，《行诉法》第二条规定："公民、法人或者其他组织认为行政机关和行政机关工作人员的行政行为侵犯其合法权益，有权依照本法向人民法院提起诉讼。"这也是对行政机关的不作为或者乱作为的否定。

## 三、《中华人民共和国民事诉讼法》

《中华人民共和国民事诉讼法》（以下简称《民诉法》）是1991年4月9日由第七届

全国人大第四次会议通过的一部与学校教育办学过程中涉及的民事关系的法律。根据 2007 年 10 月 28 日第十届全国人大常委会第三十次会议《关于修改〈中华人民共和国民事诉讼法〉的决定》第一次修正；根据 2012 年 8 月 31 日第十一届全国人大常委会第二十八次会议《关于修改〈中华人民共和国民事诉讼法〉的决定》第二次修正；根据 2017 年 6 月 27 日第十二届全国人大常委会第二十八次会议《关于修改〈中华人民共和国民事诉讼法〉和〈中华人民共和国行政诉讼法〉的决定》第三次修正；根据 2021 年 12 月 24 日第十三届全国人大常委会第三十二次会议《关于修改〈中华人民共和国民事诉讼法〉的决定》第四次修正。

各级各类学校在办学过程中必然会与各种法律主体之间产生民事法律争议，学校在维护自己合法权益时，有必要按照《民诉法》的要求完成相应的诉讼程序。《民诉法》第二条规定："中华人民共和国民事诉讼法的任务，是保护当事人行使诉讼权利，保证人民法院查明事实，分清是非，正确适用法律，及时审理民事案件，确认民事权利义务关系，制裁民事违法行为，保护当事人的合法权益，教育公民自觉遵守法律，维护社会秩序、经济秩序，保障社会主义建设事业顺利进行。"学校教育工作显然被纳入《民诉法》的范畴。

### 四、《中华人民共和国仲裁法》

《中华人民共和国仲裁法》（以下简称《仲裁法》）是 1994 年 8 月 31 日由第八届全国人民代表大会常务委员会第九次会议通过的一部与仲裁人员培养和教学相关的法律。根据 2009 年 8 月 27 日第十一届全国人民代表大会常务委员会第十次会议《关于修改部分法律的决定》第一次修正；根据 2017 年 9 月 1 日第十二届全国人民代表大会常务委员会第二十九次会议《关于修改〈中华人民共和国法官法〉等八部法律的决定》第二次修正。《仲裁法》第十三条规定，仲裁委员会应当从公道正派的人员中聘任仲裁员。而仲裁员应当符合的条件中就有一条规定为"从事法律研究、教学工作并具有高级职称的"。这条规定建立了《仲裁法》与高等学校教育教学和科研工作之间的联系，也是对高等学校的一项要求。

### 五、《中华人民共和国劳动争议调解仲裁法》

《中华人民共和国劳动争议调解仲裁法》（以下简称《劳动争议仲裁法》）是 2007 年 12 月 29 日由第十届全国人民代表大会常务委员会第三十一次会议通过的一部与高等学校教学和科研相关的法律。《劳动争议仲裁法》第二十条规定，劳动争议仲裁委员会应当设仲裁员名册。而仲裁员应当公道正派并符合的条件之一是"从事法律研究、教学工作并具有中级以上职称的"，这显然也是对高等学校相关工作的一项要求。

# 第五章　教育法规

关于法规的内涵，我国法学界还存着不同的理解。但通常情况下，大多数学者倾向于将法规理解为国家机关制定的规范性文件。其文本形式主要包括我国国务院制定的行政法规、国务院所属部门依据法律和国务院的行政法规制定的部门规章、省（自治区、直辖市）人大及其常委会制定和公布的地方性法规这三类。法规也具有法律效力。依据这样的理解，教育法规的文本形式就包括国务院制定的教育行政法规、国务院所属部门依据法律和国务院的行政法规制定的部门教育规章（省、自治区、直辖市人民政府及省、自治区人民政府所在地的市和经国务院批准的较大的市的人民政府制定的，称地方政府教育规章或简称政府教育规章）、省（自治区、直辖市）人大及其常委会制定和公布的地方性教育法规（自治条例和单行条例、规章）这三类。详见表5-1。

表 5-1　　　　　　　　　　　　我国教育法规类别表

| 类别 | 名　　称 | 立 法 主 体 | 备　　注 |
|---|---|---|---|
| 一 | 教育行政法规 | 国务院 | |
| 二 | 部门教育规章 | 教育部 | 也包括国务院所属其他部门 |
| | | 省、自治区、直辖市人民政府 | 省、自治区人民政府所在地的市和经国务院批准的较大的市的人民政府 |
| 三 | 地方性教育法规 | 省（自治区、直辖市）人大及其常委会 | 省、自治区人民政府所在地的市和经国务院批准的较大的市的人大及其常委会；含自治条例和单行条例、规章 |

此外，还有与教育相关的法规，虽然这些法规不是直接解决和规范教育行为，但其中也会涉及教育事业的发展。我们这里也将其纳入本章的研究范畴。

## 第一节　教育行政法规

教育行政法规也是教育法律渊源的重要组成部分，是教育司法的依据领域之一。"尽管我们很难用只言片语对法律渊源的概念进行全面、准确的界定，但至少可以尝试在对中外具有代表性的法源理论以及相关法律实践进行梳理的基础之上从尽可能多的维度来界定法律渊源的基本属性与主要特征。具体而言，本文将法律渊源界定为'为司法裁判论证提供权威理由的共识性规范合集'。"① 教育行政法规是一类文本数量庞大且形式多样的教育法律。

《教育大辞典》② 对教育行政法规作了较为详细的界定，认为教育行政法规是指最高国家行政机关为实施、管理教育事业，根据宪法和教育法律制定的规范性文件。在内容上是针对某一类教育管理事务发布的行为规则，而非针对某个具体的事件和具体问题作出决定；在形式和结构上须比较规范，在时效上须有相对的稳定性；其制定、审定、发布须经过法定的程序。这种形式在各国普遍存在。在中国，根据1982年第五届全国人民代表大会第五次会议通过的宪法第八十九条规定，行政法规专指由国务院根据宪法和法律制定的规范性文件。

## 一、教育行政法规的性质

在我国，行政法规是法律渊源的重要组成部分。这是因为行政法规是国务院依据宪法和法律以及人大的授权制定的规范性文件。虽然国务院是行政机关而不是立法机关，③ 但是国务院在制定行政法规时本质上并不是立法，而是在获得授权的情况下实施的一种形式上的立法行为，这也是具有中国特色立法体系的一种表现形式。通常情况下，国务院获得授权的有两种途径。

第一种途径是全国人民代表大会及其常务委员会直接授权而行使的制定行政规章的行

---

① 孙跃. 指导性案例何以作为法律渊源？——兼反思我国法源理论与法源实践之关系 [J]. 南大法学，2021（1）：155.

② 顾明远. 教育大辞典（上册）[K]. 上海：上海教育出版社，1998：563.

③ 关于国务院是否可以有权立法的争议，目前的解释是：在国务院的行政管理职权范围内，国务院可以制定和颁布行政法规。既然如此，也许有人会问，这不是按职权说的观点确立了行政法规的权限范围吗？对这个问题的回答是，不应简单地从形式上认识问题。从理论上说，国务院的职权和全国人大及其常委会的职权，就效力范围来说，都是覆盖全国的。但区分两者的一个重要界限在于，前者是行政管理权，后者是重大问题的创制权。《立法法》在配置各立法主体的立法权限时，首先规定了全国人大及其常委会的十项专属立法权，这些都属于重大事项的创制权，其中有些与国务院的行政管理职权有关，比如国家主权的事项，对公民政治权利剥夺、限制人身自由的强制措施和处罚，对非国有财产的征收，基本经济制度以及财政、税收、海关、金融和外贸的基本制度等。虽然这些事项与国务院的行政管理职权有关，但非经专门授权或法律规定，国务院不能就这些事项制定行政法规。比如，国务院有权决定省、自治区、直辖市的范围内部分地区的戒严，但这并不等于可以以行政法规创立戒严制度，因为戒严涉及在一个地区和一定的时间内暂时中止公民的某些权利和自由。所以，并不是宪法第八十九条所规定的事项，都能制定行政法规，它必须以不僭越全国人大及其常委会的国家立法权为前提。另外，对于全国人大及其常委会专属立法权以外的事项，国务院也只能从行政管理的角度制定行政法规；有法律的要根据法律制定行政法规。参见 http://www.npc.gov.cn/npc/c2163/200108/4210fe61002d483fbd5bc002a3a1a14c.shtml。

为。这在《中华人民共和国立法法》（2023 版）（以下简称《立法法》）中有明确规定。《立法法》第十二条规定："本法第十一条规定①的事项尚未制定法律的，全国人民代表大会及其常务委员会有权作出决定，授权国务院可以根据实际需要，对其中的部分事项先制定行政法规，但是有关犯罪和刑罚、对公民政治权利的剥夺和限制人身自由的强制措施和处罚、司法制度等事项除外。"

在教育行政法规中有诸多教育行政法规是国务院依据《立法法》的这条规定制定的。例如，《教育督导条例》（2012 年 8 月 29 日由国务院第 215 次常务会议通过，2012 年 9 月 9 日中华人民共和国国务院令第 624 号公布）、《学校体育工作条例》（1990 年 2 月 20 日由国务院批准，1990 年 3 月 12 日国家教育委员会令第 8 号、国家体育运动委员会令第 11 号发布，根据 2017 年 3 月 1 日《国务院关于修改和废止部分行政法规的决定》修订）。此外还有《高等教育自学考试暂行条例》（1988 年 3 月 3 日由国务院发布，根据 2014 年 7 月 29 日《国务院关于修改部分行政法规的决定》修订）、《校车安全管理条例》（2012 年 3 月 28 日由国务院第一百九十七次常务会议通过，2012 年 4 月 5 日中华人民共和国国务院令第 617 号公布）、《教学成果奖励条例》（1994 年 3 月 14 日中华人民共和国国务院令第 151 号发布）、《学校卫生工作条例》（1990 年 4 月 25 日由国务院批准，1990 年 6 月 4 日由国家教育委员会令第 10 号、卫生部令第 1 号发布）、《幼儿园管理条例》（1989 年 8 月 20 日由国务院批准 1989 年 9 月 11 日中华人民共和国国家教育委员会令第 4 号发布）、《普通高等学校设置暂行条例》（1986 年 12 月 15 日由国务院发布），等等。国务院之所以要制定这些教育行政法规是因为当时国家还没有出台相关法律，而这些工作又不能不推进。为此，国务院依据《立法法》的这条规定制定了这些教育行政法规。

第二种途径是国务院直接根据宪法和相关法律直接行使制定行政法规的行为而无须全国人大常委会及其常务委员会的授权。这也是《立法法》赋予国务院的权利之一。《立法法》第七十二条指出，国务院根据宪法和法律，制定行政法规。行政法规可以就下列事项

---

① 《立法法》第十一条的内容如下：

（一）国家主权的事项；

（二）各级人民代表大会、人民政府、监察委员会、人民法院和人民检察院的产生、组织和职权；

（三）民族区域自治制度、特别行政区制度、基层群众自治制度；

（四）犯罪和刑罚；

（五）对公民政治权利的剥夺、限制人身自由的强制措施和处罚；

（六）税种的设立、税率的确定和税收征收管理等税收基本制度；

（七）对非国有财产的征收、征用；

（八）民事基本制度；

（九）基本经济制度以及财政、海关、金融和外贸的基本制度；

（十）诉讼制度和仲裁基本制度；

（十一）必须由全国人民代表大会及其常务委员会制定法律的其他事项。

作出规定：为执行法律的规定需要制定行政法规的事项；《宪法》第八十九条①规定的国务院行政管理职权的事项。这种依法制定的行政法规通常情况下是在已经出台的法律的基础上，为了更好地实施这些法律而制定的。这种途径制定的教育行政法规的特点是先有法律后有国务院的行政法规。

教育行政法规的产生也是如此。例如，《残疾人教育条例》（1994年8月23日中华人民共和国国务院令第161号发布，根据2011年1月8日《国务院关于废止和修改部分行政法规的决定》修订，2017年1月11日国务院第一百六十一次常务会议修订通过，2017年2月1日中华人民共和国国务院令第674号公布）、《中华人民共和国中外合作办学条例》（2003年3月1日中华人民共和国国务院令第372号公布，根据2013年7月18日《国务院关于废止和修改部分行政法规的决定》第一次修订，根据2019年3月2日《国务院关于修改部分行政法规的决定》第二次修订）、《中华人民共和国民办教育促进法实施条例》（2004年3月5日中华人民共和国国务院令第399号公布，2021年4月7日中华人民共和国国务院令第741号修订）、《中华人民共和国学位条例暂行实施办法》（国务院学位委员会制定，1981年5月20日由国务院批准）、《教师资格条例》（1995年12月12日中华人民共和国国务院令第188号发布），等等。

由此可见，教育行政法规的性质是国务院依法制定的具有法律效力的规范性文本，是效力低于全国人大及其常务委员会制定的宪法、教育法律的一种法律文本。教育行政法规

---

① 《中华人民共和国宪法》（2018版）第八十九条规定国务院行使下列职权：

（一）根据宪法和法律，规定行政措施，制定行政法规，发布决定和命令；

（二）向全国人民代表大会或者全国人民代表大会常务委员会提出议案；

（三）规定各部和各委员会的任务和职责，统一领导各部和各委员会的工作，并且领导不属于各部和各委员会的全国性的行政工作；

（四）统一领导全国地方各级国家行政机关的工作，规定中央和省、自治区、直辖市的国家行政机关的职权的具体划分；

（五）编制和执行国民经济和社会发展计划和国家预算；

（六）领导和管理经济工作和城乡建设、生态文明建设；

（七）领导和管理教育、科学、文化、卫生、体育和计划生育工作；

（八）领导和管理民政、公安、司法行政等工作；

（九）管理对外事务，同外国缔结条约和协定；

（十）领导和管理国防建设事业；

（十一）领导和管理民族事务，保障少数民族的平等权利和民族自治地方的自治权利；

（十二）保护华侨的正当的权利和利益，保护归侨和侨眷的合法的权利和利益；

（十三）改变或者撤销各部、各委员会发布的不适当的命令、指示和规章；

（十四）改变或者撤销地方各级国家行政机关的不适当的决定和命令；

（十五）批准省、自治区、直辖市的区域划分，批准自治州、县、自治县、市的建置和区域划分；

（十六）依照法律规定决定省、自治区、直辖市的范围内部分地区进入紧急状态；

（十七）审定行政机构的编制，依照法律规定任免、培训、考核和奖惩行政人员；

（十八）全国人民代表大会和全国人民代表大会常务委员会授予的其他职权。

在依法治教的过程中，扮演着法律的角色和效力，是我国教育法律渊源的主要来源之一。

## 二、教育行政法规的法律效力

法律效力"是指法律所具有或者赋予的约束力。规范性法律文件与非规范性法律文件都有一定的约束力……规范性法律文件以及合法的行为和事实的效力是规范性法律文件所赋予的。只要国家机关依据法定的职权和程序制定的规范性法律文件，就当然地具有一定的效力"。① 从上述对于教育行政法规性质的分析中我们可以看出，在我国教育法体系中，教育行政法规的效力低于法律，高于其他法规。一切地方性教育法规、教育规章等，均不得与之相抵触。

从我国的法律体系效力发挥的体系来看，通常情况下，法律效力都会有层级的划分。世界各国的法律效力体系大致相同，教育法律效力体系亦是如此。我国的教育法律效力体系如图 5-1 所示。

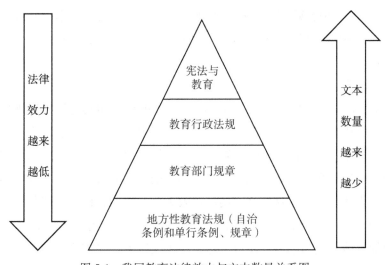

图 5-1　我国教育法律效力与文本数量关系图

从图中我们可以看出，在基于法律效力体系中，具有最高法律效力的是宪法，依次分别是教育法律、教育行政法规、教育部门规章、地方性教育法规（自治条例和单行条例、规章）。需要说明的是，虽然国家教育行政部门（包括国务院所属其他部级职能部门）与省（直辖市、自治区）在行政级别上相等，但是，前者代表的是国家，后者代表的是某一区域，前者的实际地位和权力范围要高于后者，故"教育部门规章"的法律效力要高于"地方性教育法规（自治条例和单行条例、规章）"。因此，"地方性教育法规（自治条例和单行条例、规章）"也不能与"教育部门规章"相抵触。

---

① 张光杰 . 中国法律概论［M］. 上海：复旦大学出版社，2005：136.

### 三、教育行政法规的表现形式

依据《立法法》和惯例，教育行政法规的表现形式上通常有三种。

1. 条例

教育条例是对教育领域某一方面的行政工作作较全面、系统规定的一种行政法规文本，通常表现为《×××条例》。例如，上文提到的《中华人民共和国民办教育促进法实施条例》《中华人民共和国中外合作办学条例》《残疾人教育条例》《事业单位人事管理条例》，等等。在现行的教育行政规章中，"条例"的这种文本形式所占的数量最多，在规范教育工作方面所发挥的作用最为显著。

2. 规定

"规定"是对某一方面的行政工作作部分规定的一种行政法规文本。通常表现为《××规定》。例如，《高等教育管理职责暂行规定》《征收教育费附加的暂行规定》，等等。

3. 办法

"办法"是对某一项行政工作作较具体规定的一种行政法规文本。通常表现为《×××办法》。例如，《中华人民共和国学位条例暂行实施办法》《研究生教育学科专业目录管理办法》，等等。

此外，在我国现行的行政法规中，还有"实施细则"等文本形式。《立法法》第九十一条规定："国务院各部、委员会、中国人民银行、审计署和具有行政管理职能的直属机构以及法律规定的机构，可以根据法律和国务院的行政法规、决定、命令，在本部门的权限范围内，制定规章。"可见，行政法规中还存在着"决定""命令"等文本形式。

上述几种行政法规文本虽然在标题上呈现不同的表述方式，但是，在文本的正文表现形式均为法条式表述。因此，这些文本的法律效力是均等的，但是对于教育工作要求的侧重点是不一样的。通常情况下，从"条例""规定""办法"到"实施细则"，其对教育工作的要求会更加具体、更为细致。所以，这些文本实际上存在着内在的递进关系，使得教育工作的管理更加有序、更加规范。

### 四、教育行政法规的立法程序

教育行政法规具有法定的立法程序，这在《立法法》中也有明确规定。① 按照《立法

---

① 《立法法》对于行政法规的立法程序作了如下规定：

第七十三条：国务院法制机构应当根据国家总体工作部署拟订国务院年度立法计划，报国务院审批。国务院年度立法计划中的法律项目应当与全国人民代表大会常务委员会的立法规划和立法计划相衔接。国务院法制机构应当及时跟踪了解国务院各部门落实立法计划的情况，加强组织协调和督促指导。

国务院有关部门认为需要制定行政法规的，应当向国务院报请立项。

第七十四条：行政法规由国务院有关部门或者国务院法制机构具体负责起草，重要行政管理的法律、行政法规草案由国务院法制机构组织起草。行政法规在起草过程中，应当广泛听取有关机关、组织、人民代表大会代表和社会公众的意见。听取意见可以采取座谈会、论证会、听证会等多种形式。（转下页）

法》的规定，行政法规的立法程序包括：（1）制定年度立法计划。（2）法制机构组织起草（听取意见：座谈会、论证会、听证会等多种形式）。（3）行政法规草案公布和征求意见。（4）国务院法制机构审查。（5）草案修改。（6）总理签署国务院令公布。（7）在国务院公报和中国政府法制信息网以及在全国范围内发行的报纸上刊载。教育行政法规的立法程序亦是如此。

教育行政法规草案有两种批准方式：（1）由国务院常务会议审议批准。（2）由国务院总理审批。经审议通过或审定的行政法规，可有两种发布方式：（1）由国务院发布。（2）由国务院批准，国务院主管部门发布。不论采取哪种批准方式或发布形式，都具有同等效力。教育行政法规的上述规范的法定程序为教育行政法规的产生提供了坚实的法律基础，从而保障了教育行政法规的严肃性和权威性。

# 第二节　教育部门规章及地方政府教育规章

按照制定、发布机关的不同，教育规章可分为两类。即由国家教育事业行政主管部门（教育部）制定的教育法律文本称为"部门教育规章"。由省、自治区、直辖市人民政府及省、自治区人民政府所在地的市和经国务院批准的较大的市的人民政府制定的，称地方政府教育规章或简称政府教育规章。

## 一、教育部门规章及地方政府教育规章的性质

教育部门规章及地方政府教育规章都是行政部门依法制定的规范性文本，这在《立法法》中有相关的法律依据。《立法法》第七十三条规定："国务院有关部门认为需要制定行政法规的，应当向国务院报请立项。"《立法法》第九十一条规定："国务院各部、委员会、中国人民银行、审计署和具有行政管理职能的直属机构以及法律规定的机构，可以根据法律和国务院的行政法规、决定、命令，在本部门的权限范围内，制定规章。"无论是教育部门规章还是地方政府教育规章都是教育法律的主要渊源之一，而且这类文本的数量

---

（接上页）行政法规草案应当向社会公布，征求意见，但是经国务院决定不公布的除外。

第七十五条：行政法规起草工作完成后，起草单位应当将草案及其说明、各方面对草案主要问题的不同意见和其他有关资料送国务院法制机构进行审查。

国务院法制机构应当向国务院提出审查报告和草案修改稿，审查报告应当对草案主要问题作出说明。

第七十六条：行政法规的决定程序依照中华人民共和国国务院组织法的有关规定办理。

第七十七条：行政法规由总理签署国务院令公布。

有关国防建设的行政法规，可以由国务院总理、中央军事委员会主席共同签署国务院、中央军事委员会令公布。

第七十八条：行政法规签署公布后，及时在国务院公报和中国政府法制信息网以及在全国范围内发行的报纸上刊载。

在国务院公报上刊登的行政法规文本为标准文本。

也十分庞大，对于教育工作的规范性影响也更加紧密和直接。

（一）教育部门规章的性质

依据《立法法》的前述规定，教育部门规章是国家教育主管部门（包括国务院所属其他部门①，下文同）根据国家相关法律和国务院的行政法规、决定、命令等，在教育主管部门的权限范围内，制定的规范教育事业发展行为的规范性文本。作为管理国家教育工作的教育主管部门，教育部必须依据宪法和国务院的工作安排行使对全国各级各类学校教育和相关教育工作的管理权力，然而教育工作必然是繁多和复杂的，仅仅依靠现有的全国人民代表大会及其常务委员会法律层面和国务院行政法规层面的文本要求，难以应对教育领域中各种具体复杂的事务。因此，为了维护国家的教育利益和促进教育事业更加规范、有效的进步，必须要对各种复杂和具体的教育工作进行规范管理，这就必须要求教育部有制定相应的具有法律意义的规范性文本的权力，这是教育部门规章产生的最为合理的诉求。

（二）地方政府教育规章的性质

地方政府教育规章是各级有权制定教育规章的地方人民政府根据本行政区域行政管理事权，为执行法律、行政法规、地方性法规的规定而制定的具有执行力的规范性文件。地方政府制定教育规章的权力主要来源于两部法律的规定，所以地方政府教育规章的产生是有法可依的。

第一部法律是《中华人民共和国地方各级人民代表大会和地方各级人民政府组织法》②。该法第二条规定：“地方各级人民代表大会是地方国家权力机关。县级以上的地方各级人民代表大会常务委员会是本级人民代表大会的常设机关。地方各级人民政府是地方各级国家权力机关的执行机关，是地方各级国家行政机关。”这些规定明确了地方权力机关和地方政府的性质和权力范围。该法第七十四条规定：“省、自治区、直辖市的人民政

---

① 教育部门规章制定的主体不仅仅是指教育部，也包括国务院其他部门。

② 该法制定后经过了多轮修正：1979 年 7 月 1 日第五届全国人民代表大会第二次会议通过，1979 年 7 月 4 日公布，自 1980 年 1 月 1 日起施行。根据 1982 年 12 月 10 日第五届全国人民代表大会第五次会议《关于修改〈中华人民共和国地方各级人民代表大会和地方各级人民政府组织法〉的若干规定的决定》第一次修正；根据 1986 年 12 月 2 日第六届全国人民代表大会常务委员会第十八次会议《关于修改〈中华人民共和国地方各级人民代表大会和地方各级人民政府组织法〉的决定》第二次修正；根据 1995 年 2 月 28 日第八届全国人民代表大会常务委员会第十二次会议《关于修改〈中华人民共和国地方各级人民代表大会和地方各级人民政府组织法〉的决定》第三次修正；根据 2004 年 10 月 27 日第十届全国人民代表大会常务委员会第十二次会议《关于修改〈中华人民共和国地方各级人民代表大会和地方各级人民政府组织法〉的决定》第四次修正；根据 2015 年 8 月 29 日第十二届全国人民代表大会常务委员会第十六次会议《关于修改〈中华人民共和国地方各级人民代表大会和地方各级人民政府组织法〉、〈中华人民共和国全国人民代表大会和地方各级人民代表大会选举法〉、〈中华人民共和国全国人民代表大会和地方各级人民代表大会代表法〉的决定》第五次修正；根据 2022 年 3 月 11 日第十三届全国人民代表大会第五次会议《关于修改〈中华人民共和国地方各级人民代表大会和地方各级人民政府组织法〉的决定》第六次修正。

府可以根据法律、行政法规和本省、自治区、直辖市的地方性法规，制定规章，报国务院和本级人民代表大会常务委员会备案。设区的市、自治州的人民政府可以根据法律、行政法规和本省、自治区的地方性法规，依照法律规定的权限制定规章，报国务院和省、自治区的人民代表大会常务委员会、人民政府以及本级人民代表大会常务委员会备案。"这就从法律层面上赋予了地方政府制定教育规章的权力。

第二部法律则是《立法法》。《立法法》第九十三条规定："省、自治区、直辖市和设区的市、自治州的人民政府，可以根据法律、行政法规和本省、自治区、直辖市的地方性法规，制定规章。地方政府规章可以就下列事项作出规定：为执行法律、行政法规、地方性法规的规定需要制定规章的事项；属于本行政区域的具体行政管理事项。"地方政府教育规章的制定也在此规定之内。而且，《立法法》还扩大了地方政府制定政府规章的权限，即"应当制定地方性法规但条件尚不成熟的，因行政管理迫切需要，可以先制定地方政府规章。规章实施满两年需要继续实施规章所规定的行政措施的，应当提请本级人民代表大会或者其常务委员会制定地方性法规。没有法律、行政法规、地方性法规的依据，地方政府规章不得设定减损公民、法人和其他组织权利或者增加其义务的规范"。这就为地方政府制定教育规章提供了更大的灵活性，为加强地方政府对教育的管理权力提供了法律保障。

## 二、教育部门规章及地方政府教育规章的法律效力

从上文的分析中，我们可以看出，教育部门规章及地方政府教育规章的法律效力来源于《中华人民共和国宪法》《中华人民共和国地方各级人民代表大会和地方各级人民政府组织法》和《中华人民共和国立法法》。其在我国教育法律体系中的层级决定着教育部门规章及地方政府教育规章具有独特的法律效力。

### （一）教育部门规章的法律效力

教育部门规章的法律效力处于国家相关法律和国务院教育行政法规与地方政府教育规章之间，在教育管理中是连接国家政府和地方政府的桥梁。虽然国家教育主管部门和其他相关部门在行政级别上是相同的（通常被称为"省部级"），但是，前者代表的是国务院在行使教育管理权力，且它所制定的教育规章在中国政府管辖范围内都具有法律效力。因此，教育部门规章的法律效力要高于地方政府教育规章，覆盖面是全国。教育部门规章的内容不得与国家相关法律、国务院教育行政法规及与教育相关的行政法规相抵触。

### （二）地方政府教育规章的法律效力

相比较上述教育部门规章，地方政府教育规章的法律效力仅限于各级人民政府管辖范围内的区域，且不得与国家相关法律、国务院教育行政法规及与教育相关的行政法规、教育部门规章相抵触。由于地方政府也存在多个行政级别，其相应的教育规章的法律效力是逐级降低的，下级的教育规章不得与上级的教育规章相抵触。

### 三、教育部门规章及地方政府教育规章的表现形式

总体来看，无论是教育部门规章还是地方政府教育规章，其文本的表现形式通常都是以法律文本即章、节、条款式的文本形式。但是，在文本的标题上虽然有一定的差别，但大同小异。

**（一）教育部门规章的表现形式**

教育部门规章常用的文本名称为：规定、办法、规程、大纲、标准，等等。虽然表达形式不尽一致，但是其法律效力并无差别。如，《教育系统内部审计工作规定》《新时代高等学校思想政治理论课教师队伍建设规定》《学校食品安全与营养健康管理规定》《教育统计管理规定》《普通高等学校辅导员队伍建设规定》《农村义务教育学生营养改善计划实施办法》《国家语言文字推广基地管理办法》《中央高校建设世界一流大学（学科）和特色发展引导专项资金管理办法》《高等学校出版社管理办法》《校外培训行政处罚暂行办法》《普通高等学校理事会规程（试行）》《高等学校学术委员会规程》《学校艺术教育工作规程》《高等学校实验室工作规程》《特殊教育学校暂行规程》《中小学生预防艾滋病专题教育大纲》《中小学生毒品预防专题教育大纲》《中小学生环境教育专题教育大纲》《国际汉语教学通用课程大纲》《教师数字素养标准》《液压机模型等24项教育行业标准》《教育基础数据标准》《教育系统人员基础数据标准》《中小学校基础数据标准》，等等。

**（二）地方政府教育规章的表现形式**

地方政府教育规章常用的名称为：规定、办法、实施意见等。由其制定的政府采取政府令的形式发布，只在本行政区域内有效。中国地方政府数量庞大，这就决定着各级地方政府制定的教育规章的文本数量必然也十分庞大。因此，很难一一枚举和穷尽所有地方政府教育规章。通常情况下，各级地方政府在其官网上都会有公布，需要了解这些规章的可以在地方政府相应的官网上查阅。这里仅以省（自治区、直辖市）为例，呈现部分地方政府教育规章。例如，《上海市专业技术人员继续教育暂行规定》《上海市中小学教师进修规定》《上海市普通高等学校学生校外实习暂行规定》《内蒙古自治区中小学教师继续教育规定》《内蒙古自治区学校卫生工作条例实施办法》《湖北省全民阅读促进办法》《湖北省教学成果奖励办法》《上海市体育赛事管理办法》，等等。

### 四、教育部门规章及地方政府教育规章的制定程序

《立法法》第九十四条规定："国务院部门规章和地方政府规章的制定程序，参照本法第三章的规定，由国务院规定。"该法第三章用了七条对国务院部门规章和地方政府规章的制定程序作了要求。这在本章前文已经有所述及，这里不再赘述。无论是教育部门规章还是地方政府教育规章，在制定程序上基本相同，但在具体执行时，程序上可能会有细微的差异。我们这里以《上海市人民政府规章制定程序规定》（2018年5月16日上海市人民政府令第6号公布，自2018年7月1日起施行）为例加以说明。该规定的第二条

（适用范围）规定："市政府规章的立项、起草、审查、决定、公布、解释、备案、立法后评估、清理，适用本规定。"由此可见，其政府规章的程序包括"立项、起草、审查、决定、公布、解释、备案、立法后评估、清理"九个环节。地方政府的教育规章的制定当然也要按照这个程序的要求执行。

# 第三节　地方性教育法规

地方性教育法规是依据《立法法》的规定，省、自治区、直辖市的人民代表大会及其常务委员会根据本行政区域的具体情况和实际需要，在不同宪法、法律、行政法规相抵触的前提下制定地方性教育法规。在少数民族自治区则依法制定自治教育条例和教育单行条例、教育规章，这些都被称为地方性教育法规。

## 一、地方性教育法规的性质

《立法法》第八十条规定："省、自治区、直辖市的人民代表大会及其常务委员会根据本行政区域的具体情况和实际需要，在不同宪法、法律、行政法规相抵触的前提下，可以制定地方性法规。"其中涉及教育工作的地方性法规被称为地方性教育法规。地方性教育法规是我国教育法律体系的重要组成部分，且文本数量更加庞大，操作性更强，更能解决我国教育发展的各项工作中所面临的具体难题，是我国依法治教的根基，因此是我国教育法律最为"接地气"的渊源。在我国，各级各类学校教育举办和管理的主体依然是地方政府，即便是高等教育在数量上也是以地方政府举办和管理的学校数量占据绝对多数。这就决定着在我国教育治理过程中，地方政府是依法治教的主体，而各地的教育发展的历史、基础和质量千差万别，地方政府在办理教育过程中必须因地制宜。从这个意义上看，地方性教育法规的可行性和针对性更为重要，也更具有治理价值。

地方性教育法规的制定主体有五个①：（1）省、自治区、直辖市的人民代表大会及其

① 《立法法》对于地方性法规的立法主体作了如下规定：

第八十一条：设区的市的人民代表大会及其常务委员会根据本市的具体情况和实际需要，在不同宪法、法律、行政法规和本省、自治区的地方性法规相抵触的前提下，可以对城乡建设与管理、生态文明建设、历史文化保护、基层治理等方面的事项制定地方性法规，法律对设区的市制定地方性法规的事项另有规定的，从其规定。设区的市的地方性法规须报省、自治区的人民代表大会常务委员会批准后施行。省、自治区的人民代表大会常务委员会应当对报请批准的地方性法规，应当对其合法性进行审查，认为同宪法、法律、行政法规和本省、自治区的地方性法规不抵触的，应当在四个月内予以批准。

省、自治区的人民代表大会常务委员会在对报请批准的设区的市的地方性法规进行审查时，发现其同本省、自治区的人民政府的规章相抵触的，应当作出处理决定。

除省、自治区的人民政府所在地的市，经济特区所在地的市和国务院已经批准的较大的市以外，其他设区的市开始制定地方性法规的具体步骤和时间，由省、自治区的人民代表大会常务委员会综合考虑本省、自治区所辖的设区的市的人口数量、地域面积、经济社会发展情况以及立法需求、立法能力等因素确定，并报全国人民代表大会常务委员会和国务院备案。（转下页）

常务委员会。（2）省、自治区、直辖市的人民政府所在地的城市的人民代表大会及其常务委员会。（3）经济特区所在地的市和国务院已经批准的较大的市人民政府所在地的城市的人民代表大会及其常务委员会。（4）设区的市的人民代表大会及其常务委员会。（5）自治州的人民代表大会及其常务委员会。

由于地方性法规的立法主体不同，其制定的法规所具有法律效力的范围也不同。一个基本原则就是，立法主体的权力管辖范围就是地方性法规法律效力的覆盖范围。例如，省、自治区、直辖市的人民代表大会及其常务委员会制定的地方性法规其法律效力覆盖全省、自治区和直辖市；其他地方性法规的法律效力覆盖范围以此类推。《立法法》第八十三条对此也作了规定，即省、自治区、直辖市和设区的市、自治州的人民代表大会及其常务委员会根据区域协调发展的需要，可以协同制定地方性法规，在本行政区域或者有关区域内实施。

## 二、地方性教育法规的法律效力

《立法法》对地方性法规的法律效力作了规定。该法第八十二条对地方性法规可以立法的事项作出规定如下[①]："（一）为执行法律、行政法规的规定，需要根据本行政区域的实际情况作具体规定的事项；（二）属于地方性事务需要制定地方性法规的事项。"《立法法》的这两款规定实际上就是法定了地方性法规的法律效力，对于地方性教育法规来说也是如此。地方性教育法规的法律效力特点是地域性，即在地方性教育法规属地范围内产生法律效力。具体来说主要包括两个方面。

一是为执行教育法律、教育行政法规的规定，根据本行政区域的教育事业发展的实际情况制定具体规定的事项。例如，《贵阳市职业教育规定》（1999年11月24日贵阳市第十届人民代表大会常务委员会第十六次会议通过，根据2011年1月7日贵州省第十一届人民代表大会常务委员会第二十次会议批准的《贵阳市人民代表大会常务委员会关于修改部分地方性法规的决定》第一次修正）第一条规定："为了实施科教兴市战略，推进职业教育的改革和发展，根据《中华人民共和国职业教育法》和有关法律、法规的规定，结合本市实际，制定本规定。"第二条指出，本规定适用于本市各级各类职业学校教育和各种形式的职业培训。法律、法规另有规定的从其规定。从中可以看出，该规定就是在执行

---

（接上页）自治州的人民代表大会及其常务委员会可以依照本条第一款规定行使设区的市制定地方性法规的职权。自治州开始制定地方性法规的具体步骤和时间，依照前款规定确定。

省、自治区的人民政府所在地的市，经济特区所在地的市和国务院已经批准的较大的市已经制定的地方性法规，涉及本条第一款规定事项范围以外的，继续有效。

① 除本法第十一条规定的事项外，其他事项国家尚未制定法律或者行政法规的，省、自治区、直辖市和设区的市、自治州根据本地方的具体情况和实际需要，可以先制定地方性法规。在国家制定的法律或者行政法规生效后，地方性法规同法律或者行政法规相抵触的规定无效，制定机关应当及时予以修改或者废止。设区的市、自治州根据本条第一款、第二款制定地方性法规，限于本法第八十一条第一款规定的事项。制定地方性法规，对上位法已经明确规定的内容，一般不作重复性规定。

《中华人民共和国职业教育法》和有关法律、法规的规定，同时，在该规定中的各种要求都是针对贵阳市职业教育的实际情况而作出的，所以，该规定的法律效力仅限于贵阳市范围内事关职业教育的各项要求。这些要求不能与贵州省相关规定以及教育部的行政法规和国家的法律相抵触。

二是属于地方性教育事务需要制定地方性教育法规的事项。这是指在某个行政区域内由于教育事务的特殊需要而现行的法律法规中还没有现成文本的情况下所作的规定。由于没有现成的完整的法律法规文本作为直接依据，所以，这类地方性教育法规通常采用模糊的表述，如，"根据有关法律和法规规定"。例如，《济南市农村成人教育若干规定》（2000年7月27日济南市第十二届人民代表大会常务委员会第十五次会议通过）第一条指出："为了加强和发展农村成人教育，提高农村劳动者素质，促进农村经济和社会发展，根据有关法律、法规的规定，结合本市实际，制定本规定。"第二条指出："本规定适用于本市行政区域内的农村成人教育。农村成人教育是对农民、回乡初高中毕业生、专业技术人员、基层干部、企业职工等农村从业人员（以下统称农村从业人员）进行的政治、经济、文化、科学技术、业务知识等方面的教育。"

### 三、地方性教育法规的表现形式

地方性教育法规的文本表现形式通常有三类："条例""规定""办法"。这三种文本的数量都很多。这类文本通常都是为了实施某一部教育法律法规而制定的。这三种地方性教育法规文本虽然形式不一样，但是其在特定行政区域内的法律效力是相同的，相关部门和人员都必须要严格规范执行和遵守。

地方性教育法规中"条例"文本通常是依据上位法而制定的、在本区域内有效的法律文本，是对上位法各项规定的进一步细化，属于规范性、指导性和要求性的法律文本。例如，《山东省义务教育条例》《天津市职业教育条例》《安徽省学前教育条例》《郑州市教育督导条例》《青岛市职业教育条例》《云南省国防教育条例》，等等。很显然，这些文本是根据本区域的实际情况对上位法的具体化要求。这些文本在第一条和第二条的经典表达方式是"第一条　为了×××，根据《×××教育法》等法律、法规，结合本省（×××）实际，制定本条例"。"第二条　在本省（×××）行政区域内实施×××教育及从事相关活动，应当遵守本条例。"从文本的形式上看，与上位法十分相似，但是范围和条款更为具体。地方性教育法规中的"规定"则是对上位教育法律法规和地方性教育"条例"在执行过程中的明确要求。与"办法"这种形式的地方性教育法规相比，其法律效力的刚性更明显，各相关部门在执行过程中职责更为清晰、明确，要求也更加严格，在某些方面的要求有侧重点，其法律效力更接近于上文的"条例"。例如，《辽宁省实施〈中华人民共和国教师法〉若干规定》《云南省实施〈中华人民共和国教师法〉的若干规定》《新疆维吾尔自治区实施〈中华人民共和国教师法〉若干规定》《深圳经济特区实施〈中华人民共和国教师法〉若干规定》，等等。

地方性教育法规中的"办法"则是对实施上位教育法和地方性教育"条例"的具体工作要求，是落实性和执行性的地方性教育法规。例如，《海南省实施〈中华人民共和国职业教育法〉办法》《北京市实施〈中华人民共和国职业教育法〉办法》《四川省〈中华人民共和国义务教育法〉实施办法》《天津市实施〈中华人民共和国义务教育法〉办法》《河南省实施〈中华人民共和国职业教育法〉办法》《云南省实施〈中华人民共和国义务教育法〉办法》《上海市实施〈中华人民共和国义务教育法〉办法》《湖北省实施〈中华人民共和国职业教育法〉办法》，等等。

### 四、地方性教育法规的立法程序

地方性教育法规的立法程序与教育行政法规的立法程序大致相同，这在《立法法》里也有相应的规定①。大致包括：（1）建立工作机制。（2）制定立法规划。（3）寻找上位法。（4）获取全国人民代表大会的授权（确权）。（5）报全国人民代表大会常务委员会批准后生效（报批）。（6）当地人民代表大会通过。（7）公布（宣传）。通过这些立法程序，地方性教育法规获得了合法性，其实施效力就会有保障。

## 第四节　教育相关法规

上文讨论的都是与教育工作直接相关的教育法规，这里所谓的"与教育工作直接相关"的含义是指我们在这些法规的文本的标题上能够看到"教育"二字。这类文本是教育法规的主体，数量多、直接用于对教育工作进行规范。但实际上，在我国的教育法规中，还有很多文本虽然在其标题上没有冠以"教育"，但其内容却涉及对教育工作中某一方面的行为规范，这类依法依规制定的规范性文本，我们将其称为"教育相关法规"。实际上，这类相关的教育法规数量也是十分庞大的。依照上文的分析思路，我们仍然从三个

---

① 《立法法》规定，省、自治区、直辖市和设区的市、自治州可以建立区域协同立法工作机制。

第八十四条：经济特区所在地的省、市的人民代表大会及其常务委员会根据全国人民代表大会的授权决定，制定法规，在经济特区范围内实施。

上海市人民代表大会及其常务委员会根据全国人民代表大会常务委员会的授权决定，制定浦东新区法规，在浦东新区实施。

海南省人民代表大会及其常务委员会根据法律规定，制定海南自由贸易港法规，在海南自由贸易港范围内实施。

第八十五条：民族自治地方的人民代表大会有权依照当地民族的政治、经济和文化的特点，制定自治条例和单行条例。自治区的自治条例和单行条例，报全国人民代表大会常务委员会批准后生效。自治州、自治县的自治条例和单行条例，报省、自治区、直辖市的人民代表大会常务委员会批准后生效。

自治条例和单行条例可以依照当地民族的特点，对法律和行政法规的规定作出变通规定，但不得违背法律或者行政法规的基本原则，不得对宪法和民族区域自治法的规定以及其他有关法律、行政法规专门就民族自治地方所作的规定作出变通规定。

第八十六条：规定本行政区域特别重大事项的地方性法规，应当由人民代表大会通过。

方面开展讨论。

## 一、教育相关行政法规

教育相关行政法规是国务院依照宪法和相关教育法律，为了统筹全国各领域的发展而制定的行政法规。由于教育事业的发展与诸多社会部门之间密切相关，因而在国务院制定的这些行政法规中很多文本都会或多或少地涉及对教育事业发展的要求。虽然这些文本在标题上看不到"教育"，但因为其部分条款涉及各级各类教育工作，因而也是教育法律渊源的重要组成部分。例如，《实施国际著作权条约的规定》（1992 年 9 月 25 日中华人民共和国国务院令第 105 号发布）、《加强对外合作出版管理的暂行规定》（1981 年 10 月 12 日国务院批准）、《违反行政事业性收费和罚没收入收支两条线管理规定行政处分暂行规定》（2000 年 2 月 1 日国务院第 26 次常务会议通过）、《中华人民共和国涉外海洋科学研究管理规定》（1996 年 6 月 18 日中华人民共和国国务院令第 199 号发布）、《国务院关于科学技术拨款管理的暂行规定》（1986 年 1 月 23 日国务院发布）、《国务院关于高级专家退休问题的补充规定》（1986 年 2 月 18 日发布）、《关于实行专业技术职务聘任制度的规定》（1986 年 2 月 18 日国务院发布），等等。

## 二、教育相关部门规章及地方政府规章

教育相关部门规章及地方政府规章，是国务院相关部门和地方政府相关部门依据法律法规制定的一些涉及教育工作的规范性文本。这些文本的标题没有冠以"教育"，但却涉及教育工作的某个方面，因而也是我国的教育法律渊源。教育相关部门规章及地方政府规章中很多文本都是多部门联合发文，这是这类文本的一个特点。例如，《粤港澳大湾区建设、长江三角洲区域一体化发展中央预算内投资专项管理办法》《长江经济带绿色发展专项中央预算内投资管理暂行办法》《行政事业性收费标准管理办法》《国家产业创新中心建设工作指引（试行）》《公共实训基地建设中央预算内投资专项管理办法》《关于支持老工业城市和资源型城市产业转型升级的实施意见》《事业单位国有资产管理暂行办法》《文化事业建设费使用管理办法》《校外培训机构财务管理暂行办法》《关于加强和改善世界遗产保护管理工作的意见》《关于戏曲进校园的实施意见》，等等。

## 三、教育相关地方性法规

教育相关地方性法规是指地方各级有立法权的人民代表大会及其常务委员会制定的与教育工作相关的规范性文件。同样，从文本的形式上看，这些文件的标题没有被冠以"教育"，但其内容涉及教育工作的某个方面并对这些工作进行规范要求。这类文本的特点是数量大、法律效力被严格限定于一定的区域、不得同上位的教育法律、教育行政法规、教育部门规章发生冲突。由于数量庞大，这里只列举几例以示说明。例如，《广东省版权条例》《广东省中医药条例》《广东省突发公共卫生事件应急条例》《广东省全民健身条例》

《西藏自治区网络信息安全管理条例》《西藏自治区乡村振兴促进条例》《西藏自治区国家生态文明高地建设条例》《西藏自治区民族团结进步模范区创建条例》《北京市数字经济促进条例》《北京市公共文化服务保障条例》《北京市知识产权保护条例》《北京市禁毒条例》，等等。

# 第六章  教 育 政 策

教育政策是教育管理中最为常见的一种文本，在我国各级各类学校教育中发挥着特别重要的作用，尤其是在我国教育法律体系不断完善的过程中，教育政策始终发挥着教育法律的作用，因而被大多数学者视为我国教育法律渊源的基本渊源（也有学者称其为"非正式的法律渊源"）。本书也是基于这样的认识和判断对我国的教育政策开展研究。

## 第一节　政策与教育政策的法律渊源性

政策对于中国人来说具有特别的价值和意义，可以说上至最高领导下至平民百姓，每天的日常生活都在与不同的政策打交道，或者说，我们每个人在日常生活中的一言一行都与某项政策有着十分密切的关系。长此以往，政策在中国人的心目中具有独特的地位。教育工作每天也要执行各种教育政策和与教育相关的政策。

### 一、教育政策的内涵

理解"政策"是理解"教育政策"的前提。政策研究涉及多个学科，是一门新兴学科或者研究领域。国内学者关于政策的研究成果十分丰富，既有大量的著作出版，也有大量的学术论文，这说明"政策"作为一个研究对象或领域，其存在的本身就具有多学科的价值，教育政策的价值亦是如此。

### （一）什么是政策？

政策是一个复杂的系统，国内外学者基于不同的视角和价值判断，会作出不同的理解：有人将其作为动词来理解，有人将其作为名词来理解，真可谓见仁见智。以色列学者丹·英博（Dan E. Inbar）等人认为，政策是"一种明确的或者含蓄的单个或者一组决定，它可以制定一些方针（directives）以指导将来的决定，发动或阻止某种行动，或者引导先前决定的实施"。① 国外学者在研究政策内涵时，通常将"政策"与"公共政策"看成同一个概念。"政策科学创始人、美国政治学家拉斯维尔（Harold D. Lasswell）认为：公共

---

① ［以］丹·英博等. 教育政策基础［M］. 史明洁，等译. 北京：教育科学出版社，2003：96.

政策是一项含有目标、价值与策略的大型计划。"① "决策理论研究者安德森米（J. E. Anderson）认为：公共政策是政府的一个有目的的活动过程，而这些活动是由一个或一批行为者为处理某一问题或事务采取的。这一过程是有着明确活动方向的过程，是政府官员的活动过程，是政府实际做的事情而不是政府打算做或将要做的事情，这些事情在形式上可以是积极的，也可以是消极的，并且建立在法律的基础之上，具有相当的权威性。"② 国内学者对政策的理解具有广泛的相似性。例如，"政策是国家、政党为实现一定历史时期的任务和目标而规定的行动依据和准则。政策是党和政府用以规范，引导有关机关团体和个人行动的准则或指南。政策是某一团体组织，无论小如团体，大如国家政府，以及国际组织，为欲达到其自身的种种目的时，就若干可能采取的方法中，择一而决定之方法。……政策是国家、政党为实现一定历史时期的任务和目标而规定的行动准则和行动方向"。③ 也有学者认为 "'政策'一词（也统称为公共政策），从广义上讲，指的是行政决策与法律规定，它是国家政权机关、政党组织及其他社会政治集团为了实现自身所代表的阶级或阶层的利益与意志，以权威形式标准化地对在一定的历史时期内，政府应该达到的奋斗目标、遵循的行动原则、完成的明确任务、实行的工作方式、采取的一般步骤和具体措施所作出的明确规定。政策的实质是阶级利益的观念化、主体化和实践化的反映。从狭义上看，它是除法律条文以外的行政决定，是指国家或者政党为了实现一定历史时期的路线和任务而制定的国家机关或者政党组织的行动准则。我国基本取狭义的定义，但国外则涵盖教育行政、立法以及政治。简言之，政策是指导行政行为的政府规定性文件，而政策学则是以研究政策制定过程及分析影响政策制定因素、策略与方法等为对象的科学。教育政策学现已成为与此描述相似的政策科学研究体系中的一个重要分支学科"。④ 本书采用

---

① 王曙光，李维新，金菊. 公共政策学 [M]. 北京：经济科学出版社，2008：32.
② 王曙光，李维新，金菊. 公共政策学 [M]. 北京：经济科学出版社，2008：32.
③ 刁田丁，兰秉洁等. 政策学 [M]. 北京：中国统计出版社，2000：5.
　刁田丁和兰秉洁等在其编著的《政策学》（中国统计出版社，2000）中对 "政策" 一词的由来作了简要回顾。该书认为，政策概念的形成，要比政策实践滞后得多：西方国家，最初没有 "政策" 一词。现在的英文 Policy（政策）是随近代资本主义的发展，从 Politic（政治）中派生出来的。古代中国也无 "政策" 一词，但有类似相通的概念。例如：（1）策画。[南朝] 梁萧统编选《〈文选·晋纪总论〉注》："每与谋策画，多善。" 意思是为国家大事善于出谋划策。（2）策略。[三国魏] 刘邵撰《人物志·接识》："术谋之人，以思谟为度，故能成策谋之奇。" 意指计策谋略的能力。（3）国策。[西汉] 刘向编《战国策》，记载了当时一些谋臣、策士游说各国时所提出的政治主张和斗争策略。
　中国人使用 "政策" 一词是近代的事。据有关考证，大约在 19 世纪 60 年代末日本明治维新运动期间，由于受西方政治、科技的影响，政策（Policy）一词传到了日本。日本人从汉字中选择了与 Policy 含义相近的 "政" 与 "策" 而加以联用，译为 "政策"，以后又传入中国。中国人写文章公开使用 "政策" 一词的首推梁启超。他在 1899 年写的《戊戌政变记》中记述 "推翻新政" 时说，"按中国之大患，在教育不兴，人才不足，皇上政策首注意于学校教育之事，可谓得其本矣。中国地广人众，非各省府州县遍设学校，不能广造人才，今一切停止，盖不啻秦始皇愚民之政策也"。自此以后，"政策" 一词就在我国的政治生活中逐步流行。
④ 吴遵民. 教育政策学入门 [M]. 上海：上海教育出版社，2010：15.

的是对政策的狭义理解，即政策是指国家或者政党为了实现一定历史时期的路线和任务而制定的行动准则。

### （二）什么是教育政策？

理解了政策的内涵以后，教育政策的含义也就可以迎刃而解了。但实际上，教育理论界对教育政策的理解也不尽一致。有学者认为，"教育政策是公共政策的一种，其本质上是政党、政府和有关组织解决教育问题的一种政治行为，是有关教育的权力和利益的分配规定"①。但大多数学者倾向于将教育政策表述为一个政党和国家为实现一定历史时期的教育发展目标和任务，依据党和国家在一定历史时期的基本任务、基本方针而制定的关于教育的行为准则。国外的学者大多是从广义的政策意义上来理解的，如卡尔·弗雷德里奇认为，教育政策是"在某一特定的环境下，个人、团体或政府有计划的教育活动"②。霍根也认为制定教育政策的主体包括官方主体和非官方主体。官方主体包括："（1）国家层次，如国家元首、国会、政府首脑、执政党、内阁；（2）教育部长、教育主管部门及其下属机构；（3）负责考试、课程设置与发展等活动的其他教育机构；（4）咨询机构；（5）中介组织。非官方的政策制定主体包括各种利益集团、在野政治党派和大众传媒组织。"③我们认为，教育政策的含义可以从政策的含义演绎而来，根据我国《辞海》对政策的诠释，我们可以把教育政策定义为：教育政策是某个政治系统（如政党、国家政府、地方政府等）在特定时期为实现特定的教育发展目标和任务而制定的行为准则并作出的关于教育决策的过程。可见，教育政策既具有静态（政策文本）的一面，也具有动态（决策）的一面，是静态与动态的有机结合，反映了教育政策的稳定性和可变性。

### 二、教育政策的法律渊源性

在我国法学界，关于政策是不是法律渊源一直存在着较大的分歧。之所以很多学者没有将政策纳入法律渊源的主要原因在于政策的产生过程和政策制定的主体不具有法律构成要件。但是，万事都不能绝对地局限于某一个视角，而更为重要的是要看实际期望，遵循实事求是的原则。中华人民共和国成立以来，我国在相当长的时间内立法工作并不规范，滞后于社会需要是最为突出的问题，导致大量法律没有出台。在这样的情况下，国家为了规范各主体的行为，制定了大量的政策，发挥了法律的效力，弥补了立法工作的不足。所以，从这个意义上看，将政策视为我国的法律渊源并不违背法理和原则，反而是中国特色立法体系的一种表现。所以，有学者提出，对于国家政策"应保留但要有所改变。一是仍旧在裁判中可以采纳国家政策，作为说理甚至裁判的依据；二是不再将国家政策直接作为法律渊源，而是采用间接手段利用国家政策而非直接手段；三是对国家政策的制定主体有

---

① 吴遵民. 教育政策学入门 [M]. 上海：上海教育出版社，2010：1.
② 詹姆斯·安德森. 公共决策 [M]. 北京：华夏出版社，1990：225.
③ J. R. Hough. Educational Policy：An International Survey，Groom Helm London & Sydney [M]. New York：Martin Press，1984：18-21.

所限定；四是通过法律原则、习惯替代国家政策的某些作用"。① 可见，国家政策在未来相当长的时间内仍然可以被视为法律渊源之一。

**（一）政策的法律渊源性**

之所以作出政策是一种法律渊源（或者非正式的法律渊源）的判断，主要基于下列缘由：

首先，政策可以发挥法律的效力。在我国，政策具有独特的作用，这一点与西方的所谓民主国家相比表现得尤为突出。我国的政体是人民代表大会制度。中华人民共和国的一切属于人民，人民行使国家权力的机关是全国人民代表大会和地方各级人民代表大会。全国人民代表大会是最高国家权力机关；地方各级人民代表大会是地方国家权力机关。权力机关最重要的权力就是立法权。可见，中国共产党是不具有立法的权力。但是，《宪法》第一条明确规定"社会主义制度是中华人民共和国的根本制度。中国共产党领导是中国特色社会主义最本质的特征"。这就为中国共产党的执政奠定了宪法基础。那么，中国共产党作为执政党在没有立法权的情况下，如何实现"领导"的职责呢？显然，只有通过制定政策来实现这一职责、体现党的意志。我国的政策中主要的和核心的政策来源于中共中央，这些政策的作用在于指导国家政策和立法工作，因而在实际上发挥着法律效力。这种法律效力在党和国家的相关文件中得到了充分体现，如"中国特色社会主义""中国式现代化"等。所以，我们必须维护和尊重这种法律效力。

其次，政策和法律的本质是相通的。政策和法律尽管在制定程序和文本表现形式上不尽一致，但是它们在本质上是一样的。无论是政策还是法律，都是对国家国体和政体的维护。具体到中国来看，政策和法律都是国家治理的工具和手段，它们具有的不同特点②正好可以达到刚柔并济、相互弥补，共同维护广大人民的利益。政策和法律都是国家意志的体现，其目的都是维护国家稳定、促进国家的进步和发展、规范社会行为、实现中华民族伟大复兴。

在我国，政策和法律的产生过程也是相辅相成的。通常情况下，是党和国家先制定政策来管理国家各项事务，经过一定时间的实践证明这些政策是合理的，便可以将这些政策的相关要求梳理归纳成我们所需要的方面，最后通过立法程序将政策转变为法律，这就是我们通常所谓的政策法律化。而法律一旦颁布实施以后，国家又可以依据这些法律来制定具体的政策，更好地落实法律的要求，这就是所谓的法律政策化。所以，如果我们要追问政策和法律谁在先谁在后，对这个问题的回答犹如"鸡和蛋关系"那样困难。这就充分说明，在我国，政策和法律的渊源关系十分密切，甚至从源头上来看已经难以区分。实际上，在我国法律文本中经常出现"政策"的表述，"如技术政策、产业政策、税收政策、残疾人就业优惠政策、价格政策、就业政策、财政政策、社会保险政策、公共政策、计划

---

① 庄建利，张鹏飞. 谈法律渊源中的国家政策去留 [J]. 佳木斯职业学院学报，2020（4）：288.
② 政策的特点是弹性和说理性，而法律的特点则是刚性和威慑性。

生育政策、国家货币政策、民族贸易政策、外汇管制政策、自由贸易政策、文化政策、体育政策、文物政策、航运政策、教育政策，等等，几乎囊括了现有的政策类型，现行法律中涉及的政策条款比我们想象的要多得多"①。

有学者通过研究，认为"通过检索可知，自1979年至2015年2月10日，有95部法律（含《宪法》）247条条文含有'政策'一词，使用频次达295次。分析表明：在历史变迁当中，'政策'的法律地位发生了巨大变化，但是'政策'在法律中的频次并未逐步减少。在法律当中，'政策'分布的特点是范围较广，具有独立于法律之外的规范性。从类型来看，法律当中的'政策'主要有法律政策、法律之中的政策、法律之外的政策和法律之上的政策等。通过分析'政策'的运行结构，发现政策在我国缺乏有效的法律监管。在推进法治中国建设的背景下，政策法治化是当代中国的一个重大课题"②。而且，"截至2018年11月28日，笔者通过北大法宝进行检索，在法律条文中直接运用'国家政策'概念的法律共有18篇，其中现行有效的法律为7篇；在法律条文中运用'政策'概念的法律共有248篇，现行有效的法律共有107篇。此外，在司法实践中也存在运用国家政策作为法律渊源进行裁判的案例。'国家政策的法律地位不容忽视'"③。我们可以作出这样的判断：政策和法律是互为渊源的关系，相互促进、相互弥补。没有政策作为基础，法律就难以产生，同样，没有了法律依据，政策的出台也面临很多困难。

再次，政策和法律文本的构成要件是相同的。从上文对于政策内涵的界定来看，其构成有三个要件：政策制定的主体（政党、政府）、政策制定的目的（实现国家一定历史时期的路线和任务）、政策的表现形式（行为准则和规范，具体表现为一种政策文本）。法律的构成要件也是如此，法律也是由立法主体（全国人民代表大会及其常务委员会、各级地方人大及其常务委员会，各级政府依法制定各种行政法规）、立法目的（实现国家一定历史时期的路线和任务）、法律的表现形式（行为准则和规范，具体表现为一种法律文本）构成。从中可以看出，无论是政策还是法律，其构成要件基本相同。

最后，政策和法律的区分仅具有研究意义。虽然政策与法律之间的关系十分密切，但是这并非意味着我们在研究过程中对政策和法律不进行区分、不承认它们之间的不同特质。从我们掌握的文献来看，西方国家的政策研究者有时候并没有严格区分政策与法律。实际上，这些国家的政策和法律在文本上也确实难以区分，因为在西方国家政府行为的依据就是法律（其文本表现形式为"法案"，很少有类似我国的"政策"这样的文本）。而且，西方不少学者也承认政策的法律特征，如上文提到的政策内涵中，决策理论研究者安

①　刘作翔."法源"的误用——关于法律渊源的理性思考［J］.法律科学（西北政法大学学报），2019（3）：9.

②　彭中礼.政策概念的法规范分析——基于1979—2015年现行有效法律文本的解读［J］.湘江青年法学，2015（2）：48.

③　庄建利，张鹏飞.谈法律渊源中的国家政策去留［J］.佳木斯职业学院学报，2020（4）：288.

德森·米（J. E. Anderson）就认为政策是"建立在法律的基础之上，具有相当的权威性"①。在我国，毕竟存在着政策与法律的制定主体和文本形式等方面的不同，所以，我们在研究政策和法律的时候作适当的区分是十分必要的，但也仅仅局限于研究的价值，即只具有理性价值而非工具价值。

**（二）教育政策是我国教育法律渊源之一**

既然我们已经论证了政策是一种法律渊源，那么，教育政策当然也是教育法律渊源之一了。《宪法》第一百一十五条规定："自治区、自治州、自治县的自治机关行使宪法第三章第五节规定的地方国家机关的职权，同时依照宪法、民族区域自治法和其他法律规定的权限行使自治权，根据本地方实际情况贯彻执行国家的法律、政策。"这充分说明，国家的法律和政策都是"依法行政"的"法"，赋予了相关政策的法律效力。教育是国家行使对教育事业管理的一个重要领域，依据宪法的这个规定，我们非常自然和顺理地得出，国家机关在发展教育中同样可以将教育政策和教育法律同等对待，充分发挥教育政策和教育法律的效力，以推进教育事业发展。从这个意义上看，教育政策属于教育法律渊源是有宪法基础的。

# 第二节 中国共产党的教育政策

中国共产党的教育政策是中国共产党为了实现党的教育方针和完成教育历史使命而制定的教育事业发展的各种教育行为准则。中国共产党历来重视教育在民族进步和社会发展中的特殊作用。中华人民共和国成立70多年以来，除了"文革"时期的"九大"和"十大"之外，在历次全国代表大会的报告中都有关于教育工作的论述和要求。这些要求中，既有关于教育方针的表述，也有对各级各类学校教育以及相关教育的部署和要求，"更确切地说，教育方针是由国家或政党根据一定社会的政治、经济要求提出的，带有法律效力的，关于教育工作的方向、目的、道路的总体规定"②，是党和国家教育政策主要的和最高的渊源，也是重要的教育法律渊源。

## 一、中国共产党的教育方针

中国共产党的教育方针是指"我党在一定历史阶段提出的有关教育事业的总方向和总指针，确定教育事业发展方向，是教育改革发展的指导思想、价值取向和根本要求，是教育基本政策的总概括，是指导整个教育事业发展的战略原则和行动纲领。教育方针的制定和落实，事关国家教育事业发展的战略方向和兴衰成败"③。中国共产党成立以来，几乎

---

① 王曙光，李维新，金菊. 公共政策学 [M]. 北京：经济科学出版社，2008：32.

② 石佩臣. 教育学基础理论 [M]. 北京：教育科学出版社，2018：230.

③ 翟博. 新时代教育工作的根本方针 [N]. 2019-09-16.

在历次全国代表大会的报告中都要提到教育方针，使得党的教育方针具有鲜明的政治性、时代性和方向性。以下我们将按照时间顺序呈现党的教育方针的演变过程。

1921 年 7 月 23 日至 31 日在上海中国共产党举行第一次全国代表大会。其间通过了《中国共产党第一个决议》，在这个简短的决议中，我党也提出了自己的教育方针。决议认为，共产党应成立"运输工人预备学校"和"纺织工人预备学校"等。这些"学校的基本方针是提高工人的觉悟，使他们认识到成立工会的必要"。① 可见，在我党第一次关于教育工作的决议中就提出"学校的基本方针"，体现出我党早期领导人的高瞻远瞩，成为我党教育方针的雏形，为后来党的教育方针的规范和发展奠定了坚实的基础。

1922 年 7 月 16 日至 23 日，中国共产党第二次全国代表大会在上海南成都路辅德里625 号召开。大会期间，在《中国共产党第二次全国代表大会宣言》中提出"改良教育制度，实行教育普及"② 的教育方针。

1923 年 6 月 12 日至 20 日，中国共产党第三次全国代表大会在广州东山恤孤院 31 号（现恤孤院路 3 号）召开。会议分别通过了两个重要文件，即《关于青年运动的决议案》和《关于劳动运动的议决案》。在这两份文件中分别提出了党在党史学习教育方面的工作重点，即"社会主义青年团应以组织及教育青年工人为其重要工作，在出版物上应注意于一般青年实际生活状况及其要求"③。"为养成劳动运动人才起见，在适当地点设立劳动教育机关，以启发工人宣传及组织之知识。"④ 虽然在这两份文件中没有出现"教育方针"的表述，但实际上其就是中国共产党在那个时代的教育方针。

1925 年 1 月 11 日至 22 日，中国共产党第四次全国代表大会在上海召开。大会通过了《对于职工运动之议决案》。该议决案指出：党在"宣传上的政治教育在现时已经非常重要，必须在工人群众中解释中国政治状况及时局变化的意义（根据本党政治机关报及各该地本党党部的议决案），详细说明国民党及民族革命的意义，国民党右、中、左三派的性质及其对于工人阶级的关系；阐明阶级斗争与民族革命的相互关系及职工运动的阶级性，在每个经济斗争中应当指出其与政治斗争的关系；说明工人阶级须有自己阶级的政党——共产党，宣传中国共产党的党纲及策略，以具体的事实证明拥护工人阶级的利益只有共产党；浅显地解释工人阶级及职工运动的世界性及中国工人阶级与世界社会革命的关系"⑤。

① 中国共产党第一个决议（译自中共驻共产国际代表团档案的俄文稿）［EB/OL］．（2012-09-06）［2022-11-17］．https：//fuwu. 12371. cn/2012/09/06/ARTI1346923224214602. shtml.

② 中国共产党第二次全国代表大会宣言［EB/OL］．（2012-09-17）［2022-11-17］．https：//fuwu. 12371. cn/2012/09/17/ARTI1347854076922543_3. shtml.

③ 关于青年运动的决议案［EB/OL］．（2012-09-17）［2022-11-17］．https：//fuwu. 12371. cn/2012/09/17/ARTI1347874196708747. shtml.

④ 关于劳动运动的议决案［EB/OL］．（2012-09-17）［2022-11-17］．https：//fuwu. 12371. cn/2012/09/17/ARTI1347873946066454. shtml.

⑤ 对于职工运动之议决案［EB/OL］．（2012-09-18）［2022-11-17］．https：//fuwu. 12371. cn/2012/09/18/ARTI1347957087550601. shtml.

"灌输劳动常识（注意阶级的意义及阶级斗争的方式，最好取浅近的事实作比喻，力避抽象的理论）；每次小组会应做含有批评的时事报告，以灌输政治常识，引起他们对政治注意。"① 显然，本次大会对教育工作要求的核心就是对工人阶级加强政治教育，提高工人阶级的政治觉悟，这是当时革命的需要，当然也就成为此时党的教育方针。

1927 年 4 月 27 日至 5 月 9 日，中国共产党第五次全国代表大会在武汉召开。会议通过了《对于职工运动议决案》。该议决案指出，"过去工会的教育工作，在提高工人阶级文化程度上多未注意，此项工作，极为重要，在各地方总工会均须有教育委员会的组织，并须极力利用各级政府的教育经费来发展工人教育。在教材的方面，要多注意政治的教育，并须编制劳动教科书，供各地工会应用"②。这个教育方针仍然是强调对工人阶级进行政治教育，同时也关注劳动教育。这是我党历史上在教育方针中首次提到劳动教育。

1928 年 6 月 18 日至 7 月 11 日，中国共产党第六次全国代表大会在莫斯科近郊兹维尼果罗德镇"银色别墅"秘密召开。会议通过了《政治决议案》。在该决议案中，提出了党的教育方针为"加紧党员群众的教育，增加他们的政治程度，有系统地宣传马克思列宁主义，研究中国革命过去几个时期的经验"③。可见，教育方针还是继续强调政治教育，提高党员和群众的政治觉悟。

在抗日战争即将取得胜利的前夜，1945 年 4 月 23 日至 6 月 11 日，中国共产党第七次全国代表大会在延安召开。党的七大一个重大历史性贡献是将毛泽东思想写在了党的旗帜上，确立毛泽东思想为党的指导思想并写入党章。在这次大会上，毛泽东作了七大政治报告——《论联合政府》。这是我党在全国代表大会上第一次由党的领导人作政治报告，开启了党代会作政治报告的先河。此后，历届党代会都有一个政治报告，对上一次党代会进行总结，并对下一次党代会做工作部署。毛泽东同志在《论联合政府》中第一次明确提出了党的教育方针。他指出：中国国民文化和国民教育的宗旨，应当是新民主主义的；就是说，中国应当建立自己的民族的、科学的、人民大众的新文化和新教育。④ 虽然这里没有使用"教育方针"而是使用"教育的宗旨"，其本质含义是一样的。此后，在 1949 年 9 月的《中国人民政治协商会议共同纲领》中有了大致相同的表述："中华人民共和国的文化教育为新民主主义的，即民族的、科学的、大众的文化教育。人民政府的文化教育工作，应以提高人民的文化水平，培养国家建设人才，肃清封建的、买办的、法西斯主义的思想，发展为人民服务的思想为主要任务。"这也是我党教育政策第一次法律化的经典文本和案例。

① 对于职工运动之议决案［EB/OL］.（2012-09-18）［2022-11-17］. https：//fuwu. 12371. cn/2012/09/18/ARTI1347957087550601. shtml.

② 对于职工运动议决案［EB/OL］.（2012-09-20）［2022-11-17］. https：//fuwu. 12371. cn/2012/09/20/ARTI13481126117335429. shtml.

③ 政治决议案［EB/OL］.（2012-09-21）［2022-11-17］. https：//fuwu. 12371. cn/2012/09/21/ARTI1348209824452970. shtml.

④ 毛泽东选集（第三卷）［M］. 北京：人民出版社，1990：1024.

1954 年周恩来总理在政务院的一次会议上的报告《文化教育工作的方针和任务》中提出：中等教育和初等教育，应贯彻全面发展的教育方针……为培养社会主义社会的建设者而奋斗。① 这是中华人民共和国成立后国家领导人对教育方针的第一次表述。中国共产党第八次全国代表大会于 1956 年 9 月 15 日至 27 日在北京政协礼堂召开。在这次党代会上，虽然没有明确提出教育方针，但是刘少奇在《在中国共产党第八次全国代表大会上的政治报告》和周恩来在《关于发展国民经济的第二个五年计划的建议的报告》中都分别设置专题对国家教育发展提出了明确的要求。例如，文化教育事业在整个社会主义建设事业中占有重要的地位。……为了实现我国的文化革命，必须用极大的努力逐步扫除文盲，并且在财政力量许可的范围内，逐步地扩大小学教育，以求在十二年内分区分期地普及小学义务教育。② 在第二个五年计划期间，应该进一步发展高等教育和中等专业教育，并且根据"掌握重点、照顾其他"及需要和可能相结合的方针，进行全面规划。③ 这里出现了"方针"一词，虽然并不是宏观意义上的教育方针，但这也充分说明党对教育事业发展的重视。1957 年 2 月，毛泽东在《关于正确处理人民内部矛盾的问题》中提出：我们的教育方针，应该使受教育者在德育、智育、体育几方面都得到发展，成为有社会主义觉悟的、有文化的劳动者。④ 这是党的最高领导人第一次明确提出"教育方针"并加以完整地表述。此后的中央和国家的文件中都是对这种表述的完善和调整。1958 年 9 月，中共中央、国务院发出的《关于教育工作的指示》中明确提出，"党的教育工作方针，是教育为无产阶级政治服务，教育与生产劳动相结合"⑤。"这是新中国成立后，中央文件中关于教育的表述首次冠以'教育方针'字样。……这一方针于 1978 年正式载入《中华人民共和国宪法》。"⑥ 这是教育政策法律化的又一次体现。

中国共产党第九次全国代表大会于 1969 年 4 月 1 日至 24 日在北京举行。这次大会是在"文革"这个特殊期间召开的，其代表性和政治导向性都存在着严重的错误⑦。在学校教育事业发展方面，《中国共产党第九次全国代表大会上的报告》并未作任何要求，也没有关于教育方针方面的表述。中国共产党第十次全国代表大会于 1973 年 8 月 24 日至

---

① 翟博. 新时代教育工作的根本方针［N］. 中国教育报, 2019-09-16.

② 刘少奇. 中国共产党中央委员会向第八次全国代表大会的政治报告［N］. 人民日报（第一版）, 1956-09-17.

③ 周恩来. 关于发展国民经济的第二个五年计划的建议的报告［EB/OL］.（2012-09-24）［2022-11-18］. https://fuwu. 12371. cn/2012/09/24/ARTI1348470546428983. shtml.

④ 翟博. 新时代教育工作的根本方针［N］. 中国教育报, 2019-09-16.

⑤ 翟博. 新时代教育工作的根本方针［N］. 中国教育报, 2019-09-16.

⑥ 翟博. 新时代教育工作的根本方针［N］. 中国教育报, 2019-09-16.

⑦ 由于当时各地党组织处于瘫痪状态，无法正常进行代表的选举，多数代表由革命委员会同各造反组织的头目协商决定或上级指定，以致很多品质恶劣的帮派骨干、打砸抢分子，林彪、江青一伙的爪牙，成了九大代表。有的人是在确定为九大代表之后，才赶办入党手续，或在赴京列车上突击入党的。相当多的原八届中央委员和候补中央委员处在被审查或监禁中，未能作为代表出席九大，参见 https://fuwu. 12371. cn/2012/06/05/ARTI1338864956453674. shtml。

28 日在北京召开。这次大会是在粉碎林彪反革命集团以后，周恩来主持的中央日常工作，全国各方面形势有了好转的情况下召开的。尽管如此，会议仍然处于"文革"这个特殊时期，在周恩来作的《中国共产党第十次全国代表大会上的报告》也没有提到学校教育工作和教育方针。这两次会议是全国党代会上唯一没有关于学校教育工作的会议，从教育事业发展的角度来看，这两次会议没有什么积极意义，或者说负面意义大于积极意义。

中国共产党第十一次全国代表大会于 1977 年 8 月 12 日至 18 日在北京举行。这次大会是在揭批江青集团进一步深入，各方面工作得以恢复和整顿，广大群众渴望对"文化大革命"及其以前的"左"倾错误进行全面清理、拨乱反正的情况下召开的。华国锋代表中央作了政治报告，在报告中再次强调毛泽东同志提出的教育方针。他在报告中说"我们一定要通过揭批'四人帮'，贯彻落实毛主席的'教育必须为无产阶级政治服务，必须同生产劳动相结合'，'使受教育者在德育、智育、体育几方面都得到发展，成为有社会主义觉悟的有文化的劳动者'的教育方针"[1]。这表明教育事业开始走上正轨。

1981 年 6 月，《中国共产党中央委员会关于建国以来党的若干历史问题的决议》提出，"用马克思主义世界观和共产主义道德教育人民和青年，坚持德智体全面发展、又红又专、知识分子与工人农民相结合、脑力劳动与体力劳动相结合的教育方针"[2]。1982 年 9 月 1 日至 11 日中国共产党第十二次全国代表大会在北京召开。胡耀邦在会议上作了《全面开创社会主义现代化建设的新局面——在中国共产党第十二次全国代表大会上的报告》。在此报告中，"教育"这个关键词出现了 52 次，"学校"这个概念出现了 7 次，给人的感觉是这是一个关于教育工作的报告，而不是全国党代会的政治工作报告。遗憾的是尽管这个报告非常关注学校教育公平，但并未提出教育方针。不过 1982 年通过的《中华人民共和国宪法》规定："国家培养青年、少年、儿童在品德、智力、体质等方面全面发展。"这在很大程度上弥补了十二大在教育方针表述上的不足。

中国共产党第十三次全国代表大会于 1987 年 10 月 25 日至 11 月 1 日在北京举行。赵紫阳代表中央在大会上作了题为《沿着有中国特色的社会主义道路前进——在中国共产党第十三次全国代表大会上的报告》。报告指出："百年大计，教育为本。必须坚持把发展教育事业放在突出的战略位置，加强智力开发。随着经济的发展，国家要逐年增加教育经费，同时继续鼓励社会各方面力量集资办学。要坚持教育为社会主义现代化建设服务的方针，按照实际需要，改善教育结构，提高教育质量，克服教育脱离实际和片面追求升学率

---

① 华国锋. 十一大上的政治报告 [EB/OL]. (2012-09-25) [2022-11-20]. https：//fuwu. 12371. cn/2012/09/25/ARTI1348541192153839. shtml.

② 翟博. 新时代教育工作的根本方针 [N]. 中国教育报，2019-09-16.

的倾向。"① 虽然报告中没有用"教育方针"这个词来表达,但实际上其就是这个时期党的教育方针。

中国共产党第十四次全国代表大会于 1992 年 10 月 12 日至 18 日在北京召开。江泽民同志代表第十三届中央委员会向大会作了题为《加快改革开放和现代化建设步伐　夺取有中国特色社会主义事业的更大胜利》的报告。报告指出,"我们必须把教育摆在优先发展的战略地位,努力提高全民族的思想道德和科学文化水平,这是实现我国现代化的根本大计。要优化教育结构,大力加强基础教育,积极发展职业教育、成人教育和高等教育,鼓励自学成才。各级政府要增加教育投入。鼓励多渠道、多形式社会集资办学和民间办学,改变国家包办教育的做法。各级各类学校都要全面贯彻党的教育方针,全面提高教育质量。各级各类学校都要全面贯彻党的教育方针,全面提高教育质量"②。结合这一段文字上下文的关系,这里的表述应该可以被理解为是这个时期党的教育方针。

1993 年,中共中央、国务院颁布的《中国教育改革和发展纲要》重申了"教育必须为社会主义现代化建设服务,必须与生产劳动相结合,培养德、智、体全面发展的建设者和接班人"的方针。③ 1995 年 3 月,八届全国人大三次会议通过的《中华人民共和国教育法》沿用这一教育方针,但在文字上作了重要修改,除了在"建设者和接班人"前加上了"社会主义事业的"外,还在"德、智、体"后加上了"等方面",反映了在教育方针认识上的深化。至此,我国改革开放新时期的教育方针已完成了法律程序,并被写进了教育的根本大法。④

中国共产党第十五次全国代表大会于 1997 年 9 月 12 日至 18 日在北京召开。江泽民同志代表第十四届中央委员会向大会作了题为《高举邓小平理论伟大旗帜　把建设有中国特色社会主义事业全面推向二十一世纪》的报告。报告明确提出了这个时期党的教育方针,即"认真贯彻党的教育方针,重视受教育者素质的提高,培养德智体等全面发展的社会主义事业的建设者和接班人"⑤。1999 年,《中共中央　国务院关于深化教育改革全面推进素质教育的决定》中,关于人才培养提出了"美"的要求。这样,改革开放新时期的教育方针就表述为"教育必须为社会主义现代化建设服务,必须与生产劳动相结合,培养

①　赵紫阳. 沿着有中国特色的社会主义道路前进——在中国共产党第十三次全国代表大会上的报告 [EB/OL]. (2012-09-25) [2022-11-23]. https: //fuwu. 12371. cn/2012/09/25/ARTI1348562562473415. shtml.

②　江泽民. 加快改革开放和现代化建设步伐　夺取有中国特色社会主义事业的更大胜利——在中国共产党第十四次全国代表大会上的报告 [EB/OL]. (2012-09-26) [2022-12-04]. https: //fuwu. 12371. cn/2012/09/26/ARTI1348641194361954. shtml.

③　翟博. 新时代教育工作的根本方针 [N]. 中国教育报, 2019-09-16.

④　翟博. 新时代教育工作的根本方针 [N]. 中国教育报, 2019-09-16.

⑤　江泽民. 高举邓小平理论伟大旗帜　把建设有中国特色社会主义事业全面推向二十一世纪 [EB/OL]. (2012-09-27) [2022-12-04]. https: //fuwu. 12371. cn/2012/09/27/ARTI1348726215537612. shtml.

德、智、体、美等方面全面发展的社会主义事业建设者和接班人"①。

中国共产党第十六次全国代表大会于 2002 年 11 月 8 日至 14 日在北京召开。江泽民同志代表第十五届中央委员会向大会作了题为《全面建设小康社会 开创中国特色社会主义事业新局面》的报告。报告将党的教育方针表述为"全面贯彻党的教育方针,坚持教育为社会主义现代化建设服务,为人民服务,与生产劳动和社会实践相结合,培养德智体美全面发展的社会主义建设者和接班人"②。

2007 年 10 月 15 日,中国共产党第十七次全国代表大会在北京人民大会堂隆重开幕。胡锦涛代表第十六届中央委员会向大会作了题为《高举中国特色社会主义伟大旗帜 为夺取全面建设小康社会新胜利而奋斗》的报告。报告将党的教育方针表述为"要全面贯彻党的教育方针,坚持育人为本、德育为先,实施素质教育,提高教育现代化水平,培养德智体美全面发展的社会主义建设者和接班人,办好人民满意的教育"③。

2012 年 11 月 8 日,中国共产党第十八次全国代表大会在北京人民大会堂开幕。胡锦涛代表十七届中央委员会向大会作题为《坚定不移沿着中国特色社会主义道路前进 为全面建成小康社会而奋斗——在中国共产党第十八次全国代表大会上的报告》。报告提出党的教育方针是"要坚持教育优先发展,全面贯彻党的教育方针,坚持教育为社会主义现代化建设服务、为人民服务,把立德树人作为教育的根本任务,培养德智体美全面发展的社会主义建设者和接班人"④。2015 年 12 月,全国人大常委会审议通过修改的《中华人民共和国教育法》,将教育方针规定为:"教育必须为社会主义现代化建设服务、为人民服务,必须与生产劳动和社会实践相结合,培养德、智、体、美等方面全面发展的社会主义建设者和接班人。"⑤

中国共产党第十九次全国代表大会于 2017 年 10 月 18 日至 24 日在北京举行。习近平同志代表十八届中央委员会作《决胜全面建成小康社会 夺取新时代中国特色社会主义伟大胜利》的报告。报告将党的教育方针表述为"要全面贯彻党的教育方针,落实立德树人根本任务,发展素质教育,推进教育公平,培养德智体美全面发展的社会主义建设者和接

---

① 翟博. 新时代教育工作的根本方针 [N]. 中国教育报,2019-09-16.

② 江泽民. 全面建设小康社会 开创中国特色社会主义事业新局面——在中国共产党第十六次全国代表大会上的报告 [EB/OL]. (2012-09-27) [2022-12-05]. https://fuwu. 12371. cn/2012/09/27/ARTI1348734708607117. shtml.

③ 胡锦涛. 高举中国特色社会主义伟大旗帜 为夺取全面建设小康社会新胜利而奋斗——在中国共产党第十七次全国代表大会上的报告 [EB/OL]. (2012-06-11) [2022-12-05]. https://fuwu. 12371. cn/2012/06/11/ARTI1339412115437623. shtml.

④ 胡锦涛. 坚定不移沿着中国特色社会主义道路前进,为全面建成小康社会而奋斗——在中国共产党第十八次全国代表大会上的报告 [EB/OL]. (2012-06-11) [2022-12-05]. https://www. 12371. cn/2012/11/17/ARTI1353154601465336_all. shtml.

⑤ 翟博. 新时代教育工作的根本方针 [N]. 中国教育报,2019-09-16.

班人"。① 2021 年 4 月 29 日第十三届全国人民代表大会常务委员会第二十次会议通过的《教育法》将其第五条修改为"教育必须为社会主义现代化建设服务、为人民服务，必须与生产劳动和社会实践相结合，培养德智体美劳全面发展的社会主义建设者和接班人"。

中国共产党第二十次全国代表大会于 2022 年 10 月 16 日至 22 日在北京举行。习近平同志代表十九届中央委员会作《高举中国特色社会主义伟大旗帜　为全面建设社会主义现代化国家而团结奋斗》的报告。报告将党的教育方针表述为"全面贯彻党的教育方针，落实立德树人根本任务，培养德智体美劳全面发展的社会主义建设者和接班人"②。

回顾上述中国共产党对教育方针的表述的历史过程，我们可以看出，我党在教育方针的认识和表述上充分体现出时代性和实践性，目的就是要培养党和国家需要的人才。中华人民共和国成立之前，教育方针的基调是培养政治和革命干部以完成民主主义革命的重任；中华人民共和国成立以后教育方针的基调是培养社会主义建设所需要的人才。具体表述由"劳动者"到"建设者和接班人"，素质要求上由"德智体"到"德智体美"再到"德智体美劳"。这些不同时期的教育方针内涵的表述又在宪法和教育法中得到进一步的体现，实现了教育政策和教育法律的良性互动。

中国共产党制定教育方针的意义就在于加快推进教育现代化、建设教育强国、办好人民满意的教育；培养一代又一代拥护中国共产党领导和社会主义制度、立志为中国特色社会主义事业奋斗终身的有用人才。但如果我们不能正确理解教育方针和科学实施教育方针，我们的学校教育工作就会出现异化，走向教育方针的反面。

## 二、中国共产党的教师发展政策

教师是各级各类学校教育工作得以实施和正常运行的前提和基本保障，离开了教师，学校也就不是学校了。教师的素质和工作态度是学校教育质量的决定性因素。列宁曾说：在任何学校里，最重要的是课程的思想政治方向。这个方向是由什么来决定的呢？它完全决定于讲课者的修养。中国共产党对于教师发展给予了与知识分子同样的重视，在对教师发展的政策中，有相当数量的政策是和知识分子的政策放在一起实施的，这也是中国特色教育政策的表现形式之一。

中华人民共和国成立以后，党中央制定了许多与教师发展相关的政策，其中，2018 年 1 月 20 日，中共中央、国务院颁布的《关于全面深化新时代教师队伍建设改革的意见》是中华人民共和国成立以来，党中央出台的第一个专门面向教师队伍建设的里程碑式政策

---

① 习近平. 决胜全面建成小康社会　夺取新时代中国特色社会主义伟大胜利——在中国共产党第十九次全国代表大会上的报告 [EB/OL]. (2017-10-27) [2022-12-06]. https：//www.12371.cn/2017/10/27/ARTI1509103656574313.shtml.

② 习近平. 高举中国特色社会主义伟大旗帜　为全面建设社会主义现代化国家而团结奋斗——在中国共产党第二十次全国代表大会上的报告 [EB/OL]. (2022-10-25) [2023-01-23]. https：//www.12371.cn/2022/10/25/ARTI1666705047474465.shtml.

文件。该《意见》包括六个方面的内容：坚持兴国必先强师，深刻认识教师队伍建设的重要意义和总体要求；着力提升思想政治素质，全面加强师德师风建设；大力振兴教师教育，不断提升教师专业素质能力；深化教师管理综合改革，切实理顺体制机制；不断提高地位待遇，真正让教师成为令人羡慕的职业；切实加强党的领导，全力确保政策举措落地见效。可以说这项政策是党中央对中华人民共和国成立以来关于教师发展工作的一个总结性集成文件。

除此之外，在诸多党的全国代表大会的政治报告中也会对教师发展和知识分子的成长提出要求。例如，中共十九大报告和二十大报告中就分别提出："加强师德师风建设，培养高素质教师队伍，倡导全社会尊师重教。""加强师德师风建设，培养高素质教师队伍，弘扬尊师重教社会风尚。"除此之外，中共中央关于教师发展的政策还包括：《中共中央关于教育体制改革的决定》（1985 年 5 月 27 日）、《中共中央、国务院关于深化教育改革全面推进素质教育的决定》（1999 年 6 月 13 日）、《中共中央 国务院关于深化教育教学改革全面提高义务教育质量的意见》（2019 年 6 月 23 日），等等。这些教师发展政策对依法促进教师发展、稳定教师队伍、提高教师教书育人工作的积极性等方面发挥了极其重要的作用。

### 三、中国共产党的学生发展政策

学生教育和发展是各级各类学校教育工作的核心，离开了这个核心学校就失去存在的价值。学生是社会中最具有活力、最具有创新精神和最敢于表达自己思想的群体。我党在早期革命时期就一直关注青年学生的发展，中华人民共和国成立之前的党的全国代表大会中都有《关于青年运动之议决案》的文件。1949 年 1 月 1 日，中共中央发布《中国共产党中央委员会关于建立中国新民主主义青年团的决议》。1957 年 11 月 17 日，毛泽东在莫斯科大学大礼堂接见中国留苏学生时勉励广大青年：世界是你们的，也是我们的，但是归根结底是你们的。你们青年人朝气蓬勃，正在兴旺时期，好像早晨八、九点钟的太阳。希望寄托在你们身上。正因为如此，我党特别关注学生的成长和培养，相应地也制定了众多关于学生发展方面的政策。仅仅学前教育阶段，中央就已经出台了一系列政策。如，《中共中央 国务院关于学前教育深化改革规范发展的若干意见》（2018 年 11 月 7 日）、《中共中央、国务院关于加强和改革农村学校教育若干问题的通知》（1983 年 5 月）、《中共中央关于教育体制改革的决定》（1985 年 5 月）、1983 年 9 月，中共中央出台专门文件《关于发展农村幼儿教育的几点意见》，等等。

在党的诸多全国代表大会的政治报告中，通常也都会有关于学生发展方面的基本要求，是党中央关于学生发展的重要政策渊源。除此之外，中共中央关于其他各级各类学校中的学生发展的政策还有很多。例如，中共中央组织部、中共中央宣传部、中共教育部党组《关于进一步加强高校学生党员发展和教育管理服务工作的若干意见》（2013 年 7 月 3 日）、中共中央办公厅、国务院办公厅《关于进一步减轻义务教育阶段学生作业负担和校外培训负担的意见》（2021 年 7 月 24 日）、《中共中央关于加强和改进党的群团工作的意见》（2014 年 12 月 29 日），等等。

### 四、中国共产党的教育投入政策

教育投入对教育事业的发展至关重要。中华人民共和国成立后，国家长期处于经济发展水平较低的状态，再加上受历次政治运动的影响，国家对教育的投入严重不足。改革开放以后，我们突然意识到教育在国家经济、科技、军事等方面培养人才的重要性，国家在经济极度困难的条件下，开始加大对教育的经费投入。"1983 年初，中央要求研究政府教育经费应在国民生产总值中占多大比例，4%的指标借鉴了'教育经费占国民生产总值合理比例研究'的国家课题研究的结论。1993 年 2 月 13 日，中共中央、国务院发布《中国教育改革和发展纲要》，明确'继续完善分级办学、分级管理的体制'，并提出了两个重要指标：国家财政性教育经费支出占国民生产总值的比例，20 世纪末达到 4%。各级财政支出中教育经费所占的比例，'八五'期间逐步提高到全国平均不低于 15%。这是首次在中央政策文件中提出财政性教育经费占国民生产总值的比例达到 4%的教育经费目标。"①
"不久前，教育部相关负责人在新闻发布会上介绍，2019 年，国家财政性教育经费支出首次突破 4 万亿元，年均增长 8.2%；占 GDP 比例为 4.04%，连续 8 年保持在 4%以上。"②

从 1987 年党的十三大开始的每一次党代会上的报告都对教育投入作了明确要求。党的十三大报告的要求是："随着经济的发展，国家要逐年增加教育经费，同时继续鼓励社会各方面力量集资办学。"十四大报告的要求是："各级政府要增加教育投入。鼓励多渠道、多形式社会集资办学和民间办学，改变国家包办教育的做法。"十五大报告的要求是："优化教育结构，加快高等教育管理体制改革步伐，合理配置教育资源，提高教学质量和办学效益。"十六大报告的要求是："加大对教育的投入和对农村教育的支持，鼓励社会力量办学。完善国家资助贫困学生的政策和制度。"十七大报告的要求是："坚持教育公益性质，加大财政对教育投入，规范教育收费，扶持贫困地区、民族地区教育，健全学生资助制度，保障经济困难家庭、进城务工人员子女平等接受义务教育。"十八大报告的要求是："大力促进教育公平，合理配置教育资源，重点向农村、边远、贫困、民族地区倾斜，支持特殊教育，提高家庭经济困难学生资助水平，积极推动农民工子女平等接受教育，让每个孩子都能成为有用之才。鼓励引导社会力量兴办教育。"十九大报告的要求是："健全学生资助制度，使绝大多数城乡新增劳动力接受高中阶段教育、更多接受高等教育。"二十大报告的要求是："加快义务教育优质均衡发展和城乡一体化，优化区域教育资源配置，强化学前教育、特殊教育普惠发展，坚持高中阶段学校多样化发展，完善覆盖全学段学生资助体系。"与此同时，中共中央也出台了一系列文件，如《中共中央关于构建社会主义

---

① 储朝晖. 教育投入，只增不减确保优先［N］. 中国教育报，2021-07-01.
② 张烁. 人民时评：把教育经费的每一分钱用好［N］. 人民日报，2020-12-21.

和谐社会若干重大问题的决定》（2006 年 10 月 11 日）、《关于深化教育体制机制改革的意见》（2017 年 9 月 24 日），等等。

### 五、中国共产党的其他教育政策

除了上述党的教育政策之外，中国共产党制定的教育政策涉及的范围十分广泛，如科普教育政策、继续教育政策、各级各类学校教育政策、立德树人政策、课程思政政策、教育数字化政策，等等。例如，中共中央办公厅 2022 年 1 月 26 日印发的《关于建立中小学校党组织领导的校长负责制的意见（试行）》。这些政策的文本数量众多，内容十分丰富。这里不便一一枚举。这些政策的制定和实施，对于促进我国各级各类教育事业发展发挥了引领和指导作用，其中许多政策的思想和举措在我国教育立法工作中也发挥了引导作用，不少内容被吸收至法律文本之中，成为国家教育法律文本的组成部分，体现了教育政策法律化的立法精神。

## 第三节　国家的教育政策

国家的教育政策是指由各级政府为了实现一定时期的教育任务，依据宪法、教育法律和先前教育政策而制定的行为准则。从层次上看，既有中央政府的教育政策，也有地方各级政府制定的教育政策，从文本数量来看，国家教育政策的数量要比党的教育政策要多、要细、更便于实施。有些重要的教育政策，经常用"中共中央、国务院"联名的形式颁布。从实施的角度来看，国家教育政策是主体、党的政策是指导。

### 一、中央政府的教育政策

国务院是实施教育管理的主体和第一责任人，为了保障教育方针的准确执行，促进教育事业的顺利发展，国务院必须依法制定大量便于实施的教育行为规则，这就是中央政府的教育政策产生的动机。中央政府作为最高国家行政机关，其制定的教育政策具有诸多特点。

#### （一）教育政策覆盖面宽

国家教育政策制定的主体是国务院，其所制定的教育政策是为了满足国家的教育整体发展的需要，中华人民共和国主权范围内的各级各类学校及其管理部门都必须遵守。所以，这些教育政策在内容上必然是覆盖全国范围的，相应的各级各类学校及其管理部门都必须无条件地执行。国家教育政策的文本数量也很庞大，凡是教育事业发展过程中所涉及的方方面面都应该在国家教育政策中找到相应的文本。例如，涉及学前教育的政策（不完全统计）有：《九十年代中国儿童发展规划纲要》（1992 年 2 月 16 日）、《关于幼儿教育改革与发展的指导意见》（2003 年 1 月 27 日）、《关于进一步加强农村教育工作的决定》（2003 年 9 月 17 日）、《国家中长期教育改革和发展规划纲要（2010—2020 年）》（2010

年 7 月 29 日）、《关于当前发展学前教育的若干意见》（2010 年 11 月 21 日）、《关于学前教育深化改革规范发展的若干意见》（2018 年 11 月 7 日），等等。

作为国家教育工作最高主管部门教育部（1985—1998 年被称为国家教育委员会）依据中共中央和国务院的政策，也制定了一系列相应的教育政策。例如，教育部在中共中央和国务院教育政策的指导下制定了一系列学前教育政策。据不完全统计，这些政策包括：《关于进一步办好幼儿学前班的意见》（1986 年 6 月），国家教委等部门《关于加强幼儿教育工作意见》（1988 年 8 月 15 日），《关于改进和加强学前班管理的意见》（1991 年 6 月），《全国幼儿教育事业"九五"发展目标实施意见》（1997 年 7 月 17 日），财政部、教育部《关于加大财政投入支持学前教育发展的通知》（2011 年 9 月 5 日），教育部、国家发展和改革委员会、财政部《关于实施第二期学前教育三年行动计划的意见》（2014 年 11 月），教育部等四部门《关于实施第三期学前教育行动计划的意见》（2017 年 4 月），教育部《"十四五"学前教育发展提升行动计划》（2021 年 12 月 9 日），教育部、国家发展改革委、公安部、财政部等九部门联合印发《"十四五"学前教育发展提升行动计划》（2021 年 12 月 14 日）。这些政策文本虽然不是以国务院的名义颁布，但却是依据国务院的相关政策制定的面向全国的教育政策，因而也是一种国家政策，对相关教育工作具有同样的政策效力。

**（二）教育政策的效力高**

由于国家教育政策制定的主体为国家层面的权力机关，因而其所研制的教育政策的效力也必然是最高的。教育政策制定的目的就是要在教育管理的实际中能够真正发挥作用，使教育政策的实施效果达到政策设计主体所希望达到的目标，这也是对教育政策开展评价的主要依据。我国地域辽阔，各地的经济、文化、科技等方面发展水平的巨大差异决定着各地的教育发展水平也存在着多种多样的差异。这种差异性如果仅仅依靠教育法律的刚性要求往往会对各地的教育产生负面影响，而教育政策的弹性则很好地适应了这种地区差异性的需要，所谓因地制宜即是如此。为此，各地在教育建设过程中，在尊重差异性的基础上，必须要有一个覆盖面宽泛的政策，国家教育政策正好可以满足这样的要求。

**（三）教育政策的长效性**

国家教育政策的上述两种特点决定着其必然具有长效性。虽然教育政策具有弹性的特点，但这并不意味着其可以朝令夕改，而应该具有相对的稳定性，特别是那些涉及与国策密切相关的基础性教育政策更需要有一定的稳定性和长效性。例如，对外开放、保护环境、科教兴国、节约资源等国策，其本身就是一项长期的系统工程，教育事业是其中的重要组成部分，必然需要制定相应的教育政策来适应和落实这些国策。所以，只要这些国策没有发生重大变故，相应的教育政策也不会变化，这就决定着与这些国策相关的教育政策必然具有长效性。

**（四）教育政策的创新性**

教育政策必须及时反映时代发展对教育工作的需要，这正是其弹性的一种表现形式。

教育政策是连接教育理论和教育实践的桥梁，它既要及时有效地将最新的教育理论应用于教育实践，又要及时满足教育实践的需要并有效地解决这些实践问题，因为相比教育实践，教育理论相对稳定。但不论是教育理论还是教育实践，作为教育政策的制定主体都必须要有积极的创新意识并保持适度的创新，使教育政策能够精准解决教育实践中出现的各种难题。

伴随国家国际地位的逐步提升，教育面临的问题不仅是国内的，也有国际的，这是一个民族从式微走向复兴的必然过程。这就需要我们的教育政策既要反映国内的教育需要，也要及时回应国际教育合作与话语权的需要，从而在教育国际化的进程中获得更多的话语权。中央提出要有中国声音、中国方案和中国标准，教育当然也不能熟视无睹，而应该积极作为、顺势而为，这就更需要国家的教育政策必须在保持平稳进步的基础上不断创新。

## 二、地方政府的教育政策

地方政府的教育政策是指各级地方政府依据宪法、教育法律法规和国家教育政策制定的在一定区域内规范教育行为的各种准则，表现为地方政府制定和实施的各种教育文件。地方政府在管理和规范教育行为的过程中面临着大量的具体的甚至棘手的教育实际问题和困难。在依法治教的背景下，当地方政府面对这些现实状况时，主要是通过制定教育政策予以解决。因此，从文本数量来看，地方各级政府制定的教育政策数量极其庞大。相对于国家制定的教育政策，地方各级政府制定的教育政策也有其特点。

### （一）教育政策管辖的从属性

地方政府的教育政策是依据上位政策制定的，因此其效力和要求不能与上位政策相冲突，这是地方政策的根本特点，也是地方政府在制定各自教育政策时必须遵守的基本原则，否则其制定的教育政策就是无效的和非法的。教育是培养人的事业，事关国家和民族的未来前途，相对于其他工作领域，教育工作的意识形态性更强，这是世界各国的通例。教育事业首先要体现国家的意志和目的（例如党的教育方针），因而国家层面的教育政策必然会体现出优先的政策效力，即国家教育政策对地方政府教育政策的影响力、领导力和指导力。地方政府的教育政策必须受制于国家的教育政策，必须接受国家教育政策的指导和规划。

### （二）教育政策效力的属地性

地方政府在行使行政权力的地域范围内制定教育政策，因此，其教育政策范围天然地具有地域性，即地方政府制定教育政策只能在地方政府管辖范围内的区域产生政策效力，不能将甲地的教育政策转移给乙地去实施。但是，甲地的教育政策可以被乙地地方政府在制定教育政策时借鉴和吸收，经过改造以后由乙地的地方政府通过制定乙地的教育政策来实施。这是地方政府相互学习和相互借鉴的工作方式，它不仅是合理的也是合法的，上级政府应该予以鼓励和支持。因为，尽管各地的教育状况不尽一致，但是在国家政策的统一要求下，各地教育的差异性并不是特别巨大。在这种情况下，我们没有必要夸大地区教育之间的差异而制定出为差异而差异的教育政策。

### （三）教育政策内容的多样性

地方政府在制定教育政策时，必须在依据国家教育政策的前提下，结合本地的教育实际因地制宜地制定教育政策。通常情况下，越是基层面临的困境越多、越复杂，形式和内容也丰富多样。这就需要地方政府制定不同的政策加以解决，这是地方教育政策内容和形式多样性的根本原因。也正是地方教育问题的多样和复杂性才能够体现出地方教育政策内容多样性的价值和特色。因为制定教育政策的目的是要解决问题，尤其是地方政府处于教育工作最前线，他们所面临的很多教育问题不仅棘手而且往往是急需尽快解决的，容不得地方政府犹豫和拖延。如果没有及时和有效地制定和实施教育政策，他们将会在实际工作中变得十分被动，也直接影响党和政府在广大人民群众中的形象。所以，从这个意义上看，地方政府不仅工作压力大，而且制定教育政策的压力也很大。

### （四）教育政策指向的创新性

上文已经提到地方政府的教育工作状况，其在教育管理中所面临的问题的复杂性，经常经历的教育问题可能在现有的教育政策中很难找到相应的文本作为依据，但又不能不及时有效地解决这些难题。这就非常考验地方政府尤其是基层地方政府的智慧和胜任力。如何超常发挥智慧和胜任力？唯一的方法就是允许地方政府创造性地制定独特的教育政策。从政策理论上来看，这也符合因地制宜的政策制定原则。只有地方教育政策的内容越丰富，国家的教育政策才更具有鲜活力，才能提高教育政策的有效性。

## 三、教育政策工具的法律效力

政策工具是政府出台的一系列支持社会经济发展的政策措施的统称。简单地说，政策工具是达成政策目标的手段。教育政策工具是达成（实现）教育政策目标手段、方法和措施等多方面的集合、总和（系统）。例如，财政补贴、税收优惠、金融信贷、政府管制、政府采购、公共服务。政策工具是一种直观和形象的说法，并不是通常人们所看见如锤子、刀子、钢笔、炼钢炉等可以直观感受的实物，而是一种促进教育政策更高效力实施的各种手段和方法。其实，政策工具本身也可以被视为一种更为具体的政策，其表现形式也是一种政策文本。比如，为了促进教育事业的发展，需要制定财政补贴的政策工具，而"财政补贴"作为一种政策工具其文本本身不也是一种政策吗？世界教育大国的经验表明，充分有效利用教育政策工具是达到转变政府职能、简政放权、职权法授目的的重要手段，从而实现促进教育公平、提高教育质量和推进终身学习的政策目标。

### （一）教育政策工具研制的主体

教育政策工具研制的主体通常是教育政策制定的主体即政府机关，也就是说教育政策及教育政策工具的制定主体都是政府。这就使得教育政策与教育政策工具具有同样的政策效力。相对而言，教育政策在内容和要求上会更全面系统，并且说理性强，要求也较多。而教育政策工具则是针对教育政策的某一些具体要求所制定的具体对策和手段，目的是使教育政策的各项要求能够真正有效地落实，从而提高政策实施的效率。

### （二）教育政策工具的性质

教育政策工具虽然是教育政策执行的手段，但是其本质上也是一种政策或者更为具体的政策。制定教育政策工具的目的就是加速教育政策的实施速度和效度。可见，教育政策工具的特点与化学反应中的催化剂十分相似，即教育政策工具本身的特质不会发生变化，但有了这个工具的介入后，教育政策在实施过程中的阻力会减少、效果会更理想。国家在制定教育政策的过程中通常会配套研制一些教育政策工具，但是在相当长的一段时间内我们并没有将这些政策工具称之为工具，也没有特别强调要配置这些工具和有意识地去研制这些工具。因此，教育政策工具的提出和研制反映出教育政策的进步，标志着教育政策走向更加科学化的道路，其目的就是帮助教育政策能够更好地实施。

### （三）教育政策与教育政策工具的相互转化

从上文的分析中我们已经作出"教育政策工具也是一种政策"的判断。因此，我们可以由此推断，教育政策与教育政策工具之间可以相互转换。良好的教育政策工具通过组合也可以成为更加成熟的教育政策，同样，下位的教育政策也可以视为上位教育政策的工具。教育政策和教育政策工具都可以通过法律化的过程演变成教育法律，特别是教育政策工具，因其具有可操作性、针对性和实践性，其与教育政策相比，表现出更多的刚性，因而演变成为教育法律的基础更牢、法律化的转化率更高。

## 第四节　教育相关政策

教育相关政策通常是指其制定的主体并非教育主管部门，而是由其他部门制定的与教育工作相关的政策文本，虽然这些政策文本不是以解决教育问题为主要价值取向，但是在这些文本中或多或少地对教育工作提出了直接或间接要求。这类教育相关政策同样对我国各级各类教育事业的发展发挥一定的作用，因此，也是教育政策研究的对象之一。

### 一、国策中的教育政策

"国策"也称为"基本国策"。"基本国策是为了全国各族人民的根本的、长远的、共同的利益而制定的，一个国家的政府和人民必须长期坚持的，在全国范围内推行和执行，从而对国家的长治久安、繁荣昌盛具有重大的战略影响的治国基本政策。"[①] 也可以将其理解为国家执行较长时间，对国计民生有重大影响的基本政策，我国的基本国策是指计划生育、保护环境、耕地保护、科教兴国、对外开放和水土保持。目前官方媒体强调得比较多的国策包括：计划生育、保护环境、对外开放、节约资源、合理利用土地和保护耕地、

① 杨光裕，徐则林.基本国策论——关于基本国策的理论探讨和建议 [J].理论探索，1991（2）：40.

男女平等、水土保持、"一国两制"、科教兴国，等等。

国策的特征决定着其内容的广泛性和系统性，即每一项国策中都包含着国家在很长时期内围绕某个主题集聚举国之力必须完成的任务，所以国策必然是多方面的集合。这些国策大多数情况下需要教育的支持，所以，在这些国策中必然包含着对教育工作的要求，这些要求就是教育政策。例如，对外开放这项国策，必然会涉及我国各级各类教育的国际交流与合作，特别是高等学校，教育的国际交流与合作已经被视为高等学校的功能之一。而为了促进教育的国际交流与合作，国家已经制定并形成了一系列教育政策。

## 二、国家发展规划中的教育政策

改革开放以来，国家为了加快发展进程，制定了一系列发展规划，国务院还改组成立了"国家发展和改革委员会"[1]，其主要职责之一是拟订并组织实施国民经济和社会发展战略、中长期规划和年度计划。牵头组织统一规划体系建设。负责国家级专项规划、区域规划、空间规划与国家发展规划的统筹衔接。目前，我国发展规划主要包括两个方面：五年规划和专项规划。前者已经成为国家各方面事业发展的常规性工作，后者则是根据国内外社会发展的需要制定的针对某一重大领域而制定的规划。例如，《国家中长期人才发展规划纲要（2010—2020年）》《国家"十四五"期间人才发展规划》《国家中长期教育改革和发展规划纲要（2010—2020年）》《国家中长期科技人才发展规划（2010—2020年）》《国家中长期科学和技术发展规划（2021—2035）》，等等。这些规划中，有的规划本身就是为教育工作发展而制定的，如上文中的《国家中长期教育改革和发展规划纲要（2010—2020年）》，在其他重大领域的规划中也会涉及教育工作的要求，这些要求当然也是国家的教育政策的组成部分和教育政策渊源。

## 三、部门政策中的教育相关政策

国务院各部委有权依法制定本部门的政策，这些政策中有些政策也会涉及教育工作。这些部门政策也属于教育的相关政策，这些相关的教育政策是国家教育政策体系的组成部分。例如，国家中医药局等颁布《关于加强新时代中医药人才工作的意见》（2022年4月8日）、财政部颁布《关于加强新时代注册会计师行业人才工作的指导意见》（2022年6月22日）。有些部门甚至在研制政策过程中会联合教育部门共同参加，这就是我们经常见

---

① 国家发展和改革委员会的前身，可以追溯到成立于1952年的国家计划委员会。1954年，一届全国人大一次会议决定成立国务院，随后设立国家计划委员会。1970年，国家计划委员会、国家经济委员会、劳动部、物资部、国家统计局等8个单位合组成新的国家计划委员会。1998年，国家计划委员会更名为国家发展计划委员会，为国务院组成部门。

2003年3月，十届全国人大一次会议审议通过国务院机构改革方案，决定将国家发展计划委员会改组为国家发展和改革委员会，不再保留国家经济贸易委员会、对外贸易经济合作部。参见《2003年国务院机构改革的情况》，载中华人民共和国中央人民政府官网，https：//www.gov.cn/test/2009-01/16/content_1207006.htm，2020年3月19日访问。

到的多部门联合发布的政策文本。例如，科技部、教育部、工业和信息化部、财政部、水利部、农业农村部、国家卫生健康委、中国科学院八部门联合印发的《关于开展科技人才评价改革试点的工作方案》（2022 年 9 月 23 日）；国家发展改革委、教育部、工业和信息化部、财政部、人力资源社会保障部、自然资源部、中国人民银行、国务院国资委八部门印发的《职业教育产教融合赋能提升行动实施方案（2023—2025 年）》（2023 年 6 月 8 日），等等。这些政策虽然不一定都是针对学校教育工作制定的专门政策，但是却对学校教育工作产生直接或间接影响，它们都是国家政策的组成部分，对于各级各类学校教育工作来说都应当予以重视并认真遵守。

# 第七章 教育司法解释和指导性案例

司法解释和指导性案例是基于实际司法的需要而形成的一种法律文本形式，由于其是国家有权机关依据法律作出的具有普遍司法效力的解释，因而从司法的角度来看，也是一种法律渊源。在我国，通常将司法解释理解为国家最高司法机关在适用法律过程中对具体应用法律问题所作的解释，包括审判解释和检察解释两种。审判解释是指最高人民法院对审判工作中具体应用法律问题所作的解释；而检察解释则是指最高人民检察院对检察工作中具体应用法律问题所作的解释。它们分别对各级人民法院的审判和各级人民检察院具有约束力。

依据《最高人民法院关于案例指导工作的规定》（2010 年 11 月 26 日，法发〔2010〕51 号）认为，"本规定所称指导性案例，是指裁判已经发生法律效力，并符合以下条件的案例：社会广泛关注的；法律规定比较原则的；具有典型性的；疑难复杂或者新类型的；其他具有指导作用的案例"。指导性案例在我国分为三种，分别由最高人民法院、最高人民检察院和公安部发布，已在司法实践中应用。关于指导性案例是否属于法律渊源目前还存在着不同的意见，有人主张不作为法律渊源，也有人主张可以视为非正式的法律渊源，但也有不少学者和司法工作者则认为指导性案例是一种法律渊源，其法律效力等同于司法解释。本书一直基于司法实践的角度理解法律渊源的内涵，因此，我们将司法解释和指导性案例都视为法律渊源，教育司法解释和指导性案例也都是教育法律渊源。

## 第一节 教育司法解释

司法解释对于司法机关和司法第一线的法官具有十分重要的价值。因为"司法机关无法通过主观上宣告自己的文件具有法律效力，就使得其具备客观的法律效力。所以，司法解释要成为具有拘束力的裁判依据，还得从立法中寻找授权。事实上，1981 年的《全国人民代表大会常务委员会关于加强法律解释工作的决议》《立法法》第 104 条和《法院组织法》第 18 条、《检察院组织法》第 23 条都明确赋予最高司法机关解释制定法的权力。……司法解释在裁判文书中不能被单独引用，而需要与被它解释的法律条款一起引用"。① 这就增强了司法解释的法律效力，将其视为法律渊源就具有了更加充分的依据了。

## 一、教育的审判解释

审判解释是指由最高人民法院对审判工作中具体应用法律问题所作的解释，其中涉及与教育工作相关的解释属于教育的审判解释。截至 2022 年 4 月，最高人民法院在其官方网站上公布了一系列教育审判解释文本（见表 7-1）。

表 7-1 **最高人民法院教育审判解释文本一览**

| 序号 | 教育审判解释文本名称 | 发布时间 |
|---|---|---|
| 1 | 最高人民法院关于第一审知识产权民事、行政案件管辖的若干规定 | 2022-04-21 17：45：14 |
| 2 | 最高人民法院关于审理侵害植物新品种权纠纷案件具体应用法律问题的若干规定（二） | 2021-07-05 22：07：34 |
| 3 | 最高人民法院明确知识产权侵权诉讼中滥用权利的原告赔偿被告合理开支问题 | 2021-06-03 09：12：20 |
| 4 | 最高人民法院出台知识产权惩罚性赔偿司法解释依法惩处严重侵害知识产权行为 | 2021-03-03 17：38：22 |
| 5 | 最高人民法院《关于审理侵犯专利权纠纷案件应用法律若干问题的解释（二）》等十八件知识产权类司法解释的决定 | 2020-12-31 18：56：59 |
| 6 | 最高人民法院关于适用《中华人民共和国民法典》婚姻家庭编的解释（一） | 2020-12-30 21：20：44 |
| 7 | 最高人民法院关于适用《中华人民共和国民法典》继承编的解释（一） | 2020-12-30 21：20：00 |
| 8 | 最高人民法院关于知识产权民事诉讼证据的若干规定 | 2020-11-16 22：33：03 |
| 9 | 最高人民法院关于涉网络知识产权侵权纠纷几个法律适用问题的批复 | 2020-09-13 16：35：31 |
| 10 | 最高人民法院关于审理涉电子商务平台知识产权民事案件的指导意见 | 2020-09-13 16：37：08 |
| 11 | 最高人民法院关于办理侵犯知识产权刑事案件具体应用法律若干问题的解释（三） | 2020-09-13 10：50：21 |
| 12 | 最高人民法院关于审理专利授权确权行政案件适用法律若干问题的规定（一） | 2020-09-11 20：12：55 |

① 雷磊. 重构"法的渊源"范畴 [J]. 中国社会科学，2021（6）：163-164.

| 序号 | 教育审判解释文本名称 | 发布时间 |
|---|---|---|
| 13 | 最高人民法院关于办理组织考试作弊等刑事案件适用法律若干问题的解释 | 2019-09-03 15：25：54 |
| 14 | 最高人民法院关于技术调查官参与知识产权案件诉讼活动的若干规定 | 2019-04-26 09：00：10 |
| 15 | 最高人民法院关于知识产权法庭若干问题的规定 | 2018-12-28 19：41：10 |
| 16 | 最高人民法院关于审查知识产权纠纷行为保全案件适用法律若干问题的规定 | 2018-12-13 10：35：35 |
| 17 | 最高人民法院关于办理组织、强迫、引诱、容留、介绍卖淫刑事案件适用法律若干问题的解释 | 2017-07-23 16：00：51 |
| 18 | 最高人民法院关于审理拐卖妇女儿童犯罪案件具体应用法律若干问题的解释 | 2016-12-22 17：13：17 |
| 19 | 最高人民法院关于审理侵犯专利权纠纷案件应用法律若干问题的解释（二） | 2016-03-22 14：09：00 |
| 20 | 最高人民法院关于北京、上海、广州知识产权法院案件管辖的规定 | 2014-10-31 12：53：20 |
| 21 | 最高人民法院关于依法处理监护人侵害未成年人权益行为若干问题的意见 | 2014-12-23 18：53：43 |
| 22 | 最高人民法院关于对因资不抵债无法继续办学被终止的民办学校如何组织清算问题的批复 | 2011-01-07 19：17：00 |
| 23 | 最高人民法院关于对被监禁或被劳动教养的人提起的民事诉讼如何确定案件管辖问题的批复 | 2010-12-15 18：47：00 |
| 24 | 最高人民法院关于办理侵犯知识产权刑事案件具体应用法律若干问题的解释（二） | 2010-06-09 19：08：00 |
| 25 | 最高人民法院关于审理未成年人刑事案件具体应用法律若干问题的解释 | 2010-06-03 17：42：00 |
| 26 | 最高人民法院关于审理侵犯专利权纠纷案件应用法律若干问题的解释 | 2010-01-29 23：06：00 |

资料来源：最高人民法院网站，https：//www.court.gov.cn/fabu/gengduo/16.html。

从表7-1中，我们可以看出，在最高人民法院官网公布的司法解释文本中，至少有26项文本与教育工作相关，我们将其视为教育司法解释。这些教育司法解释对于处理教育工作中的各种法律争议发挥着相关法律的效力。例如，最高人民法院的《最高人民法院关于对因资不抵债无法继续办学被终止的民办学校如何组织清算问题的批复》指出："依照《中华人民共和国民办教育促进法》第九条批准设立的民办学校因资不抵债无法继续办学被终止，当事人依照《中华人民共和国民办教育促进法》第五十八条第二款规定向人民法院申请清算的，人民法院应当依法受理。人民法院组织民办学校破产清算，参照适用《中华人民共和国企业破产法》规定的程序，并依照《中华人民共和国民办教育促进法》第五十九条规定的顺序清偿。"① 依据该司法解释，如果民办教育在出现类似情况时基层人民法院就可以对其进行裁决。

## 二、教育的检察解释

教育的检察解释是指最高人民检察院对教育检察工作中具体应用法律问题所作的解释。教育的检察解释对各级人民检察院在对教育检察工作中具有约束力。教育检察解释与教育审判解释都是国家有权机关所作的司法解释，因此，它们的法律效力是等同的，在教育的实际司法中都可以被视为教育法律渊源而发生相应的效力。从最高人民检察院的网站公布的检察解释中，教育检察解释的文本并不多，表7-2是从中选取的有关教育检察解释的所有文本。

表 7-2　　　　　　　　　　最高人民检察院教育检察解释文本一览

| 序号 | 教育审判解释文本名称 | 发布时间 |
| --- | --- | --- |
| 1 | 最高人民法院　最高人民检察院关于办理侵犯知识产权刑事案件适用法律若干问题的解释（征求意见稿） | 2023-01-18 |
| 2 | 最高人民检察院　教育部　公安部关于建立教职员工准入查询性侵违法犯罪信息制度的意见 | 2021-06-29 |
| 3 | 最高人民法院　最高人民检察院　公安部　司法部关于依法严惩利用未成年人实施黑恶势力犯罪的意见 | 2020-04-23 |
| 4 | 最高人民法院　最高人民检察院关于办理组织考试作弊等刑事案件适用法律若干问题的解释 | 2019-09-02 |
| 5 | 最高人民检察院关于全面加强未成年人国家司法救助工作的意见 | 2018-03-06 |
| 6 | 最高人民检察院关于对涉嫌盗窃的不满十六周岁未成年人采取刑事拘留强制措施是否违法问题的批复 | 2013-08-09 |

资料来源：最高人民法院网站，https：//www. spp. gov. cn/spp/gjgb/index. shtml。

---

① 最高人民法院. 关于对因资不抵债无法继续办学被终止的民办学校如何组织清算问题的批复（2010 年 12 月 16 日最高人民法院审判委员会第 1506 次会议通过，法释〔2010〕20 号）［EB/OL］. (2010-12-29)［2022-10-11］. https：//www. court. gov. cn/fabu/xiangqing/2032. html.

从表 7-2 中，我们可以看出，目前我国教育检察解释的文本数量有限，但是在最高人民检察院的主页上公布的这些文本对于学校教育中的司法活动还是很有价值的。例如，从文本的形式来看，《最高人民检察院 教育部 公安部关于建立教职员工准入查询性侵违法犯罪信息制度的意见》就是一部完整的法律文本①。这样的规范性文本对于司法工作来

① 第一章 总 则

第一条 为贯彻未成年人特殊、优先保护原则，加强对学校教职员工的管理，预防利用职业便利实施的性侵未成年人违法犯罪，根据《中华人民共和国刑法》《中华人民共和国刑事诉讼法》《中华人民共和国未成年人保护法》《中华人民共和国治安管理处罚法》《中华人民共和国教师法》《中华人民共和国劳动合同法》等法律，制定本意见。

第二条 最高人民检察院、教育部与公安部联合建立信息共享工作机制。教育部统筹、指导各级教育行政部门及教师资格认定机构实施教职员工准入查询制度。公安部协助教育部开展信息查询工作。最高人民检察院对相关工作情况开展法律监督。

第三条 本意见所称的学校，是指中小学校（含中等职业学校和特殊教育学校）、幼儿园。

第二章 内容与方式

第四条 本意见所称的性侵违法犯罪信息，是指符合下列条件的违法犯罪信息，公安部根据本条规定建立性侵违法犯罪人员信息库：

（一）因触犯刑法第二百三十六条、第二百三十七条规定的强奸，强制猥亵，猥亵儿童犯罪行为被人民法院依法作出有罪判决的人员信息；

（二）因触犯刑法第二百三十六条、第二百三十七条规定的强奸，强制猥亵，猥亵儿童犯罪行为被人民检察院根据刑事诉讼法第一百七十七条第二款之规定作出不起诉决定的人员信息；

（三）因触犯治安管理处罚法第四十四条规定的猥亵行为被行政处罚的人员信息。

符合刑事诉讼法第二百八十六条规定的未成年人犯罪记录封存条件的信息除外。

第五条 学校新招录教师、行政人员、勤杂人员、安保人员等在校园内工作的教职员工，在入职前应当进行性侵违法犯罪信息查询。

在认定教师资格前，教师资格认定机构应当对申请人员进行性侵违法犯罪信息查询。

第六条 教育行政部门应当做好在职教职员工性侵违法犯罪信息的筛查。

第三章 查询与异议

第七条 教育部建立统一的信息查询平台，与公安部部门间信息共享与服务平台对接，实现性侵违法犯罪人员信息核查，面向地方教育行政部门提供教职员工准入查询服务。

地方教育行政部门主管本行政区内的教职员工准入查询。

根据属地化管理原则，县级及以上教育行政部门根据拟聘人员和在职教职员工的授权，对其性侵违法犯罪信息进行查询。

对教师资格申请人员的查询，由受理申请的教师资格认定机构组织开展。

第八条 公安部根据教育部提供的最终查询用户身份信息和查询业务类别，向教育部信息查询平台反馈被查询人是否有性侵违法犯罪信息。

第九条 查询结果只反映查询时性侵违法犯罪人员信息库里录入和存在的信息。

第十条 查询结果告知的内容包括：

（一）有无性侵违法犯罪信息；

（二）有性侵违法犯罪信息的，应当根据本意见第四条规定标注信息类型；

（三）其他需要告知的内容。

第十一条 被查询人对查询结果有异议的，可以向其授权的教育行政部门提出复查申请，由教育行政部门通过信息查询平台提交申请，由教育部统一提请公安部复查。（转下页）

说十分便利。这更进一步说明检察解释的法律渊源性。

## 第二节　教育指导性案例

关于指导性案例的定义，目前学界并无确切的观点。通常情况下，我们可以大致将指导性案例理解为国家有权力机关（最高人民法院、最高人民检察院和公安部）将我国的成文法运用到典型案件上的案例。这些权力机关通过梳理和选择，将一些具有典型性、代表性和可操作性的审判案例在一定的程序基础上予以公布，供各级司法机关和执法机构在行使各自权力时参照执行。2010 年 7 月和 11 月，最高人民检察院和最高人民法院先后在各自系统内颁布了《最高人民检察院关于案例指导工作的规定》和《最高人民法院关于案例指导工作的规定》。标志着指导性案例在我国实际司法中使用的合法性。《〈最高人民法院关于案例指导工作的规定〉实施细则》（2015 年 6 月 2 日最高人民法院公布）在第二条中对指导性案例作了描述性的界定，即"指导性案例应当是裁判已经发生法律效力，认定事实清楚，适用法律正确，裁判说理充分，法律效果和社会效果良好，对审理类似案件具有普遍指导意义的案例"。《最高人民检察院关于案例指导工作的规定》（2010 年 7 月 29 日最高人民检察院第十一届检察委员会第四十次会议通过，2015 年 12 月 9 日最高人民检察院第十二届检察委员会第四十四次会议修订）第二条指出："指导性案例应当符合以下条件：案件处理结果已经发生法律效力；案件办理具有良好法律效果与社会效果；在事实

---

（接上页）第四章　执行与责任

第十二条　学校拟聘用人员应当在入职前进行查询。对经查询发现有性侵违法犯罪信息的，教育行政部门或学校不得录用。在职教职员工经查询发现有性侵违法犯罪信息的，应当立即停止其工作，按照规定及时解除聘用合同。

教师资格申请人员取得教师资格前应当进行教师资格准入查询。对经查询发现有性侵违法犯罪信息的，应当不予认定。已经认定的按照法律法规和国家有关规定处理。

第十三条　地方教育行政部门未对教职员工性侵违法犯罪信息进行查询，或者经查询有相关违法犯罪信息，地方教育行政部门或学校仍予以录用的，由上级教育行政部门责令改正，并追究相关教育行政部门和学校相关人员责任。

教师资格认定机构未对申请教师资格人员性侵违法犯罪信息进行查询，或者未依法依规对经查询有相关违法犯罪信息的人员予以处理的，由上级教育行政部门予以纠正，并报主管部门依法依规追究相关人员责任。

第十四条　有关单位和个人应当严格按照本意见规定的程序和内容开展查询，并对查询获悉的有关性侵违法犯罪信息保密，不得散布或者用于其他用途。违反规定的，依法追究相应责任。

第五章　其他规定

第十五条　最高人民检察院、教育部、公安部应当建立沟通联系机制，及时总结工作情况，研究解决存在的问题，指导地方相关部门及学校开展具体工作，促进学校安全建设和保护未成年人健康成长。

第十六条　教师因对学生实施性骚扰等行为，被用人单位解除聘用关系或者开除，但其行为不属于本意见第四条规定情形的，具体处理办法由教育部另行规定。

第十七条　对高校教职员工以及面向未成年人的校外培训机构工作人员的性侵违法犯罪信息查询，参照本意见执行。

第十八条　各地正在开展的其他密切接触未成年人行业入职查询工作，可以按照原有方式继续实施。

认定、证据采信、法律适用、政策掌握等方面对办理类似案件具有指导意义。"

指导性案例作为我国一种特殊形式的法律文本，其目的就在于对司法工作的指导。"指导性案例制度是一种法律适用制度，指导性案例是司法性质的，而非立法性质的，其目的是为了指导司法工作，为司法机关提供权威建议和指导，从而保障我国司法领域法律适用的统一性。"① 指导性案例也称为案例指导制度，其"在中国成为统一司法尺度的最佳方案，主要是因为案例具有广泛的适用性，案例指导制度可以补足法律的漏洞或缺陷，案例指导制度中的案例通过创制规则能更好地应对司法实践问题，案例体系可以通过增补、调整而不断进化发展"。② "在中国实行的案例指导制度是指以制定法为主、以案例指导为辅，并在不影响制定法作为主要法律渊源的前提下，借鉴判例法的一些具体做法。"③ "指导性案例作为当代中国的一种法源类型，不仅在理论上成立，而且也具备重要的现实意义以及相当程度的可行性。"④我国实务界和理论界达成了共识，认为指导性案例具有准法源地位，应当对法官产生事实上的拘束力。⑤ 所以，我们在研究指导性案例时务必要把握住这个"辅"字，在承认其为一种法律渊源的同时不能喧宾夺主。我国目前的"指导性案例"分为三种，分别由最高人民法院、最高人民检察院和公安部发布，已在司法实践中应用。下文将从这三个方面就教育的指导性案例进行分析。

## 一、最高人民法院的教育指导性案例

截至 2023 年 1 月 11 日，最高人民法院在其官方网站已经发布了 37 批指导性案例，案例数为 211 个。从中我们梳理出 3 个教育指导性案例（见表 7-3）。

表 7-3　　　　　　　　　　最高人民法院的教育指导性案例一览

| 案例编号 | 案例名称 | 案例发布时间 |
| --- | --- | --- |
| 指导案例 38 号 | 田某诉北京科技大学拒绝颁发毕业证、学位证案 | 2014-12-25 |
| 指导案例 39 号 | 何某强诉华中科技大学拒绝授予学位案 | 2014-12-25 |
| 指导案例 124 号 | 中国防卫科技学院与联合资源教育发展（燕郊）有限公司执行监督案 | 2020-01-14 |

资料来源：根据最高人民法院网站"权威发布"中案例整理而成，https：//www.court.gov.cn/fabu.html。

---

① 向前，沈振甫. 论刑事指导性案例的法律监督［J］. 犯罪研究，2022（3）：67.

② 刘作翔，徐景和. 案例指导制度的理论基础［J］. 法学研究，2006（3）：34.

③ 刘作翔. 案例指导制度的定位及相关问题［J］. 苏州大学学报（哲学社会科学版），2011（4）：25.

④ 孙跃. 指导性案例何以作为法律渊源？——兼反思我国法源理论与法源实践之关系［J］. 南大法学，2021（1）：151.

⑤ 陶文婷. 论我国指导性案例的生成机制——以刑事审判为考察视角［J］. 南海法学，2022（5）：44.

以下从裁判要点、相关法条、裁判结果分别对三个教育指导性案例作简要介绍。

**(一) 指导案例 38 号：田某诉北京科技大学拒绝颁发毕业证、学位证案**（最高人民法院审判委员会讨论通过，2014 年 12 月 25 日发布，https：//www. court. gov. cn/shenpan/xiangqing/13222. html）

1. 裁判要点

(1) 高等学校对受教育者因违反校规、校纪而拒绝颁发学历证书、学位证书，受教育者不服的，可以依法提起行政诉讼。

(2) 高等学校依据违背国家法律、行政法规或规章的校规、校纪，对受教育者作出退学处理等决定的，人民法院不予支持。

(3) 高等学校对因违反校规、校纪的受教育者作出影响其基本权利的决定时，应当允许其申辩并在决定作出后及时送达，否则视为违反法定程序。

2. 相关法条

(1)《中华人民共和国行政诉讼法》第二十五条。

(2)《中华人民共和国教育法》第二十一条、第二十二条。

(3)《中华人民共和国学位条例》第八条。

3. 裁判结果

北京市海淀区人民法院于 1999 年 2 月 14 日作出〔1998〕海行初字第 00142 号行政判决：一、北京科技大学在本判决生效之日起 30 日内向田某颁发大学本科毕业证书；二、北京科技大学在本判决生效之日起 60 日内组织本校有关院、系及学位评定委员会对田某的学士学位资格进行审核；三、北京科技大学于本判决生效后 30 日内履行向当地教育行政部门上报有关田某毕业派遣的有关手续的职责；四、驳回田某的其他诉讼请求。北京科技大学提出上诉，北京市第一中级人民法院于 1999 年 4 月 26 日作出〔1999〕一中行终字第 73 号行政判决：驳回上诉，维持原判。

**(二) 指导案例 39 号：何某强诉华中科技大学拒绝授予学位案**（最高人民法院审判委员会讨论通过 2014 年 12 月 25 日发布，https：//www. court. gov. cn/shenpan/xiangqing/13223. html）

1. 裁判要点

(1) 具有学位授予权的高等学校，有权对学位申请人提出的学位授予申请进行审查并决定是否授予其学位。申请人对高等学校不授予其学位的决定不服提起行政诉讼的，人民法院应当依法受理。

(2) 高等学校依照《中华人民共和国学位条例暂行实施办法》的有关规定，在学术自治范围内制定的授予学位的学术水平标准，以及据此标准作出的是否授予学位的决定，人民法院应予支持。

2. 相关法条

(1)《中华人民共和国学位条例》第四条、第八条第一款。

（2）《中华人民共和国学位条例暂行实施办法》第二十五条。

3. 裁判结果

湖北省武汉市洪山区人民法院于 2008 年 12 月 18 日作出〔2008〕洪行初字第 81 号行政判决，驳回原告何某强要求被告华中科技大学为其颁发工学学士学位的诉讼请求。湖北省武汉市中级人民法院于 2009 年 5 月 31 日作出〔2009〕武行终字第 61 号行政判决，驳回上诉，维持原判。

**（三）指导案例 124 号：中国防卫科技学院与联合资源教育发展（燕郊）有限公司执行监督案**（最高人民法院审判委员会讨论通过，2019 年 12 月 24 日发布，https：//www.court. gov. cn/fabu/xiangqing/216861. html）

1. 裁判要点

申请执行人与被执行人对执行和解协议的内容产生争议，客观上已无法继续履行的，可以执行原生效法律文书。对执行和解协议中原执行依据未涉及的内容，以及履行过程中产生的争议，当事人可以通过其他救济程序解决。

2. 相关法条

《中华人民共和国民事诉讼法》第 204 条。

3. 裁判结果

三河市人民法院于 2016 年 5 月 30 日作出〔2005〕三执字第 445 号执行裁定：一、申请执行人联合资源教育发展（燕郊）有限公司与被执行人中国防卫科技学院于 2005 年 12 月 8 日达成的和解协议有效。二、申请执行人联合资源教育发展（燕郊）有限公司与被执行人中国防卫科技学院在校园内的资产应按双方于 2005 年 12 月 8 日达成的和解协议约定的方式处置。联合资源教育发展（燕郊）有限公司不服，向廊坊市中级人民法院申请复议。廊坊市中级人民法院于 2016 年 7 月 22 日作出〔2016〕冀 10 执复 46 号执行裁定：撤销〔2005〕三执字第 445 号执行裁定。三河市人民法院于 2016 年 8 月 26 日作出〔2005〕三执字第 445 号之一执行裁定：一、申请执行人联合资源教育发展（燕郊）有限公司与被执行人中国防卫科技学院于 2005 年 12 月 8 日达成的和解协议有效。二、申请执行人联合资源教育发展（燕郊）有限公司与被执行人中国防卫科技学院在校园内的资产应按双方于 2005 年 12 月 8 日达成的和解协议约定的方式处置。联合资源教育发展（燕郊）有限公司不服，向河北省高级人民法院提起执行申诉。河北省高级人民法院于 2017 年 3 月 21 日作出〔2017〕冀执监 130 号执行裁定：一、撤销三河市人民法院作出的〔2005〕三执字第 445 号执行裁定书、〔2005〕三执字第 445 号之一执行裁定书及河北省廊坊市中级人民法院作出的〔2016〕冀 10 执复 46 号执行裁定书。二、继续执行北京仲裁委员会作出的〔2004〕京仲裁字第 0492 号裁决书中的第三、五项内容（即被申请人中国防卫科技学院撤出燕郊校区、被申请人中国防卫科技学院应向申请人联合资源教育发展（燕郊）有限公司支付代其垫付的仲裁费用 173407.45 元）。三、驳回申诉人联合资源教育发展（燕郊）有限公司的其他申诉请求。中国防卫科技学院不服，向最高人民法院申诉。最高人民法院于

2018 年 10 月 18 日作出〔2017〕最高法执监 344 号执行裁定：一、维持河北省高级人民法院〔2017〕冀执监 130 号执行裁定第一、三项。二、变更河北省高级人民法院〔2017〕冀执监 130 号执行裁定第二项为继续执行北京仲裁委员会作出的〔2004〕京仲裁字第 0492 号裁决书中的第三项内容，即"被申请人中国防卫科技学院撤出燕郊校园"。三、驳回中国防卫科技学院的其他申诉请求。

从上述三个教育指导性案例中，可以看出，案件都发生在高等学校，其中以学位诉求的案件最多。说明高等学校的人才培养工作需要更加规范化和制度化，实际上在高等学校的管理中这些问题确实非常突出，特别是高等学校的人才培养质量问题还是比较突出的，案件所展示出来的只是其中一部分而已。

## 二、最高人民检察院的教育指导性案例

截至 2023 年 5 月 11 日，最高人民检察院已经公布了 175 个指导性案例，其中教育指导性案例至少有 16 个（见表 7-4）。

表 7-4　　　　　　　　　　　　最高人民检察院的教育指导性案例一览

| 案例编号 | 案例名称 | 案例发布时间 |
| --- | --- | --- |
| 检例第 174 号 | 未成年人网络民事权益综合司法保护案 | 2023-02-24 |
| 检例第 173 号 | 惩治组织未成年人进行违反治安管理活动犯罪综合司法保护案 | 2023-02-24 |
| 检例第 172 号 | 阻断性侵犯罪未成年被害人感染艾滋病风险综合司法保护案 | 2023-02-24 |
| 检例第 171 号 | 防止未成年人滥用药物综合司法保护案 | 2023-02-24 |
| 检例第 145 号 | 江苏省溧阳市人民检察院督促整治网吧违规接纳未成年人行政公益诉讼案 | 2022-03-07 |
| 检例第 144 号 | 贵州省沿河土家族自治县人民检察院督促履行食品安全监管职责行政公益诉讼案 | 2022-03-07 |
| 检例第 143 号 | 福建省福清市人民检察院督促消除幼儿园安全隐患行政公益诉讼案 | 2022-03-07 |
| 检例第 142 号 | 江苏省宿迁市人民检察院对章某为未成年人文身提起民事公益诉讼案 | 2022-03-07 |
| 检例第 141 号 | 浙江省杭州市余杭区人民检察院对北京某公司侵犯儿童个人信息权益提起民事公益诉讼、北京市人民检察院督促保护儿童个人信息权益行政公益诉讼案 | 2022-03-07 |
| 检例第 105 号 | 李某诈骗、传授犯罪方法牛某等人诈骗案 | 2021-03-03 |
| 检例第 104 号 | 庄某等人敲诈勒索案 | 2021-03-03 |
| 检例第 103 号 | 胡某某抢劫案 | 2021-03-03 |
| 检例第 88 号 | 北京市海淀区人民检察院督促落实未成年人禁烟保护案 | 2020-12-14 |

| 案例编号 | 案 例 名 称 | 案例发布时间 |
|---|---|---|
| 检例第 44 号 | 于某虐待案 | 2018-11-18 |
| 检例第 43 号 | 骆某猥亵儿童案 | 2018-11-18 |
| 检例第 42 号 | 齐某强奸、猥亵儿童案 | 2018-11-18 |

资料来源：根据最高人民检察院网站"指导性案例"中案例整理而成，https://www.spp.gov.cn/spp/jczdal/index.shtml。

表 7-4 中案例标题中虽然并没有出现"学校"和"教育"等词，但这些案件基本上都发生在校园或者在读学生身边，因而对于我国的学校教育工作具有十分重要的警示意义。例如，"齐某强奸、猥亵儿童案（检例第 42 号）"。

**（一）基本案情**

被告人齐某，男，1969 年 1 月出生，原系某县某小学班主任。

2011 年夏天至 2012 年 10 月，被告人齐某在担任班主任期间，利用午休、晚自习及宿舍查寝等机会，在学校办公室、教室、洗澡堂、男生宿舍等处多次对被害女童 A（10岁）、B（10 岁）实施奸淫、猥亵，并以带 A 女童外出看病为由，将其带回家中强奸。齐某还在女生集体宿舍等地多次猥亵被害女童 C（11 岁）、D（11 岁）、E（10 岁），猥亵被害女童 F（11 岁）、G（11 岁）各一次。

**（二）要旨**

（1）性侵未成年人犯罪案件中，被害人陈述稳定自然，对于细节的描述符合正常记忆认知、表达能力，被告人辩解没有证据支持，结合生活经验对全案证据进行审查，能够形成完整证明体系的，可以认定案件事实。

（2）奸淫幼女具有《最高人民法院、最高人民检察院、公安部、司法部关于依法惩治性侵害未成年人犯罪的意见》规定的从严处罚情节，社会危害性与刑法第二百三十六条第三款第二至四项规定的情形相当的，可以认定为该款第一项规定的"情节恶劣"。

（3）行为人在教室、集体宿舍等场所实施猥亵行为，只要当时有多人在场，即使在场人员未实际看到，也应当认定犯罪行为是在"公共场所当众"实施。

**（三）指导意义**

1. 准确把握性侵未成年人犯罪案件证据审查判断标准

对性侵未成年人犯罪案件证据的审查，要根据未成年人的身心特点，按照有别于成年人的标准予以判断。审查言词证据，要结合全案情况予以分析。根据经验和常识，未成年人的陈述合乎情理、逻辑，对细节的描述符合其认知和表达能力，且有其他证据予以印证，被告人的辩解没有证据支持，结合双方关系不存在诬告可能的，应当采纳未成年人的陈述。

2. 准确适用奸淫幼女"情节恶劣"的规定

刑法第二百三十六条第三款第一项规定，奸淫幼女"情节恶劣"的，处十年以上有期徒刑、无期徒刑或者死刑。《最高人民法院、最高人民检察院、公安部、司法部关于依法惩治性侵害未成年人犯罪的意见》第25条规定了针对未成年人实施强奸、猥亵犯罪"更要依法从严惩处"的七种情形。实践中，奸淫幼女具有从严惩处情形，社会危害性与刑法第二百三十六条第三款第二至四项相当的，可以认为属于该款第一项规定的"情节恶劣"。例如，该款第二项规定的"奸淫幼女多人"，一般是指奸淫幼女三人以上。本案中，被告人具备教师的特殊身份，奸淫二名幼女，且分别奸淫多次，其危害性并不低于奸淫幼女三人的行为，据此可以认定符合"情节恶劣"的规定。

3. 准确适用"公共场所当众"实施强奸、猥亵未成年人犯罪的规定

刑法对"公共场所当众"实施强奸、猥亵未成年人犯罪，作出了从重处罚的规定。《最高人民法院、最高人民检察院、公安部、司法部关于依法惩治性侵害未成年人犯罪的意见》第二十三条规定了在"校园、游泳馆、儿童游乐场等公共场所"对未成年人实施强奸、猥亵犯罪，可以认定为在"公共场所当众"实施犯罪。适用这一规定，是否属于"当众"实施犯罪至为关键。对在规定列举之外的场所实施强奸、猥亵未成年人犯罪的，只要场所具有相对公开性，且有其他多人在场，有被他人感知可能的，就可以认定为在"公共场所当众"犯罪。最高人民法院对本案的判决表明：学校中的教室、集体宿舍、公共厕所、集体洗澡间等，是不特定未成年人活动的场所，在这些场所实施强奸、猥亵未成年人犯罪的，应当认定为在"公共场所当众"实施犯罪。

**（四）相关规定**

《中华人民共和国刑法》第236条、第237条。

《中华人民共和国刑事诉讼法》第55条。

《最高人民法院、最高人民检察院、公安部、司法部关于依法惩治性侵害未成年人犯罪的意见》第2条、第23条、第25条。

## 三、公安部的教育指导性案例

公安部发布教育指导性案例是国家教育指导性案例重要组成部分。2010年9月10日，公安部发布了《关于建立案例指导制度有关问题的通知》（公法〔2010〕661号），对公安机关的案例指导工作作了具体的规定。该《通知》说明了指导性案例的选编范围。即针对公安机关执法工作中容易发生偏差、群众反映强烈的案件类型和执法问题，重点选编以下案例：

（1）公安机关在执法办案过程中，充分体现"理性、平和、文明、规范"执法要求，依法公正处理，实现法律效果和社会效果相统一的案例。

（2）执法不作为、拖延作为、玩忽职守，造成严重后果的案例。

（3）滥用职权、乱作为，插手经济纠纷、滥用强制措施和扣押措施、滥用自由裁量权的案例。

（4）因执法问题引起新闻舆论炒作或者引发群体性事件的案例。

（5）经行政复议、行政诉讼被撤销、变更、确认违法或限期履行法定职责的案例。

（6）因违法行使职权承担国家赔偿责任的案例。

（7）因事实不清、证据不足或者不构成犯罪被检察机关作出不起诉决定或者人民法院作出无罪判决的案例。

（8）其他具有普遍指导、参考作用的典型案例。

该《通知》特别强调选编的指导性案例应当是已经作出最终处理决定的案件。

但迄今为止，公安部尚未发布其自己的指导性案例，但是公安部和最高人民法院和最高人民检察院联合发布了部分指导性案例，其中也有少量的案例涉及教育工作。相信，在未来公安部的指导性案例中涉及教育的指导性案例对于规范国家教育事业发展和教育领域的司法活动一定会发挥积极的指导作用。

# 第八章　教育国际法

教育法作为软法在学界得到了不少学者的认可①，而教育国际法的软性更为明显。"学界对软法概念的界定因其国内法和国际法的双重语境而各有不同，通过比较分析可以明确，国际法语境下的国际软法具有规范性、自治性及灵活性的基本内涵。"② 教育国际法的软性法特征使得各国在遵守其中的一般原则的基础上，为各国的教育立法提供了更加宽阔的视野和立法理念的参照，这对于世界教育的共同进步、国际合作与交流具有积极的促进作用。

## 第一节　教育国际法的内涵

要研究教育的国际法，必须首先弄明白国际法的含义。尽管国际法学界对于国际法内涵的理解还有一定的分歧，如"国际法主要是调整国家之间关系的法律，它是一个特殊的法律体系，同国际关系有着密切的联系"③。"事实上，与国内法中的宪法、民法、刑法等不同，现代所谓国际法虽然带有'法'字，具体的都是'条约'（treaty）、'习惯'（custom）等。与具体的条约、国际习惯法不同，一般意义上的国际法是一种抽象的、理论化的学说，可称为'国际法学'或'国际法原理'。"④ "国际法是调整全球性国际关系的法律制度之总和。"⑤ 但是对于国际法内涵的理解也存在一些共识。例如，大家比较认可的表达为"国际法是指若干国家参与制定或者国际公认的、调整国家之间关系的法律。或指适用于主权国家之间以及其他具有国际人格的实体之间的法律规则的总体"⑥。

---

① 刘威在《论教育法作为软法的经济学分析》（载《科学中国人》2016 年第 36 期）一文中认为教育法应该被视为软法，并指出了软法的三个特征：形成的主体具有多元性、内容具有自律性和激励性、具有软约束力。

② 刘晶.《国际法院规约》中法律渊源的逻辑互动：国际软法视域下的形式封闭和实质开放 [D]. 中南财经政法大学，2016：1.

③ 李金荣. 国际法 [M]. 成都：四川省社会科学院出版社，1987：1.

④ 张乃根. 国际法原理（第 2 版）[M]. 上海：复旦大学出版社，2012：3.

⑤ 张乃根. 国际法原理（第 2 版）[M]. 上海：复旦大学出版社，2012：15.

⑥ 张光杰. 中国法律概论 [M]. 上海：复旦大学出版社，2005：337.

国际法的渊源是国际法的具体表现形式。"国际法的渊源一般是指国际法规则作为有效的法律规则所存在和表现的方式。它的意义在于指明去哪里寻找国际法规则，以及如何识别一项规则是否为有效的国际法规则。……国际法的主要渊源为国际条约、国际习惯和一般法律原则，而其他各项是确立法律原则时的辅助资料。"① 所以，国际法渊源主要包括国际条约、国际习惯和一般法律原则。"国际条约是国际法的首要渊源，是国家之间的明示协议。一般来说，条约只对缔约国有拘束力，而对非缔约国并无拘束力，这是公认的国际法原则。国际条约可分为双边条约和多边条约，作为国际法渊源的主要是指由多数国家缔结的对他们有普遍约束力的多边条约。国际习惯是最古老、最原始的国际法渊源。在国际法出现之前，就已经有了国际习惯。除了国际条约和国际习惯外，国际司法判例、国际公法学家的学说、国际组织的决议和为各国所承认的一般法律原则，有时也可以成为国际法的渊源。国际法基本原则是指被各国公认的、具有普遍意义的、适用于国际法一切效力范围的、构成国际法基础和核心并具有强行法性质的国际法原则。"② 还有学者认为，"国际法的渊源是指在国际法表现形式的形成过程中发挥重要作用的资源。国际条约和国际习惯是国际法的形式，而国际法的渊源主要表现为一般法律原则、司法判例、各国权威最高之公法学家学说、公允及善良原则、国际组织的非拘束性决议或规则、国际法院的咨询意见、政府间国际会议制定的非拘束性决议或规则"。③

由此可见，国际法渊源基本上包含国际条约、国际习惯、一般法律原则、司法判例、各国权威最高之公法学家学说、公允及善良原则、国际组织的非拘束性决议或规则、国际法院的咨询意见、政府间国际会议制定的非拘束性决议或规则。鉴于我国教育法律的行政法属性以及我国政府所支持的法律文本的正式性，我们这里主要讨论教育的国际条约。

## 一、何谓教育国际法

鉴于教育法的特殊性和国际法的复杂性，本书对教育的国际法采用狭义的理解，即教育的国际法是指由中国政府主持、发起、参与制定或作为法律文本签署国签订的有关教育事业发展国际条约等法律文本。由于教育的国际法得到了我国政府的承认并且对我国教育的相关方面具有一定的约束和规范作用，因而其同样具有我国教育法律渊源的价值。我国

---

① 刘晓蜜，赵虎敬，赵东等．国际法案例教程［M］．北京：中国民主法制出版社，2018：5．该书的作者认为，《国际法院规约》第38条的规定被普遍认为是对国际法渊源的最权威的说明，虽然该条款本身是旨在规定国际法院审理案件时所适用的法律。该条规定如下：（1）法院对于呈诉各项争端，应依国际法裁判之，裁判时应适用：①不论普通或特别国际协约，确立当事国明白承认之规条者；②国际习惯作为通例之证明而经接受为法律者；③一般法律原则为文明各国所承认者；④在第59条规定之下，司法判例及各国权威最高之公法学家学说，作为确定法律原则之补助资料者。（2）前项规定不妨碍法院经当事国同意本着"公允及善良"原则裁判案件之权。

② 闫靖磊．试论国际条约在国际法渊源中的地位［J］．商，2016（31）：239．

③ 张磊．论国际法渊源的内涵和外延［J］．河南科技大学学报（社会科学版），2012（6）：90．

的《教育法》在第八章"教育对外交流与合作"中实际上也肯定了教育国际法的地位。其中部分条款也规定了我国参与教育国际法制定的基本要求。① 之所以将教育的国际法作上述的狭义理解是因为在我国教育司法实践和教育管理实践中，如果某种法律文本没有得到国家的肯定（签署），则这种法律文本不可能在司法和教育管理实践中发挥任何作用，那么这种法律文本在我国就失去了法律价值。

## 二、教育国际法的主要表现形式

从上文的分析中我们可以看出，国家法的表现形式丰富多彩，从理论上讲，教育的国际法也应该包括诸如教育的国际条约、教育的国际习惯、教育国际法的一般法律原则、教育的国际司法判例，等等。但是在我国教育司法和教育管理实践中，教育国际法的形式基本上是单一的形式，即我国政府承认并签署的教育的国际条约。而教育的国际习惯、教育国际法的一般法律原则、教育的国际司法判例等在我国教育司法活动中目前还没有得到承认。不过，随着我国教育国际化的逐步深入，我们在教育活动中必然会面临各种目前只通过条约这种形式无法解决的难题，届时，我们或许会更多关注教育的国际习惯、教育国际法的一般法律原则、教育的国际司法判例，等等。

## 三、教育国际法的产生

就我国目前的教育国际法的现状来看，我国的教育国际法的产生主要有三种途径：第一种途径是承认已经存在的教育国际条约。这是目前我国教育国际法最主要的手段，这是因为在中华人民共和国成立的很长一段时间内，由于受西方国家的干扰和阻碍，我国参与国际活动的机会不多（十年动乱时期我国甚至完全隔绝了与世界的联系），而此时正是西方等发达国家教育快速发展的时期，国际上已经出台了许多有关教育的国际条约。我国很少有机会参与这些条约的讨论和制定，所以，在国门再次打开时，我们只能被动地承认或者不承认这些条约。为了能够尽快地融入国际教育，在不对我国教育构成过多侵害的情况下，我国政府还是签署了数量较多的国际教育条约，但并不构成我国教育国际法的主体。第二种途径是作为参与者和倡导者（原始缔约国）与其他国家或国际组织一起研讨和制定的教育国际条约。这类条约（协定、执行计划等）是我国教育国际法的主体，文本数量最多。第三种途径则是由我国主动发起并主导开展研究和制定的教育国际条约。这类法律文

---

① 《教育法》的相关要求包括：第六十七条 国家鼓励开展教育对外交流与合作，支持学校及其他教育机构引进优质教育资源，依法开展中外合作办学，发展国际教育服务，培养国际化人才。教育对外交流与合作坚持独立自主、平等互利、相互尊重的原则，不得违反中国法律，不得损害国家主权、安全和社会公共利益。第六十八条 中国境内公民出国留学、研究、进行学术交流或者任教，依照国家有关规定办理。第六十九条 中国境外个人符合国家规定的条件并办理有关手续后，可以进入中国境内学校及其他教育机构学习、研究、进行学术交流或者任教，其合法权益受国家保护。第七十条 中国对境外教育机构颁发的学位证书、学历证书及其他学业证书的承认，依照中华人民共和国缔结或者加入的国际条约办理，或者按照国家有关规定办理。

本的数量有限，但我们相信随着我国国际地位的逐步提高，今后这类教育国际法文本的数量也会随之增加。这在下文的分析中可见一斑（以上三种途径的教育国际法的详细情况可参阅附录）。

## 四、教育国际法的功能

要真正厘清教育的国际法功能，一个不可回避的难题就是如何认识和处理国际法与国内法关系。"国际法和国内法关系的问题，经过许多学者的争论，形成了具有代表性的一些观点，其中最典型的是一元论和二元论。"① 从我国的国情和未来教育发展的需要来看，我们赞成国内大多数学者的看法，即 "由于国内法的制定者和国际法的参加制定者都是国家，因此从理论上，国际法与国内法两个体系之间有着密切的联系。二者不是截然对立的，而是彼此互相渗透、互相依赖、互相补充、互相制约的关系"②。从国际法和国内法发挥的实际法律效力来看，通常情况下，我们首先适用的还是国内法，在此基础上再参考国际法的基本要求进行教育司法活动。但这并不否认教育国际法的价值，我们认为教育国际法的主要功能有以下几个方面：

首先，教育国际法可以拓宽我国教育法的立法思路和视野。教育的国内法的立法重点是基于本国教育实践的需要而制定的，但教育无论如何还具有其基本规律，这些基本规律在其他国家的教育进步中发挥着制约和规范的作用。所以，适当关注和采用其他国家教育立法的思想和举措，有助于我们更加深入和准确地把握教育规律。而教育国际法在研制过程中基于全球的教育视角思考和解决各国可能面临的共同的带有规律性的难题，参与教育国际法的研制无疑可以帮助我们加深对教育的认识，从教育立法的角度来看，也可以拓宽我国教育立法的视野。

其次，教育国际法的立法思想和条款对于我国教育法的研制具有一定的借鉴价值。中

①　刘晓蜜，赵虎敬，赵东等 . 国际法案例教程 ［M］. 北京：中国民主法制出版社，2018：16. 该书的作者认为，一元论首先认为国际法与国内法同属于一个法律体系，在此基础上又分为 "国际法优先说" 和 "国内法优先说" 两派。其中，一元论的 "国内法优先说" 认为国际法的效力和权威源自国内法，国际法是低一级的法律，是国内法的一个部门，或称为 "涉外公法"。这实际上导致从根本上取消国际法，因此现在完全支持这种理论的人很少。一元论的 "国际法优先说" 认为国际法位于各国并立的国内法之上，各国国内法的效力是由国际法赋予的，而国际法的效力则来自一个最高的规范 "约定必守" 或整个人类社会的 "法律良知"。该学派强调法律体系是以个人关系为调整对象和基本出发点的。这种理论忽视了各国意志在国际法和国内法制定中的作用，并且可能导致对国家主权的全面否定，以世界法代替国际法和国内法，从而脱离了国际社会的现实。这种理论在第一次世界大战后兴起并得到发展，至今影响仍然很大。二元论或 "平行说" 认为国际法与国内法是两个不同的法律体系，各自有其不同的性质、效力根据、调整对象和适用范围，二者互不隶属，各自独立。无论国际法整体还是其分支都不能当然地成为国内法的一部分，反之亦然。这种理论目前也有许多学者支持。中国学者认为：由于国内法的制定者和国际法的参加制定者都是国家，因此从理论上，国际法与国内法两个体系之间有着密切的联系。二者不是截然对立的，而是彼此互相渗透、互相依赖、互相补充、互相制约的关系。

②　刘晓蜜，赵虎敬，赵东等 . 国际法案例教程 ［M］. 北京：中国民主法制出版社，2018：16.

华人民共和国成立以来，我国教育立法工作虽然取得了重大成就，但还存在着不少立法空白。如何更加有价值地填补这些空白，除了需要立足本国教育需要之外，适当借鉴国际上其他国家和国际组织的立法经验甚至法律条款，对于我们填补这些立法空白有着十分重要的参考价值。

最后，通过参加教育国际法制定可以促进我国教育事业的进步。世界各国都有其各自的文化传统，它们中的很多文化传统都具有一定的优秀性和合理性。各国基于本国的教育需要所提出的各种立法措施实际上也是各自教育治理的经验总结。我们通过和这些国家与国际组织共同研制教育的国际法，一定会从中汲取许多有益的认识和启发。如果我们能够对这些认识和启发加以总结和梳理，必然可以促进我国教育事业的发展。

从上文的分析中我们可以看出，教育国际法的法律文本数量最多的是我国政府与其他国家政府之间签订的双边条约（协定、计划等），这些教育法律文本对于促进我国教育与他国教育之间的合作和交流无疑具有积极的促进作用。我们接下来将教育国家法的研究重点放在我国参加的多边或国际组织研制的教育国际法文本的分析，如《联合国宪章》《国际人权宪章》等。

# 第二节　《联合国宪章》

"二战"是人类历史上最大的灾难，在持续整整 6 年的旷日持久的战争造成了人类历史上巨大的人力和物力的损失，世界经济发展水平直接倒退至少 30 年。为了避免人类在未来再次发生类似于"二战"的大规模自相残杀，维护世界和平和安宁、永远远离战争。正如《联合国宪章》开篇所言："我联合国人民同兹决心，欲免后世再遭今代人类两度身历惨不堪言之战祸。"为此，1945 年 6 月 26 日，50 个国家的代表齐聚美国旧金山依次签订了《联合国宪章》，中国是该宪章的第一个签字国家。同年 10 月 24 日，该宪章生效，人类历史上和平事业最重要的成果——联合国成立。

## 一、《联合国宪章》的宗旨

虽然《联合国宪章》中并没有提出宪章本身的宗旨，但却明确提出了联合国的宗旨。考虑本文本的表述，我们可以大致将联合国的宗旨理解为《联合国宪章》的宗旨。该宗旨被表述为如下四条：

（1）维持国际和平及安全，并为此目的采取有效集体办法，以防止且消除对于和平之威胁，制止侵略行为或其他和平之破坏；并以和平方法且依正义及国际法之原则，调整或解决足以破坏和平之国际争端或情势。

（2）发展国际间以尊重人民平等权利及自决原则为根据之友好关系，并采取其他适当办法，以增强普遍和平。

（3）促成国际合作，以解决国际间属于经济、社会、文化及人类福利性质之国际问题，且不分种族、性别、语言或宗教，增进并激励对于全体人类之人权及基本自由之尊重。

（4）构成一协调各国行动之中心，以达成上述共同目的。

从上述宗旨的表述中，我们大致可以看出其着重强调两点：一是强调维护国际和平及安全，这是其最重要的宗旨，其原因不言自明，在上文中我们也有所分析。二是强调尊重人民权利，激励对于全体人类之人权及基本自由之尊重，而且不分种族、性别、语言或宗教。第二点实际上就是强调尊重人权，这个宗旨在联合国成立之后陆陆续续制定了类似《世界人权宣言》《公民权利和政治权利国际公约》以及《经济、社会及文化权利国际公约》等方面的国际法律文件中得到逐步落实，为维护人类的人权事业作出了积极的贡献。众所周知，教育是人的基本权利，《联合国宪章》虽然在文本中没有直接提出"教育权利"这样概念，但是其对于人权的强调实际上也就包含着对于人类教育权的尊重，这在上述《世界人权宣言》等后续法律文本中都得到了明确的阐释。从这个意义上看，《联合国宪章》的宗旨实际上是我国教育国际法的重要渊源。

## 二、《联合国宪章》关于教育的论述

翻阅《联合国宪章》全文，我们发现该文本共有9处提及"教育"。这九条的条文如下：

（1）以促进经济、社会、文化、教育及卫生各部门之国际合作，且不分种族、性别、语言或宗教，助成全体人类之人权及基本自由之实现。

（2）国际间经济、社会、卫生及有关问题之解决；国际间文化及教育合作。

（3）由各国政府间协定所成立之各种专门机关，依其组织约章之规定，于经济、社会、文化、教育、卫生及其他有关部门负有广大国际责任者，应依第六十三条之规定使与联合国发生关系。①

（4）经济暨社会理事会得作成或发动关于国际经济、社会、文化、教育、卫生及其他有关事项之研究及报告；并得向大会、联合国会员国及关系专门机关、提出关于此种事项之建议案。

（5）于充分尊重关系人民之文化下，保证其政治、经济、社会及教育之进展，予以公平待遇，且保障其不受虐待。

（6）在不违背安全及宪法之限制下，按时将关于各会员国分别负责管理领土内之经济、社会及教育情形之统计及具有专门性质之情报，递送秘书长，以供参考。本宪章第十

---

① 《联合国宪章》第六十三条规定："一、经济暨社会理事会得与第五十七条所指之任何专门机关订立协定，订明关系专门机关与联合国发生关系之条件。该项协定须经大会之核准。二、本理事会，为调整各种专门机关之工作，得与此种机关会商并得向其提出建议，并得向大会及联合国会员国建议。"

二章及第十三章所规定之领土，不在此限。①

　　（7）增进托管领土居民之政治、经济、社会及教育之进展；并以适合各领土及其人民

---

① 《联合国宪章》第十二章及第十三章规定分别是：

第十二章　国际托管制度

第七十五条　联合国在其权力下，应设立国际托管制度，以管理并监督凭此后个别协定而置于该制度下之领土。此项领土以下简称托管领土。

第七十六条　按据本宪章第一条所载联合国之宗旨，托管制度之基本目的应为：

（子）促进国际和平及安全。

（丑）增进托管领土居民之政治、经济、社会及教育之进展；并以适合各领土及其人民之特殊情形及关系人民自由表示之愿望为原则，且按照各托管协定之条款，增进其趋向自治或独立之逐渐发展。

（寅）不分种族、性别、语言、或宗教，提倡全体人类之人权及基本自由之尊重，并激发世界人民互相维系之意识。

（卯）于社会、经济及商业事件上，保证联合国全体会员国及其国民之平等待遇，及各该国民于司法裁判上之平等待遇，但以不妨碍上述目的之达成，且不违背第八十条之规定为限。

第七十七条　一、托管制度适用于依托管协定所置于该制度下之下列各种类之领土：

（子）现在委任统治下之领土。

（丑）因第二次世界大战结果或将自敌国割离之领土。

（寅）负管理责任之国家自愿置于该制度下之领土。

二、关于上列种类中之何种领土将置于托管制度之下，及其条件，为此后协定所当规定之事项。

第七十八条　凡领土已成为联合国之会员国者，不适用托管制度；联合国会员国间之关系，应基于尊重主权平等之原则。

第七十九条　置于托管制度下之每一领土之托管条款，及其更改或修正，应由直接关系各国、包括联合国之会员国而为委任统治地之受托国者，予以议定，其核准应依第八十三条及第八十五条之规定。

第八十条　一、除依第七十七条、第七十九条，及第八十一条所订置各领土于托管制度下之个别托管协定另有议定外，并在该项协定未缔结以前，本章任何规定绝对不得解释为以任何方式变更任何国家或人民之权利、或联合国会员国个别签订之现有国际约章之条款。

二、本条第一项不得解释为对于依第七十七条之规定而订置委任统治地或其他领土于托管制度下之协定，授以延展商订之理由。

第八十一条　凡托管协定均应载有管理领土之条款，并指定管理托管领土之当局。该项当局，以下简称管理当局，得为一个或数个国家，或为联合国本身。

第八十二条　于任何托管协定内，得指定一个或数个战略防区，包括该项协定下之托管领土之一部或全部，但该项协定并不妨碍依第四十三条而订立之任何特别协定。

第八十三条　一、联合国关于战略防区之各项职务，包括此项托管协定条款之核准及其更改或修正，应由安全理事会行使之。

二、第七十六条所规定之基本目的，适用于每一战略防区之人民。

三、安全理事会以不违背托管协定之规定且不妨碍安全之考虑为限，应利用托管理事会之协助，以履行联合国托管制度下关于战略防区内之政治、经济、社会及教育事件之职务。

第八十四条　管理当局有保证托管领土对于维持国际和平及安全尽其本分之义务。该当局为此目的得到用托管领土之志愿军、便利、及协助，以履行该当局对于安全理事会所负关于此点之义务，并以实行地方自卫，且在托管领土内维持法律与秩序。

第八十五条　一、联合国关于一切非战略防区托管协定之职务，包括此项托管协定条款之核准及其更改或修正，应由大会行使之。

二、托管理事会于大会权力下，应协助大会履行上述之职务。（转下页）

之特殊情形及关系人民自由表示之愿望为原则，且按照各托管协定之条款，增进其趋向自治或独立之逐渐发展。

（8）安全理事会以不违背托管协定之规定且不妨碍安全之考虑为限，应利用托管理事会之协助，以履行联合国托管制度下关于战略防区内之政治、经济、社会及教育事件之职务。

（9）托管理事会应拟定关于各托管领土居民之政治、经济、社会及教育进展之问题单；就大会职权范围内，各托管领土之管理当局应根据该项问题单向大会提出常年报告。

《联合国宪章》的九处关于教育的规定虽然没有国内法那么刚性，所倡导的更多是宣言性和倡导性，但是，在这些条款背后所体现出的则是人类社会对于教育权利的公平性和平等性的理想追求，强调的是对于教育事业发展的关注，从而"助成全体人类之人权及基本自由之实现"。

## 三、《联合国宪章》的教育法律意义

从上文的分析中我们可以得出《联合国宪章》的教育国际法属性，从这个意义上看，其对我国教育立法的价值应该具有以下几个方面：

首先，强调教育权利为人类的基本权利。在人类社会相当长的时间内，教育权始终被

---

（接上页）第十三章 托管理事会

组 织

第八十六条 一、托管理事会应由下列联合国会员国组织之：

（子）管理托管领土之会员国。

（丑）第二十三条所列名之国家而现非管理托管领土者。

（寅）大会选举必要数额之其他会员国，任期三年，俾使托管理事会理事国之总数，于联合国会员国中之管理托管领土者及不管理者之间，得以平均分配。

二、托管理事会之每一理事国应指定一特别合格之人员，以代表之。

职 权

第八十七条 大会及在其权力下之托管理事会于履行职务时得：

（子）审查管理当局所送之报告。

（丑）会同管理当局接受并审查请愿书。

（寅）与管理当局商定时间，按期视察各托管领土。

（卯）依托管协定之条款，采取上述其他行动。

第八十八条 托管理事会应拟定关于各托管领土居民之政治、经济、社会及教育进展之问题单；就大会职权范围内，各托管领土之管理当局应根据该项问题单向大会提出常年报告。

投 票

第八十九条 一、托管理事会之每一理事国应有一个投票权。

二、托管理事会之决议应以到会及投票之理事国过半数表决之。

程 序

第九十条 一、托管理事会应自行制定其议事规则，包括其推选主席之方法。

二、托管理事会应依其所定规则，举行必要之会议。此项规则应包括关于经该会理事国过半数之请求而召集会议之规定。

第九十一条 托管理事会于适当时，应利用经济暨社会理事会之协助，并对于各关系事项，利用专门机关之协助。

统治阶级所垄断，成为少数人的权利，教育权利存在着严重的阶级性和等级性，教育作为人的基本权利受到严重损害。我国在中华人民共和国成立之前的状况即是如此，世界其他不少国家的状况也大致如此。《联合国宪章》明确提出教育权利作为人类的基本权利必须得到尊重和落实，这对于促进人类社会的进步显然具有积极作用。对我国教育立法的意义亦是如此。

其次，强调受教育权的平等性。《联合国宪章》还特别明示世界各国各人民在受教育权利的平等性，且"不分种族、性别、语言或宗教"。这种教育立法思想在我国的《宪法》和《教育法》中都得到了很好的体现，体现出《联合国宪章》对我国教育立法的价值。

最后，鼓励世界各国之间开展教育交流与合作。伴随国际化在形式和内容上的不断深入和丰富，各国之间的教育合作与交流也必然会更加深入和频繁。但是，近年来，逆国际化的思潮和制度越来越不利于教育的国际化推进。在这种情况下，依据《联合国宪章》的要求，鼓励各国在教育立法上加强国际交流与合作就显得尤为重要。由此可见，《联合国宪章》的教育国际法的意义就变得更加凸显。就我国教育立法而言，《联合国宪章》的这个规定也为我国在教育立法中更多体现出国际性有了充分的法理依据，与中央提出的构建人类命运共同体的战略理念相辅相成。

# 第三节　《国际人权宪章》

《国际人权宪章》（*International Bill of Human Rights*）通常包括《世界人权宣言》（1948年）、《公民权利和政治权利国际公约》（简称A公约，1966年）、《经济、社会及文化权利国际公约》（简称B公约，1966年）以及《公民权利和政治权利国际公约任择议定书》（1966年）、《旨在废除死刑的〈公民权利和政治权利国际公约〉第二任择议定书》（1989年）。《世界人权宪章》中对于教育权等相关事项作了很多规定，这对于促进我国教育立法工作具有指导价值。

## 一、《世界人权宣言》的教育法律意义

1998年10月5日，中国政府已加入并批准了《世界人权宣言》，《世界人权宣言》是联合国最重要的基本法之一，1948年12月10日，联合国大会以217A（III）号决议在巴黎人权广场的夏洛宫通过了《世界人权宣言》①，并且要求"不分国家或领土的政治地位，

---

① 《世界人权宣言》在起草过程中还有一个有趣插曲。中国代表张彭春教授于1948年任联合国人权委员会副主席，参与起草《世界人权宣言》。在该宣言的起草过程中，张彭春教授与其他起草成员发生了争执。据罗斯福夫人在她的回忆录中说："张彭春教授是一位多元主义者，他动人地解释他的主张：最后的真理不止一种。他说，《宣言》应当兼顾西方思想以外的其他思想，汉弗莱博士必须采取综合性的方针。虽然他是对汉弗莱博士说话，实际上这话是对马利克博士说的。马利克博士立刻顶他，颇为冗长地阐述汤玛士·阿基那的哲学。汉弗莱博士也热烈加入讨论。我记得张彭春教授有一次提示说，秘书处不妨花几个月工夫研究一下孔子的主要学说。"（参见《世界人权宣言》，https：//baike.baidu.com/item/%E4%B8%96%E7%95%8C%E4%BA%BA%E6%9D%83%E5%AE%A3%E8%A8%80/438255？fr＝ge_ala#reference-5-22902-wrap。）

主要在各级学校和其他教育机构加以传播、展示、阅读和阐述"。① 该《宣言》是战后联合国通过的第一个关于人权的专门性国际文件，是有组织的国际社会第一次就人权和基本自由作出的郑重宣言，对于推动世界人权事业的进步和发展作出了不可磨灭的贡献，不失为世界人权史上的一个重要里程碑。

1998 年 12 月 10 日，时任中共中央总书记、国家主席江泽民致信中国人权研究会，对《世界人权宣言》发表 50 周年纪念会在北京召开表示祝贺。2018 年 12 月 10 日，纪念《世界人权宣言》发表 70 周年座谈会在北京举行。② 习近平总书记发来贺信，强调《世界人权宣言》是人类文明发展史上具有重大意义的文献，对世界人权事业发展产生了深刻影响。中国人民愿意同各国人民一道，秉持和平、发展、公平、正义、民主、自由的人类共同价值，维护人的尊严和权利，推动形成更加公正、合理、包容的全球人权治理，共同构建人类命运共同体，开创世界美好未来。

关于该《宣言》在我国国内法中价值体现，目前还不够突出。"我国虽然批准了一些基于《宣言》制定的人权公约，但是《宣言》本身在我国权利保护中发挥的作用并不明显。首先，我国宪法既没有提及《宣言》，也没有明确规定习惯国际法的地位，《宣言》在我国获得宪法地位的唯一可能是对我国宪法第 33 条关于'国家尊重和保障人权'的规定做广义的解释。其次，在司法适用方面，中国裁判网公布的裁判文书中共有 6 个案件的判决书和裁定书提到了《宣言》，这些案件对《宣言》的援引有一个共同特点，即都是由当事人依据《宣言》或《宣言》的具体条款提出主张，但是法院并没有做出任何评论和解释。"③ 尽管如此，该《宣言》毕竟已经开始受到重视并在司法实践中开始运用，这说明了该《宣言》的生命力和国际法渊源的价值。

《世界人权宣言》有 9 处对教育进行了表述和解释，涉及教育的功能、基础教育、职业教育、高等教育和家庭教育。

### （一）关于教育功能的表述

《世界人权宣言》在《序言》中指出，"大会发布这一世界人权宣言，作为所有公民和所有国家努力实现的共同标准，以期每一个人和社会机构经常铭念本宣言，努力通过教诲和教育促进对权利和自由的尊重，并通过国家的和国际的渐进措施，使这些权利和自由在各会员国本身公民及在其管辖下领土的公民中得到普遍和有效的承认和遵行"。可见，在这个宣言里，将教育的育人功能与人类对权利和自由的尊重联系起来，这是人类社会文明的重大进步，至少从法理上解决了人类社会长期以来的不公平、不公正、不正义等问题，特别是还存在着因为种族、肤色、性别、宗教信仰、经济、文化和区域等差异造成的不公平甚至奴役的状况。正如该《宣言》第二十六条第二款所指出的那样，"教育的目的在于充分发展人的个性并加强对人权和基本自由的尊重。教育应促进各国、各种族或各宗

---

① 世界人权宣言［EB/OL］. (2013-08-04)［2022-10-14］. http：//news. xinhuanet. com/ziliao/2003-01/20/content_698168. htm.

② 习近平. 坚持走符合国情的人权发展道路 促进人的全面发展［EB/OL］. (2018-12-10)［2022-10-15］. https：//www. gov. cn/xinwen/2018-12/10/content_5347429. htm.

③ 张雪莲.《世界人权宣言》在国内法上的地位和司法适用［J］. 人权，2018 (5)：56.

教集团的了解、宽容和友谊，并应促进联合国维护和平的各项活动"。按照该《宣言》的要求，教育的功能将得到实质性的扩展。

**（二）关于基础教育的论述**

《世界人权宣言》第二十六条第一款提出："人人都有受教育的权利，教育应当免费，至少在初级和基本阶段应如此。初级教育应属义务性质。"该条款说明了基础教育的性质，并将基础教育和义务教育联系在一起，这对于战后世界各国经济的恢复和发展发挥了重要的作用。该条款对于我国加快实现义务教育的立法和义务教育的免费等有很好的法律价值。

**（三）关于职业教育的观点**

《世界人权宣言》第二十六条第一款提出："技术和职业教育应普遍设立。"这是对职业技术教育提出的要求。今天看来，这一条款要求不仅在当时具有现实价值，即便在今天的我国，对促进职业教育及其相关的立法也是有指导价值的。中华人民共和国成立以来，我国职业技术教育几起几落，发展不稳定。目前国内各界对于职业技术教育仍有不少分歧，职业教育未来的进步还面临着不少阻力。对照该《宣言》的要求，我们应该认真思考我国职业教育未来的发展，更重要的是如何完善相关的法律法规和政策，保障职业教育顺利发展。

**（四）关于高等教育的观点**

《世界人权宣言》第二十六条第一款提出："高等教育应根据成绩而对一切人平等开放。"该条款的指导思想仍然是自由和平等地享受教育。不过高等教育不同于基础教育，在相当长的一段时间内，各国都很难保证每个人都能接受高等教育。所以，该《宣言》提出的平等地享受高等教育是机会的平等，即"根据成绩"是接受高等教育的前提。这种立法思想在现今大多数国家仍然得到了支持，我国的高等教育在政策和立法上也基本上是以此作为指导思想。

**（五）关于家庭教育的理解**

家庭教育在我国一直受到重视，但长期以来更多的是依靠道德、传统文化和政策来规范和约束，直到2021年《中华人民共和国家庭教育促进法》的出台，而且还在标题上加上了"促进"二字。《世界人权宣言》第二十六条第一款提出："父母对其子女所应受的教育的种类，有优先选择的权利。"这一款的提出赋予了家长在家庭教育中极大的权利，也许在当时的国际环境中有一定的合理性，但是在今天看来，这一规定，完全忽视了子女对于教育种类的选择权，这显然需要重新思考。

此外，还有一些条款虽然没有出现"教育"这样的字眼，但却与教育工作密切相关。如，第二十七条指出："人人有权自由参加社会的文化生活，享受艺术，并分享科学进步及其产生的福利。人人对由于他所创作的任何科学、文学或艺术作品而产生的精神的和物质的利益，有享受保护的权利。"

## 二、《经济、社会及文化权利国际公约》的教育法律意义

1997年10月，中国政府签署《经济、社会及文化权利国际公约》。该《公约》是对《联合国宪章》原则和《国际人权宪章》的进一步细化和完善。我国政府认为，"《经济、

社会及文化权利国际公约》内容广泛，涉及中国经济、社会生活的方方面面，中国在较短时间内完成了从签署到批准该《公约》的一系列法律程序，这充分体现了中国致力于促进和保护人权，积极开展人权领域国际合作的一贯原则立场，也体现了中国对保障公民充分享有各项经济、社会及文化权利的坚定决心和信心"①。

《经济、社会及文化权利国际公约》有 15 处提到了"教育"。说明教育工作在人类文明进步中的价值。以下简要分析这些规定。

**（一）关于平等受教育权利的督促和再次肯定**

平等接受教育权利是自《联合国宪章》以后的诸多国际条约中反复强调的主题，同样在《经济、社会及文化权利国际公约》中这一主题也得到重视。该《公约》的第十三条督促道："本公约缔约国承认，人人有受教育的权利。它们同意，教育应鼓励人的个性和尊严的充分发展，加强对人权和基本自由的尊重，并应使所有的人能有效地参加自由社会，促进各民族之间和各种族、人种或宗教团体之间的了解、容忍和友谊，和促进联合国维护和平的各项活动。"

**（二）关于职业技术教育的规定**

《经济、社会及文化权利国际公约》第六条规定："本公约缔约国承认工作权，包括人人应有机会凭其自由选择和接受的工作来谋生的权利，并将采取适当步骤来保障这一权利。本公约缔约各国为充分实现这一权利而采取的步骤应包括技术的和职业的指导和训练，以及在保障个人基本政治和经济自由的条件下达到稳定的经济、社会和文化的发展和充分的生产就业的计划、政策和技术。"这条规定将职业技术教育与人的工作权包括人人应有机会凭其自由选择和接受的工作来谋生的权利联系在一起，使得职业技术教育的教育依据和法理依据更为充实。

**（三）关于家庭教育的倡导**

家庭教育是教育的基础。《经济、社会及文化权利国际公约》第十条要求公约缔约各国承认："对作为社会的自然和基本的单元的家庭，特别是对于它的建立和当它负责照顾和教育未独立的儿童时，应给予尽可能广泛的保护和协助。"紧接着该《公约》在第十五条第三款再次强调家庭教育的作用，要求本公约缔约各国"承担尊重父母和（如适用时）法定监护人的下列自由：为他们的孩子选择非公立的但系符合于国家所可能规定或批准的最低教育标准的学校，并保证他们的孩子能按照他们自己的信仰接受宗教和道德教育"。

**（四）关于对儿童保护的要求**

儿童是国家和人类的未来，儿童的成长和保护理应得到世界各国的关注，避免儿童受到伤害。《经济、社会及文化权利国际公约》第十条第三款要求：各缔约国"应为一切儿童和少年采取特殊的保护和协助措施，不得因出身或其他条件而有任何歧视。儿童和少年应予保护免受经济和社会的剥削。雇佣他们做对他们的道德或健康有害或对生命有危险的工作或做足以妨害他们正常发育的工作，依法应受惩罚。各国亦应规定限定的年龄，凡雇

① 中华人民共和国外交部. 发言人就中国人大将批准《经济、社会及文化权利国际公约》答记者问 [EB/OL].（2001-02-28）[2023-08-05]. https：//www.fmprc.gov.cn/fyrbt_673021/dhdw_673027/200102/t20010228_5422506.shtml.

佣这个年龄以下的童工，应予禁止和依法应受惩罚"。通常情况下，"国际软法与传统国际法渊源的互动深刻体现了《国际法院规约》第 38 条所具有的实质开放性面向，而国际软法在动态国际法渊源中作为未然的法的过渡性定位也得以体现。与此同时，基于国际正义是国际法的终极价值，国际软法自发的或者在与传统国际法渊源互动的过程中所体现出的对正义价值的追求，不仅证明了国际法渊源的自然法属性，也在一定程度上揭示了未来国际法渊源的自然法倾向"。最为重要的是该条款要求缔约国在儿童保护方面对违法者采取处罚措施，这就使得本《公约》由软法向硬法迈进了一大步，也是本《公约》的突出特点之一。

**（五）关于对各级各类教育的规定和要求**

《经济、社会及文化权利国际公约》第十三条重点是对缔约国在教育工作方面的要求，可以理解为教育国际法的重要法条。在各级各类教育方面对缔约国提出了一系列明确和具体的规定和要求。内容如下：

第二款规定：（1）初等教育应属义务性质并一律免费。（2）各种形式的中等教育，包括中等技术和职业教育，应以一切适当方法，普遍设立，并对一切人开放，特别要逐渐做到免费。（3）高等教育应根据成绩，以一切适当方法，对一切人平等开放，特别要逐渐做到免费。（4）对那些未受到或未完成初等教育的人的基础教育，应尽可能加以鼓励或推进。（5）各级学校的制度，应积极加以发展；适当的奖学金制度，应予设置；教员的物质条件，应不断加以改善。

第四款要求，本条的任何部分不得解释为干涉个人或团体设立及管理教育机构的自由，但以遵守本条第一款所述各项原则及此等机构实施的教育必须符合于国家所可能规定的最低标准为限。

从中可以看出，与《世界人权宣言》相比，该《公约》对于教育的规定和要求更为复杂和精准，涉及的面更加宽阔，如"适当的奖学金制度，应予设置；教员的物质条件，应不断加以改善"。

**（六）关于对教育相关的规定和要求**

《经济、社会及文化权利国际公约》第十五条还对与教育工作相关的诸多方面提出了要求："一、本公约缔约各国承认人人有权：（1）参加文化生活。（2）享受科学进步及其应用所产生的利益。（3）对其本人的任何科学、文学或艺术作品所产生的精神上和物质上的利益，享受被保护之利。二、本公约缔约各国为充分实现这一权利而采取的步骤应包括为保存、发展和传播科学和文化所必需的步骤。三、本公约缔约各国承担尊重进行科学研究和创造性活动所不可缺少的自由。四、本公约缔约各国认识到鼓励和发展科学与文化方面的国际接触和合作的好处。"

## 三、《公民权利和政治权利国际公约》的教育法律意义

1998 年 10 月 5 日，中国常驻联合国代表秦华孙大使在联合国总部代表中国政府签署了《公民权利和政治权利国际公约》。该《公约》也是对《联合国宪章》所倡导的原则和《国际人权宪章》相关要求的进一步细化和完善。中国政府认为，"人权的普遍性原则应

当得到尊重，但人权的普遍性必须与各国具体情况相结合。中国是一个有着 12 亿人口的发展中国家，保障和促进广大人民的生存权和发展权至关重要"①。《公民权利和政治权利国际公约》文本中只有一处提到了"教育"二字。但这并不意味着该《公约》不关注教育工作，相反很多条款的规定都与教育工作密切相关。

**（一）关于教育权利的规范化的要求**

《公民权利和政治权利国际公约》的第二条有 3 款内容的规定和要求。具体内容如下：

（1）本公约每一缔约国承担尊重和保证在其领土内和受其管辖的一切个人享有本公约所承认的权利，不分种族、肤色、性别、语言、宗教、政治或其他见解、国籍或社会出身、财产、出生或其他身份等任何区别。

（2）本公约缔约国承允遇现行立法或其他措施尚无规定时，各依本国宪法程序，并遵照本公约规定，采取必要步骤，制定必要之立法或其他措施，以实现本公约所确认之权利。

（3）本公约每一缔约国承担：

①保证任何一个被侵犯了本公约所承认的权利或自由的人，能得到有效的补救，尽管此种侵犯是以官方资格行事的人所为。

②保证任何要求此种补救的人能由合格的司法、行政或立法当局或由国家法律制度规定的任何其他合格当局断定其在这方面的权利；并发展司法补救的可能性。

③保证合格当局在准予此等补救时，确能付诸实施。

从字表上看，这里并没有提到"教育"，但是，从第一款中的"一切个人享有本公约所承认的权利"来看，其实这里包含了教育权利。那么，我们可以推导出本《公约》要求缔约国必须保障各国公民在受教育权方面的公正和平等，"不分种族、肤色、性别、语言、宗教、政治或其他见解、国籍或社会出身、财产、出生或其他身份等任何区别"。为了使这些权利得到真正的落实，本《公约》还要求每个缔约国要加强立法，而且这些权利受到侵害时，还要"保证合格当局在准予此等补救时，确能付诸实施"。这就使得教育权利得到了有效保障。

**（二）保护儿童的合法地位**

儿童在大多数情况下处于弱势群体的地位，如果不采取有效措施进行保护，儿童的发展将面临严峻的挑战，即便是少年犯罪也须特别关照。为此，《公民权利和政治权利国际公约》在第十条提出了两款要求，即：（1）被控告的少年应与成年人分隔开，并应尽速予以判决。（2）监狱制度应包括以争取因犯改造和社会复员为基本目的的待遇。少年罪犯应与成年人隔离开，并应给予适合其年龄及法律地位的待遇。

**（三）关于家庭教育的要求**

《公民权利和政治权利国际公约》在儿童的家庭教育方面有三个条款的要求。该《公约》第十八条提出："本公约缔约各国承担，尊重父母和（如适用时）法定监护人保证他们的孩子能按照他们自己的信仰接受宗教和道德教育的自由。"这是本《公约》中唯一提

---

① 中华人民共和国外交部.中国政府签署《公民权利和政治权利国际公约》［EB/OL］.（2000-11-07）.［2023-08-05］. https://www.mfa.gov.cn/web/ziliao_674904/wjs_674919/200011/t20001107_7950071.shtml.

到"教育"的文本。其目的是尊重父母对儿童道德教育的自由选择权,这一点使得家庭教育在保障儿童教育权上更上了一个台阶。接着,《公约》通过两个条款对父母在家庭教育方面提出了负责任式的要求。如第二十三条规定,本公约缔约各国应采取适当步骤以保证缔婚双方在缔婚、结婚期间和解除婚约时的权利和责任平等。在解除婚约的情况下,应为儿童规定必要的保护办法。第二十四条规定,每一儿童应有权享受家庭、社会和国家为其未成年地位给予的必要保护措施,不因种族、肤色、性别、语言、宗教、国籍或社会出身、财产或出生而受任何歧视。这些规定和要求充分体现了对儿童教育权利的尊重和切实的保护。

# 第四节 《儿童权利公约》

在《儿童权利公约》之前,联合国大会于 1959 年 11 月 20 日曾通过了《儿童权利宣言》,但"鉴于《儿童权利宣言》不具有条约法的效力,而给儿童权利以条约法的保障已日益成为必要,尤其是在筹备'国际儿童年'的过程中,这种必要愈加明显。在 1978 年联合国人权委员会会议上,波兰的亚当·洛帕萨教授(后为公约起草工作组主席)倡议起草儿童权利公约"。① 《儿童权利公约》(*Convention on the Rights of the Child*)1989 年 11 月 20 日第四十四届联合国大会以第 25 号决议通过。1990 年 9 月 2 日生效。1990 年 8 月 29 日,中国常驻联合国大使代表中华人民共和国政府签署了《儿童权利公约》,1991 年 12 月 29 日第七届全国人民代表大会常务委员会第 23 次会议决定批准中国加入《儿童权利公约》,1992 年 4 月 2 日《儿童权利公约》在我国生效。

《儿童权利公约》是第一部有关保障儿童权利且具有法律约束力的国际性约定,其中有 22 处提到了"教育",可见该《公约》对于教育特别是儿童教育的重视。实际上除了直接用"教育"二字表达之外,整个公约充满着对儿童权利的关心和期盼,可以说这个公约就是一部完整的教育国际法。下面我们将对这些条款进行简要分析。

## 一、儿童权利保护的指导思想

《儿童权利公约》在《序言》中用了较长的篇幅阐释了该公约的指导思想和保护儿童权利的基本理念。该序言指出:人人有资格享受这些文书中所载的一切权利和自由,不因种族、肤色、性别、语言、宗教、政治或其他见解、国籍或社会出身、财产、出生或其他身份等而有任何区别,回顾联合国在《世界人权宣言》中宣布:儿童有权享受特别照料和协助,深信家庭作为社会的基本单元,作为家庭的所有成员、特别是儿童的成长和幸福的自然环境,应获得必要的保护和协助,以充分负起它在社会上的责任,确认为了充分而和谐地发展其个性,应让儿童在家庭环境里,在幸福、亲爱和谅解的气氛中成长,考虑到应充分培养儿童可在社会上独立生活,并在《联合国宪章》宣布的理想的精神下,特别是在和平、尊严、宽容、自由、平等和团结的精神下,健康成长。

---

① 参见《儿童权利公约》。

这些思想和理念有些地方看上去似乎有点理想化，但仔细思考一下，这些思想和理念却又显得那么真实和迫切，对于一些在教育上仍然较为滞后的国家还是很有启发意义的。如果这些国家的政府能够意识到这个思想和理念的价值并加强儿童权利保护方面的立法，那么这个公约的目的就达到了。

## 二、明确提出儿童教育的目的

教育目的是各国教育管理和教育理论研究都十分关注的话题，这一点在《儿童权利公约》中也得到了呼应。本公约第二十九条提出了保护教育的目的，内容如下：

（1）缔约国一致认为教育儿童的目的应是：

①最充分地发展儿童的个性、才智和身心能力。

②培养对人权和基本自由以及《联合国宪章》所载各项原则的尊重。

③培养对儿童的父母、儿童自身的文化认同、语言和价值观、儿童所居住国家的民族价值观、其原籍国以及不同于其本国的文明的尊重。

④培养儿童本着各国人民、族裔、民族和宗教群体以及原为土著居民的人之间谅解、和平、宽容、男女平等和友好的精神，在自由社会里过有责任感的生活。

⑤培养对自然环境的尊重。

（2）对本条或第 28 条任何部分的解释均不得干涉个人和团体建立和指导教育机构的自由，但须始终遵守本条第一款载列的原则，并遵守在这类机构中实行的教育应符合国家可能规定的最低限度标准的要求。

公约的这些要求不仅具有极强的实际价值，而且几乎每一条要求都可以作为一个专题开展理论研究。从教育立法的角度来看，这些要求也是各国开展教育法律体系建设的基本依据。对于我国的教育法治化和体系化建设也有很好的借鉴价值，尤其是我国政府已经签署并在我国生效的情况下，这些问题更值得我们在教育立法中对照和反思。

## 三、回顾了本公约与其他几项国际法之间的逻辑关系

《儿童权利公约》在其序言中回顾了其产生的背景和发展脉络。《序言》指出：铭记给予儿童特殊照料的需要已在 1924 年《日内瓦儿童权利宣言》和在大会 1959 年 11 月 20 日通过的《儿童权利宣言》中予以声明，并在《世界人权宣言》、《公民权利和政治权利国际公约》（特别是第 23 和 24 条）、《经济、社会及文化权利国际公约》（特别是第 10 条）以及关心儿童福利的各专门机构和国际组织的章程及有关文书中得到确认。

这个简要的历史回顾不仅仅是理清了该公约的来龙去脉，从立法的角度来看，它也是告诉人们本公约的法律渊源和立法基础，同时也再次确认了在此之前的各项国际法的重要性。通过这样的阐释，让我们明确了上述国际法之间的关系，认识到这些法律文本之间其实已经构成了保护儿童权利的法律体系，而其中有关教育方面的规定和要求同样也形成了法律体系，成为世界各国在教育立法上的重要参考和法源。

## 四、加强各级各类教育

作为一部教育法律，《儿童权利公约》在第二十八条中对缔约国的各级各类学校教育

也提出了具体要求。内容如下：

（1）缔约国确认儿童有受教育的权利，为在机会均等的基础上逐步实现此项权利，缔约国尤应：

①实现全面的免费义务小学教育。

②鼓励发展不同形式的中学教育，包括普通和职业教育，使所有儿童均能享有和接受这种教育，并采取适当措施，诸如实行免费教育和对有需要的人提供津贴。

③根据能力以一切适当方式使所有人均有受高等教育的机会。

④使所有儿童均能得到教育和职业方面的资料和指导。

⑤采取措施鼓励学生按时出勤和降低辍学率。

（2）缔约国应采取一切适当措施，确保学校执行纪律的方式符合儿童的人格尊严及本公约的规定。

（3）缔约国应促进和鼓励有关教育事项方面的国际合作，特别着眼于在全世界消灭愚昧与文盲，并便利获得科技知识和现代教学方法。在这方面，应特别考虑到发展中国家的需要。

看到上述要求，我们会发现其中诸多要求其实在前文的诸项公约和宣言中已经作了表述。这说明了本公约与它们之间存在着十分密切的逻辑关系，更加证明了人们对各级各类学校教育的重视，也为各国教育立法提供了更加丰富的法律渊源。

### 五、正确处理好儿童的家庭教育和社会保护之间的关系

《儿童权利公约》第十九条提出，缔约国应采取一切适当的立法、行政、社会和教育措施，保护儿童在受父母、法定监护人或其他任何负责照管儿童的人的照料时，不致受到任何形式的身心摧残、伤害或凌辱，忽视或照料不周，虐待或剥削，包括性侵犯。紧接着第二十条又指出了具体的解决方案：

（1）暂时或永久脱离家庭环境的儿童，或为其最大利益不得在这种环境中继续生活的儿童，应有权得到国家的特别保护和协助。

（2）缔约国应按照本国法律确保此类儿童得到其他方式的照顾。

（3）这种照顾除其他外，包括寄养、伊斯兰法的"卡法拉"（监护）、收养或者必要时安置在适当的育儿机构中。在考虑解决办法时，应适当注意有必要使儿童的培养教育具有连续性和注意儿童的族裔、宗教、文化和语言背景。

这些要求比前文所分析的几项公约在儿童教育权利和生存权利方面又有了更大的进步。因为本公约从家庭教育与社会保护的关系上对儿童保护进行了分析，为儿童保护和受教育权利的保障提供了更多的选择路径。

### 六、关于残疾儿童的保护和受教育权利的阐释

《儿童权利公约》第二十三条专门用了四款内容，详细阐释了残疾儿童的生存和教育权利保护方面的要求。内容如下：

（1）缔约国确认身心有残疾的儿童应能在确保其尊严、促进其自立、有利于其积极参

与社会生活的条件下享有充实而适当的生活。

（2）缔约国确认残疾儿童有接受特别照顾的权利，应鼓励并确保在现有资源范围内，依据申请斟酌儿童的情况和儿童的父母或其他照料人的情况，对合格儿童及负责照料该儿童的人提供援助。

（3）鉴于残疾儿童的特殊需要，考虑到儿童的父母或其他照料人的经济情况，在可能时应免费提供按照本条第2款给予的援助，这些援助的目的应是确保残疾儿童能有效地获得和接受教育、培训、保健服务、康复服务，就业准备和娱乐机会，其方式应有助于该儿童尽可能充分地参与社会，实现个人发展，包括其文化和精神方面的发展。

（4）缔约国应本着国际合作精神，在预防保健以及残疾儿童的医疗、心理治疗和功能治疗领域促进交换适当资料，包括散播和获得有关康复教育方法和职业服务方面的资料，以期使缔约国能够在这些领域提高其能力和技术并扩大其经验。在这方面，应特别考虑到发展中国家的需要。

本条的规定可以理解为是特殊教育的国际法，而特殊教育在相当长的时间内在很多国家并没有给予足够的重视，导致这些儿童在生活中饱受歧视和凌辱，严重地摧残了他们的身心健康。本公约的这些阐释和要求不一定能够在所有国家都能得到切实的落实，但是这些要求的提出和阐释一定会为各国特殊教育的政策制定和立法提供重要的法律渊源。

## 七、保护儿童身心健康发展

保护儿童身心健康发展是《儿童权利公约》的核心内容和指导思想之一，本公约的第三十二条提出了如下要求：

（1）缔约国确认儿童有权受到保护，以免受经济剥削和从事任何可能妨碍或影响儿童教育或有害儿童健康或身体、心理、精神、道德或社会发展的工作。

（2）缔约国应采取立法、行政、社会和教育措施确保本条得到执行。为此目的，并鉴于其他国际文书的有关规定，缔约国尤应：

①规定受雇的最低年龄。

②规定有关工作时间和条件的适当规则。

③规定适当的惩罚或其他制裁措施以确保本条得到有效执行。

## 八、开展儿童权利公约培训

为了更好地落实本公约的要求，《儿童权利公约》第二十四条提出缔约国要加强儿童权利公约培训。内容如下：

（1）缔约国确认儿童有权享有可达到的最高标准的健康，并享有医疗和康复设施；缔约国应努力确保没有任何儿童被剥夺获得这种保健服务的权利。

（2）缔约国应致力于充分实现这一权利，特别是应采取适当措施，以：

①降低婴幼儿死亡率。

②确保向所有儿童提供必要的医疗援助和保健，侧重发展初级保健。

③消除疾病和营养不良现象，包括在初级保健范围内利用现有可得的技术和提供充足的营养食品和清洁饮水，要考虑到环境污染的危险和风险。

④确保母亲得到适当的产前和产后保健。

⑤确保向社会各阶层，特别是向父母和儿童介绍有关儿童保健和营养、母乳育婴优点、个人卫生和环境卫生及防止意外事故的基本知识，使他们得到这方面的教育并帮助他们应用这种基本知识。

⑥开展预防保健、对父母的指导以及计划生育教育和服务。

### 九、倡导缔约国开展儿童保护的立法工作

实施《儿童权利公约》的最好途径就是要在缔约国内开展法治建设，所以本公约的第三十三条要求缔约国"应采取一切适当措施，包括立法、行政、社会和教育措施，保护儿童不至非法使用有关国际条约中界定的麻醉药品和精神药物，并防止利用儿童从事非法生产和贩运此类药物"。

### 十、明确儿童保护的法律救济基本途径

《儿童权利公约》第四十条提出了集中儿童法律救济的途径。公约要求：各缔约国"应采用多种处理办法，诸如照管、指导和监督令、辅导、察看、寄养、教育和职业培训方案及不交由机构照管的其他办法，以确保处理儿童的方式符合其福祉并与其情况和违法行为相称"。

## 第五节　《消除对妇女一切形式歧视公约》

《消除对妇女一切形式歧视公约》是在联合国主导下，上述教育国际法体系中又一部重要法律。该公约"于1979年12月由联合国大会通过，是国际人权领域重要文书之一。我国于1980年签署该公约，并于同年递交批准书。香港、澳门回归后，该公约也适用于香港特区和澳门特区。……联合国消除对妇女歧视委员会委员积极评价中国政府的履约努力和成果，对中国性别平等和妇女发展事业取得的成就表示赞赏"。①

---

① 联合国专家机构审议中国《消除对妇女一切形式歧视公约》履约报告［EB/OL］.（2014-10-28）［2023-08-06］. https：//www. fmprc. gov. cn/wjbxw_673019/201410/t20141028_378661. shtml.

宋秀岩就我国履约情况进行了陈述性发言，重点介绍了2006年审议以来，特别是中国第七、八次合并报告递交后的履约新进展。她指出，中国始终高度重视妇女发展和性别平等。2006年以来，中国制定修改了10多部涉及保障妇女权益的法律法规，31个省（区、市）均制定修订了《妇女权益保障法》实施办法。中国不断健全推动促进性别平等的工作机制，采取特别措施解决妇女参政、就业、健康、教育等问题，关注少数民族妇女、老年妇女、残疾妇女、流动妇女、女童等特殊群体的权益保护。中国进一步完善性别统计的国家制度，形成了包括近500个统计指标的较为全面反映妇女发展状况的统计指标体系，基本形成了国家、省、地三级分性别统计工作网络。香港、澳门特区政府代表还分别就港澳特区履约情况进行了陈述。

## 一、公约的指导思想

公约在其序言中阐释了本公约的指导思想，内容非常丰富，这里只展示部分核心内容：注意到《联合国宪章》重申对基本人权、人身尊严和价值以及男女平等权利的信念；注意到《世界人权宣言》申明不容歧视的原则，并宣布人人生而自由，在尊严和权利上一律平等，且人人都有资格享受该宣言所载的一切权利和自由，不得有任何区别，包括男女的区别；注意到有关人权的各项国际公约的缔约国有义务保证男女平等享有一切经济、社会、文化、公民和政治权利；考虑到在联合国及各专门机构主持下所签署旨在促进男女权利平等的各项国际公约，等等。

从中我们可以看到，在其陈述指导思想的过程中，也实际上陈述了公约与《联合国宪章》《世界人权宪章》等法律文本之间的关系。可见，该公约确实是一部教育国际法，是我国教育法律渊源之一。

## 二、阐释了妇女在社会中的地位和制定本公约的目的

《消除对妇女一切形式歧视公约》详细分析了妇女作为社会成员的社会地位及其社会价值。考虑到对妇女的歧视违反权利平等和尊重人的尊严的原则，阻碍妇女与男子平等参加本国的政治、社会、经济和文化生活，妨碍社会和家庭的繁荣发展，并使妇女更难充分发挥为国家和人类服务的潜力；念及妇女对家庭的福利和社会的发展所作出的巨大贡献至今没有充分受到公认，又念及母性的社会意义以及父母在家庭中和在养育子女方面所负的任务的社会意义，并理解到妇女不应因生育而受到歧视，因为养育子女是男女和整个社会的共同责任；认识到为了实现男女充分的平等需要同时改变男子和妇女在社会上和家庭中的传统任务；决心执行《消除对妇女歧视宣言》内载的各项原则，并为此目的，采取一切必要措施，消除一切形式的这种歧视及其现象。

妇女在各国的社会地位与男性相比在很长时期处于弱势状态，这种状况的存在，无论是从文化进步还是经济建设等角度来看，对于人类社会的发展都是不利的。联合国之所以要制定《消除对妇女一切形式歧视公约》，其价值就在于让社会的一半群体能够充分发挥人力资源的优势，和男性一起建设人类社会的共同家园。所以，加强和重视对妇女的教育就变得极为重要。

## 三、呼吁为妇女提供更多的发展机会

《消除对妇女一切形式歧视公约》指出："关心到在贫穷情况下，妇女在获得粮食、保健、教育、训练、就业和其他需要等方面，往往机会最少。"这实际上是对世界妇女地位现状的展现。时至今日，虽然当年的描述已经有了很大改观，但就世界范围来看，在不少国家，妇女的发展机会的现状还相当严峻。近年来，国内也有很多学者关注妇女的教育和

发展方面的研究，从中我们可以看出，国内的妇女教育和发展工作仍有很大的改进空间。《消除对妇女一切形式歧视公约》给我们的启示是国家，我们感觉在妇女教育的立法方面也可以大有作为，比如，是否可以考虑制定《中华人民共和国妇女教育与发展促进法》之类的法律。

### 四、提出提升妇女地位的举措

《消除对妇女一切形式歧视公约》第五条明确提出了提高妇女地位的举措。内容如下：

缔约各国应采取一切适当措施：

（1）改变男女的社会和文化行为模式，以消除基于性别而分尊卑观念或基于男女定型任务的偏见、习俗和一切其他做法。

（2）保证家庭教育应包括正确了解母性的社会功能和确认教养子女是父母的共同责任，但了解到在任何情况下应首先考虑子女的利益。

当然，我们必须看到，这里提出的举措还非常简单和原则，甚至可以说很难实施。但是，这为我们在相关方面开展法治建设和政策制定提供了一个基本思路。因此，从这个意义上看，该条款还是有很高价值的。

### 五、加强妇女教育

《消除对妇女一切形式歧视公约》第十条实际上就是专门针对妇女教育的条款，相对于本公约的上述要求，这里的规定更加详细了。内容如下所述：

缔约各国应采取一切适当措施以消除对妇女的歧视，并保证妇女在教育方面享有与男子平等的权利，特别是在男女平等的基础上保证：

（1）在各类教育机构，不论其在农村或城市，职业和行业辅导、学习的机会和文凭的取得，条件相同。在学前教育、普通教育、技术、专业和高等技术教育以及各种职业训练方面，都应保证这种平等。

（2）课程、考试、师资的标准、校舍和设备的质量一律相同。

（3）为消除在各级和各种方式的教育中对男女任务的任何定型观念，应鼓励实行男女同校和其他有助于实现这个目的的教育形式，并特别应修订教科书和课程以及相应地修改教学方法。

（4）领受奖学金和其他研究补助金的机会相同。

（5）接受成人教育、包括成人识字和实用识字教育的机会相同，特别是为了尽早缩短男女之间存在的教育水平上的一切差距。

（6）减少女生退学率，并为离校过早的少女和妇女办理种种方案。

（7）积极参加运动和体育的机会相同。

（8）有接受特殊教育性辅导的机会，以保障家庭健康和幸福，包括关于计划生育的知识和辅导在内。

这些条款对妇女在各级各类学校教育中的内容和举措作了比较具体的要求，但是，我们也要看到，其中的不少举措仍然较为原则和抽象，这就需要各缔约国能够真正理解本公约的指导思想和基本理念，结合本国的具体情况开展系统的法治建设。从这个意义上看，这些条款也可以被视为我国教育法律渊源。

## 第六节　《亚洲和太平洋地区承认高等教育学历、文凭与学位的地区公约》

《亚洲和太平洋地区承认高等教育学历、文凭与学位的地区公约》是亚太地区相关国家于 1983 年 12 月 16 日在泰国首都曼谷签订的一项教育国际法。同日，我国政府签署承认，该公约 1985 年 10 月 23 日正式在我国生效。该公约是亚洲和太平洋地区各缔约国为加强文化交流，以促进亚洲和太平洋地区所有国家经济、社会、文化和技术的发展，并增进该地区的和平而签订，目的在于促进人员的流动和思想、知识以及科技经验的交流。由于中国政府签署并在国内生效，因此，该公约当然是我国教育法律渊源。该公约共 23 条，详细规定了高等教育在学历、文凭和学位等方面的同等和相互承认问题。公约的内容比较丰富，这里只对部分内容作简单介绍，详细内容读者可以阅读该公约的全文。

### 一、明确提出了公约制定的目的

《亚洲和太平洋地区承认高等教育学历、文凭与学位的地区公约》在其序言指出：认识到有必要加强其文化交流，以促进亚洲和太平洋地区所有国家经济、社会、文化和技术的发展，并增进该地区的和平；特别希望加强和扩大合作，以便使它们的潜力得到最佳利用，从而促进知识进步，不断改善高等教育质量，并深信，在上述合作范围内，承认高等教育学历、文凭与学位，从而便于大学生和专家的流动，是加速本地区发展（这一发展要求培养和充分使用更多的科学技术人才和专家）的必要条件之一；考虑到，所有缔约国承认在其中任何一国获得的学历、证书、文凭和学位的目的在于，促进人员的流动和思想、知识以及科技经验的交流。

### 二、规定了缔约国之间开展合作的路径

为了更加方便缔约国之间的合作与交流，《亚洲和太平洋地区承认高等教育学历、文凭与学位的地区公约》第二条中提出如下路径：

（1）缔约国打算采取联合行动，促进亚洲和太平洋地区各国在和平与国际了解事业中的积极合作，并在更全面利用其教育、技术和科学力量方面与教科文组织其他会员国发展更有效的合作。

（2）缔约国庄严声明，它们决心在其立法和宪法结构范围内密切合作，以：

①尽可能充分地利用其培训和研究方面的现有资源为所有缔约国的利益服务，为此：

尽量广泛地向来自任何一个缔约国的大学生或研究人员开放其高等院校之门；

承认这些人的学历、证书、文凭和学位；

制定并采用尽可能相近的术语和评价标准，以便于采用一种办法保证学分、学科、证书、文凭和学位可以相互比较，享受高等教育的条件亦可相互比较；

在接纳学生从事更高阶段学习的问题上，采取一种积极的做法，既考虑到证书、文凭和学位表明已经获得的知识，也考虑到个人的其他有关资历（只要主管当局认为这种资历可以接受）；

采取对局部学习进行评价的灵活的标准，这种标准应以已达到的教育水平及学习课程的内容为基础，并考虑到高等教育知识的跨学科性质；

建立并改进有关承认学历、证书和文凭的情报交流系统。

②在各缔约国不断改进课程以及规划和促进高等教育的方法，包括协调高等院校的入学条件。这不仅要考虑到经济、社会和文化发展的需要及各国的政策，考虑到联合国教育、科学及文化组织主管机构关于不断提高教育质量、促进终身教育和实现教育民主化的建议中规定的目标，还应考虑到关于充分发展人的个性和各国之间了解、宽容和友谊等各项宗旨，以及《世界人权宣言》有关人权的各项国际公约和教科文组织《反对教育歧视公约》为教育在人权方面规定的一般性宗旨。

③促进在学历和学术资格的相互比较、承认或同等方面的地区性和世界性合作。

（3）缔约国同意在国家、双边、多边范围内，特别是通过双边、分地区、地区等性质的协议，通过大学之间或其他高等院校之间的安排以及同国家或国际主管组织和机构进行的安排，为逐步达到本条规定的目标采取一切可能的措施。

三、规定了缔约国之间开展合作的措施

《亚洲和太平洋地区承认高等教育学历、文凭与学位的地区公约》在第四条中规定了缔约国之间开展合作的措施，包括：

（1）缔约国同意采取一切可能的措施，以：

①按照第一条第1款中"承认"的定义，承认证书、文凭和学位，以便使其持有者能够在它们的领土上的高等院校内继续学习，接受培训或从事研究。

②为了继续学习之目的，尽可能确定如何承认在其他缔约国高等院校进行的局部学习的程序。

（2）以上第三条第2款的规定适用于本条所涉及的情况。

四、对缔约国高等教育机构在合作中的建议

《亚洲和太平洋地区承认高等教育学历、文凭与学位的地区公约》在第九条中对缔约国的高等教育机构在合作中建议如下：

（1）缔约国承认，本公约确定的各项目标和义务之实施，要求许多政府性或非政府性国家机构，特别是大学、批准机构及其他教育机构，在国家一级密切合作，并协调其努力。缔约国因此同意将涉及本公约实施的有关问题委托给适当的国家机构进行研究（一切有关部门都将参加），并由其提出适当的解决办法。缔约国还将采取一切有待采取的可行措施，有效地促进这些国家机构的工作。

（2）缔约国之间应开展合作，以收集一切有利于其有关高等教育学历、文凭与学位和其他学术资格等活动的情报。

（3）一切国家机构均应具备必要的手段，以便能够自行收集、处理和存档一切有利于其有关高等教育学历、文凭与学位等活动的情报，或者在最短期限内从另一个国家文件资料中心获得在这方面需要的情报。

## 五、提出了缔约国之间合作的基础资料等方面的要求

《亚洲和太平洋地区承认高等教育学历、文凭与学位的地区公约》在第十二条中提出了缔约国之间合作的基础资料等方面的要求如下：

（1）缔约国应相互交换有关高等教育学历、证书、文凭和学位以及其他学术资格的情报和资料。

（2）缔约国应努力促进发展用于收集、处理、分类和传播有关承认高等教育学历、证书、文凭与学位的情报的方法和机构，同时考虑到国家、地区、分地区和国际机构，特别是联合国教育、科学及文化组织现有的方法、机构以及收集的情报。

此外，联合国内的诸多国际组织还就某些教育方面的专题制定了相关的国际法。如2018年1月10日，联合国教科文组织（UNESCO）与联合国艾滋病规划署（UNAIDS）、联合国人口基金会（UNFPA）、联合国儿童基金会（UNICEF）、联合国妇女规划署（WNWOMAN）和世界卫生组织（WHO）联合发布了《国际性教育指导纲要（2018版）》（*International Technical Guidance on Sexuality Education*）。这份纲要提出的性教育方式是全面的性教育（Comprehensive Sexuality Education，CSE）。① 制定该纲要"旨在指导

---

① 张彪在《解读2018版国际性教育指导纲要》（https：//www.163.com/dy/article/D8AG02TE0528PRG4.html）一文中详细介绍了该《纲要》的具体内容如下：

全面的性教育（CSE）是以课程为形式的性教育和学习的过程，涉及性的身体（生理方面）、社会方面、认知和情感（心理方面）。CSE旨在促使儿童和青少年具备涉及性的知识、技能、态度和价值观，让他们能健康、幸福、有尊严地成长，培养他们互相尊重的社会交往关系和性关系，让他们意识到他们的选择如何影响自己和他人的幸福，并让他们能理解和确保在他们一生中能保护他们的权利。

CES基于以下几个方面提出的：

科学准确的研究（Scientifically Accurate），CES基于科学研究，尤其是有关性的生理学、性行为等的准确研究。

持续的课程（Incremental），CES是从小就开始的持续的教育课程。

年龄和发育相适应（Age- and Developmentally-appropriate），CES会根据儿童和青少年的不同年龄和从他们性的心理、生理发育角度出发，设计课程，以适应他们的变化和发展。（转下页）

各国教育部门制订高质量、全面的性教育政策，通过开展系统科学的性教育计划帮助青少年获得与性健康和生殖健康相关的必备知识和技能，培养尊重人权和性别平等的正确价值观，以实现身心健康发展。强调各国教育部门应充分考虑本国国情或区域特性制订本土化的性教育计划。联合国教科文组织总干事阿祖莱表示，新版纲要以最新的科学数据为基础，再次强调性教育对促进人权和性别平等的重要作用，主张推行积极正面、符合年轻人最高利益的有关性和人际关系的学习，将有效帮助各国公共部门制订有利于年轻人健康和福祉的性教育计划"①。

其实关于教育的国际法文本还有许多，但限于篇幅未能全部呈现和分析，读者如果希望了解更多的教育国际法方面的文本，可参见本书附录，供大家使用。

---

（接上页）以课程为基础（Curriculum Based），CES 通过建立学习目标，学习重点等，让教育工作者（老师，专业的性教育工作者等）将知识、理念等以课程的形式传达到学生心中。以学校中的课程教育为主，也可以在校外，或其他环境中。

全面性（Comprehensive），CES 从性的不同角度出发，为性教育工作者和青少年提供全面的、准确的、循证的信息，包含性生理生殖的健康问题（性生理、青春期、怀孕、生殖、分娩、月经、遗精、避孕、性传播疾病、HIV，等）；性的心理和发展问题（性别、性别角色认同、不同年龄的性心理，等）；性的社会文化问题（性人权、家庭、人际关系、尊重、包容、价值观、性别平等、性暴力、性虐待、早婚、割礼等）

基于人权方针（Based on a Human Rights Approach），CES 是以人权为出发点和归属，建立并促进儿童和青少年对权利（人权）的理解，以及所有人对教育、健康的权利需求，保障权利平等，尊重人权、消除歧视。

基于性别平等（Based on Gender Equality），CES 尊重和提倡性别平等，反对性别差异和性别暴力。

与文化背景相适应（Culturally Relevant and Context Appropriate），CES 强调教育的文化和背景因素，不同地区不同时间的差异等，理解文化差异。

促进社会和个人转型（Transformative），CES 有助于促进社会转型，如培养公民意识、促进建立公平、尊重、包容、仁慈的社会，等。CES 培养性别平等、自己作决策并为行为负责的个人品质。

培养和支持做健康选择所需的生活技能（Able to Develop Life Skills Needed to Support Healthy Choices），CES 培养青少年获得生活技能，比如，和伴侣、朋友、家庭成员等形成和谐、尊重、健康的人际关系等。

① 新华社．联合国教科文组织发布新版《国际性教育技术指导纲要》［EB/OL］．（2018-01-11）［2022-12-17］．https：//baijiahao.baidu.com/s？id=1589298437613239830&wfr=spider&for=pc.

# 第九章　中华传统文化中的教育法律

中华民族传统文化历史悠久、博大精深，其中很多内容都具有教育法律渊源的价值，我们今天在教育法律研究、教育立法和司法实践中都可以从中找到可资借鉴的思想源头。中华民族传统文化中的公序良俗、风俗习惯、民风及诸子百家的经典著作在指导当今教育立法和教育司法实践等方面都具有一定的教育法律作用，"如果借助现代法学理论对法律渊源的定义来看，司法视角下的法律渊源概念才更贴近其实际内涵。"① 而上述诸方面在我国教育司法实践中仍然发挥着一定的作用，它们理应被视为教育法律渊源。

## 第一节　公序良俗中的教育法律

公序良俗通常被理解为公共社会秩序与善良风俗。公序良俗是隐藏在法律文本背后的最为本源的价值观念，其具有本源性和不可或无须证明的自然存在的本真性特点。当在立法中感到迷惘和不知所措时，我们可以从这些本源价值观中寻找灵感和启迪。正是因为如此，我们才如此珍视以公序良俗为代表的各种价值体系，它们理应被视为各类法律渊源，教育法律也是如此。2020 年通过的《中华人民共和国民法典》中有 8 处提到了"公序良俗"②。这充分说明公序良俗在当今立法中的地位和价值。

---

① 李驰. 论唐前期礼的法律渊源性质及其定位——以司法为视角 [J]. 河北法学，2019 (6)：152.

② 这八个条款分别是：

第八条　民事主体从事民事活动，不得违反法律，不得违背公序良俗。

第十条　处理民事纠纷，应当依照法律；法律没有规定的，可以适用习惯，但是不得违背公序良俗。

第一百四十三条　具备下列条件的民事法律行为有效：（三）不违反法律、行政法规的强制性规定，不违背公序良俗。

第一百五十三条　违背公序良俗的民事法律行为无效。

第九百七十九条　管理事务不符合受益人真实意思的，管理人不享有前款规定的权利；但是，受益人的真实意思违反法律或者违背公序良俗的除外。

第一千零一十二条　自然人享有姓名权，有权依法决定、使用、变更或者许可他人使用自己的姓名，但是不得违背公序良俗。

第一千零一十五条　自然人应当随父姓或者母姓，但是有下列情形之一的，可以在父姓和母姓之外选取姓氏：（三）有不违背公序良俗的其他正当理由。

第一千零二十六条　认定行为人是否尽到前条第二项规定的合理核实义务，应当考虑下列因素：（四）内容与公序良俗的关联性。

公序良俗"不是一日而成，它与人类社会文明的成长历程存在千丝万缕的关系，并从不同时期的法律文明的遗存中厚积薄发。'公序良俗'从人类早期发端并贯穿于人类法治文明的发展历程，其经历了从基于宗教伦理及道德风尚的经验性粗放式立法，走向近现代注重逻辑性、概念性与抽象性的精密式立法的历史发展过程。……学界对于公序良俗原则的大多数研究均是立足于立法需要、司法实践的需要或具体民商法上之法理问题而展开"。① 由此可见，公序良俗中包含着道德、宗教等与立法相关的元素，而且与立法需要、司法实践之间密切相关。

## 一、教育与法律同源

在人类社会的远古时代，教育与法律是杂糅在一起的。在人们的日常生活中对于年轻一代教育的很多内容如"公平""公正""善良""道德""诚实""正义""不偷盗""复仇"等公序良俗，也正是当时的法律要求。这个时候的教育内容与法律规定并没有严格区分，长者对于未成年人在教育过程中提出的这些要求也是社会生活的基本准则。随着阶级的出现，统治阶级在制定法律的过程中将这些公序良俗中的部分内容逐步归纳梳理成法律的基本原则并慢慢细化成法律条款，从而演变成为统治工具。中华民族的教育和法律演变的历史亦是如此：教育与法律同源。

教育与法律同源性的价值就主要表现为我们今天在教育立法和司法过程中可以将上述公序良俗的诸多要素纳入其中，尤其是在教育管理和司法实践中，当现行法律文本中对于某些法律争议或纠纷没有相应规定时，这些公序良俗的要素就可以发挥指导性作用，甚至可以作为重要的司法理解的依据。中华人民共和国成立以来，真正开展常态化立法的时间并不长，现有的教育法律体系中空白点还非常多，在继续加强填补空白式的立法过程中，合理吸收上述公序良俗的要素是非常有必要的。

## 二、礼教与法律同源

中华民族在远古时代便产生了一种影响至今的祭祀活动，人们在祭祀过程中逐步构建并完善了一套规则，这些规则最先产生于祭祀活动，然后逐步变成人们日常生活的规范，"这突出表现在古代中国的礼制。"② 礼制在进入国家化阶段后就被统治阶级利用并逐渐演变成国家的法律，这些礼制中的部分内容和思想至今仍然在我国立法和司法中发挥着一定的作用，这正是中华法系的特点。"在千年封建统治的影响下，我国社会一直被定义为礼俗社会，凡事都会受到人情与礼性的影响，法律也不例外。……事实告诉我们一些非正式法律渊源仍然具有顽强的生命力，因此在实际案件处理中，对于一些特殊事件，仅仅依靠制定法难以成为对其进行处理的合理依据。由此，非正式法律渊源中带有道与情的审判依

---

① 何勤华，袁晨风."公序良俗"起源考 [J]. 南大法学，2022 (4)：41.
② 郭建，姚荣涛，王志强. 中国法制史 [M]. 上海：上海人民出版社，2000：17.

据成为了有用之处。"① 而"道与情"通常就来源于礼教，所以，教育立法和司法也应该关注这些来源于礼教而形成的非正式法律渊源。

### （一）"礼"的产生及其教育法律价值

何谓"礼"？关于什么是"礼"，它是如何产生的？王国维对此进行了研究和解释。他说："盛玉以奉神人之器谓之礼，推之而奉神人之酒亦谓之礼，又推之而奉神人之事通谓之礼。"② "'祭'，《说文》称'祭祀也，从示'，注：'从肉，从又；又，手也'，就是手持肉置于祭台之上。这一系列仪节统称为'礼'，后来逐渐成为各种习惯仪节的通称，并具备了有强制规范作用的法律的意义。"③ "通过梳理不难发现，礼不但具有法律渊源性质且其定位具有三重性，即在不同情形下礼分别具有法律渊源、准法律渊源和非法律渊源三种性质。"④ "从历史上看，礼起源于祭祀，即殷商时期的原始宗教活动。之后，周公制礼使得宗教之礼开始向人文之礼转变。后来，儒家针对西周以降'礼崩乐坏'的乱世，力倡礼教、注重道德教化，遂被汉以后中央集权统治者所利用，发挥其政治法律作用。"⑤ 而"礼"本身也具有教育学的意义，所以常常被称为"礼教"，这就从本源上说明这些由"礼"演变而来的法律必然具有教育法律渊源的性质。

### （二）"礼"在我国古代立法和司法中的作用

"礼"在我国古代立法和司法中扮演着重要角色，"以严复为代表的近代学人在翻译西方法政著作时，就已经意识到了礼可能具有法律渊源性质。例如，他指出西方'法'字在中文中至少对应理、礼、法、制四种含义。近年来，相关研究中最具影响力的论述当属高明士围绕该主题所积累的研究成果。他指出'理'（或'礼'）是位列律、令（包括格、式）之后，唐代断狱的'第三法源'。又因为，'理'与'礼'互通，礼实际上也是唐代的法律渊源之一。"⑥ 可见，"礼"在我国古代司法实践中占据着重要地位。"礼"之所以可以成为中国古代的法律渊源是因为，在古代的司法实践中常常会出

---

① 吴铭. 刑事案件中非正式法律渊源运用实证研究［D］. 南华大学硕士学位论文，2018：I. 在该文中，作者进一步论述了"礼"的法理学价值。作者认为：中国传统文化博大而绵长，礼是其源头与精髓。诚如潘富恩先生所言："在礼学的影响下，中国传统文化在人生态度与人生价值、社会组织方式、法律制度、经济制度等方面都表现出其独有的特点，这些特点不仅贯穿了几千年来的中国历史，即使在今天仍然余韵绵绵，不可忽视。""礼是中国传统文化的核心，也是传统法律的核心。如果不深入研究礼，就无法全面理解中国法律传统，也无法透彻剖析国家法与'活法'的互动关系，就如同不深入研究西方宗教，则无法深刻领会西方法律文化的精髓是一样的道理。"

② 郭建，姚荣涛，王志强. 中国法制史［M］. 上海：上海人民出版社，2000：18.

③ 郭建，姚荣涛，王志强. 中国法制史［M］. 上海：上海人民出版社，2000：18.

④ 李驰. 论唐前期礼的法律渊源性质及其定位——以司法为视角［J］. 河北法学，2019（6）：152.

⑤ 姜福东. 法官如何对待民间规范？——"顶盆过继案"的法理解读［J］. 甘肃政法学院学报，2007（7）：42.

⑥ 李驰. 论唐前期礼的法律渊源性质及其定位——以司法为视角［J］. 河北法学，2019（6）：154.

现法律条文的空白，而"礼"正好可以弥补这些空白，从而完美地完成了法官的司法需要。

此外，"礼"是儒家思想的核心和治理国家的基本手段。自汉以下，儒家思想成为正统思想，礼的地位亦随之在社会治理中占据统治地位，以至于在汉以后出现了"引经决狱"的司法现象。在后世的《唐律疏议》以及《宋刑统》《大明律》《大明律集解附例》《大清律例》中都含有礼的指导思想，成为中华法系的重要特征。"礼"的核心思想就是强调"尊卑""秩序""均衡和谐"和"等级"，等等，而这些在我国古代的司法实践中一直被应用。例如，"明代海瑞在其所著《淳安政事》中主张，对于法无明文、事实难清的疑案，'与其屈兄，宁屈其弟；与其屈叔伯，宁屈其侄；与其屈贫民，宁屈富民；与其屈愚直，宁屈于顽。事在争产业，与其屈小民，宁屈乡宦，以救时弊也；事在争言貌，与其屈乡宦，宁屈小民，以存体也'。这里表述的情理，既包括三纲五常，又强调损有余而补不足，都是在事实难明的情况下进行的简单化处理"①。海瑞之所以弃当时的国家法令不顾而采取"礼"的原则，实际上就是希望在法律之外寻求"情""理"的调和，从而实现"决狱"与"和谐"的统一，这是中国人内心深处不变的追求。

### 三、"情""理"的立法和司法意义

在中华传统法治文化中，人们在评价一位法官审理案件的质量时，提出的标准就是"合情合理合法"。在中国人看来，法官判案质量是否高首先并不是看判决结果是否"合法"，而是首先看其判决是否"合情"和"合理"，"情"和"理"被放在"法"之前。换句话说，即便法官裁决合法，如果不合情理，这个裁决也不是高质量的裁决。今天我们从法治的视角（其实主要是使用了西方人的法治观）来审视"合情合理合法"的观点，也许会认为这个观点不够"法制"，但该观点却深得民心，这就是中华法系的特点。

何谓"情"？根据对相关文献的梳理和归纳，学界普遍认为"情"至少可以有四重含义："一是指人之常情，即人的本性、人的本能这方面，如人的趋利避害的本性等。二是指民情，包括社会舆论、社会的一些基本的现实状况、各地不同的风俗习惯等。三是指实情，如案件的事实和具体的情节等。四是指人情或者亲情等感情，但并非指个体的特殊感受，而是具有普遍性的情感。在社会生活中，这种感情上当为之事往往被视为自然之'理'，情与理由此沟通。"②"情"的这四种含义在我国古代的立法和司法中都会产生一定的作用。但是最有影响力的作用通常是指第四种含义，即"人情和亲情"，而这种"情"又与"理"和"礼"之间有着深刻的内在联系。

---

① 郭建，姚荣涛，王志强．中国法制史［M］．上海：上海人民出版社，2000：87．
② 时显群．法理学［M］．北京：中国政法大学出版社，2013：1．

中国古代社会人们在社会生活和司法活动中，十分注重对"情"的关注和使用，特别是到了汉代以后，随着儒学的官学化，在司法活动中，司法官员逐渐实现了对司法活动的儒家化改造。司法活动中坚持"纲常伦理"和"德主刑辅"的理论，并创造性地提出了"引经决狱"①的司法路径。"董仲舒便主张有经有权，并运用引经决狱的方式解决规范与目标之间的矛盾，以阐发儒经大义和合理选择、实现为根本价值取向，并兼顾法律的规则，成为后世尊奉的楷模。后代思想家如柳宗元、理学诸家等对经权观念相当重视。这一思想与人治主义互为表里，对司法实践产生了深远的影响。"②与法家提倡的严刑峻法相比，儒学化的立法和司法具有很多进步的意义，从而奠定了中华法系的"情""理""法"融合一体的司法特征，这是世界其他法系中少有的特征。同时，从我国教育历史的角度来看，"情""礼"和"理"又是学校教育中不可或缺的教学内容，是由"自然人"向"社会人"过渡的重要教育资源，也是教育制度规范制定的思想源泉。因此，将"情""礼""理"视为教育法律渊源有着天然的法理依据。

何谓"理"？学界目前对于"理"的理解也是见仁见智，通过文献的分析，大多数研究者通常将"理"理解为三个方面。第一种含义将"理"解释为"天理，即天道，是贯

---

① 所谓"引经决狱"，又称"春秋决狱""经义决狱"，是指两汉时期儒家学者在审理案件过程中，抛开国家法律，引用《春秋》等儒家经典作为审理案件的依据的司法活动。从史料里春秋决狱的案例中，我们可以发现，汉代引经决狱体现了以下司法原则：

（1）亲亲相隐原则，即一定的亲属之间可以隐瞒罪行的司法原则。

（2）原心定罪原则，即儒家所倡导的，根据行为人主观心理动机的善良与凶恶，来断定行为人是否构成犯罪，是否应当给予处罚的司法原则。桓宽在《盐铁论·刑德》中说："故《春秋》之治狱，论心定罪。志善而违于法者免，志恶而合于法者诛。"

（3）纲常礼教原则，为了维护"三纲五常"的伦理准则，在汉代的引经决狱中，凡是违背了"三纲五常"准则的，一律要按照《春秋》经义予以严惩。

（4）以功覆过原则，法家是强调功过赏罚分明的，而汉代儒家学者贯彻的司法原则是"以功覆过"，即功过相抵原则。这一司法原则，为封建官僚和贵族的司法特权大开了方便之门。

（5）反对株连原则，与秦汉法家制定的连坐司法原则不同，儒家强调"恶恶止其身"的司法原则，反对株连无辜。

（6）"诛首恶"原则，儒家学者在引经决狱中，严格区分首恶与从犯，严诛首恶，这对于刑法理论的发展是具有很大意义的。

（7）宽刑宥罪原则，儒家学者从"仁政"角度出发，历来反对法家的严刑峻法，主张德教。因此，在汉代儒家引经决狱中，多有体现宽厚仁政的宽刑原则。《后汉书·何敞传》记载："（何）敞在职，以宽和为政……及举冤狱，以《春秋》义断之，是以郡中无怨声。"在这里，史书将"举冤狱，以《春秋》义断之"作为"宽和为政"的注释，明显说明了《春秋》决狱崇尚宽刑宥罪的原则。

（8）刑罚适中原则，儒家学者在引经决狱过程中，也并不完全一味主张轻刑。在必要的场合，儒家学者主张刑罚适中，适度发挥刑罚的惩恶作用。这也是儒家学者"德主刑辅"法理思想的体现。虽然主张"以刑为辅"，但是决不主张废刑。在主张"仁政"与"宽刑"的同时，汉代儒家同时主张刑罚适中，应当说是对我国封建社会刑法理论的一大贡献。

② 郭建，姚荣涛，王志强. 中国法制史［M］. 上海：上海人民出版社，2000：69.

通自然与社会的普遍原理，或者说是自然界、人与社会共同应该遵循的一些规律"。① 第二种含义为"建立在人性基础上的公理，如人的理解力和意志力是有限的、人总要为他的生存和发展做出安排、每个人都有追求幸福的权利等"。② 第三种含义是指"基于共同的社会生活背景和历史文化传统，而形成的民众普遍认同并自觉遵守的社会公德和公序良俗等"。③ 可见，"理"是公序良俗的组成要素之一。

将"情"与"理"合二为一便是"情理"，而且"情"与"理"本身也是有着高度密切的内在联系，很难进行清晰的切割。大约自汉以后"情理"在中华法系中一直处于十分重要的地位。我们可以大致作出这样的判断，汉代以后的中国历朝历代的立法和司法过程中实际上存在着两个法制体系：国家制定的法律体系和司法官员依据儒家经典（实际上也杂糅了少许法家、道家和佛学的一些主张）而形成的判例体系，儒家经典在司法实践中事实上成为了一种法律。这一点很重要，我们既可以将其视为中华法系的特点，也可以从中看出儒家思想对于教育法律制度建设和司法实践的强大作用。综上所述，我们可以看出中华民族的公序良俗在我国古代的教育立法和司法中一直扮演着法律渊源的角色，即便在我国当下的教育法制建设过程中，公序良俗中的很多要素仍然可以成为重要的法律渊源。

---

① 时显群. 法理学 [M]. 北京：中国政法大学出版社，2013：1. 作者在著作中详细分析了"情"与"理"的关系，认为"情理"是一种法律渊源。作者的分析如下：

"情"和"理"在某些意义方面在一定程度上有一定的契合。将"情"和"理"合在一起，"情理"是情与理的辩证统一，简要地说是指人的通常心理和事情的一般道理，是人们日常生活中的经验规则或经验法则。或者说情理是人们在社会生活中辨是非、明事理所必需的基本道理和基本知识，是一种通过日常生活的耳濡目染，而嵌入了每一个正常人潜意识深处的社会民众普遍认同的是非观、价值观，是一种基于人的本性而对自己生存和发展必需的外在条件的认识和知识的储备，是一个人要生存、要发展的本性与自然规律、社会价值的有机融合，是人的本性在特定社会条件下自然的体现。

情理与法理的关系表现为以下三个方面：

（1）情理是法理的基础，法理是情理的升华。"法是善良与公平的艺术"，"法学是正义与非正义的学问"。情理代表着法的价值取向，如民法中的诚实信用原则和公序良俗原则。因此法理基于情理而产生，情理通过法理而升华。法理离不开情理，情理也不能脱离法理。情理和法理既相对立，又相统一，既有所区别，又相依相伴，紧密相随。

（2）情理是大众的普遍感情，法理是法学家理性思考的结晶。情理产生于大众，是大众情感的集中体现，因此，情理体现的是大众的心理，是人民的智慧；法理不是大众的情感，而是法学家经过冷静、理性的思考而创造出来的符合法律逻辑的理论结晶。法理更为理性，有时候超越情理，它不是一般的理论，而是符合社会整体利益的学说。

（3）情理是大众评断是非的标准，法理是法官裁判的逻辑基础。情理是群众论事论理、论是论非的标准。在发生纠纷的时候，或在处理人与人之间的关系时，大众心中有杆秤，凭借情理而评判是非，违反情理，他们就会认为不当，符合情理，他们就会认为理所当然；而法理出自法学家，出自对情理的创造性归纳与总结，基于法理创造法律规则，使之符合法律逻辑。

② 时显群. 法理学 [M]. 北京：中国政法大学出版社，2013：1.

③ 时显群. 法理学 [M]. 北京：中国政法大学出版社，2013：1.

## 第二节 民族习惯中的教育法律

习惯法作为人类法制发展历史中的重要组成部分，不仅对立法和司法本身的进步发挥了积极的溯源和推进作用，而且在当今世界各国的立法和司法活动中仍具有很强的生命力。"法的产生经历了从习惯到习惯法、再由习惯法到制定法的发展过程。原始社会时期的社会规范主要是习惯，随着私有制和阶级的形成，习惯打上了阶级的烙印，具有了阶级性，逐渐转变为习惯法。"① 可见，习惯法是人类法律发展的基础和本源，而这种本源又与人的基本生活密切相关，反映的是人最原始最基本的物质和精神追求。这充分说明法律来源于生活又高于生活，当这些最原始的思想和追求被法学家们上升为法理以后，我们是应该将其视为人类法制的进步还是退步？这个其实真的值得我们反思。

### 一、习惯与习惯法

习惯法是指人类早期在生产、生活、交往和文化活动过程中长期积累并逐渐稳固下来而被普遍认可的各种行为方式总和。习惯通常也被称为习惯势力，之所以如此是因为习惯一旦形成便不可避免地会形成一种超越习惯之前的力量，这种力量又会反过来影响和规范人们的行为方式。可见，习惯势力也是重要的改造社会的力量，因而具有法律的色彩，以至于演变为后世的法律渊源。

#### （一）习惯及其特征

习惯是一个多学科的概念，教育学、心理学、社会学、哲学、管理学都在研究习惯的内涵，法学更是如此。每个学科给予各自的学科视角对"习惯"这个概念的内涵的理解也不尽一致。例如，心理学通常将习惯理解为一种行为或者行为倾向；社会学将其理解为在特定的社会生活环境或群体中人们长期参与社会实践逐步形成的较为固定的、类同的生活准则与方式。而法学则认为习惯是人类社会根据生活常识和改造外界环境积累的知识而逐步形成的对每个人具有一定规范甚至强制性的行为规则。所以，我们才常常将"习惯"与"习惯势力"等同理解。习惯势力（force of habit）是"人们在长期传统生活中养成的特殊方式的行为倾向和社会态度的定向趋势。一经形成，表现在人们观念、言语、行动及某些制度上。往往习以为常，难以改变"。② 伟大的无产阶级革命家列宁有这样一段名言：无产阶级专政是对旧社会的势力和传统进行的顽强斗争，流血的和不流血的，暴力的和和平的，军事的和经济的，教育的和行政的斗争。千百万人的习惯势力是最可怕的势力。③ 习惯具有以下特征：

---

① 张洪新. 论民间法与国家法之间的三重关系——基于法律渊源命题的一种考察 [J]. 民间法，2018（21）：5.

② 彭漪涟. 逻辑学大辞典 [M]. 上海：上海辞书出版社，2004：107.

③ 列宁选集（第4卷）[M]. 北京：人民出版社，2012：200-201.

1. 地域性

人作为社会性和群体性动物总是以一定的地理区域作为生活的物质基础，特别是处于农耕时期的人类，这种对于特定环境产生依赖的区域性尤为突出。在特定区域长期生活的人们，必然会为适应这种区域自然环境逐步形成一种有别于其他区域的、具有一定特色的生活习惯（如人际交往的方式、价值观、世界观甚至信仰和宗教）。所谓"十里不同音，百里不同俗"，说的就是这个道理。当今世界的很多习惯都具有地域性和特殊性，这种习惯一旦形成便会反过来进一步规范和制约这个区域群体的行为方式，从而成为强化每个人行为的外在力量。不过，随着人类交往范围的逐步扩展，各个区域的习惯也会相互交流、相互借鉴，从而形成更加复杂和多样化的习惯。

2. 长期性

无论是个体还是群体，习惯都不是一蹴而就的，而是长期地逐渐形成的（也可以说养成的，习惯成自然即是如此）。通常情况下，习惯的产生都是人们为了更好地适应外在环境的需要而产生的，也是在改造客观世界和人类自身的过程中形成的。所以，习惯通常都有很强的实用性和工具性。也正是习惯的这种特点才使得习惯有了存在的价值并将其中的部分习惯演变为更高层次的行为规范，即法律。

3. 规范性

规范性是习惯能够成为大家都愿意遵守的重要特点。每个人都可以有自己的生活习惯，但这种习惯并非具有对他人产生约束作用的规范性，因而也就不具有区域性和普遍性。只有那些大多数人认为合理的习惯才会被认可并对人们的行为产生约束和规范的效果。例如，在很多经济发展水平不高的偏远地区，人们通常有早起早睡的习惯，而在现代都市和经济发达地区，人们通常有过夜生活而形成的晚睡晚起的习惯。那么，到底哪种习惯可以规范人们的作息方式呢？既不是前者的"早睡早起习惯"也不是后者"晚睡晚起习惯"，而是国家根据国情和地理区域等实际情况制定的统一的作息制度。之所以要有统一的作息制度就是为了给整个社会生产和生活确定一个规范。这个规范一旦确定，人们就必须按照这些规范从事工作、合理安排自己的生活，既能满足个体的和区域经济社会的需要，也能促进社会的进步。

4. 文化性

习惯造就文化，文化又反过来促进和提升习惯。每一种习惯背后都反映着一种文化，习惯是文化产生的基础，也是文化的组成部分，一旦形成后便表现为有特色的文化。所以，习惯和文化是相辅相成、互相包含的关系。习惯的文化性使得习惯得到不断提升，进而使得习惯的交流和传播有了可能，习惯的地域性因此得到了更广泛的认可。

5. 可预见性

习惯一旦形成便成为一个群体、民族和国家的集体行为，人们可以因此预见各种行为。这与法律的特点相同，也正是因为习惯的这个特点才使得我们可以在社会交往过程中准确判断个体的行为倾向，从而使得人类行为的规范性得到了最大限度的确定。试想一下，如果没有习惯的这种规范和约束作用，那么每个人的行为将变得更加变幻莫测，这无疑增加了社会管理的成本，进而损害了其他人的利益。

习惯的上述特征也同样是法律所具有的特征，这充分说明习惯与法律之间不仅具有相同的产生渊源，而且也具有十分密切的内在联系。二者相互吸收对方的合理性最终走向融合：习惯成为法律的一部分（即法律渊源），法律也成为习惯的一部分（提升了习惯的势力）。

**（二）习惯法的产生及其演进**

习惯法产生于习惯，但是二者之间却有着很大的差别，习惯法是对习惯的选择、凝练和梳理并进行条理化、理性化的过程。人类由习惯演变为习惯法经历了很长的历史时期。人类从产生的那一天起就开始塑造各种习惯，但是并非所有习惯都可以上升为习惯法。"统治阶级有选择地利用原有的习惯，并加以确认，使之成为对本阶级有利的社会规范，而赋予法的效力，从而形成最早的习惯法。随着社会关系的复杂化和社会文明的发展，立法机关根据一定的程序把体现统治阶级意志和利益的规范以明确的文字形式表现出来，逐渐产生了制定法。最早的制定法，主要是习惯法的整理和记载，还有个别立法文件和最主要的判决的记载。以后，适应社会需要主动地制定新的法律规范，制定法成为法的主要渊源。"① 这就形成了一个法律演变链条（如图9-1）。

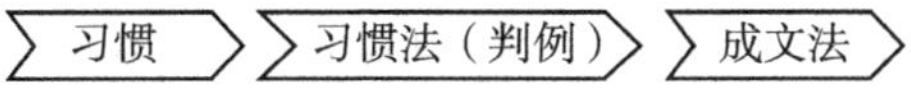

$$\text{习惯} \Rightarrow \text{习惯法（判例）} \Rightarrow \text{成文法}$$

图9-1 法律的演变过程

之所以认为习惯法是一种法律渊源，是因为"从法律渊源的角度，为法院所遵守的规则总是从最为一般和永恒的渊源中获得，这种渊源可以体现为制定法、习惯、道德、专家学理意见等。……法律渊源概念与法律的关联不在于处理何种法律渊源，而在于如何处理这些法律渊源。法律渊源命题所旨在处理的就是这个问题"。② 西方国家"在罗马王政时期与共和国时期，诸多宗教方面的祭礼与自然形成的道德习惯经由公共政治权力予以保障，擢升至法律的维度，亦即构成罗马习惯法的重要来源。这些习惯法来源于一个民族长期的共同生活，从风俗演变至习惯，后又通过公共意志及权力上升为法律。德国法学家萨维尼认为一切法首先均源自民众信仰与习俗"。③ 这种观点再次证明，我们在研究法律渊

---

① 张洪新. 论民间法与国家法之间的三重关系——基于法律渊源命题的一种考察 [J]. 民间法，2018（21）：5.

② 张洪新. 论民间法与国家法之间的三重关系——基于法律渊源命题的一种考察 [J]. 民间法，2018（21）：5.

③ 何勤华，袁晨风. "公序良俗"起源考 [J]. 南大法学，2022（4）：44.

源时必须从其作为法院所遵守的规则及实际司法的角度来思考，而习惯法显然更能满足这种实践的需要。

## 二、习惯法的法源价值

习惯法之所以可以作为一种历史悠久而且至今仍然继续发挥作用的法律形式，是因为"习惯法不仅是一种最古老、最普遍的法律渊源"，而且国家制定法往往肯定'习惯'的价值"。① 世界大多数国家今天仍在使用和尊重习惯法，因而其在当今世界各国的法治建设过程中具有丰富的法源价值。

### （一）易于接受和遵守

由于习惯法来源于民族习惯、种族习惯、家族习惯、家庭习惯、个体习惯等诸多方面，因此相比较成文法的刚性和强制性，其软法的规范性和约束性更容易被大多数人接受和理解。如果在司法实践中适当适用习惯法的某些观点和思想，那么往往会得到社会层面更多的支持。"在早期，原始习惯并未经过国家机关大规模整理、认可，而是继续作为社会的平衡器，在国家状态下发生作用。在这个意义上，春秋以前的中国社会是处于习惯法为主时期。这一时期延续时间长，向成文法典为主的时代过渡缓慢，旧有习惯长期主宰社会并具有较强的约束力，对此后中国法制中道德主义的倾向有深刻的影响。"② 在中国古代社会基层治理的过程中，习惯法的使用频率有时候会比成文法还要多。在《清代习惯法》中，梁治平主要依据清代官府档案、民间契约和民国初期的司法调查等第一手材料，对清代习惯法进行了迄今为止最为系统的探究。他认为："习惯法乃是这样一套地方性规范，它是在乡民长期的生活与劳作过程中逐渐形成；它被用来分配乡民之间的权利、义务，调整和解决了他们之间的利益冲突，并且主要在一套关系网络中被予以实施。"③ 从这个角度来看，习惯和习惯法才是更有效的自治方法，它的实施效果也许要比成文法更好。

### （二）具有极强的延展性

由于习惯法来源于人类早期生存的需要，具有更多的法的本源性，因而可以在习惯法的基础上延展出更多的法律文本。正如我们通常所谓的"根深叶茂"的原理。一个大树之所以能够叶茂是因为其根基发达，在这个根基上可以生长出更多的大树，树根是其本源。习惯法就如同大树的根基，基于这样的根基（思想、观念）可以生长出许多实践中所需要的法律部门和法律文本。所以，深入发掘和研究习惯法有利于法治建设。教育法制建设亦是如此。

---

① 刘英团. 小传统：古老的法治渊源［N］. 检察日报，2020-03-20（006）.
② 郭建，姚荣涛，王志强. 中国法制史［M］. 上海：上海人民出版社，2000：18.
③ 刘英团. 小传统：古老的法律渊源［N］. 检察日报，2020-03-20（006）.

### （三）便于司法实践

无论是成文法还是习惯法，它们的目的都是最终要解决社会生活中的法律纠纷、伸张正义、维护公平公正。"在中国史前文明的漫长发展中，形成了许多部族习惯。这些原始的习惯，在国家形成的过程中，转化为具有法律意义的规范。作为社会规范，何者为国家强制力保障实施的，何者为社会一般行为准则，二者在很长一段时期内并无泾渭分明的严格区分。"① 而从司法实践的角度来看，习惯法相比较现在的成文法在内容和裁决上有更多的延展优势。成文法在其文本中已经条分缕析得非常具体、细致，虽然法官在适用法律的过程中比较方便、明确，司法效率高，但却被这些具体的法条严格限制了其自由裁判的空间。而习惯法的原则性和模糊性却给了法官适用法律时更多的创造性和联想，在一些疑难杂症的案件中更好地解决问题。例如，有研究者通过"查阅有关习惯在劳动争议纠纷中适用的裁判文书后，发现在我国的司法实践中，法官在审理劳动争议时，会援引'习惯'直接作出判决，或借助'习惯'辅助法官进行事实认定和法律推理。法官运用习惯进行法律推理和司法判决的过程，实际上是在法律没有明确授权的情况下，将习惯作为劳动法的法律渊源进行适用"。② 这就是对成文法适用的重要补充。

### （四）弥补国家法律中的空白

上文中我们已经分析了习惯法比成文法具有更强的延展性，而这种延展性为我们填补当下立法的空白提供了很大的想象和创造的空间。国内著名的法学家、"法律文化论的开创者"梁治平认为，"国家法不但不是全部社会秩序的基础，甚至也不包括当时和后来其他一些社会的法律中最重要的部分。当然这并不意味着某种秩序真空的存在。社会不能够容忍无序或至少不能容忍长期的无序，结果是，在'国家制定法'所不及和不足的地方生长出另一种秩序，另一种法律，如习惯法"。③ 习惯法是独立于国家制定法之外的，它是依据某种社会权威与社会组织而形成的具有一定强制性的行为规范的总和。"习惯法乃是不同于国家法的另一种知识传统，它在一定程度上受制于不同的原则……与国家法之间既互相渗透、配合，又彼此抵触、冲突。"④ 当我们在法治建设过程中如果遇见现有的法律部门和立法经验等方面困境的时候，不妨从人类早期的习惯和习惯法中寻找灵感。

## 三、习惯法中的教育法律渊源

习惯法的基本思想和原则在我国民法的制定和实践中得到了充分的尊重。《中华人民

---

① 郭建，姚荣涛，王志强．中国法制史 [M]．上海：上海人民出版社 2000：17.
② 王天然．论劳动习惯作为劳动法律渊源 [D]．中国政法大学，2020：1.
③ 刘英团．小传统：古老的法律渊源 [N]．检察日报，2020-03-20（006）.
④ 刘英团．小传统：古老的法律渊源 [N]．检察日报，2020-03-20（006）.

共和国民法典》就有 19 处提到了习惯①，可见习惯法在当今的司法实践中仍然具有无可替代的价值。无独有偶，"在当代西方国家最新民法典中，对法律渊源问题也做出了相关规定，即是习惯、法律和法律一般原则作为民法的渊源；对法律未做出规定的情况或者进行调整，仅在法律有明确规定的情形下，可适用习惯"。② 而且，"'法'应服从于'习

---

① 这十九处法律条款的内容如下：

第十条　处理民事纠纷，应当依照法律；法律没有规定的，可以适用习惯，但是不得违背公序良俗。

第一百四十条　行为人可以明示或者默示作出意思表示。沉默只有在有法律规定、当事人约定或者符合当事人之间的交易习惯时，才可以视为意思表示。

第一百四十二条　有相对人的意思表示的解释，应当按照所使用的词句，结合相关条款、行为的性质和目的、习惯以及诚信原则，确定意思表示的含义。

无相对人的意思表示的解释，不能完全拘泥于所使用的词句，而应当结合相关条款、行为的性质和目的、习惯以及诚信原则，确定行为人的真实意思。

第二百八十九条　法律、法规对处理相邻关系有规定的，依照其规定；法律、法规没有规定的，可以按照当地习惯。

第三百二十一条　法定孳息，当事人有约定的，按照约定取得；没有约定或者约定不明确的，按照交易习惯取得。

第四百八十条　承诺应当以通知的方式作出；但是，根据交易习惯或者要约表明可以通过行为作出承诺的除外。

第四百八十四条　承诺不需要通知的，根据交易习惯或者要约的要求作出承诺的行为时生效。

第五百零九条　当事人应当遵循诚信原则，根据合同的性质、目的和交易习惯履行通知、协助、保密等义务。

第五百一十条　合同生效后，当事人就质量、价款或者报酬、履行地点等内容没有约定或者约定不明确的，可以协议补充；不能达成补充协议的，按照合同相关条款或者交易习惯确定。

第五百一十五条　标的有多项而债务人只需履行其中一项的，债务人享有选择权；但是，法律另有规定、当事人另有约定或者另有交易习惯的除外。

第五百五十八条　债权债务终止后，当事人应当遵循诚信等原则，根据交易习惯履行通知、协助、保密、旧物回收等义务。

第五百九十九条　出卖人应当按照约定或者交易习惯向买受人交付提取标的物单证以外的有关单证和资料。

第六百二十二条　当事人约定的检验期限过短，根据标的物的性质和交易习惯，买受人在检验期限内难以完成全面检验的，该期限仅视为买受人对标的物的外观瑕疵提出异议的期限。

第六百八十条　禁止高利放贷，借款的利率不得违反国家有关规定。借款合同对支付利息约定不明确，当事人不能达成补充协议的，按照当地或者当事人的交易方式、交易习惯、市场利率等因素确定利息；自然人之间借款的，视为没有利息。

第八百一十四条　客运合同自承运人向旅客出具客票时成立，但是当事人另有约定或者另有交易习惯的除外。

第八百八十八条　寄存人到保管人处从事购物、就餐、住宿等活动，将物品存放在指定场所的，视为保管，但是当事人另有约定或者另有交易习惯的除外。

第八百九十一条　寄存人向保管人交付保管物的，保管人应当出具保管凭证，但是另有交易习惯的除外。

第一千零二十五条　少数民族自然人的姓氏可以遵从本民族的文化传统和风俗习惯。

② 陈芸莹. 论民法典规定的法律渊源［J］. 长江技术经济，2021（7）：167.

惯'，法治（或法律）应当将自己的基础建立在传统习惯和道德伦理之上。否则，人类道德沦丧，社会亦将陷入无秩序的混乱和彼此冲突之中。……从立法或学理上看，习惯法又是一种文化传统，总具有深厚的民意基础，这就决定着，国家立法应有选择性地吸纳'习惯''习惯法'中的传统精髓"。① 我国教育历史悠久，在弘扬和赓续中华民族传统文化中发挥了极为重要的作用，如同我们已经形成了富有中国特色的中华法系一样，同样也产生了富有中国特色的中华教系。

在这个中华教系中有很多习惯延续了几千年，但是现在却被认为是不合法的行为。例如，中国自古以来，赋予了老师处罚权。苏轼有言："惟教之不改，而后诛之。"意思就是，教育之后，仍然不改，老师可以进行处罚。明代教育家黄佐也提出，"无故而逃学，一次罚诵书二百遍；二次，加扑挞，罚纸十张；三次，挞罚如前，仍罚其父兄"。老师的惩戒权之大，不仅可以鞭打学生，甚至可以处罚学生家长。东汉王充则主张，"书馆小僮百人以上，皆以过失祖谪，或以书丑得鞭"。可见，在中国古代，教师处罚学生比较常见且形式多种多样。

但是，到了现代，教师处罚学生被视为体罚，此行为且已被法律禁止。例如，《未成年人保护法》第二十七条规定，学校、幼儿园的教职员工应当尊重未成年人人格尊严，不得对未成年人实施体罚、变相体罚或者其他侮辱人格尊严的行为。

虽然我国传统教育中存在处罚学生的习惯，但今天我们反对教师对学生进行体罚。不过教师作为家长在学校的监护人，应该对少数不守纪律的学生拥有合法的惩戒权。近年来，由于我们过多地否定教师对学生的惩戒行为，事情的发展已经走向另一个极端：许多教师特别是中小学教师普遍反映他们不敢严格管理学生，稍微批评得重了一点就会遭到学生和家长的投诉。如果学生不遵守校纪，那么应该是学生受到惩戒，而现实却往往是教师被处分、被投诉。试想一下，如果在一个课堂中出现几个学生不遵守课堂教学纪律严重影响其他学生学习，而教师经过多次苦口婆心的说教和劝说都无效时，我们是否可以允许教师适当使用一些惩戒？我们赞成对不守纪律的学生实施合法的惩戒，但反对借惩戒之名对学生进行体罚或使用其他方式侮辱学生的人格尊严。

## 第三节　民风中的教育法律

这里所谓的民风即为民族风俗的简称。"风俗"是由"风"和"俗"二字构成的，两者的形成和含义不尽相同，"民风民俗中的'风'主要是人们在生活和生产中受到不同自然条件影响产生的差异化行为，'俗'则是因为社会文化差异形成的不同行为规范。民风民俗形式多样、内容丰富，是一个国家、一个区域历史文化长时间发展、凝聚与积淀的过程。俗话说：'百里不同风、千里不同俗。'我国地大物博，各个区域、各个民族的民风民

---

① 刘英团. 小传统：古老的法律渊源［N］. 检察日报，2020-03-20（006）.

俗有着专属的、极具教育意义的文化价值"。① 风俗与习惯之间差异十分难以区分，它们拥有很多共同的属性。有人认为从习惯法的演变过程来看，先有风俗，在此基础上形成习惯，再由习惯演变为习惯法、成文法。所以风俗、习惯与法律之间同样也很难准确地厘清。

## 一、风俗中的法律渊源

风俗在世界各国的法律形成过程中扮演着法律渊源角色，中国亦然。中国自古就有重视风俗的传统，"为政必先究风俗""观风俗，知得失"是历代君主恪守的祖训。最高统治者不仅要亲自过问风俗民情，还要委派官吏考察民风民俗，在制定国策时以它作为重要参照，并由史官载入史册，为后世的治国理政留下治理风俗的经验。风俗是随着历史发展而逐渐形成的，它对社会成员有一种非常强烈的行为制约作用。风俗是社会道德与法律的基础和相辅部分。因此，德国法学家萨维尼认为："一切法首先均源自民众信仰与习俗。"② 而且"制定法和习俗在19世纪欧陆经典的法律渊源学说中具有特殊的地位。它们为私法主体（Private Persons）创设了权利和义务，也划定了法律论证的界限"③。可见，风俗是重要的法律渊源，特别是那些影响深远的风俗，其作为法律渊源的价值更大。

我国历史悠久，有很多风俗在国家治理和法制化建设中发挥着积极的作用，它们至今仍然得到国家法律特别是民事法律的尊重。2023年3月28日，上海市青浦区人民法院对《儿子不满遗产分配拒将母亲落葬长达7个月》④ 的案件作出了判决，要求儿子王林立即履行义务让其母亲入土为安。法官认为，《民法典》第八条规定："民事主体从事民事活动，不得违反法律，不得违背公序良俗。"子女在父母亡故后应当妥善安葬、安置父母的遗体或骨灰，此行为作为一种民间习俗，符合我国传统伦理的普遍观念，符合社会主义道德，应纳入《民法典》规定的民事活动必须遵守的公序良俗范畴。法官之所以作出这样的判决就是依据中华民族的风俗，这样的判决不仅合法，更重要的是合情合理。

在我国北方的一些地方至今还流行一种叫作"顶盆过继"⑤ 的风俗。"中国现代国家

---

① 罗惠琴. 在民风民俗中弘扬中国传统文化教育探究［J］. 中国民族博览，2022（15）：26.

② ［英］霍尔斯特·海因里希·雅科布斯. 十九世纪德国民法科学与立法［M］. 王娜，译. 北京：法律出版社，2003：8-9.

③ 亚历山大·佩岑尼克. 法律科学：作为法律知识和法律渊源的法律学说［M］. 桂晓伟，译. 武汉：武汉大学出版社，2009：26.

④ 儿子不满遗产分配拒将母亲落葬长达七个月，法院这样判［DB］.（2023-03-28）［2023-04-11］. https：//baijiahao. baidu. com/s？id=1761614842903163728&wfr=spider&for=pc.

⑤ 在我国北方部分地区有个风俗，老人去世之后，在出殡的时候要有一个人把烧纸钱的火盆顶在头上然后摔碎，俗称摔盆儿，摔盆儿的这个人一般都是家里的长子。有时候，如果去世的老人没有子女的话，往往要在叔伯兄弟的孩子中找出一个人作为嗣子，由他来摔盆儿，这个风俗也叫顶盆过继。

2005年9月，青岛市李沧区人民法院受理了一起因拆迁引发的财产权属纠纷案。该区石家村按照政府规划整体搬迁，房价随之倍增，光拆迁补偿款就可领到数十万元。村民石忠雪拿着已故四叔石君昌的房产证，以房主的名义前往村委会领取拆迁补偿款。可是石的三叔石坊昌却拿出了当年弟弟（转下页）

法律基本上是从西方移植过来的，它主宰着当下的社会制度与生活秩序。而民间规范更多的是中国人自己的东西，它既不是由当下有权制定法律的机关所制定，也不是由其所认可，但为一定范围的人们所普遍遵从。多以家族制度、神权观念、风俗习惯等多种渊源形式存在。从法文化的角度来看，本案体现出国家法律与民间规范的一种博弈。"①本案的司法结果表明，司法应当尊重社会公德的法律原则。这个原则的实质就是给法官以"空白委任状"②。卡尔·拉伦茨将其称谓为"法律续造"，或者说在具体个案中为当事人"立法"③。为什么法官可以进行"法律续造"？这种为当事人"立法"有没有违反法律？法官是否拥有这样的裁量权？"卡尔·恩吉施指出，'制定法与法的问题日益成为法律方法论的关键问题。任何人包括法官，都可以站在法文化的视角来解读法律规范与民间规范。'但从维护法治的角度，作为法官，他必须遵循制定法用尽原则，即能在制定法内解决问题为最佳；制定法内实在解决不了，才能到法的广阔空间里寻找事物的规定性。而且此时法官必须遵循规则稳定性、体系融贯性、社会一致性等方法论标准，以此来确定是否需要通过司法裁判方式将某一民间规范纳入国家法之中。这就是法官，而不是任何其他人对待民

---

（接上页）石君昌赠与其房产的公证书找到村委会，宣称侄子那套房子是自己的。侄子手里拿着石君昌的房产证，叔叔手里拿着石君昌赠与房子的公证书，房屋权属存在争议，拆迁无法进行，补偿款无法发放。石坊昌遂以非法侵占为由，将石忠雪告上法庭，请求依法确认自己和石君昌之间的赠与合同有效，判令被告立即腾出房屋。

2005 年 12 月，区法院作出了一审判决：驳回原告石坊昌的诉讼请求。法院经审理认为，本案中赠与合同的权利义务相对人仅为石坊昌与石君昌，原告以确认该赠与合同有效作为诉讼请求，其起诉的对方当事人应为石君昌。因此，原告以此起诉石忠雪于法无据，本院遂不予支持。被告石忠雪是因农村习俗，为死者石君昌戴孝发丧而得以入住其遗留的房屋，至今已达八年之久；原告在死者去世之前已持有这份公证书，但从未向被告主张过该项权利，说明他是知道顶盆发丧的事实的。因此被告并未非法侵占上述房屋。顶盆发丧虽然是一种民间风俗，但并不违反法律的强制性规定，所以法律不应强制地去干涉它。因此，原告主张被告立即腾房的诉讼请求法院不予支持。一审判决之后，原告石坊昌不服，提出上诉。2006 年 3 月，青岛市中级人民法院对本案作出终审判决：维持原判。

本案判决的依据主要有三个：一是石坊昌起诉的对象错误，法院因此避开了被迫从法律上认定赠与合同内容的真实性及其效力问题。二是石坊昌已经超过了"民事权利应该在两年之内主张"的诉讼时效期限。三是法院充分考虑了"顶盆发丧"的民间习俗，对这种并不违反法律的传统风俗给予了一定的尊重。关键就在于这第三个依据。它不是官方法律，而是民间规范，但它却在相当程度上决定了该套房产归属被告石忠雪而不是他人。于是，我们便面临着这样一个无法回避的问题：在司法裁判过程中，法官应该如何对待民间规范？参见八年前的公证书 [EB/OL]. (2006-04-17) [2022-12-19]. https：//www.cctv. com/program/jjyf/20060417/101904. shtml，www.cctv.com。

①　姜福东. 法官如何对待民间规范？——"顶盆过继案"的法理解读 [J]. 甘肃政法学院学报，2007（7）：42.

②　姜福东. 法官如何对待民间规范？——"顶盆过继案"的法理解读 [J]. 甘肃政法学院学报，2007（7）：46.

③　姜福东. 法官如何对待民间规范？——"顶盆过继案"的法理解读 [J]. 甘肃政法学院学报，2007（7）：46.

间规范的基本态度。"① 以上两个案例表明，风俗作为法律渊源有充分的文化基础和民族心理基础，可以弥补法律渊源之不足。

## 二、风俗中的教育法律渊源

悠久的中华民族文化中，有大量风俗与教育工作密切相关，这其中不少风俗可以作为教育法律渊源，为当今教育立法和司法提供灵感和依据。"在中国传统典籍中'风'不仅指'风谣'，而且还具有'社会教化导向'之义；'俗'具有'传习'之义，引申为社会文化意义上某种习以为常的生活方式。古汉语'风俗'一词合用则主要指具有地方文化特性的社会风气或社会时尚，通常表现为一种与官方正式文化制度并存的文化形态，风俗承载的社会教化功能历来受到重视。"② 这其中很多风俗都具有教育的元素，它们不仅可以直接作为学校教育的内容，而且也可以作为教育工作的基本理念，值得我们今天在开展教育立法和司法时参考。

### （一）风俗可以作为教育立法依据

首先，风俗可以作为学校教育内容。中华各民族有许多优秀且具有教育意义的风俗，我们完全可以在义务教育法中将其作为教学内容写进教材之中，鼓励义务教育阶段的各级各类学校运用这些优秀风俗实施教育活动。从立法的角度来看，未来在修改义务教育法时，我们可以在该法律中增加一个条款，规定将传承中华优秀风俗作为学校教育教学内容。

关于风俗的教育价值，国内外多有学者讨论过这个话题。法国哲学家丹纳说过，"有一种'精神'的气候，就是风俗与时代精神，它和自然界的气候起着同样的作用。每个民族，都在各自的精神气候中生活，创造着各具特色的巫术信仰、衣食住行、生产消费、商业贸易、人生仪礼、婚姻制度、民间游艺、岁时节令等方面的风俗事象"③。丹纳所列举的这些方面都与学校教育活动密切相关，都可以加以改造后容纳为教育内容。国内也有学者认为，风俗能够发挥教育的功能，因为风俗与道德之间存在着十分密切、难以厘清的关系。孔子已将风俗作为道德教化使用，"移风易俗，莫善于乐；安上治民，莫善于礼"④。而且"风俗与道德在英语中系同一词根，道德（moral）是由风俗（mores）演化而来的。从道德的起源看，原始社会初期的道德就表现为'风俗的统治'。随后它从一般社会意识

---

① 姜福东. 法官如何对待民间规范？——"顶盆过继案"的法理解读 [J]. 甘肃政法学院学报，2007（7）：46.

② 陈寒非. 风俗与法律：村规民约促进移风易俗的方式与逻辑 [J]. 学术交流，2017（5）：108.

③ 刘光明. 试论古代风俗及其与道德的关系 [J]. 道德与文明，1988（5）：28.

④ 刘光明. 试论古代风俗及其与道德的关系 [J]. 道德与文明，1988（5）：28. 作者在该文中还充分讨论了风俗与法律、政治之间的关系。作者认为："从社会文化角度看，风俗与道德都属规范文化（或叫行为文化），都具有规范该社会成员的行为，以维系其社会政治、经济秩序的性质。它们渗透于各种社会关系中，只要有人和人的关系存在，就存在调整人们关系的道德风俗。""风俗与道德都有鲜明的政治倾向，它们常常被统治者用来推行其政治纲领和主张。我国历史上一些政治家和居官文豪也都十分重视风俗与道德的教化作用，认为二者的兴衰可以反映政治的兴衰。"

和社会关系中分化出来，发展成为严整的规范体系，但它和风俗之间仍有着极其密切的联系。风俗与道德相互支持、相互促进，风俗中有道德的内容，道德又从风俗中汲取相对稳定的行为规范，把它系统化、固定化"。① 同样"风俗是一个地区、一个民族、一个国家最具体最生动的文化风貌和精神心态的表现。它反映着社会的文明程度和道德水准。风俗文化与传统道德文化具有相互交织、相互融合的特征。某些风俗文化中包含有浓重的道德文化，某些传统道德文化中也蕴涵着许多风俗文化"。② 国内外学者的这些观点表明，风俗的道德性决定着其具有教育性，我们应该善于利用优秀风俗，培育学生的爱国精神和遵纪守法的意识。

其次，中国民风中特别重视风俗在约束人们行为中的作用。这一点与希腊斯多葛学派的自然法和罗马法（在罗马法看来，风俗道德是高于一切的力量，是法律自始至终必须严格关注的。法律与风俗道德在罗马法中处于水乳交融的状态）在法治精神上有异曲同工之妙。而德育又是教育工作的首要任务，这就将法治、德治与教育工作紧密联系在一起了。故而我国民风中的各种教育因素被视为教育法律渊源从法理上看就很清晰了。法律追求的是公正和善良，要求人们追随自然法则在不损害别人利益的前提下拓展自己的利益空间。如果我们继续沿着这个逻辑走下去，便可以得出这样的推断：法律在制裁违法者时，不能因此让与其相关的利益者在物质和精神上受到损害，学校教育的法律责任的处理更应该关注这个基本要求。

**（二）风俗能够使教育司法获得丰富的依据**

风俗与法律之间是一种相互依存的关系。"风俗可以硬化为核心制度而产生法律，但法律未必能够产生风俗。风俗可以离开法律，但法律不应该离开风俗。法律可以表达风俗，也可以不表达风俗，甚至可以与风俗相反，但它没有必要在风俗根本不存在的情况下孤芳自赏。法律可以通过上述一系列的选择影响风俗，但是，除非借助于更高的力量，法律制造不了风俗，而且，单凭法律，也左右不了风俗。"③ 正因为风俗与法律之间存在着这样相互依存的关系，所以风俗在司法实践中也扮演着十分重要的角色。因为"一个司法判决的根据或理由，如果要得到彻底的证成，必须经过两层证明阶梯。首先，作为判决根据的来源，一般就是指实在法，这是证明的第一层阶梯。其次，作为用来证成判决的实在法的效力来源，一般是指道德，这是证明的第二层阶梯。第一层阶梯是司法证明，第二层阶梯是立法证明"④。法律与风俗的相关性使得法官在司法裁决时如果不能从现有法条中或者政策中找到合适的依据时，风俗便既可以作为更为抽象层面的法律原则，又可以作为法官裁决的依据。我们认为，在教育法律中，"风俗"既是一个基本的教育法律的立法原

① 刘光明．试论古代风俗及其与道德的关系［J］．道德与文明，1988（5）：29-30.
② 刘锡钧．风俗文化与道德建设［J］．天津师大学报（社会科学版），1997（2）：7.
③ 吴向红．典之风俗与典之法律——本土视域中的典制渊源［J］．福建师范大学学报（哲学社会科学版），2007（2）：87.
④ 周安平．法律渊源的司法主义界定［J］．南大法学，2020（4）：37.

则，也是教育法律司法的依据，法官在一定条件下可以将其运用于案件的裁决之中。我们应该鼓励教育立法者和司法者重视"风俗"的作用。中华各民族丰富的风俗无疑为我们教育司法提供了更多的裁量依据，因而构成了更加多样化的教育法律渊源。

我国《宪法》第四条规定："各民族都有……都有保持或者改革自己的风俗习惯的自由。"毛泽东同志曾经表达过同样的观点，认为少数民族的风俗、习惯和宗教信仰都应被尊重。中国风俗中有众多的传统节日，这些节日本身就是千年文化传承的结果，包含着丰富的文化教育内容。我们在开展学校教育活动中不仅要在教学内容上加以体现，而且要加强其在学生精神层面的渗透力，如组织某种具有仪式性质的活动、放假等。

近年来，学生的姓名注册问题也是学校教育中家长与学校容易产生分歧的点。通常情况下，学生"姓氏的选择通常不会成为一个难题，它的选择受中国传统文化以及家族宗族伦理的制约，一般只有极少数人会在父姓和母姓之外选择其他姓氏"①。但却有少数家长为了标新立异给子女起了既不是父母姓氏也没有血缘关系的姓名，造成学校教育活动中的诸多不便。学校不允其到校报到和注册，家长则坚持认为孩子姓名选择是他们的权利。所以，双方通过司法途径寻求解决的案例逐渐增多。类似于这样的案件，法官就可以寻求民族的风俗来进行裁决。

在日常生活中，我们常常看到这样的现象，即某人的不良行为在现有的法律中找不到追究其法律责任的条款，但这些行为可能已经践踏了民族的道德底线或者有违民族的风俗，我们不能认为这个人的行为没有违法。实际上，由于这些不良行为属于风俗约束的范畴而不是法律制裁的范畴，所以，受害者无法对这种不良行获得法律救济，只能忍气吞声。其实从风俗的法律属性来看，我们是可以行使权利要求法院对这种行为进行审判并让其承担一定的法律责任，如道歉、赔偿、训诫，等等。

## 第四节　诸子百家经典与教育法律实践中的教育法律

法律渊源来源于风俗、习惯、礼仪、道德及公序良俗，那么支持这些现象背后的观念、哲学和知识是不是也属于法律渊源呢？我国诸子百家的经典中就蕴含着这些丰富的观念、哲学和知识，它们对于管理教育、制定教育法律和指导教育司法实践都有直接和间接的教育法律渊源的价值。诸多西方法学家都将法学经典著作视为法律渊源的重要组成部分。例如，英国宪法和瑞典都没有成文宪法，它们的宪法中都将著名法学家的思想和著作为宪法的主要法律渊源之一。除了这些精神层面的经典，教育实践的需要也可以产生法律渊源。在很大程度上，正是这些教育实践加快和完善了我国的教育法律，它们理应被视为教育法律渊源。

---

① 孙海波. 姓名决定自由与公序良俗价值的冲突协调——兼评最高人民法院第89号指导性案例"北雁云依"案［J］. 甘肃社会科学，2023（1）：154.

## 一、诸子百家经典中的教育法律

诸子百家的经典是我国传统文化的源头和主体，其中有丰富的教育内容和对教育管理工作的要求。在这些经典中，法家的著作无疑与教育法治建设直接相关。法家思想作为诸子百家中的一种主要派系，提出了至今仍然影响深远的依法治国的主张，这就足以见得他们对法制的高度重视，以及把法律视为一种有利于社会统治的强制性工具。法家的经典中，李悝所撰的《法经》和后世整理的《韩非子》一书对中华法系和立法技术的影响深远。韩非创立的法家学说，为中国第一个统一专制的中央集权制国家的诞生提供了理论依据。韩非死后，其法家思想被秦王嬴政所重用，奉为秦国治国经要，帮助秦国富国强兵，最终统一六国。

道家的《道德经》分为《道经》和《德经》两部分。在战国时期由道家学派整理而成，它是我国道家哲学思想的主要来源。《道德经》内涵丰富、思想深刻且具有高度的形而上的特点，不仅在国内引起了大批学者的重视，而且也引起了一大批国外学者的浓厚兴趣。《道德经》中有很多涉及对年轻人进行教育的要求。这些要求大致包括关于人生原则的教育、诚信教育，以及虚心、戒骄戒躁、节俭等方面的教育。例如，关于对学生进行虚心方面的教育，"《道德经》要求'知不知，上；不知知，病。夫唯病病，是以不病。圣人不病，以其病病，是以不病'。这里提出的是，知道自己的不足是好事，这样可以改进；不知道自己的无知才是大害，圣人之所以高明，是因为他们知道无知是可怕的，将无知变成了有知"。① 关于谦虚这个品格，在《尚书·大禹谟》中也提到了同样的思想，即满招损，谦受益。后来，毛泽东同志也说过，谦虚使人进步，骄傲使人落后。可见中国人对个体能不能养成良好的品格是十分重视的。

关于教育工作论述最多最直接的、至今仍然具有思想和文化教育价值的当属儒家系列经典，"四书五经"了。四书五经包括《大学》《中庸》《论语》《孟子》《诗经》《尚书》《礼记》《周易》《春秋》。这些经典中都或多或少地谈及教育方面的思想、方法和要求。"四书五经"内容十分庞大广博，涉及的教育工作方面内容也很多，本书不可能面面俱到全部展示。这里仅以《大学》为例开展简要分析。

《大学》出自《礼记》，原本是《礼记》四十九篇中的第四十二篇。《礼记》原名《小戴礼记》，又名《小戴记》，由汉宣帝时的戴圣根据历史上遗留下来的一批佚名儒家的著作合编而成。关于《大学》的主要内容，朱熹将其概括为"三纲领"和"八条目"（三纲八目）。三纲领是"明明德、亲民、止于至善"；八条目是"格物、致知、诚意、正心、修身、齐家、治国、平天下"。"三纲领"的目的是指导个人修炼，提出了人类向善的方向：消除昏蔽，恢复自己当初本性的清明（明其明德）；帮助别人，除旧布新（推及他人，使民更新）；共同达到最佳境界（止于至善）。如何做到？有八个步骤：格物、致知、

---

① 杜治平，李静．浅谈《道德经》与青少年人生观教育 [J]．芒种，2015（18）：46.

诚意、正心、修身、齐家、治国、平天下。《大学》主要解决的是培养什么样的人和如何培养人的难题。这些思想在当今中国各级各类学校教育和其他诸多社会领域都有深刻的影响，在国际上许多学者也给予了其很高的评价。

上述这些诸子百家的经典中所体现出来的教育思想是中华民族传统文化的重要组成部分，也是中华文明继续进步的基础，我们在开展教育国际化的过程中要弘扬这些文化的价值，而非盲目地崇拜外域文化。在未来教育法律制度建设过程中，我们应该从这些经典中获得灵感，使之成为我国教育法律渊源之一。

## 二、教育法律实践中的教育法律

近年来，越来越多的法学研究者和法学知名专家，倾向于将"法律实践"视为法律渊源。瑞典著名法学家、国际法哲学与社会哲学协会（IVR）主席亚历山大·佩岑尼克（Ateksander Peczenik）说过，"经典学说承认了一系列次级法律渊源（论证的辅助性工具），比如说'事物的性质'（the nature of things）、法律实践、准备性文件，以及外国法。斯堪的纳维亚法律现实主义论者、著名的 Torstein Eckhoff 用一种范围更加广泛的、影响法律裁决的'渊源要素'（Source Factors）取代了这一学说"①。可见，法律实践在国际上被视为一种法律渊源。基于法律自身发展的逻辑来看，国内也有法学专家认为，"我们不能仅仅依靠日益法典化的制定法，同时也要重视更贴近事实、更能表现特殊性的判例法，或者建立中国自己的判例法制度。……何谓法律的问题，不仅是指如何抽象地在法典中得到表达，在根本上指存在于日常生活中的法律的具体此在是什么，或什么是具体此在的法律，本文称之为法律 2.0，它们才对人们的行为产生直接的最终的约束力。……法律的具体此在形式，法律者将如何言说，总是存在于实践之中"②。这在很大程度上说明，法律实践的法律渊源的合理性和必然性。

### （一）教育法律实践的内涵

关于什么是法律实践，目前这方面的研究成果还不多。国内有学者给出了其对法律实

---

① 亚历山大·佩岑尼克. 法律科学：作为法律知识和法律渊源的法律学说 [M]. 桂晓伟，译. 武汉：武汉大学出版社，2009：26.

② 郑永流. 实践法哲学：从法律 1.0 走向法律 2.0 [J]. 清华法学，2022（1）：180. 作者分析了我国社会变化率，我国的社会变化率在全世界都处于高阶状态，因而法律实践在我国法治建设中更加重要。作者罗列了社会变化率的数据。内容如下：在 19 世纪实现了现代化的国家每年的年社会变化率是 0.1%，因为它们用的时间比较长，社会的变化是渐进式的。而在 20 世纪实现现代化的国家，它们属于应激型现代化国家，社会变化率是它们的 10 倍，达到 1%。很多后发国家进行了土地所有制改革，土地一下子从私有制变成公有制，财产所有制变革非常剧烈。有中国学者借用国外的指标体系研究了从 1949 年到 20 世纪 90 年代末这个时间段中国的社会变化率，他们得出的结论分为两个阶段，一个是从 1953 年到 1978 年改革开放以前，这 25 年的年社会变化率是 2.4%，比 20 世纪实现现代化的后发国家要高；从 1979 年到 1996 年的变化率就更高了，达到了 5.2%，而 1979 年到 2006 年近 30 年间年社会变化率也达到了 4.4%。如此高的社会变化率带来了社会的振荡、人心的焦虑等诸多问题。相比之下，中国更属于应激型现代化国家，它的社会变化率是西方国家的 40 多倍。

践内涵的理解，即"从实践的角度来看，法律的规范实践指的是具有立法权的国家机关——国家层面与地方层面包括自治地方——在选择（经过法律的思想实践过程并最终选择）确定了某个具体法律工程的设计模型之后，以此为基础，针对该具体法律的工程设计模型所展开的实际的法律建造活动及其过程。从法律运行过程来看，法律的规范实践就是以具体法律的立、改、废为核心和主要内容的法律创制活动或者立法活动，也就是以对现实的某种类型的社会关系的规范约束和引导从而建立和维护相应的良好社会秩序为最终的综合效果考量，以经过法律的思想实践检验而得以修正和完善的法律工程模型为参照标准和依据，以法律工程模型的现实化与定型化为目的的社会实践活动。所以，实际上，法律的规范实践活动也就是以产出具有一般性、普遍性、概括性、抽象性和权威性的社会行为规范系统为目的的社会实践活动，即创制（包括修改和完善）法律规范与制度的特殊社会实践活动"。① 国内也有部分学者从法律演变过程的角度，论述了"法律实践"的含义。他们认为，"法律2.0是在解决事实与预设规范即法律1.0的不对称性中最终内在于实践而生成，而非先于实践的预设，是充分运用实践智慧的结果。而作为法律2.0生成机理的说明的实践法哲学，其精义和特点就在于实践。……因此，法律实践，是一种在适用法律1.0中同时续造出法律2.0的行为"②。根据他们对法律实践内涵的理解，我们可以将教育法律实践理解为以产出具有一般性、普遍性、概括性、抽象性和权威性的教育行为规范系统为目的的社会实践活动，即创制（包括修改和完善）教育法律规范与制度的特殊社会实践活动。也可以理解为是一种在适用现有教育法律中同时塑造出满足教育实践需要的新的教育法律的行为。教育法律实践就是创制（包括修改和完善）教育法律规范与制度的特殊社会实践活动。

**（二）教育法律实践的法源价值**

教育法律实践的操作性决定着其在教育司法活动中具有独特的法源价值。"从近年来国内相关研究成果的总体趋势来看，越来越多的学者基于司法立场和语境来讨论法源理论及其实践应用。之所以出现这种趋势，在于从司法而非立法（包括其他角度）来界定法律渊源具有许多比较优势。"③ 注重司法立场意味着要更加重视法律实践，教育法律亦是如

① 姚建宗. 论法律的规范实践及其实践理性原则 [J]. 江汉论坛，2022（1）：119.

② 郑永流. 实践法哲学：从法律1.0走向法律2.0 [J]. 清华法学，2022（1）：192.

③ 孙跃. 指导性案例何以作为法律渊源？——兼反思我国法源理论与法源实践之关系 [J]. 南大法学，2021（1）：156. 作者详细地分析了这些比较优势。其分析如下：

一方面，从司法立场界定法律渊源符合其域外演化传统。法律渊源是一个法学（法律）移植的产物，因而对其概念的界定需要考察其域外演化的过程和规律。国内有研究者考察了自古罗马至近现代时期西方法源概念与法源实践的演变过程，并指出法律渊源的概念除在近代特定历史时期（主要是18—19世纪理性主义与"法典万能主义"盛行的时期）发生过变异外，其内涵一直都属于司法而非立法的范畴。事实上，20世纪以来传入我国并对我国产生较大影响的域外法源理论，也大多是从司法立场（或者至少不否认从司法立场）来界定法律渊源的。德国学者魏德士将法源界定为"对法律适用者具有约束力的法规范"。瑞典学者佩岑尼克则认为广义上的法源是"所有支持法律决定或判断的理由"。（转下页）

此。我国现有的教育法律总体上看大多属于软法，法律文本中具有上文所谓"法律1.0"的抽象性，而我们面对的教育实践却是丰富多彩的，仅仅依据现行的教育法律难免会出现难以裁决的情况。这就需要我们在教育法律实践中从现行的教育法律体系里创制教育法律去解决这些棘手的案件。"现代法律（规则）作为一种高成本的社会治理工具，我们对其的认同与尊重只能是基于理性、利益、效益和道德，而非信仰，法律不应该困于神坛，局限于精神依赖，而应更紧密地与民众的社会现实生活相联系。"①教育法律实践也应该如此。

教育法律实践目前面临的困境十分严峻。例如，最近国内外教育界非常关注的 Chat GPT，其对各级各类学校教育活动都产生了极大的冲击，而现行的教育法律中并无对这种挑战的规定和要求。这就需要国家和司法部门从教育法律实践角度丰富教育法律渊源。"美国布鲁金斯学会技术创新中心客座高级研究员约翰·维拉森（John Villasenor）近期于该机构官网发文表示，虽然律师的工作方式受技术驱动由来已久，但最近 GPT-4 等大型语言模型的出现，标志着广泛可用的人工智能技术首次可以执行复杂的写作和研究任务，人工智能有望从根本上重塑法律实践。"②果真如此，那么未来在各级各类学校教育中，如何保障国家和学校的教学内容和手段的合法性便是对教育法律实践的巨大挑战。

此外，在我国《教师法》第七条中有许多关于教师权利的规定，但如果学校和教育管理部门不尊重教师的这些权利怎么办？特别是教师在评定学生品行和学业成绩过程中，经常发生因学生及其家长不赞成教师的评定结果而产生师生之间的纠纷，甚至出现教师被学生伤害或者被家长侵害、侮辱等情形。在学校日常教学中，有时候难以区分教师对学生的

---

（接上页）美国学者格雷认为法律渊源是"法官发现法律规则时诉诸的各种资料来源"。对中国法源理论影响较大的美国学者博登海默在继承和批判格雷的部分法源学说的同时，也指出法律渊源是一个"和法律决定作出密切相关的概念"；他还在其广为人知的著作《法理学：法律哲学与法律方法》中将"法律渊源"和"法律技术（法律方法）"编入同一部分以凸显法律渊源与司法决定之间的密切关联。可见，当代西方法源理论的重心大多集中在司法领域。

另一方面，从司法立场界定法律渊源符合当代中国的法治趋势。首先，从司法立场认识法律渊源，基本符合我国法治建设的总体趋势和法律实践的现实需求。近年来，随着中国特色社会主义法律体系的形成，当前中国司法普遍面临的问题是"有法不依"或"有法难依"问题，如何确保法官严格依照法律进行公正裁判、规范法官的自由裁量、妥当应对疑难案件以及实现通过司法的社会治理等是相对于创制法律规范更为紧迫的现实问题。其次，即便我国的法治实践与法学研究的转型能否用"从立法中心主义转向司法中心主义"来概括尚存争议，但近年来学界对于司法问题的关注度逐渐提高已是不争的事实，并且也极有可能是未来的大势所趋。在这种学术研究关注重点整体转型的背景与趋势下，对法律渊源的司法性进行研究有助于为法学各个学科之间的交流对话奠定共识基础，进而有助于促进中国特色法学理论体系和话语体系的构建。最后，从司法角度界定法律渊源并构建相关理论具有更强的理论兼容性与体系性，从而使得法律渊源理论能够与法律教义学、法律方法论建立起密切的逻辑关联与体系化协作，从而为司法实践提供全方位的规范与指引。

① 陈逸含.从法律与宗教关联性角度探究法律信仰 [J].法制博览，2019（3）：109.

② 王俊美.人工智能将重塑法律实践 [N].中国社会科学报，2023-06-02（003）.

惩戒行为和体罚行为，家长和学生也经常与学校和教师发生冲突。以上这些都是教育法律实践中面临的难题，现行的教育法律又没有给出明确的解决方法，这就需要通过教育法律实践来不断完善和解决这些难题，否则就会让在教育教学工作第一线的教师无所适从，也必然会影响他们工作的热情，最终受到影响的必然是国家的教育事业。

# 第十章　法律原则中的教育法律

法律原则成为法律渊源目前已经得到许多法学研究者和立法、司法者的认同。法律原则的高度理性和抽象性，使得其在立法和司法工作中都可以发挥积极的指导作用，教育法律原则亦是如此。从促进和规范教育工作的角度来看，除了教育法律原则可以作为教育法律渊源之外，教育规律本身也可以发挥法律渊源的作用。

## 第一节　法律原则的含义

关于法律原则的内涵目前法学界仍然是见仁见智。在法学工具书中，通常将法律原则界定为"集中反映法的一定内容的法律活动的指导原理和准则"①。法律原则是为其他法律要素提供基础或本源的综合性原理或出发点。法律原则虽然相对于具体的法律部门和法条来说更为抽象，但是在司法实践中如果不能从现行法律条款中找到判决依据，法律原则便可以发挥作用。因为"法律原则通过适用范围的动态伸缩、适用方式的灵活调整来实现裁判功能。针对法律原则司法裁判的合法性、合理性、必要性论争始终存在，这源自法律原则自身的扩张性与人们对法律安定性的渴望，但无碍于法律原则在规则之治以外发挥独特的司法功能，为疑难案件和司法困境提供规则之外的解决思路"②。这就是法律原则的特别之处。

### 一、法律原则的本质

关于法律原则的本质，法学界也有不同的认识。"综合《布莱克法律词典》、法哲学和法理学对法律原则的定义与解释，可以知道，在通常意义上，法律原则（Principle of Law）的定义是：在法体系中为法的要素提供基础的或本源的支撑或支持的综合性规则或原理，对法律行为、法律程序和法律决定发挥决定性作用的基础规则，以法的基础性真理为基点，是法律精神的高层别规范呈现。"③ 由此可见，法律原则本质上是指导法律创建

---

① 邹瑜. 法学大辞典 [Z]. 北京：中国政法大学出版社，1991：186.
② 万娟娟. 司法裁判中法律原则的适用及限定 [N]. 中国社会科学报，2023-01-04（004）.
③ 张伟. 法律原则司法适用的理论研究 [D]. 河北经贸大学硕士学位论文，2022：5.

的基本理念和思想、原理，具体的法律部门和条款可以从中演绎出来。从这个角度来看，法律原则也是一种法律渊源。而"法律渊源是一种权威性理由（Authority Reasons）。人们提供了一种权威的理由，以支持特定立法决定、司法裁决或者其他根据情势而不是其内容所作出的裁决。法律人必须、应当或者可以提供的作为权威性理由的所有文本和惯例（Practice）等都是……法律渊源"①。法律原则通常以"法律学说"的形式表现出来，那么"法律学说何以具有权威性？答案是因为它典型地创造出来的那种论证的品质。法律学说发布着理性的论据，进而也强化了这样的假设：法律学说应当被视为具有权威性。一个更为深刻的答案：法律学说之所以赢得权威性，乃是因为其具有较高的认知度，以及融贯性与公正性。因此，法律学说把理性（Reason）转变为了权威性"②。实际上，法律原则就是这种"权威性理由"，有了这种理由便有了法律文本和判例。

## 二、法律原则的法律价值

既然法律原则是一种本源性的法律渊源，那么其有哪些法律价值呢？通常情况下，法律的学界和实务界都认为法律原则作用主要表现在以下三个方面。

### （一）指导着法律解释和法律推理

法律原则中含有丰富的哲学、社会学、法学、教育学和心理学等学科的思想和价值观，这些学科的思想和价值观正是法治建设和法治实践所需要的。"法律原则最早可以追溯到中世纪，那时候国际仲裁法庭便有适用一般法律原则的先例了。1899年和1907年的海牙会议上，法学家们开始关注建立在比较法意义上，为各国所共同具有的一般法律原则。及至1920年，《国际常设法院规约》首次把一般法律原则列为断案的依据。后来，依照《联合国宪章》的规定，国际法院于1945年成立。在制定国际法院的规约时，起草委员会主席德康（Descamps）提议，除了条约和习惯法之外，还应将一般法律原则纳入国际法渊源。经过争议与讨论，各国代表同意继承《国际常设法院规约》中有关一般法律原则的规定，但在其前面加上'为文明各国所承认'作为条件。这也就是著名的《国际法院规约》第38条的由来。"③从中我们可以看出，无论是在制定部门法还是依法裁决一个具体案件时，时常会出现对某些法律规定进行法律解释或者推理，以达到准确裁决的目的，法律原则可以很好地扮演这样的角色。

### （二）补充法律漏洞，强化法律的调控能力

在实际司法过程中，法官都会明白"国家政策的某些作用可以通过法律原则、习惯进行替代。民法总则的制定将习惯纳入法律渊源之中，是国家立法的一大进步。在法律没有

①　亚历山大·佩岑尼克.法律科学：作为法律知识和法律渊源的法律学说［M］.桂晓伟，译.武汉：武汉大学出版社，2009：26.

②　亚历山大·佩岑尼克.法律科学：作为法律知识和法律渊源的法律学说［M］.桂晓伟，译.武汉：武汉大学出版社，2009：29.

③　刘峰涛.论一般法律原则作为国际法渊源的正当性及必要性［J］.对外贸易，2019（10）：35.

明文规定的时候可以援用习惯进行裁判，同时也可以利用一般性的法律原则进行裁判。此时，法律原则和习惯也可以发挥弥补法律漏洞、细化法律规定的作用，在一定程度上可以发挥替代作用"①。这样就解决了许多司法中的棘手案件，真正达到了法网恢恢疏而不漏的效果。

**（三）法律原则是确定行使自由裁量权合理范围的依据**

纵观世界各国，法官在实际审理和判决案件时都可以拥有一定的自由裁量权。但是，这种"自由"是有一定限度的，法官不能天马行空地任性而为，而是依据习惯、公序良俗等诸多方面的考虑，其中法律原则就是一个重要的自由裁量的依据。法官如果合理使用法律原则进行裁决，可以防止由于适用不合理的规则而带来的不良后果。

## 三、我国主要法律部门的法律原则

我国现行的法律包括五大部门：宪法、民法、行政法、刑法和诉讼法。每一个法律部门的法律原则都不尽一致。

**（一）宪法的法律原则**

宪法是国家的根本大法，其原则不仅具有宪法意义，而且还对其他部门法律发挥指导作用。宪法原则是宪法在调整基本社会关系，确认国家制度和社会制度所依据的并反映根本价值和作用的、人们在立宪和行宪过程中必须遵循的具有综合性和稳定性的基本准则。宪法原则包括基本原则和具体原则。基本原则具有统帅功能，"对于一国法制的统一发挥着不可替代的作用。这些原则体现在所有的法律法规中，有些法律进而将其规定为该法的原则或指导思想"②。而"具体原则是基本原则在宪法关系某一领域的适用，具体原则包括平等原则、诚信原则、比例原则、正当程序原则和司法独立原则等。因为这些原则仍然具有法律原则的基本特征而被界定为具体原则，具体原则的功能因此而生成。具体原则在基本原则和具体的宪法规则之间发挥着沟通的功能，它们将基本原则进行具体化，使其具备了一定程度和范围的可操作性"③。也有学者从宪法文本中寻找宪法的法律原则，将宪法原则概括为："确立平等（第4条）、自由（第35、36条）、人权（第33条第3款）、法治（第5条）等理念和制度。"④

**（二）民法的法律原则**

我国的《民法典》第一条指出：为了保护民事主体的合法权益，调整民事关系，维护社会和经济秩序，适应中国特色社会主义发展要求，弘扬社会主义核心价值观，根据宪法，制定本法。《民法典》第一条的表述，其实已经蕴含了民法的法律原则。在《民法典》颁布之前，"根据《民法通则》第2条至第7条规定，可归纳出民法的基本原则包

---

① 庄建利，张鹏飞．谈法律渊源中的国家政策去留 [J]．佳木斯职业学院学报，2020（4）：289．
② 王霄艳，张慧平．宪法原则的法律功能分析 [J]．理论探索，2005（4）：145．
③ 王霄艳，张慧平．宪法原则的法律功能分析 [J]．理论探索，2005（4）：145．
④ 郑永流．实践法哲学：从法律 1.0 走向法律 2.0 [J]．清华法学，2022（1）：183．

含：平等原则、私法自治原则、公平原则、诚实信用原则、公序良俗原则"。① 《民法典》实施以后，民法的基本原则调整为"平等、自愿、公平、诚信、公序良俗和生态保护（《民法典》第 49 条），实行人身关系'非礼化'，财产关系'私利化'，过错责任原则与无过错责任原则（《民法典》第 1165 条和第 1166 条）"②。

### （三）行政法的法律原则

行政行为应受成文法的拘束，是法治国家的根本，如果法律没有明文规定，行政行为仍须受法治国家一般法律原则的拘束。这一般原则包括八种，即"明确性原则、平等原则、比例原则、诚信原则、信赖保护原则、有利不利应予注意原则、裁量权正当行使原则、禁止不当联结原则"③。但也有学者认为，行政法的法律原则包括："实行依法行政（《宪法》第 5 条），建立行政救济（包括行政诉讼（《行政诉讼法》第 2 条）、行政复议（《行政复议法》第 2 条）、国家赔偿（《国家赔偿法》第 2 条）、行政补偿（《宪法》第 13 条第 3 款、《行政许可法》第 8 条）），行政处罚（《行政处罚法》第 2、3 条），行政听证（《行政处罚法》第 42 条）等制度。"④ 这些制度便是行政法的法律原则。

### （四）刑法的法律原则

国内不少研究者认为，刑法的法律原则至少包括四个，即法律面前人人平等原则、刑法平等原则、禁止重复评价原则和严格责任原则。也有学者认为，刑法的法律原则应该为"实行民刑分立，实行个人责任（第 14 条），罪刑法定（第 3 条），罪刑相应（第 5 条），不溯及既往（第 12 条）等现代刑法原则"⑤。这些原则来自刑法文本，应该具有更强的说服力。

### （五）诉讼法的法律原则

诉讼法是指规定诉讼活动的法律规范的总称。在我国，诉讼主要包括《刑事诉讼法》《民事诉讼法》《行政诉讼法》，此外还包括《仲裁法》《监狱法》以及《律师法》，等等。诉讼法的法律原则也有不同的表述。有学者认为诉讼法的法律原则包括"按照程序正义，程序法定，辩护权利（《刑事诉讼法》第 32、33 条），人民陪审（《民事诉讼法》第 40 条、《刑事诉讼法》第 13 条）等原则建构诉讼体制"⑥。而诚实信用原则、比例原则是学界讨论得比较多的内容。还有研究者就刑事诉讼法的原则提出其看法，认为"从整体上看，我国的刑事诉讼法原则体系应包括两类共十三项原则：一是公理性原则，即反映刑事诉讼内在的发展规律，在世界范围内具有普适性的原则，包括：（一）程序法定原则；（二）司法审查原则；（三）控审分离原则；（四）审判中立原则；（五）控辩平等原则；

① 李文婷. 论民法基本原则的法律适用 [J]. 法制与经济, 2018 (2): 74.
② 郑永流. 实践法哲学：从法律 1.0 走向法律 2.0 [J]. 清华法学, 2022 (1): 183.
③ 蔡文斌. 论行政法的一般法律原则 [J]. 求是学刊, 2000 (1): 63-67.
④ 郑永流. 实践法哲学：从法律 1.0 走向法律 2.0 [J]. 清华法学, 2022 (1): 183.
⑤ 郑永流. 实践法哲学：从法律 1.0 走向法律 2.0 [J]. 清华法学, 2022 (1): 183.
⑥ 郑永流. 实践法哲学：从法律 1.0 走向法律 2.0 [J]. 清华法学, 2022 (1): 183.

（六）无罪推定原则；（七）辩护原则；（八）参与原则；（九）及时性原则；（十）相应性原则；（十一）一事不再理原则；（十二）配合制约原则；（十三）检察监督原则"①。总之，关于诉讼法的法律原则表述的内容较为复杂。

## 第二节　教育法律原则中的教育法律

依据前文对法律原则的理解，我们这里将教育法律原则界定为"集中反映教育法律立法、司法和管理等活动的指导思想和准则"，是教育法律的基础性真理、原理。总体来说，教育法律原则就是指导教育法律研制和实施的基本依据，既包括宪法、行政法和民法等法律的原则，也体现"教育性"，即教育基本原理、教育规律、基础性真理和教育行为准则等。例如，在英语国家，教育规律被表达为"Law of Education"，从形式上看，"Law"既有规律的含义也有法律的含义。因而"Law of Education"既可以被翻译为教育规律，也可以教育法律。所以，教育规律具有法律渊源的价值就很容易理解了。

### 一、教育真理（规律）中的教育法律

关于真理的内涵，哲学界有很多争议，西方哲学界（唯物主义哲学和唯心主义哲学）也是如此。"真理"（the truth）在《牛津词典》中被解释为："The true facts about something, rather than the things that have been invented or guessed."《柯林斯》词典对其的解释为："The truth about something is all the facts about it, rather than things that are imagined or invented." 翻译成中文就是"事实；真实情况；实情；真相，等等，而不是被发明、猜测和想象出来的事物"。而规律通常理解为"自然界和社会诸现象之间必然、本质、稳定和反复出现的关系"。可见，真理和规律都是客观存在的，而不是人们的主观想象。因此，真理和规律都是可以被发现而不是被发明和创造的。教育真理和规律亦是如此，故此，我们将教育真理和教育规律合并在一起研究其教育法律渊源性。那么教育有哪些真理和规律呢？以下我们从教育法律渊源的视角做一点尝试。

#### （一）可教育性

所谓可教育性是指每个人无论其素质（知识、能力、品格、情感等）如何，都可以通过合适的教育使其在原有的基础上不断成长，被教育成为被社会接纳的人，实现由"自然人"向"社会人"的转变。既然可教育性成为教育的真理或规律，那么，各级各类教育机构就应该不要放弃对所教育对象的教育，无论他们是天才还是智障者，也无论他们是否有过过失甚至犯罪，都应该为他们提供平等的教育机会，帮助他们成为对社会有用的人。这就为我国的特殊教育和青少年犯罪教育等法律法规和政策的研制和修订提供了教育法律渊源。

---

① 万毅. 论刑事诉讼法原则 ［D］. 西南政法大学硕士学位论文，2002：5.

## （二）个性化

所谓个性化是指人的素质（知识、能力、品格、情感等）天然地存在着差异，即便是同卵双生的孩子，其在成长过程中由于受到不同影响而最终的素质也不完全相同。个性化的教育真理说明，每个人素质水平和发展方向都存在很大的差异。有的人认知和思维能力很强，而有的人动手能力很强，等等。这些都是客观存在的教育真理。对此，学校教育就是要承认和尊重这些差异并采用个性化教育、因材施教，扬长避短地使每个人的素质都能得到充分的提高，而不能因为其有某一方面的不足便对其产生歧视，进而放弃对他们的教育。因此，我们在研制和修订教育法律的时候，应该将这些真理融入法律文本，对于学校教育实践中存在歧视和差别对待学生的行为予以惩戒。

## （三）自适性

所谓自适性是指每个人为了适应各自的生存环境必然会通过各种途径努力让自己生存下来。一个人寻求生存的途径有很多，而最有效的途径便是到学校去接受教育。这说明每个人都有接受各种教育的意愿，否则就会不适应社会需要而难以生存下去。既然如此，学校、家庭、社会组织等都应该从各自的角度出发为愿意接受教育的人提供丰富多彩的机会，设法满足每个人接受教育的意愿。因为这是每个人自我适应社会需要天然的本性。针对这条教育真理，国家必须通过制定和完善教育法律和相关法律来保护各种人们接受教育的路径和权利。

## （四）不确定性

所谓不确定性是指每个人在成长的各个阶段，其成长速度、水平、质量等方面会存在差异，表现为同龄人、同环境人、同职业人的发展的不可预料。有些人年少时各方面的表现平凡甚至劣迹斑斑，但是成年后却作出许多惊人的成就；反之亦然。对此，学校教育和其他各种教育都不能根据一个人在某一时期的成长状况作出决定性的评价，否则就可能会扼杀一个天才。基于这个教育真理，教师要善待、平等对待每一个学生，用发展的眼光看待学生，对于发展不好的学生要帮助他们树立自信心；对于优秀的学生要提醒他们不要骄傲自满、目中无人、好高骛远。教育的这条真理应该在教育立法和司法实践中予以明确和细化，以便教师能够依法开展教育教学。

## 二、教育原理（原则）中的教育法律

教育原理（原则）是人们在发现并遵守教育真理和教育规律的基础上对教育工作认识的总结和教育实践的要求，教育原理（原则）反映的是教育真理和教育规律，因而对于教育立法同样具有指导和规范的作用，是教育法律渊源的表现形式之一。教育原理是一个对教育真理和教育规律逐渐认识和反映的过程，在这个过程中人们的认识逐渐接近教育真理和教育规律。人们对于教育真理和规律的认识是一个漫长的、不断实践和不断再认识的过程，所以，我们很难说已经准确地把握了教育真理和教育规律。但这并不是说我们今天提出的这些教育原理就不是教育原理（原则），而是说我们提出的这些原理（原则）正在逼近教育真理和教育规律。我们认为，国内外教育学著作中提出的那些教育原理（原则）正在越来越接近教育真理和教育规律。

纵观国内外教育家和教育实际工作者们关于教育原理和原则的表述众多。例如，坚持促进人的全面发展、坚持党的领导、永不放弃对学生的希望、尊重每位学生（以学生发展为中心）、让学生自主塑造自己道德观念、宽容学生的失败和过失、欣赏学生的点滴进步、充分信任学生、教育与社会实践相结合（知行合一）、尊重教师自由探索的精神、相对独立地自主办学、自主处理好办学中保守与创新间的关系、国际交流与合作，等等，不胜枚举。由于相关内容非常丰富，我们不再一一罗列并加以分析。总之，这些教育原理和教育原则对我国教育法律的研制、完善和司法实践具有指导和借鉴价值，因而都应该将其视为教育法律渊源。

# 余　论

通过对 CNKI 和读秀网等检索平台的检索发现，国内目前还没有关于中国教育法律渊源的学术著作出版。因此，本书的出版可以达到抛砖引玉的目的，期待学术大家能够出版更多的关于教育法律渊源方面的精品，以飨教育法学界的同侪。通过多年来对教育法律渊源的研究和思考，我们将自己对教育法律渊源的理解呈现在本书之中，深感以下几个方面值得总结和分享。

## 一、关于法律渊源的理解

本书在第一章"教育法律渊源的基本理论"中，我们首先界定了法律渊源的内涵。即法律渊源是司法者对司法对象的心理感受（心理得到平衡和满足进而产生一种满意感）准确理解的基础上，寻找到的能够使司法对象得到心理满足而使用的有效裁决的所有规则和观念的集合。进而我们将教育法律渊源理解为教育司法者对司法对象的心理感受（心理得到平衡和满足进而产生一种满意感）准确理解的基础上，寻找到的能够使司法对象得到心理满足而使用的有效裁决的所有规则和观念的集合。这些规则和观念包括宪法，教育法律，与教育相关的法律，教育法规，教育政策，教育司法解释和指导性案例，教育国际法，中华传统文化中的教育法律，法律原则中的教育法律（教育真理、教育规律），等等。

我们知道这样泛化式地理解法律渊源和教育法律渊源可能会招致学界的批评和指责。但是，这种理解确实从司法实践来看有其充分的合理性。中国近现代民主革命家、国学家章太炎先生曾经说过："仆谓学者将以实事求是，有用与否，固不暇计……学者在辨名实，知情伪，虽致用不足尚，虽无用不足卑。古之学者，学为君也，今之学者，学为匠也。为君者，南面之术，观世之文质而已矣；为匠者，必有规矩绳墨，模型唯肖。审谛如帝，用弥天地，而不求是，则绝之。"[①] 研讨学问的目的在于求是，我们也正是秉持这种态度来探求法律渊源及教育法律渊源的本质，既不受制于已有的法理学的定论，也不满足于实用主义的逻辑。

---

① 章太炎全集（四）[M]. 上海：上海人民出版社，1985：151.

### 二、关于教育法律渊源中某些要素的理解

本书从第二章开始用了九章的篇幅论述了教育法律渊源，从第二章到第八章分别是"宪法中的教育法律渊源""教育法律""教育的相关法律""教育法规""教育政策""教育司法解释和指导性案例"和"国际教育法"，我们相信将这七个方面纳入教育法律渊源的理解应该没有什么太多的争议。但是，将"中华民族传统文化中的教育法律"和"法律原则中的教育法律"纳入教育法律渊源的范畴也许会有较多的争议。对此，我们有充分的思想准备，也期盼学界对此开展深入研究。

实际上，在第九章的"中华民族传统文化中的教育法律"中我们还想将更多的内容作为研究对象进行研究，但由于思考不够成熟和篇幅所限，没有在该章中加以分析，这里还是把这些内容呈现出来，真诚希望大家们予以关注和批评。这些内容包括"宗谱、家训、族规、村规民约"。这些内容与公序良俗、风俗习惯、文化传统、道德规范甚至宗教都有着千丝万缕的联系，但又有着地域性、文化性的特征，能否将这些视为一种法律渊源乃至教育的法律渊源，确实值得今后去思考，特别是如何看待村规民约也是值得研究的一个话题。"苏轼在《上仁神宗皇帝书》中说：'人之夭在元气，国之长短在风俗。'宋朝枢密院参知政事楼大防在《论风俗纪纲》中也主张'国家之元气在风俗，风俗之本，实系纪纲'。中国两千多年的汉文化，十分强调风俗与道德对政治的重大影响。儒家经典《礼记》说：'移风易俗，天下皆宁'，'风行俗成，万世之基定'。"① 这样看来，"宗谱、家训、族规"等似乎具有法律渊源的特征。

再比如，国内有研究者认为"村规民约是指村民依据党的方针政策和国家法律法规，结合本村实际，为维护本村的社会秩序、社会公共道德、村风民俗、精神文明建设等方面制定的约束规范村民行为的一种规章制度。一直以来，村规民约都被视为基层民主政治发展的重要成果。根据《村民委员会组织法》的相关规定，村规民约不得违反国家法律，同时也应尊重当地的村风民俗，不能完全脱离既有的习惯"②。如果这样理解村规民约的内涵的话，则似乎可以将其视为法律渊源，但是，也有不少人不赞成这样的理解，而是将其理解为族规等。这样争议就必然表现出来了。

### 三、关于中国哲学中的教育法律

我们在第九章的第五节"诸子百家经典与教育法律实践中的教育法律"的讨论中将"诸子百家经典"作为教育法律渊源进行论述，但并没有将这些经典上升为哲学层面加以考察。实际上，如果提升到中国传统哲学层面，也许更能透彻分析其与教育法律渊源之间的关系。"章太炎在 1902 年所著重订本《訄书·颜学》中，表达了他对哲学之'无用之

---

① 刘光明．试论古代风俗及其与道德的关系 [J]．道德与文明，1988（5）：30.
② 陈寒非．风俗与法律：村规民约促进移风易俗的方式与逻辑 [J]．学术交流，2017（5）：109.

256

用'的理解，他说：观今西方之哲学，不廧万物为当年效用，和以天倪，上酌其言，而民亦沐浴膏泽。虽玄言理学，至于浮图，未其无云补也。哲学乃是'远西之玄学'，求普遍性的理则而不求实用，有论理之实而无实用之实，然其学表征了抽象的理性思维的发达水平，是一切学术的根本。中国的玄学、理学和佛学，即具有哲学的性质。"① 可见，哲学虽然不能及时产生社会效应之有用治世，却具有更深远的"学术的根本"，对于教育法律渊源的作用也是如此。

中国法律建设的基础也是这些玄学、儒学（理学）、佛学，它们相互借鉴融合，构成具有中华民族特色中国式哲学，进而形成中国式法律制度即中华法系。然而，"19 世纪末的清末修律，带领我们走上了一条通过法律移植实现法律现代化的道路，100 多年来，中国学习德国、学习苏联、学习英美，以此实现了法律制度形式上的现代化。但是，这种通过移植和模仿西方而构建的现代法律，不仅没有融入我们的历史、传统、宗教信仰和民族经验，反倒常常在很多方面与我们固有的文化价值、宗教信仰相悖。因此，当我们不得不接受这套法律制度的时候，很可能就会陷入无可解脱的身份焦虑和精神困境。换句话说，如果我们的法律制度从头到脚、从骨子和血肉都是西方文化的产物，那么，这样的法律，在制度上如何安放我们的生活，在文化上如何引起我们内心的共鸣，在价值上又如何能够唤起我们的热情、寄托我们的信仰"②？ 中国近代法律的西化同样影响着教育法制建设，特别是民国期间的教育法律基本上就是西化的文本，只能从形式上还能看到一点中华法系的痕迹。未来在教育法制建设过程中，我们仍然需要将其法理基础置于中国哲学和文化基础之上，在价值上唤起我们的热情、寄托我们的信仰。

## 四、关于教育真理、教育规律和教育原理中教育法律价值

在本书的第十章"法律原则中的教育法律"第二节"教育法律原则中的教育法律"中，我们分析了教育真理、教育规律和教育原理在教育法律渊源中的地位，虽然内容不够充实，但绝非虎头蛇尾之作。我们在余论中对此作进一步的说明。目前，至少在教育学界对于是否有教育真理或者说能不能提"教育真理"这个概念还存在着较大的争议。另外，教育规律与教育真理之间的关系是什么，教育真理是否等同于教育规律，或者说教育规律是不是反映了教育真理或教育真理的表现形式，等等，大家的见解不尽一致。与此同时，教育原理与教育真理、教育规律之间的关系也被推了出来，三者的论述更加复杂。正因为如此，我们在论述教育真理、教育规律和教育原理的教育法律渊源性时，采用了目前这种较抽象的表达，意在引起学界的关注和讨论。后期，我们也将继续对此开展深入思考，更加准确地表达我们的观点。

---

① 江湄．"齐物"世界中的学术、道德、风俗与政治——章太炎的"学术"观念及其对中国学术思想史的重释 [J]．史学月刊，2011（12）：7.

② 李红勃，许冬妮．寻求法律与宗教的和谐：北欧经验及其启示 [J]．上海政法学院学报（法治论丛），2017（6）：49.

# 参 考 文 献

## 中文文献

［1］博登海默．法理学——法律哲学及其方法［M］．邓正来，姬敬武，译．北京：华夏
出版社，1987．

［2］伯尔曼．法律与宗教［M］．梁治平，译．北京：中国政法大学出版社，2003．

［3］菲利普·热斯塔茨，克里斯托弗·雅曼．作为一种法律渊源的学说 法国法学的历程
［M］．朱明哲，译．北京：中国政法大学出版社，2020．

［4］盖尤斯．法学阶梯［M］．黄风，译．北京：中国政法大学出版社，1996．

［5］葛洪义．法与实践理性［M］．北京：中国政法大学出版社，2002．

［6］雷磊．法理学案例研究指导［M］．北京：中国政法大学出版社，2020．

［7］李贵连，李启成．中华法史三千年 法律思想简史［M］．北京：中国民主法制出版
社，2016．

［8］李龙．法理学［M］．武汉：武汉大学出版社，2011．

［9］李晓述．跨境教育法律问题研究［M］．武汉：武汉大学出版社，2011．

［10］刘作翔．法理学［M］．北京：社会科学文献出版社，2005．

［11］罗杰·赛勒．法律制度与法律渊源［M］．项焱，译．武汉：武汉大学出版社，2010．

［12］学说汇纂（第1卷）［M］．罗智敏译．北京：中国政法大学出版社，2008．

［13］吕世伦．黑格尔法律思想研究［M］．西安：西安交通大学出版社，2016．

［14］梅特兰等．欧陆法律史概览：事件、渊源、人物及运动［M］．屈文生等，译．上海：
上海人民出版社，2015．

［15］彭中礼．法律渊源论［M］．北京：方志出版社，2014．

［16］彭中礼．国家政策在民事审判中的运用研究［M］．北京：法律出版社，2018．

［17］时显群．法理学［M］．北京：中国政法大学出版社，2013．

［18］托马斯·E．霍兰德．法理学的要素［M］．牛津：克拉伦登出版社，1910．

［19］武静．当代中国法律渊源研究［M］．北京：法律出版社，2019．

［20］薛珍，邹荣．中国行政法律［M］．上海：华东理工大学出版社，1999．

［21］约翰·奇普曼·格雷．法律的性质与渊源［M］．马驰，译．北京：中国政法大学出

版社，2012.

[22] 陈金钊．法律渊源——司法视角的定位 [J]．甘肃政法学院学报，2005（6）.

[23] 冯威．法律渊源的冗余与宪法的自我指涉——从宪法渊源回归宪法原则规范与宪法解释 [J]．中国法律评论，2022（3）.

[24] 何景春，束贤子．论1949年《共同纲领》第四十四条立宪旨意、渊源、变迁——兼论我国科学历史观教育的宪法依据 [J]．党史文苑，2014（22）.

[25] 黄明东，沈岑砚．论教育法法典化的过程理性和路径理性 [J]．高等教育评论，2022（2）.

[26] 李晓燕．古代教育法规发展之考察 [J]．教育研究与实验，1991（1）.

[27] 刘作翔．特殊条件下的法律渊源——关于习惯、政策、司法解释、国际条约（惯例）在法律中的地位以及对"非正式法律渊源"命题的反思 [J]．金陵法律评论，2009（春季卷）.

[28] 刘作翔．中国法治国家建设的战略转移：法律实施及其问题 [J]．中国社会科学院研究生院学报，2011（2）.

[29] 刘作翔．国家政策的法律地位不能忽视 [N]．北京日报，2016-09-12（13）.

[30] 刘作翔．在民法典中应确立法律、政策、习惯三位阶规范渊源结构 [N]．人民法院报，2016-09-30.

[31] 罗书平．完善我国刑法溯及力原则的法律思考 [J]．中国律师，1997（3）.

[32] 吕元豪．基于刑法平等原则分析企业权益的法律保护措施 [J]．法制与社会，2018（1）.

[33] 孟焕良．仙居："善良习惯"成辅助民事审判的"法源" [N]．人民法院报，2017-10-30.

[34] 庞天佑．君主·风俗·道德与国家盛衰 [J]．淮北煤炭师范学院学报（哲学社会科学版），2010（2）.

[35] 史大晓．德国学校法初探：渊源与问题 [J]．复旦大学法律评论，2019（00）.

[36] 宋晓艳，冯玉军．宗教法律治理模式探究：基于政教体制的考察 [J]．世界宗教文化，2021（1）.

[37] 沈宗灵．当代中国的判例——一个比较法研究 [J]．中国法学，1992（3）.

[38] 西德·卡斯勒，杨玉英．"他者"的中国眼：《道德经》与教育 [J]．中华文化与传播研究，2020（1）.

[39] 熊浩．刑法基本原则拷问——试论"法律面前人人平等"不适为刑法的基本原则 [J]．学术探索，2006（3）.

[40] 王慧娟．法律原则填补法律漏洞研究 [D]．辽宁大学硕士论文，2022.

[41] 谢明光．学习古代经典　丰富教育人生 [J]．中国教育学刊，2013（S2）.

[42] 邢博琰．论刑法"法律面前人人平等"原则 [J]．学周刊，2018（6）.

［43］许可峰．"不言之教"如何可能——兼论《道德经》第一、二章在老子教育思想中的地位［J］．中国人民大学教育学刊，2021（1）．

［44］杨志银．对《道德经》暨道教教义教规中的政治经济学思想研究——深入学习习近平总书记在 2016 年全国宗教工作会议上的讲话精神［J］．云南社会主义学院学报，2017（3）．

［45］姚建宗．论法律的思想实践及其实践理性原则［J］．河北法学，2022（2）．

［46］于飞．民法总则法源条款的缺失与补充［EB/OL］．（2018-05-27）［2022-10-19］．http：//www. chinalawreview. com. cn/.

［47］袁静宜，匡凯．论法律原则在民事疑难案件裁判中的教义学功能［J］．河南科技大学学报（社会科学版），2022（4）．

［48］袁炎林，李俊宏．地方环境法规法律原则的科学构建［J］．法制博览，2022（19）．

［49］邹阳阳．我国宗教中国化及其法律规范体系研究［J］．科学与无神论，2023（2）．

［50］周旺生．重新研究法的渊源［J］．比较法研究，2005（4）．

［51］张瑞芳．美国"在家上学"法律渊源及特点探析［J］．比较教育研究，2015（3）．

［52］朱茂磊．教师教育惩戒权的基本属性、权能构造与法律渊源——对现有研究和制度规定的双重反思［J］．重庆高教研究，2022（2）．

英文文献

［1］Aleksander Peczenik. Moral and Ontological Justification of Legal Reasoning［J］. Law and Philosophy，1985（4）：289-309.

［2］Fernando Atria. Legal Reasoning and Legal Theory Revisited［J］. Law and Philosophy，1999（18）：537-577.

［3］Fleurie Nievelstein, Tamara van Gog, Henny P. A. Boshuizen & Frans J. Prins. Effects of Conceptual Knowledge and Availability of Information Sources on Law Students' Legal Reasoning［J］. Instructional Science，2010（38）：23-35.

［4］José de Sousa e Brito. Sources, Recognition and the Unity of the Legal System［J］. International Journal for the Semiotics of Law-Revue Internationale de Sémiotique Juridique，2020（33）：19-33.

［5］Laurens Mommers, Wim Voermans, Wouter Koelewijn & Hugo Kielman. Understanding the Law：Improving Legal Knowledge Dissemination by Translating the Contents of Formal Sources of Law［J］. Artificial Intelligence and Law，2009（17）：51-78.

［6］Margaret E. Cooper. Legal and Ethical Aspects of New Wildlife Food Sources［J］. Biodiversity & Conservation，1995（4）：322-335.

［7］N. Rielle Capler, Lynda G. Balneaves, Jane A. Buxton & Thomas Kerr. Reasonable Access：Important Characteristics and Perceived Quality of Legal and Illegal Sources of Cannabis for

Medical Purposes in Canada [J]. Journal of Cannabis Research, 2023 (9): 51-57.

[8] Pietro Pustorino. International Legal Sources on Human Rights: The Regional Level [M]. Springer, 2023.

[9] Rafat Y. Alwazna. Islamic Law: Its Sources, Interpretation and the Translation of It into Laws Written in English [J]. International Journal for the Semiotics of Law- Revue Internationale de Sémiotique Juridique, 2016 (29): 251-260.

[10] Robert Kolb. Principles as Sources of International Law (with Special Reference to Good Faith) [J]. Netherlands International Law Review, 2006 (53): 1-36.

[11] Thomas M. J. Möllers. Sources of Law in European Securities Regulation — Effective Regulation, Soft Law and Legal Taxonomy from Lamfalussy to de Larosière [J]. European Business Organization Law Review, 2010 (11): 379-407.

# 附　录

| 序号 | 名　称 | 签署日期 | 签署地点（方式） |
|---|---|---|---|
| 1 | 中华人民共和国政府和阿尔及利亚民主人民共和国政府文化协定 2021—2025 年执行计划 | 2021-01-27 | 北京 |
| 2 | 中华人民共和国政府和阿曼苏丹国政府文化、卫生、新闻协定 2021 年至 2025 年执行计划 | 2021-03-29 | 马斯喀特 |
| 3 | 中华人民共和国政府与厄瓜多尔共和国政府文化合作协定之 2021—2024 年执行计划 | 2021-05-12 | （传签方式） |

资料来源：中华人民共和国外交部网站，https：//www.mfa.gov.cn/web/ziliao_674904/tytj_674911/tyfg_674913/202206/t20220615_10703630.shtml。

| 序号 | 条约名称 | 签署日期 | 签署地点 |
|---|---|---|---|
| 1 | 中华人民共和国政府与联合国教育、科学、文化组织关于由教科文组织支持的国际科学和技术战略研究与培训中心（第 2 类）的协定 | 2020-01-02 中<br>2020-01-22 外 | 换函<br>北京、巴黎 |
| 2 | 中华人民共和国政府和世界知识产权组织加强"一带一路"知识产权合作协议的修订与延期补充协议 | 2020-05-13 中<br>2020-05-08 外 | |
| 3 | 中华人民共和国政府和黎巴嫩共和国政府关于互设文化中心的协定 | 2020-05-27 | 贝鲁特 |
| 4 | 中华人民共和国政府与联合国教育、科学及文化组织关于国际泥沙研究培训中心的协定 | 2020-06-24 中<br>2020-06-16 外 | 北京<br>巴黎 |
| 5 | 中华人民共和国政府和约旦哈希姆王国政府文化协定 2019 年至 2022 年执行计划 | 2020-08-10 | 安曼 |

资料来源：中华人民共和国外交部网站，https：//www.mfa.gov.cn/web/ziliao_674904/tytj_674911/tyfg_674913/202104/t20210401_9180854.shtml。

表 3　　　　　　　　　　2019 年中国对外缔结的主要双边条约一览表

| 序号 | 条 约 名 称 | 签署日期 | 签署地点 |
|---|---|---|---|
| 1 | 中华人民共和国政府和印度共和国政府文化合作协定 2019 年至 2023 年执行计划 | 2019-08-12 | 北京 |
| 2 | 中华人民共和国政府和伊拉克共和国政府文化合作协定 2019 年至 2021 年执行计划 | 2019-09-23 | 北京 |
| 3 | 中华人民共和国政府和布基纳法索政府文化合作协定 | 2019-10-26 | 北京 |
| 4 | 中华人民共和国政府和津巴布韦共和国政府文化协定 2020 年至 2023 年执行计划 | 2019-11-15 | 哈拉雷 |

资料来源：中华人民共和国外交部网站，https：//www.mfa.gov.cn/web/ziliao_674904/tytj_674911/tyfg_674913/202104/t20210401_9180853.shtml。

表 4　　　　　　　　　　2018 年中国对外缔结的主要双边条约一览表

| 序号 | 条 约 名 称 | 签署日期 | 签署地点 |
|---|---|---|---|
| 1 | 中华人民共和国政府和约旦哈希姆王国政府关于在约旦设立中国文化中心的协定 | 2018-01-08 | 安曼 |
| 2 | 中华人民共和国政府和巴基斯坦伊斯兰共和国政府文化合作协定 2018 年至 2022 年执行计划 | 2018-02-05 | 北京 |
| 3 | 中华人民共和国政府和乌拉圭东岸共和国政府关于在乌拉圭设立中国文化中心的谅解备忘录 | 2018-04-16 | 北京 |
| 4 | 中华人民共和国政府和保加利亚共和国政府科学技术合作协定 | 2018-07-06 | 索菲亚 |
| 5 | 中华人民共和国政府和阿拉伯联合酋长国政府关于互设文化中心的谅解备忘录 | 2018-07-19 | 阿布扎比 |
| 6 | 中华人民共和国政府和科特迪瓦共和国政府关于互设文化中心的协定 | 2018-08-30 | 北京 |
| 7 | 中华人民共和国政府和拉脱维亚共和国政府科学技术合作协定 | 2018-09-18 | 北京 |
| 8 | 中华人民共和国政府与巴拿马共和国政府文化合作协定 | 2018-12-03 | 巴拿马城 |

资料来源：中华人民共和国外交部网站，https：//www.mfa.gov.cn/web/ziliao_674904/tytj_674911/tyfg_674913/201904/t20190429_9867795.shtml。

表 5　　　　　　　　　　2017 年中国对外缔结的主要双边条约一览表

| 序号 | 条 约 名 称 | 签署日期 | 签署地点 |
|---|---|---|---|
| 1 | 中华人民共和国政府与瑞士联邦委员会文化合作协定 | 2017-01-16 | 伯尔尼 |
| 2 | 中华人民共和国政府和土耳其政府关于互设文化中心的协定 | 2017-05-13 | 北京 |

续表

| 序号 | 条约名称 | 签署日期 | 签署地点 |
|---|---|---|---|
| 3 | 中华人民共和国政府和肯尼亚政府关于在肯尼亚设立中国文化中心的协定 | 2017-05-15 | 北京 |
| 4 | 中华人民共和国政府和阿根廷政府关于在阿根廷设立中国文化中心的协定 | 2017-05-17 | 北京 |
| 5 | 中华人民共和国政府和科威特国政府关于在科威特设立中国文化中心的协定 | 2017-08-22 | 科威特城 |

资料来源：中华人民共和国外交部网站，https：//www. mfa. gov. cn/web/ziliao_674904/tytj_674911/tyfg_674913/201804/t20180411_9867777. shtml。

表 6　　　　　　　　　　　　**2017 年中国参加的多边条约一览表**

| 序号 | 名　　称 | 签订日期/地点 | 生效日期 | 中国采取行动情况 | 备注 |
|---|---|---|---|---|---|
| 1 | 关于成立中亚区域经济合作学院的协定 | 2016-10-26 伊斯兰堡 | 2017-08-24 | 2016-10-26 签署<br>2017-06-27 批准<br>2017-08-03 交存批准书 | 仅适用澳门特区 |
| 2 | 选择法院协议公约 | 2005-06-30 海牙 | 2015-10-01 | 2017-09-12 签署 | |

资料来源：中华人民共和国外交部网站，https：//www. mfa. gov. cn/web/ziliao_674904/tytj_674911/tyfg_674913/201804/t20180411_9867777. shtml。

表 7　　　　　　　　　　　　**2015 年中国参加的多边条约一览表**

| 序号 | 名　　称 | 签订日期/地点 | 生效日期 | 中国采取行动情况 | 备注 |
|---|---|---|---|---|---|
| 1 | 上海合作组织成员国政府间科技合作协定 | 2013-09-13 比什凯克 | 2015-10-20 | 2013-09-13 签署<br>2015-06-01 核准<br>2015-10-20 对所有成员国生效 | 暂不适用香港特区 |

资料来源：中华人民共和国外交部网站，https：//www. mfa. gov. cn/web/ziliao_674904/tytj_674911/tyfg_674913/201602/t20160215_9867745. shtml。

表 8　　　　　　　　　　　**2014 年中国参加的多边条约一览表**

| 序号 | 名　　称 | 签订日期/<br>地点 | 生效日期 | 中国采取行动情况 | 备注 |
|---|---|---|---|---|---|
| 1 | 视听表演北京条约 | 2012-06-26<br>北京 | 2020-04-28 | 2012-06-27 签署<br>2014-04-24 人大批准。<br>声明：不受条约第十一条<br>第 1 款和第 2 款的约束 | 暂不适用于<br>香港 |
| 2 | 建立国际反腐败学院的协定 | 2010-09-02<br>维也纳 | 2011-03-08 | 2014-09-03 加入<br>2014-09-15 递交加入书。<br>声明不受协定第十九条<br>"争议解决"约束，11 月<br>15 日对中国生效。 | 适用于香港和<br>澳门 |
| 3 | 亚洲及太平洋地区承认高<br>等教育资历公约 | 2011-11-26<br>东京（联合<br>国科教文组<br>织保存） | 2018-02-01 | 2011-11-26 签署<br>2014-03-18 国务院核准<br>声明：澳门地区不受第四<br>章七条，第五章一条，第<br>三、六章和第八章第四条<br>约束 | 适用于香港和<br>澳门 |

资料来源：中华人民共和国外交部网站，https：//www.mfa.gov.cn/web/ziliao_674904/tytj_674911/tyfg_674913/201510/t20151015_9867728.shtml。

表 9　　　　　　　　　　**2013 年中国对外缔结的主要双边条约一览表**

| 序号 | 条 约 名 称 | 签署日期 | 签署地点 |
|---|---|---|---|
| 1 | 中华人民共和国政府和佛得角共和国政府文化合作协定 2013 至<br>2016 年执行计划 | 2013-06-19 | 北京 |
| 2 | 中华人民共和国政府和乍得共和国政府文化协定 | 2013-02-15 | 恩贾梅纳 |
| 3 | 中华人民共和国政府和匈牙利政府关于互设文化中心的协定 | 2013-06-27 | 布达佩斯 |
| 4 | 中华人民共和国政府和坦桑尼亚联合共和国政府关于在坦桑尼<br>亚设立中国文化中心的谅解备忘录 | 2013-03-24 | 达累斯萨拉姆 |
| 5 | 中华人民共和国政府和越南社会主义共和国政府关于互设文化<br>中心的谅解备忘录 | 2013-06-19 | 北京 |
| 6 | 中华人民共和国政府和俄罗斯联邦政府关于设立文化中心的协<br>定补充议定书 | 2013-03-22 | 莫斯科 |
| 7 | 中华人民共和国政府和比利时王国联邦政府关于在比利时设立<br>中国文化中心的谅解备忘录 | 2013-10-10 | 布鲁塞尔 |

续表

| 序号 | 条约名称 | 签署日期 | 签署地点 |
|---|---|---|---|
| 8 | 中华人民共和国政府和罗马尼亚政府关于互设文化中心的协定 | 2013-11-25 | 布加勒斯特 |
| 9 | 中华人民共和国政府和罗马尼亚政府2013—2016年文化合作计划 | 2013-11-25 | 布加勒斯特 |
| 10 | 中华人民共和国政府和美利坚合众国政府关于中美人文交流高层磋商机制的谅解备忘录 | 2013-11-21 | 华盛顿 |
| 11 | 中华人民共和国政府和伊朗伊斯兰共和国政府关于互设文化中心的谅解备忘录 | 2013-11-02 | 德黑兰 |
| 12 | 中华人民共和国政府与沙特阿拉伯王国政府体育合作协议 | 2012-01-06 | 北京 |
| 13 | 中华人民共和国政府和丹麦王国政府关于互设文化中心的协定 | 2013-12-05 | 哥本哈根 |

资料来源：中华人民共和国外交部网站，https：//www.mfa.gov.cn/web/ziliao_674904/tytj_674911/tyfg_674913/201406/t20140610_9867697.shtml。

表10　　　　　　　**2012年中国对外缔结的主要双边条约一览表**

| 序号 | 条约名称 | 签署日期 | 签署地点 |
|---|---|---|---|
| 1 | 中华人民共和国政府和尼泊尔政府文化合作协定 | 2012-01-14 | 加德满都 |
| 2 | 中华人民共和国政府和沙特阿拉伯王国政府文化协定2012—2016年执行计划 | 2012-01-15 | 利雅得 |
| 3 | 中华人民共和国政府和尼日利亚联邦共和国政府关于互设文化中心的协定 | 2012-03-02 | 北京 |
| 4 | 中华人民共和国政府和巴林王国政府文化协定2012年至2015年执行计划 | 2012-03-26 | 麦纳麦 |
| 5 | 中华人民共和国政府和联合国教育、科学及文化组织关于在中华人民共和国北京建立由教科文组织赞助的国际科学和技术战略研究与培训中心（第二类）的协定 | 2012-05-14 | 上海 |
| 6 | 中华人民共和国政府和丹麦王国政府关于互设文化中心的谅解备忘录 | 2012-06-16 | 哥本哈根 |
| 7 | 中华人民共和国政府和利比里亚共和国政府文化合作协定2013—2016年执行计划 | 2012-06-18 | 北京 |
| 8 | 中华人民共和国政府和厄立特里亚国政府文化协定2012—2015年执行计划 | 2012-06-19 | 北京 |
| 9 | 中华人民共和国政府和塞内加尔共和国政府文化协定2012—2015年执行计划 | 2012-06-19 | 北京 |

| 序号 | 条　约　名　称 | 签署日期 | 签署地点 |
|---|---|---|---|
| 10 | 中华人民共和国政府和尼日尔共和国政府文化协定 2012—2015 年执行计划 | 2012-06-19 | 北京 |
| 11 | 中华人民共和国政府和巴西联邦共和国政府关于互设文化中心的谅解备忘录 | 2012-06-21 | 里约热内卢 |
| 12 | 中华人民共和国政府和老挝人民民主共和国政府关于在老挝设立中国文化中心的谅解备忘录 | 2012-07-11 | 北京 |

资料来源：中华人民共和国外交部网站，https：//www.mfa.gov.cn/web/ziliao_674904/tytj_674911/tyfg_674913/201308/t20130823_7949685.shtml。

表 11　　　　　　　　　**2011 年中国对外缔结的主要双边条约一览表**

| 序号 | 条　约　名　称 | 签署日期 | 签署地点 |
|---|---|---|---|
| 1 | 中华人民共和国政府和莫桑比克共和国政府文化合作协定 2011—2014 年执行计划 | 2011-04-22 | 马普托 |
| 2 | 中华人民共和国政府和尼日利亚联邦共和国政府 2011—2014 年文化教育交流合作议定书 | 2011-05-17 | 北京 |
| 3 | 中华人民共和国政府和尼日利亚联邦共和国政府关于互设文化中心的谅解备忘录 | 2011-05-17 | 北京 |
| 4 | 中华人民共和国政府和约旦哈希姆王国政府 2011—2014 年文化合作计划 | 2011-05-22 | 安曼 |
| 5 | 中华人民共和国政府和乌拉圭东岸共和国政府文化合作协定 2011—2014 年执行计划 | 2011-06-08 | 蒙德维的亚 |
| 6 | 中华人民共和国政府和以色列国政府 2011—2015 年文化协定执行计划 | 2011-06-21 | 耶路撒冷 |
| 7 | 中华人民共和国政府和匈牙利共和国政府关于互设文化中心谅解备忘录 | 2011-06-25 | 布达佩斯 |
| 8 | 中华人民共和国政府和喀麦隆共和国政府文化合作协定 2011—2014 年执行计划 | 2011-07-20 | 北京 |
| 9 | 中华人民共和国政府和多民族玻利维亚国政府 2011—2013 年文化合作执行计划 | 2011-08-12 | 北京 |
| 10 | 中华人民共和国政府和南非共和国政府文化合作协定 2011—2014 年执行计划 | 2011-08-21 | 比勒陀利亚 |
| 11 | 中华人民共和国国政府和埃塞俄比亚联邦民主共和国政府科学技术合作协定 | 2011-10-28 | 亚的斯亚贝巴 |

续表

| 序号 | 条约名称 | 签署日期 | 签署地点 |
|---|---|---|---|
| 12 | 中华人民共和国政府和波兰共和国政府关于互设文化中心的谅解备忘录 | 2011-12-20 | 北京 |

资料来源：中华人民共和国外交部网站，https：//www.mfa.gov.cn/web/ziliao_674904/tytj_674911/tyfg_674913/201207/t20120703_7949665.shtml。

表 12　　　　　　　　　　**2010 年中国对外缔结的主要双边条约一览表**

| 序号 | 条约名称 | 签署日期 | 签署地点 |
|---|---|---|---|
| 1 | 中华人民共和国政府和埃塞俄比亚联邦民主共和国政府文化合作协定 2010—2013 年执行计划 | 2010-01-20 | 亚的斯亚贝巴 |
| 2 | 中华人民共和国政府和津巴布韦共和国政府文化合作协定 2010—2013 执行计划 | 2010-01-20 | 哈拉雷 |
| 3 | 中华人民共和国政府和赞比亚共和国政府文化合作协定 2010—2012 年执行计划 | 2010-02-25 | 北京 |
| 4 | 中华人民共和国政府和卢旺达共和国政府文化和科学合作协定 2010—2012 年执行计划 | 2010-03-23 | 北京 |
| 5 | 中华人民共和国政府和马拉维共和国政府文化协定 | 2010-03-24 | 利隆圭 |
| 6 | 中华人民共和国政府和芬兰共和国政府关于在文化、教育、科学、青年及体育领域合作谅解备忘录 | 2010-03-26 | 赫尔辛基 |
| 7 | 中华人民共和国政府和瑞典王国政府在文化领域合作谅解备忘录 | 2010-03-29 | 斯德哥尔摩 |
| 8 | 中华人民共和国政府和蒙古国政府关于互设文化中心的协定 | 2010-05-01 | 上海 |
| 9 | 中华人民共和国政府和黎巴嫩共和国政府文化协定 2009—2012 年执行计划 | 2010-05-18 | 北京 |
| 10 | 中华人民共和国政府和美利坚合众国政府文化协定 2010—2012 年执行计划 | 2010-05-25 | 北京 |
| 11 | 中华人民共和国政府和刚果共和国共和国政府文化合作协定 2010—2013 年执行计划 | 2010-06-11 | 北京 |
| 12 | 中华人民共和国政府和突尼斯共和国政府文化协定 2010—2013 年执行计划 | 2010-06-22 | 北京 |
| 13 | 中华人民共和国政府和摩洛哥王国政府文化协定 2010—2013 年执行计划 | 2010-06-22 | 北京 |
| 14 | 中华人民共和国政府和加纳共和国政府文化协定 2010—2012 年执行计划 | 2010-06-22 | 阿克拉 |

| 序号 | 条 约 名 称 | 签署日期 | 签署地点 |
| --- | --- | --- | --- |
| 15 | 中华人民共和国政府和塞尔维亚共和国政府关于互设文化中心谅解备忘录 | 2010-07-14 | 贝尔格莱德 |
| 16 | 中华人民共和国政府和大阿拉伯利比亚人民社会主义民众国政府 2009—2012 年文化与新闻合作计划 | 2010-08-03 | 北京 |
| 17 | 中华人民共和国政府和越南社会主义共和国政府关于打击拐卖人口合作的协定 | 2010-09-15 | 北京 |
| 18 | 中华人民共和国政府和伊朗伊斯兰共和国政府 2011—2014 年文化与教育执行计划 | 2010-09-28 | 德黑兰 |
| 19 | 中华人民共和国政府和土耳其共和国政府 2010—2013 年文化交流计划 | 2010-10-08 | 安卡拉 |
| 20 | 中华人民共和国政府和塞舌尔共和国政府文化协定 2010—2014 年执行计划 | 2010-11-22 | 北京 |

资料来源：中华人民共和国外交部网站，https：//www.mfa.gov.cn/web/ziliao_674904/tytj_674911/tyfg_674913/201104/t20110402_9867640.shtml。

表 13　　　　　　2009 年中国对外缔结的主要双边条约一览表

| 序号 | 条 约 名 称 | 签署日期 | 签署地点 |
| --- | --- | --- | --- |
| 1 | 中华人民共和国政府和大不列颠及北爱尔兰联合王国政府 2009—2013 年文化交流计划 | 2009-02-01 | 伦敦 |
| 2 | 中华人民共和国政府和马耳他共和国政府 2009—2012 年文化交流计划 | 2009-02-22 | 瓦莱塔 |
| 3 | 中华人民共和国政府和澳大利亚联邦政府文化合作协定 2009—2011 年度文化交流执行计划 | 2009-03-23 | 悉尼 |
| 4 | 中华人民共和国政府和塞尔维亚共和国政府科学技术合作协定 | 2009-04-07 | 北京 |
| 5 | 中华人民共和国政府和乌干达共和国政府文化协定 2009—2012 年执行计划 | 2009-04-14 | 坎帕拉 |
| 6 | 中华人民共和国政府与日本国政府关于日本无偿援助中国政府"人才培养奖学金"项目的换文 | 2009-06-04 | 北京 |
| 7 | 中华人民共和国政府和佛得角共和国政府文化合作协定 2009—2012 年执行计划 | 2009-07-16 | 北京 |
| 8 | 中华人民共和国政府和坦桑尼亚联合共和国政府文化协定 2009—2012 年执行计划 | 2009-08-27 | 达累斯萨拉姆 |

续表

| 序号 | 条 约 名 称 | 签署日期 | 签署地点 |
|---|---|---|---|
| 9 | 中华人民共和国政府和莱索托王国政府文化合作协定 2009—2012 年执行计划 | 2009-09-07 | 北京 |
| 10 | 中华人民共和国政府和俄罗斯联邦政府关于互设文化中心的协定 | 2009-10-13 | 北京 |
| 11 | 中华人民共和国政府和罗马尼亚政府关于互设文化中心的谅解备忘录 | 2009-10-20 | 布加勒斯特 |
| 12 | 中华人民共和国政府和毛里求斯共和国政府文化合作协定 2010—2012 年执行计划 | 2009-10-26 | 路易港 |
| 13 | 中华人民共和国政府和新加坡共和国政府关于在新加坡共和国设立中国文化中心的谅解备忘录 | 2009-11-12 | 新加坡 |

资料来源：中华人民共和国外交部网站，https：//www. mfa. gov. cn/web/ziliao_674904/tytj_674911/tyfg_674913/201006/t20100602_7949638. shtml。

表 14　　　　　　　　　　　**2009 年中国参加的多边条约一览表**

| 序号 | 名　　　称 | 签订日期/地点 | 生效日期 | 中国采取行动情况 | 备注 |
|---|---|---|---|---|---|
| 1 | 联合国打击跨国有组织犯罪公约关于预防、禁止和惩治贩运人口，特别是妇女和儿童行为的补充议定书 | 2000-11-15 纽约 | 2003-12-25 | 2009 年 12—26 日第十一届全国人大常委会第十二次会议决定批准 | 适用于澳门特区，暂不适用于香港特区 |

资料来源：中华人民共和国外交部网站，https：//www. mfa. gov. cn/web/ziliao_674904/tytj_674911/tyfg_674913/201006/t20100602_7949633. shtml。

表 15　　　　　　　　　　**2008 年中国对外缔结的主要双边条约一览表**

| 序号 | 条 约 名 称 | 签署日期 | 签署地点 |
|---|---|---|---|
| 1 | 中华人民共和国政府与大不列颠及北爱尔兰联合王国及其托管政府关于教育合作伙伴关系的框架协议 | 2008-01-18 | 北京 |
| 2 | 中华人民共和国政府和莫桑比克共和国政府科学技术合作协定 | 2008-01-21 | 马普托 |
| 3 | 中华人民共和国政府与联合国教育、科学及文化组织关于在中国桂林建立由教科文组织赞助的国际岩溶研究中心及其运作的协定 | 2008-02-11 | 巴黎 |

续表

| 序号 | 条　约　名　称 | 签署日期 | 签署地点 |
|---|---|---|---|
| 4 | 中华人民共和国政府和尼日利亚联邦共和国政府 2008 年至 2010 年文化教育交流与合作议定书 | 2008-2-28 | 北京 |
| 5 | 中华人民共和国政府和秘鲁共和国政府文化交流协定之 2008—2011 年度文化交流执行计划 | 2008-03-19 | 北京 |
| 6 | 中华人民共和国政府与新西兰政府关于在高等教育领域内相互承认学历和学位的协议 | 2008-04-08 | 北京 |
| 7 | 中华人民共和国政府和卡塔尔国政府 2008—2011 年度文化合作执行计划 | 2008-04-10 | 北京 |
| 8 | 中华人民共和国政府和日本国政府关于日本政府无偿援助中国政府"人才培养奖学金"项目的换文 | 2008-05-07 | 东京 |
| 9 | 中华人民共和国政府和日本国政府关于互设文化中心的协定 | 2008-05-07 | 东京 |
| 10 | 中华人民共和国政府和伊朗伊斯兰共和国政府 2007—2010 年文化与教育交流执行计划 | 2008-05-19 | 北京 |
| 11 | 中华人民共和国政府和罗马尼亚政府科学技术合作协定 | 2008-06-27 | 布加勒斯特 |
| 12 | 中华人民共和国政府和约旦哈希姆王国政府科学与技术合作协定 | 2008-11-24 | 安曼 |
| 13 | 中华人民共和国政府和马里共和国政府文化、科学与技术合作协定 2009 年至 2011 年执行计划 | 2008-11-28 | 北京 |
| 14 | 中华人民共和国政府和安哥拉共和国政府文化合作协定 | 2008-12-17 | 北京 |

资料来源：中华人民共和国外交部网站，https：//www. mfa. gov. cn/web/ziliao_674904/tytj_674911/tyfg_674913/200907/t20090728_7949611. shtml。

表 16 　　　　　　　　　**2008 年中国参加的多边条约一览表**

| 序号 | 名　　称 | 签订日期/地点 | 生效日期 | 中国采取行动情况 | 备注 |
|---|---|---|---|---|---|
| 1 | 残疾人权利公约 | 2006-12-13 纽约 | 2008-05-03 | 于 2007 年 3 月 30 日签署，2008 年 8 月 31 日对中国生效 | 公约适用于香港和澳门特区 |

资料来源：中华人民共和国外交部网站，https：//www. mfa. gov. cn/web/ziliao_674904/tytj_674911/tyfg_674913/200907/t20090728_9867596. shtml。

表 17　　　　　　　　　　**2007 年中国对外缔结的主要双边条约一览表**

| 序号 | 条约名称 | 签署日期 | 签署地点 |
|---|---|---|---|
| 1 | 中华人民共和国政府和以色列国政府 2007 年至 2010 年文化协定执行计划 | 2007-01-10 | 北京 |
| 2 | 中华人民共和国政府和马尔代夫共和国政府文化合作协定 | 2007-02-10 | 马累 |
| 3 | 中华人民共和国政府和科威特国政府文化协定 2007 至 2010 年执行计划 | 2007-05-21 | 北京 |
| 4 | 中华人民共和国政府和比利时法语区政府 2007 年至 2010 年文化交流执行计划 | 2007-06-19 | 北京 |
| 5 | 中华人民共和国政府和埃塞俄比亚联邦民主共和国文化合作协定 2007 年至 2009 年执行计划 | 2007-06-19 | 北京 |
| 6 | 中华人民共和国政府和毛里求斯共和国政府文化合作协定 2007 至 2009 年执行计划 | 2007-06-26 | 路易港 |
| 7 | 中华人民共和国政府与丹麦王国政府关于相互承认高等教育学位的协议 | 2007-09-25 | 北京 |
| 8 | 中华人民共和国政府与西班牙王国政府关于相互承认学历学位的协议 | 2007-10-21 | 北京 |
| 9 | 中华人民共和国政府和约旦哈希姆王国政府 2007—2010 年文化合作执行计划 | 2007-10-30 | 北京 |
| 10 | 中华人民共和国政府和斯里兰卡民主社会主义共和国政府文化合作协定 | 2007-10-15 | 北京 |

资料来源：中华人民共和国外交部网站，https：//www.mfa.gov.cn/web/ziliao_674904/tytj_674911/tyfg_674913/200907/t20090728_7949604.shtml。

表 18　　　　　　　　　　**2007 年中国参加的多边条约一览表**

| 序号 | 名称 | 签订日期/地点 | 生效日期 | 中国采取行动情况 | 备注 |
|---|---|---|---|---|---|
| 1 | 儿童权利公约关于儿童卷入武装冲突问题的任择议定书 | 2000-05-25 纽约 | 2002-02-12 | 2001 年 3 月 15 日中国签署该议定书，2007 年 12 月 29 日第十届全国人大常委会第三十一次会议决定批准 | 适用于香港和澳门 |

| 序号 | 名　称 | 签订日期/<br>地点 | 生效日期 | 中国采取行动情况 | 备注 |
|---|---|---|---|---|---|
| 2 | 1987年亚洲太平洋地区核科学技术研究、发展和培训地区合作协定的第四次延长协定 | 2006-06-22<br>维也纳 | 2007-06-12 | 2006年9月6日国务院决定接受，2007年10月30日对中国生效 | 适用于香港和澳门特区 |
| 3 | 上海合作组织成员国政府间教育合作协定（作准文本为中文和俄文，暂无英文译名） | 2006-06-15<br>上海 | 2008-01-30 | 2007年9月28日国务院核准 | 适用于香港和澳门特区 |
| 4 | 修改《与贸易有关的知识产权协定》议定书 | 2005-12-06<br>日内瓦 | 尚未生效 | 2007年10月28日第十届全国人大常委会第三十次会议决定批准，2007年11月28日交存批准书 | |

资料来源：中华人民共和国外交部网站，https：//www.mfa.gov.cn/web/ziliao_674904/tytj_674911/tyfg_674913/200907/t20090728_9867542.shtml。

表19　　　　　　　　　　　**2006年中国参加的多边条约一览表**

| 序号 | 名　称 | 签订日期/<br>地点 | 生效日期 | 中国采取行动情况 | 备注 |
|---|---|---|---|---|---|
| 1 | 保护非物质文化遗产公约 | 2003-10-17<br>巴黎 | 2006-04-20 | 2004年8月28日第十届全国人大常委会第十一次会议决定批准，2004年12月2日交存加入书，2006年4月20日对中国生效 | 中国政府声明，该公约适用于澳门特区，暂不适用于香港特区 |
| 2 | 反对在体育运动中使用兴奋剂国际公约 | 2005-11-18<br>巴黎 | 2007-02-01 | 2006年8月17日，国务院决定加入，2006年10月9日交存加入书，2007年2月1日对中国生效 | 中国政府声明，该公约同时适用于香港和澳门特区 |
| 3 | 保护和促进文化表现形式多样性公约 | 2005-10-20<br>巴黎 | 2007-03-18 | 2006年12月29日第十届全国人大常委会第二十五次会议决定批准 | 适用于香港特区和澳门特区 |

续表

| 序号 | 名　　称 | 签订日期/地点 | 生效日期 | 中国采取行动情况 | 备注 |
|---|---|---|---|---|---|
| 4 | 世界知识产权组织版权条约 | 1996-12-20日内瓦 | 2002-03-06 | 2006年12月29日第十届全国人大常委会第二十五次会议决定加入 | 中国政府声明，该公约暂不适用于香港和澳门特区 |
| 5 | 世界知识产权组织表演和录音制品条约 | 1996-12-20日内瓦 | 2002-05-20 | 2006年12月29日第十届全国人大常委会第二十五次会议决定加入 | 中国政府声明，该公约暂不适用于香港和澳门特区 |

资料来源：中华人民共和国外交部网站，https：//www.mfa.gov.cn/web/ziliao_674904/tytj_674911/tyfg_674913/200704/t20070410_9867515.shtml。

表20　　　　　　　**1959—2005年中国对外缔结的主要双边条约一览表**

| 序号 | 条约名称 | 签署日期 | 签署地点 |
|---|---|---|---|
| 1 | 中华人民共和国教育部与斯里兰卡民主社会主义共和国教育部关于合作在斯里兰卡建立孔子学院的谅解备忘录 | 2005-08-30 | 北京 |
| 2 | 中华人民共和国政府和保加利亚共和国政府卫生和医学科学合作协定 | 2000-06-28 | 索菲亚 |
| 3 | 中华人民共和国教育部与以色列国教育部教育合作协议 | 2000-04-12 | 耶路撒冷 |
| 4 | 中华人民共和国政府与沙特阿拉伯王国政府教育合作协定 | 1999-10-30 | 利雅得 |
| 5 | 中华人民共和国政府和克罗地亚共和国政府卫生和医学科学合作协定 | 1999-10-12 | 北京 |
| 6 | 新加坡共和国教育部与中华人民共和国教育部教育交流与合作备忘录 | 1999-06-23 | 北京 |
| 7 | 中华人民共和国教育部和保加利亚共和国教育和科学部2000—2003年教育合作协议 | 1999-06-17 | 北京 |
| 8 | 中华人民共和国政府和卡塔尔国政府教育与文化合作协定 | 1999-04-09 | 北京 |
| 9 | 中华人民共和国政府和也门共和国政府文化合作协定 | 1998-02-26 | 北京 |
| 10 | 中华人民共和国政府和摩尔多瓦共和国政府文化合作协定 | 1992-11-06 | 北京 |
| 11 | 中华人民共和国政府和新加坡共和国政府科学技术合作协定 | 1992-03-02 | 新加坡 |
| 12 | 中华人民共和国政府和巴林国政府文化协定 | 1991-10-10 | 麦纳麦 |

| 序号 | 条　约　名　称 | 签署日期 | 签署地点 |
|---|---|---|---|
| 13 | 中华人民共和国政府和塞浦路斯共和国政府经济和科学技术合作协定 | 1984-06-29 | 北京 |
| 14 | 中华人民共和国政府和科威特国政府文化合作协定 | 1982-02-15 | 科威特 |
| 15 | 中华人民共和国政府和尼日利亚联邦共和国政府文化合作协定 | 1981-11-20 | 拉各斯 |
| 16 | 中华人民共和国政府和伊拉克共和国政府文化合作协定 | 1959-04-04 | 巴格达 |

资料来源：中华人民共和国外交部网站，https：//www.mfa.gov.cn/web/ziliao_674904/tytj_674911/tyfg_674913/200710/t20071015_7949574.shtml。

表 21　　　　　　　**中国参加国际公约情况一览表（1875—2003）**

| 序号 | 公约中英文名称 | 签订日期/地点 | 生效日期 | 中国参加情况 |
|---|---|---|---|---|
| 1 | 伯尔尼保护文学和艺术作品公约<br>*Berne Convention for the Protection of Literary and Artistic Works* | 1986-09-09<br>伯尔尼 | 1987-12-05 | 1992-07-01 决定加入；声明中华人民共和国根据《公约》附件第一条的规定，享有附件第二条和第三条规定的权利<br>1992-10-15 对我生效 |
| 2 | 确定允许儿童在海上工作的最低年龄公约<br>*Convention Fixing the Minimun Age for Admission of Children to Employment at Sea* | 1920-06-15<br>热那亚 | 1921-09-27 | 1984-06-11 承认，1936-12-02 当时中国政府的批准<br>1984-06-11 对中国生效 |
| 3 | 在海上工作的儿童及未成年人的强制体格检查公约<br>*Convention Concerning the Compulsory Medical Examination of Children and Young Persons Employed at Sea* | 1921-10-25<br>日内瓦 | 1922-11-20 | 1984-06-11 承认，1936-12-02 当时中国政府的批准<br>1984-06-11 对中国生效 |
| 4 | 确定准许使用未成年人为扒炭工或司炉工的最低年龄公约<br>*Convention Fixing the Minimum Age for the Admission of Young Persons to Employment as Trimmers or Stokers* | 1921-11-11<br>日内瓦 | 1922-11-20 | 1984-06-11 承认，1936-12-02 当时中国政府的批准<br>1984-06-11 对中国生效 |

| 序号 | 公约中英文名称 | 签订日期/地点 | 生效日期 | 中国参加情况 |
|---|---|---|---|---|
| 5 | 确定准许使用儿童于工业工作的最低年龄公约<br>Convention Fixing the Minimum Age for the Admission of Children to Industrial Employment | 1937-06-22<br>日内瓦 | 1941-02-21 | 1984-06-11 承认，1940-02-21 当时中国政府的批准<br>1984-06-11 对中国生效 |
| 6 | 联合国教育科学及文化组织组织法<br>Constitution of the United Nations Educational of the United Nations Scientific and Cultural Organization | 1945-11-16<br>伦敦 | 1946-11-04 | 1946-09-13 签署 |
| 7 | 男女同工同酬公约<br>Convention Concerning Equal Remuneration for Men and Women Workers for Work of Equal Value | 1951-06-29<br>日内瓦 | 1953-05-23 | 1990-09-07 批准<br>1990-11-02 对中国生效 |
| 8 | 国际制冷学会的国际协定<br>International Agreement Concerning the International Institute of Refrigeration | 1956-10-26<br>纽约 | 1957-07-29 | 1984-01-01 交存加入书<br>同日对中国生效 |
| 9 | 消除一切形式种族歧视国际公约<br>International Convention on the Elimination of All forms of Racial Discrimination | 1966-03-07<br>纽约 | 1969-01-04 | 1981-12-29 交存加入书<br>1982-02-28 对中国生效<br>对公约第 22 条持有保留 |
| 10 | 建立世界知识产权组织公约<br>Convention Establishing the World Intellectual Organization | 1967-07-14<br>斯德哥尔摩 | 1970-04-26 | 1980-03-04 交存加入书<br>1980-06-04 对中国生效 |
| 11 | 国际卫生条例<br>International Health Regulations | 1969-07-25<br>波士顿 | 1971-01-01 | 1979-05-11 通知自 1979-06-01 起承认该条例 |
| 12 | 世界版权公约<br>Universal Copyright Convention as Revised at Paris on 24 July 1971 | 1971-07-24<br>巴黎 | 1974-07-10 | 1992-07-01 决定加入<br>声明中华人民共和国根据《公约》第五条之二的规定，享有该公约第五条之三、之四规定的权利<br>1992-10-30 对中国生效 |
| 13 | 保护世界文化和自然遗产公约<br>Convention for the Protection of the World Cultural and Natural Heritage | 1972-11-16<br>巴黎 | 1975-12-17 | 1985-12-12 交存批准书<br>1986-03-12 始对中国生效 |

| 序号 | 公约中英文名称 | 签订日期/地点 | 生效日期 | 中国参加情况 |
|---|---|---|---|---|
| 14 | 禁止并惩治种族隔离罪行的国际公约<br>*International Convention on the Suppression and Punishment of the Crime Apartheid* | 1973-11-30<br>纽约 | 1976-07-18 | 1983-04-18 交存加入书<br>1983-05-18 对中国生效 |
| 15 | 消除对妇女一切形式歧视公约<br>*Convention on the Elimination of All forms of Discrimination Against Women* | 1979-12-17<br>纽约 | 1981-09-03 | 1980-07-17 签署<br>1980-11-04 交存批准书<br>对公约第 29 条第 1 款持有保留 |
| 16 | 残疾人职业康复和就业公约<br>*Convention Concerning the Vocational Rehabilitation and Employment of Disabled Persons（ILO 159）* | 1983-06-20<br>日内瓦 | 1985-06-20 | 1987-09-05 批准<br>1989-02-02 对中国生效 |
| 17 | 亚洲和太平洋地区承认高等学校教育学历、文凭与学位的地区公约<br>*Regional Convention on the Recognition of Studies Diplomas and Degrees in Higher Education in Asia and the Pacific* | 1983-12-16<br>曼谷 | 1985-10-23 | 1983-12-16 签署<br>1985-10-23 对中国生效 |
| 18 | 禁止酷刑和其他残忍、不人道或有辱人格的待遇或处罚公约<br>*Convention Against torture and other Cruel Inhuman or Degrading Treatment or Punishment* | 1984-12-10<br>纽约 | 1987-06-26 | 1986-12-12 签署<br>1988-11-03 对中国生效<br>对公约第 20 条和第 30 条第 1 款持有保留 |
| 19 | 反对体育领域里种族隔离的国际公约<br>*International Convention Against Apartheid in Sports* | 1985-12-10<br>纽约 | 1988-04-03 | 1987-10-21 签署<br>1988-04-03 对中国生效 |
| 20 | 建立国际发展法学院协定<br>*Agreement for the Establishment of the International Development Law* | 1988-02-05<br>罗马 | 1989-04-28 | 1989-04-28 签署<br>1990-06-16 交存核准书 |
| 21 | 关于集成电路的知识产权条约<br>*Treaty on Intellectual Property in Respect of Integrated Circuits* | 1989-05-26<br>华盛顿 | 尚未生效 | 1990-05-01 签署 |

续表

| 序号 | 公约中英文名称 | 签订日期/地点 | 生效日期 | 中国参加情况 |
|---|---|---|---|---|
| 22 | 联合国儿童权利公约<br>*Convention on the Rights of the Child* | 1989-11-20<br>纽约 | 1990-09-02 | 1990-08-29 签署<br>1992-01-31 批准加入<br>1992-04-02 对中国生效 |
| 23 | 就业政策公约<br>*Employment Policy Convention* | 1964-07-09<br>日内瓦 | 1966-07-15 | 1997-12-17 交存批准书，<br>1998-12-17 对中国生效 |
| 24 | 经济、社会及文化权利国际公约<br>*International Covenant on Economic, Social and Cultural Rights* | 1966-12-16<br>纽约 | 1976-01-03 | 1997-10-27 签署 |
| 25 | 《儿童权利公约》关于买卖儿童、儿童卖淫和儿童色情制品问题的任择议定书<br>*Optional Protocol to the Convention on the Rights of the Child on the Sale of Children, Child Prostitution and Child Pornography* | 2000-05-25<br>纽约 | 2002-01-18 | 2002-12-03 交存批准书 |
| 26 | 跨国收养方面保护儿童及合作公约<br>*Convention on the Protection of Children and Co-operation in Respect of Inter-country Adoption* | 1993-05-29<br>荷兰海牙 | 1995-05-01 | 2000-05-01 签署 |

资料来源：中华人民共和国外交部网站，https：//www. mfa. gov. cn/web/ziliao_674904/tytj_674911/tyfg_674913/200303/t20030324_9867259. shtml。

# 后　记

早在 2010 年前后笔者就想写一本关于教育法律渊源的著作，以便弄清楚教育法律渊源到底有哪些。但是因为思考不够成熟，这个研究主题就一直留在脑子里，笔者时常在教育经济与管理专业的研究生课程教育政策与法律和管理学博士生课程教育政策与法律的问题研究教学中不断地将思考的东西转化为教学内容呈现在学生们面前。通过与学生们的课堂讨论，笔者不断地开拓了本书的研究视野和思考的深度。之所以在 13 年以后的今天才梳理成为一本还十分不成熟的著作来出版，主要原因除了前述之外，还有就是一直在犹豫到底写一本一般意义上的教育法律渊源（或许可以称之为《普通教育法律渊源》）还是只限于中国的教育而写成《中国教育法律渊源》。思考再三，立足于中国大地研究中国教育的指导思想，我们最终选定了本书的名称。

大约从 2015 年开始，沈岑砚博士开始参与本书的研究，不仅参与了研究思路的讨论，还积极收集和梳理相关文献，参与了部分章节的撰写。此外，陶夏博士、黄炳超博士和王祖林博士也积极参与了本书撰写提纲的讨论，最终将原计划十六章的内容调整为目前的十章内容。本书在出版过程中，得到了武汉大学出版社编校人员的大力支持和帮助。在此对上述贡献者一并表示衷心的感谢！同时，在撰写过程中努力将所引用的文献进行注释，但由于篇幅较多，也许有个别文献未能标注出来。如有这种情况，敬请相关作者海涵并与我们联系，在今后的修改中我们将弥补不足，充分尊重作者的知识产权。

作　者

2023 年 9 月 13 日于武昌珞珈山